Strahljäger
Me 262

4.9.98

Strahljäger Me 262

Die Technikgeschichte

Manfred Jurleit

Motor buch Verlag

Der Autor dankt folgenden Personen und Institutionen für die freundliche Unterstützung bei der Erarbeitung des Buches: Günter Metzner, Eichwalde; Horst Lange, Kahla: Flugkapitän Kurt Lamm, Berlin; Günther Görlitz, Eisenhüttenstadt; Herbert Altner, Naunhof; Hans-Joachim Hübner, Eisenhüttenstadt; Walter Ranke, Langendembach; Klaus Wartmann, Mahlow; Manfred Griehl, Mainz; Jan Horn, Dresden; Frank Lemke, Berlin; Claus Backmann, Leipzig; Oberst a. D. Leopold Beck, Neuburg/Donau; Schriftsteller Hptm. Siegfried Radtke, Germersheim; Hptm. Erich Liebe, Neuburg/Donau; R. Gündel, Nordhausen; Major Siegfried Clauß, Brandenburg; Frank Brekow, Brandenburg; Walter Schick, Augsburg sowie Christa Raßmuss und Dipl.-Hist. Ulrich Israel. Ferner den Mitarbeitern des Militärarchivs in Potsdam, des Staatsarchivs in Potsdam, des Staatsarchivs in Magdeburg (Außenstelle Oranienbaum, Junkers Archiv), des Filmarchivs Potsdam der Mahn- und Gedenkstätte »Lager Dora« in Nordhausen, des Komitees Antifaschistischer Widerstandskämpfer in Berlin sowie des Archivs im ehemaligen Strumpfwerk ESDA (Auerbach/Erzgeb). Besonderer Dank gilt meiner Frau Gisela.

ISBN 3-613-01679-6

2. Auflage 1995.

Ein Unternehmen der Paul Pietsch Verlage GmbH + Co.

Gestaltung: Jürgen Schumann/Regine Bach.
Satz: Satzstudio MediaSoft, Berlin.
Druck: Gulde-Druck GmbH, 72070 Tübingen.
Bindung: E. Riethmüller, Stuttgart.
Printed in Germany.

Inhalt

»Projekt 1065, streng geheim« – Die Entwicklung der Me 262

Es war durchaus kein Aprilscherz, als Projektingenieur Woldemar Voigt von den Messerschmitt-Flugzeugwerken Augsburg seinen engsten leitenden Mitarbeitern ausgerechnet am 1. April 1939 die Aufgabe stellte, ein neues Projekt unter der Nummer 65 in Angriff zu nehmen. 175 Betriebsingenieure für die verschiedensten Projektstudien, wie Tragflächen, Rumpf, Leitwerk, Fahrwerk, Triebwerkeinbau, Statik, Aerodynamik und andere waren unter strengster Geheimhaltung in die neue Aufgabe einzuweisen. Alle Arbeiten des Projektbüros unterlagen der Geheimhaltung, insbesondere seit die Luftwaffe zum Hauptauftraggeber Messerschmitt's avanciert war. Doch bei diesem neuen Projekt wurde stets aufs neue die strikte Geheimhaltung betont.

Die Aufgabe des Teams lautete, ein schnelles Jagdflugzeug ohne Propeller zum Einsatz gegen Luftziele zu schaffen, das über zwei Luftstrahltriebwerke verfügte. Besondere Forderung: Der Einbau verschiedener Triebwerkmuster sollte ohne größere bauliche Veränderungen möglich sein. Genaue Angaben über Triebwerkleistungen standen noch nicht zur Verfügung. Weitere Bedingungen: Ganzmetallbauweise, einfacher und billiger Aufbau sowie hohe Festigkeit.

Diplomingenieur Hornung, verantwortlich für die Formgestaltung, entwarf einen Tiefdecker mit leichter Vorderkantenpfeilung in Ganzmetall und dreiecksförmigem Rumpf sowie Normalseitenleitwerk. Bereits am 7. Juni 1939 legte Prof. Willy Messerschmitt dem Reichsluftfahrtministerium (RLM) das in Woldemar Voigt's Büro erarbeitete Projektangebot vor. In diese Arbeiten hinein platzte am 1. September 1939 die Nachricht von dem Angriff der deutschen Wehrmacht auf Polen.

Nach nochmaliger Überarbeitung fand Anfang Dezember 1939 eine Besprechung mit der Abteilung Sondertriebwerke des Technischen Amtes im Reichsluftfahrtministerium (C-Amt) statt, in der der Einbau von zwei BMW P 3302 Triebwerken vorgeschlagen wurde und das Projektbüro erstmals voraussichtliche Leistungsdaten und Abmessungen der TL-Geräte erhielt.

Zwar hatte sich nunmehr auch im Projektbüro gerüchteweise herumgesprochen, daß bei Heinkel in Rostock schon ein TL-Flugzeug geflogen war, doch führte die strenge Geheimhaltung dazu, daß niemand dieses Flugzeug je sah und daß auch nichts über weitere Projekte Heinkel's in dieser Richtung bekannt wurde. Während in Rostock-Marienehe bereits Projekt- und Konstruktionszeichnungen für einen zweistrahligen Jäger, allerdings mit dem wesentlich zukunftsträchtigeren Bugradfahrwerk, entstanden, projektierte Voigt's Gruppe ihr neues Flugzeug noch mit dem bewährten Spornrad, das sich jedoch später für ein solches Flugzeug als völlig ungeeignet erweisen sollte.

1939 hatte die Messerschmitt AG Flugzeuge im Wert von insgesamt 84,5 Millionen Reichsmark verkauft, davon für 18,5 Millionen exportiert. Die riesigen Gewinne ermöglichten es, eine Firma in Kematen/Tirol, ferner die Leichtbau GmbH in Regensburg sowie die Firma Uher und Co in München zu erwerben. Damit stieg die Zahl der Beschäftigten von 6 491 im Jahre 1938 auf 9 809 im Jahre 1940. Die letzten Aktien aus dem Reichsbesitz wurden nunmehr von der Messerschmitt AG zurückgekauft, wodurch das Stammhaus wieder völlig in privaten Besitz überging. Die Kriegsvorbereitungen hatten Messerschmitt geholfen, sich zu sanieren und von der krisenhaften Entwicklung Anfang der dreißiger Jahre zu erholen.

Zwei Wochen nach den ersten Gesprächen über Triebwerke, nämlich am 19. Dezember 1939, konnten Mitarbeiter des C-Amtes eine Führerraumattrappe in Augsburg besichtigen und lobten besonders die gute Sicht für den Flugzeugführer. Folgerichtig erhielt Messerschmitt am 1. März 1940 schließlich einen offiziellen Bauauftrag für drei Mustermaschinen des neuen Projektes unter der RLM-Bezeichnung 8-262.

Damit konnten die Konstruktionsarbeiten unter der Leitung von Rudolph Seitz beginnen. Da die konstruktive Gestaltung des Flügelhauptholmes Schwierigkeiten bereitete, legten Woldemar Voigt und Messerschmitt dem RLM am 15. Mai 1940 einen abgeänderten Entwurf vor. Anstatt die beiden Triebwerke in den Flügeln unterzubringen, wurde nunmehr vorgeschlagen, sie in Gondeln unter den Tragflächen aufzuhängen. Der neue Entwurf P 1065 wurde vom C-Amt bestätigt. Unmittelbar danach legte man die Bruchzelle Me 262 V-0 sowie die drei Prototypen auf Helling. Noch 1940 begannen mit der ersten Maschine die Bruchversuche.

Zehn Monate nach der Auftragserteilung des RLM, Ende Januar 1941, war die erste der drei Zellen für die Flugerprobung, die Me 262 V-1, fertiggestellt. Doch an die beiden vorgesehenen BMW P 3302 Turbinen war noch gar nicht zu denken. Vor Juli, so kündigte BMW an, sei auch nichts zu machen. Aus diesem Grunde schlug das Technische Amt vorerst den Einbau von zwei Walter-Raketentriebwerken HWK 109-509 vor.

Am 8. April 1941 fand zu diesem Problem eine Besprechung zwischen dem Amt LC-II, den Erprobungsstellen Rechlin und Peenemünde, der Firma Hellmut Walter Werke Kiel (HWK) und Messerschmitt statt. Sie ergab, daß auch diese Triebwerke noch nicht betriebsreif waren.

Flugerprobungsreif in einem völlig neuentwikkelten Jagdflugzeug schienen dagegen, selbst für das RLM überraschend, die Ohain'schen Radialturbinen HeS-8A von Heinkel in Rostock-Marienehe. Wenn auch wesentlich leistungsschwächer als die geplanten BMW- und Jumo-Triebwerke, hatte sie Heinkel in aller Stille unter einem He 111 Bomber im Flug testen lassen und in den letzten Märztagen zwei solcher Triebwerke in seine neue He 280 eingebaut. Nachdem die triebwerklose Zelle schon am 22. September 1940 im Schlepp einer He 111 und anschließendem Gleitflug erprobt worden war, startete Chefpilot Schäfer am 2. April 1941 in Rostock-Marienehe mit der He 280 V-1 zum erfolgreichen Erstflug.

Erst drei Tage später erschienen auf Einladung Ernst Heinkels der C-Amtschef und Generalluftzeugmeister Ernst Udet sowie die Generalingenieure Lucht und Eisenlohr zu einer Vorführung dieses Flugzeuges in Rostock. In einer anschließenden Feier verkündete Generaloberst Udet begeistert: »Ich möchte ihnen danken für das, was hier geleistet worden ist. Was wir heute hier erlebten, ist vielleicht der stolzeste Tag in der Geschichte der Heinkel-Werke. Ich werde heute Abend dem Reichsmarschall Bericht erstatten über alles, was ich hier gesehen habe, und ich kann ihnen jetzt schon seinen Dank aussprechen ...«[1)]

Den Messerschmitt-Konstrukteuren blieb dieses Geschehen verborgen. Sie erfuhren auch nichts davon, als sieben Tage später – durch Vermittlung von Generalingenieur Eisenlohr – die herrenlosen Hirth-Motorenwerke mit einem Kapital von 4 Millionen Reichsmark Ernst Heinkel als Dank für seine Bemühungen übereignet wurden. Die He 280, ein glückloser Vogel, wie man noch sehen wird, hatte sich bezahlt gemacht.

Obwohl sich seit dem Tode Hellmuth Hirth's außer Heinkel noch sechs weitere Unternehmen um die Werke in Stuttgart-Zuffenhausen und Waltersdorf bei Berlin bemüht hatten, war es Heinkel mit der He 280 gelungen, beim RLM alle Konkurrenten aus dem Felde zu schlagen. Heinkel baute sofort eine zweite Triebwerkgruppe auf, die unter Leitung des ehemaligen Technischen Direktors der Triebwerkentwicklung bei BMW, Dr. Harald Wolf, eine Axialturbine der 700 (6,38 kN)-kp-Schubklasse (ähnlich BMW- und Jumo-Triebwerk) mit der Werksbezeichnung HeS-30 und der RLM-Bezeichnung HeS-006 entwickelte. Messerschmitt aber wartete noch immer auf die BMW-TL-Triebwerke.

Me 262 V-1 mit Kolbenmotor

Die Konstrukteure hatten sich in Ermangelung eines Strahltriebwerkes entschlossen, einen Reihenmotor Jumo 210 G in die Rumpfspitze der Me 262 V-1 anstelle der Waffen einzubauen, um zunächst wenigstens mit der Erprobung der Zelle beginnen zu können. Am 18. April 1941 startete in dieser Ausführung, mit dem für damalige Verhältnisse sehr leistungsschwachen Kolbenmotor, die Me 262 V-1 zu ihrem Erstflug.

Flugkapitän Fritz Wendel berichtete später darüber: »Am Abend um 19.35 Uhr startete ich dann zum ersten Flug in der Geschichte der Me 262. Die Schwierigkeiten bei diesem Flug lagen darin, daß in die schwere Flugzelle ein verhältnismäßig schwacher Motor eingebaut war. Das Gesamtgewicht betrug 2 660 kg, die Motorleistung nur 750 PS. Dazu kam noch, daß die Me 262 ein sogenanntes Schnellflugzeugprofil hatte, ein vollkommen symmetrisches Profil, welches eine hohe Abhebegeschwindigkeit voraussetzte. Es war also zu erwarten, daß ich eine sehr lange Startstrecke benötigen würde. Die Bedingungen auf unserem Augsburger Flugplatz standen dazu allerdings im krassen Gegensatz. Der Start glückte erfreulicherweise gut, wenn ich auch den Platz ungefähr bis zum letzten Meter ausnutzen mußte.

Ich war, soweit ich es nach diesem ersten Flug beurteilen konnte, mit den Flugeigenschaften sehr zufrieden. Die Höchstgeschwindigkeit dieses mit Luftschraube angetriebenen Versuchsmusters lag nur bei 420 km/h. Deshalb mußte ich das Verhalten bei höheren Geschwindigkeiten durch Bahnneigungsflüge mit Vollgas untersuchen. Dabei ergab sich zweifelsfrei, daß so etwa bei 540 km/h die anscheinend ›unvermeidlichen‹ Leitwerkschwingungen auch an diesem Muster auftraten. Diese Beobachtung hätte mich 1 Jahr früher wahrscheinlich nicht besonders erschüttert.

Aber nachdem ich im Verlaufe des vorangegangenen halben Jahres zweimal wegen solcher Schwingungen sogar zum Aussteigen gezwungen worden war, hatte ich doch von Leitwerkschwingungen, gelinde gesagt, ›die Nase voll‹. Ich konnte jedoch keinesfalls irgendeinen Kollegen mit der Untersuchung dieser Schwingungen beauftragen und ging also mit gemischten Gefühlen daran, die Geschwindigkeit weiter zu steigern. Diesmal hatte ich aber Glück. Es zeigte sich nämlich bei den nächsten Flügen, daß diese Schwingungen bei steigender Geschwindigkeit wieder aufhörten.

Im Verlauf des Sommers 1941 führte ich dann eine große Anzahl Versuchsflüge durch, wobei ich die Flugeigenschaften, Ruderwirkungen, Ruderkraftverlauf und alle diese Dinge, die bei der Erprobung eines neuen Flugzeuges die Beteiligten interessieren, ausgiebig untersuchen konnte. Die Maschine hat uns von allen unseren Baumustern, die den Namen Messerschmitt trugen, die wenigsten Schwierigkeiten verursacht. Änderungen waren fast gar nicht notwendig.«[2)]

Knapp 14 Tage nach dem Erstflug, am 1. Mai 1941, ernannte Hitler Prof. Willy Messerschmitt als dritten deutschen Betriebsführer zum »Pionier der Arbeit« und verlieh dem Betrieb Messerschmitt Augsburg den hochtrabenden Titel »Nationalsozialistischer Musterbetrieb«. Dieser besaß nun schon in allen seinen Werken über 11 500 Beschäftigte.

Mit dem Erstflug der He 280 V-1, des ersten Turbinen-Jagdflugzeuges der Welt, am 2. April 1941 und der eigentlich für diese Rolle vorgesehenen Me 262 V-1 am 18. April (noch immer ohne Strahltriebwerke) standen plötzlich zwei Strahljäger zur Auswahl. Erstere hätte größere Chancen haben müssen. Für den 11. Juli berief daher Generaloberst Ernst Udet eine Beratung im Technischen Amt des RLM ein, an der Prof. Dr. Ernst Heinkel,

Me 262 V-1 ohne Strahltriebwerk, d. h. nur mit Mittelmotor Jumo 210, in Augsburg. Die Turbinen waren noch lange nicht betriebsreif!

Generalmajor Ploch, Oberstabsingenieur Reidenbach und die Fliegerstabsingenieure Alpers sowie Sellschopp teilnahmen. Im Protokoll der Heinkel-Werke hieß es:

»Herr Generaloberst Udet erkundigt sich nach dem Stand der He 280. Die Frage des Interceptors sei außerordentlich dringend. Beim ersten Flug der He 280, der recht eindrucksvoll war, sei ihm das Triebwerk als klar geschildert worden. Er würde gerne und aufrichtig wissen, wann mit einem Fronteinsatz zu rechnen ist. Er hätte den Eindruck, daß wir im Mai schon einmal bedeutend sicherer waren. Die Lage sei zur Zeit so, daß man nur eine Entwicklung betreiben könnte, die dem Kriege noch zugute kommt. Wir hätten ja doch einen bedeutenden Stab von hochwertigen Leuten an dieser Aufgabe zu sitzen, den man besser auf andere Aufgaben verteilen könnte, wenn es sich zeigt, daß wir mit den Triebwerken nicht mehr rechtzeitig fertig werden.

Herr Generaloberst Udet erwartet, daß wir schnellstens einen Bericht einreichen, in dem wir nach eingehender Prüfung der Lage mitteilen, wann mit einem Fronteinsatz gerechnet werden kann. Es käme vor allem darauf an, alle noch bestehenden Schwierigkeiten, die eine Serienreife gefährden, herauszufinden. Mehrere erfolgversprechende Lösungen müßten dann in parallelen Prüfstandläufen auf breitester Front erprobt werden. Nur so könnte man schnellstens an's Ziel kommen. gez. Meschkat EHF«[3)]

Unabhängig von Udet's Forderung an die Heinkel-Werke und ungeachtet der Tatsache, daß noch immer kein Triebwerk zur Verfügung stand, vergab das Technische Amt am 25. Juli 1941 einen Bauauftrag über fünf Versuchs- und 20 Nullserienflugzeuge Me 262 an die Messerschmitt AG. Mehrere Zellen wurden auch im Messerschmitt-Werk in Augsburg aufgelegt, doch mit den Triebwerken ging es keinen Schritt vorwärts. Selbst Heinkel's schon in der He 280 erprobten HeS-8A (RLM-Bezeichnung HeS-001) Radialturbinen waren noch längst nicht betriebssicher. So verging mehr als ein halbes Jahr, in dem zwar in den TL-Abteilungen der Motorenwerke fieberhaft gearbeitet wurde, die Me 262 V-1 jedoch vergessen in einer Halle stand.

Hitler im Messerschmitt-Konzern. Von links: SA-Oberführer Theo Croneiss, Aufsichtsratsvorsitzender; Direktor Hentzen; Hitler; Ernst Udet, der damalige Generalluftzeugmeister und Vorgänger von Milch sowie Prof. Willy Messerschmitt.

Interessanter Größenvergleich: links die Axialturbine Jumo 004 B, rechts die wesentlich kleinere und leichtere Radialturbine HeS 8A.

Der Auftrag vom 25. Juli 1941 entsprang eigentlich einer realeren Einschätzung der politisch-militärischen Lage, als sie Udet gegenüber den Heinkel-Leuten geäußert hatte. Bereits die ersten Kriegswochen nach dem Überfall auf die UdSSR führten zu höheren Verlusten, als sie Hitler und der Führungsstab der Luftwaffe erwartet hatten. Von den 4 643 seit 22. Juni bis 31. Dezember 1941 an den Fronten verlorenen Flugzeugen wurden 3 827 an der deutsch-sowjetischen Front zerstört oder beschädigt.

Nun wurde Udet zum Sündenbock gestempelt. Nicht für die o. a. Äußerung, sondern vielmehr für die Fehleinschätzung der gesamten Führung, die geglaubt hatte, im Dezember 1941 in Moskau einmarschieren zu können. Am 17. November 1941 ging der bekannte Jagdflieger des Ersten Weltkrieges und Kunstflieger der zwanziger Jahre, der Chef des Technischen Amtes, in den Freitod.

Wenige Wochen später, im Januar 1942, berief sein eifrigster Gegenspieler und Nachfolger, Generalfeldmarschall Erhard Milch, eine große Tagung des Technischen Amtes mit hohen Offizieren der Luftwaffe und Vertretern der Flugzeugindustrie ein. Unter anderem ging es auch um einen Schnellbomber und das Strahlflugzeug. In Smolensk hatte man Anzeichen von Prüfständen für Ljulka's TL gefunden und auch aus England von den Patenten Whittle's Kenntnis erhalten.

Franke, Leiter der Erprobungsstelle der Luftwaffe in Rechlin, sprach als einer der ersten dazu: »Der wichtigste Gesichtspunkt ist der, daß damit gerechnet werden muß, daß unsere Gegner ein Strahltriebwerk bringen. Wenn sie das tun und wir haben keine entsprechende Gegenwaffe, dann ist das für uns ein sehr schwerer Schlag. Wir dürfen uns unter keinen Umständen leisten, keine Strahltriebwerke zu bauen, unabhängig davon, daß man einen Schnellstbomber trotzdem als eine Schnellstlösung mit Benzinmotor macht.«

Warten auf Triebwerke

Prof. Messerschmitt, seine Me 262 immer noch in der Halle sehend, bestätigte: »Meine Ansicht ist auch, daß man eine Schnellstlösung mit Benzinmotor schaffen muß. Man muß aber auch, aufgebaut auf dem vorhandenen Strahltriebwerk, Flugzeuge mit Strahltriebwerken herstellen. Sie werden in nächster Zeit bestimmt schneller sein als Luftschraubenflugzeuge. Ob man sie in absehbarer Zeit einsetzt, ist eine andere Frage; denn wenn der Gegner keine brauchbaren Geräte hat, wäre es unter Umständen vielleicht falsch, den Strahlbomber einzusetzen. Wenn von 100 Stück, die wir dann vielleicht haben, einer verlorengeht, machen sie die ganze Geschichte nach.«

Der General der Jagdflieger, Adolf Galland, schloß sich diesen Auffassungen an. Doch ging es ihm nicht um den Strahlbomber; er wollte Strahljäger. »Die Entwicklung ist doch so gegangen«, meinte er, »daß man aus der Not der Jagdabwehr ein Flugzeug mindestens gleicher Leistung fordert, um existieren zu können. Möglichst ein Flugzeug besserer Leistung, um dem feindlichen Jagdflugzeug überlegen zu sein. Was der Gegner auf dem gesamten Gebiet macht, wissen wir nicht. Ich möchte es als grundlegend falsch bezeichnen, wenn wir unsere Entwicklung einseitig auslegen und einen Schnellbomber ausschreiben, ohne gleichzeitig bei allen Projekten daran zu denken, daß das gleiche Flugzeug oder ein ähnliches Flugzeug vielleicht noch vor dem Schnellstbomber bitter nötig als Schnellstjäger gebraucht wird. Ich dürfte vielleicht bitten, daß von seiten des Technischen Amtes die Ausschreibung gleichzeitig auf Jäger ausgedehnt wird. Zweitens möchte ich noch sagen, daß selbstverständlich eine Entwicklung mit Strahlflugzeugen eine Sache ankurbelt, von der wir noch nicht wissen, wohin sie überhaupt führt. Der Einsatz dieser Dinge kann unter Umständen den Verhältnissen vorausgreifen und dazu führen, daß wir eine Sache preisgeben, bevor wir sie in der nötigen durchschlagenden Menge haben. Trotzdem glaube ich, daß wir da nicht Angst vor der eigenen Courage haben dürfen; vorausgesetzt, daß man auf dem Gesamtgebiet überhaupt genügend tätig ist, und den Eindruck habe ich derzeit nicht.«

Messerschmitt darauf: »Ich bin der gleichen

Ansicht. Wir müssen das Schnellkampfflugzeug mit Benzinmotor schaffen. Das kann unter Umständen auch ein brauchbarer Schnellzerstörer oder Jäger sein. Es muß nur versucht werden, mit dem geringsten Aufwand so etwas zu schaffen, weil wir kapazitätsmäßig nicht mehr verkraften können. Wir müssen aber gleichzeitig wenigstens einige hundert Stück Jäger mit Strahltriebwerken hinstellen, damit sie da sind, wenn der Feind mit etwas Ähnlichem kommt. Die Industrie hat die Möglichkeit, es zu schaffen. Die Industrie braucht nur Kapazität, um Jäger mit Strahltriebwerk, die auch als Bomber verwendbar sind, herzustellen.«

Hier mischte sich Prof. Ernst Heinkel ein: »Bei dem heutigen Stand der Strahltriebwerke bin ich überzeugt, daß wir in kürzester Zeit Strahlbomber und genau so schnell Strahljäger bekommen. Ich sehe nicht ein, daß man da auch nur eine Sekunde wartet. Bei einem Vergleich der Benzinmotoren und der Strahltriebwerke muß man folgendes berücksichtigen: Wir müssen sofort mit aller Gewalt den Strahlbomber schaffen, und zwar so wie wir das projektiert haben und wie es auch Junkers getan hat. (Projekt der späteren He 343 und Ju 287, M. J.). Es ist ohne weiteres möglich, die Strahlbomber und Strahljäger ziemlich zu vereinigen. Neunhundert Kilometer habe ich mit der Maschine auf alle Fälle. Ich kann einen vorderen Tank auslassen und dafür sechs Kanonen einbauen. Oder man bringt die sechs Kanonen – wie wir es gemacht haben – im Schwerpunkt direkt über dem Triebwerk an. Dann hat man beide Fliegen mit einer Klappe.

Also: wenn man heute anfängt, kann man zugleich die Jäger und die Schnellstbomber fertigmachen. Meiner Ansicht nach muß man mit aller Energie herangehen, damit wir 1944 50 oder 60 Stück dieser Bomber oder Jäger von 900 km/h haben. Das ist möglich. Es muß eine Aktion gestartet werden. Es muß ein Kommissar vom Ministerium her, der die Schwierigkeiten beseitigt. Ob man Junkers- oder BMW-Triebwerke zum Einbau nimmt, oder sonst etwas einbaut, das ist egal. 50, 60, 100 Maschinen mit 900 km/h. Jeden Tag kann es ja sein, daß der Gegner kommt.«

Erprobungsleiter Franke faßte zu dieser Frage zusammen: »Dabei ist zu berücksichtigen, daß man den Kolbenmotor kennt und auch über seine Nachteile genau Bescheid weiß, während man sich beim Strahltriebwerk noch nicht so genau auskennt.«[4)]

Schaufelbruch der BMW-Turbinen

Es sollte aber immerhin noch mehr als sechs Wochen dauern, bis Anfang März endlich die ersten beiden BMW-P 3302-Triebwerke bei Messerschmitt eintrafen. Fast einen weiteren Monat brauchte man für den Einbau unter den Tragflächen und das Installieren der zusätzlichen Bordausrüstungen. Dann war es endlich soweit. Fritz Wendel erinnerte sich später: »Am 25. März 1942 stand meine Me 262 V-1 startklar auf unserem Flugplatz in Augsburg.

Es war damals noch eine Kunst, diese Sondertriebwerke, wie wir sie nannten, zu bedienen. Aber ich hatte es lange genug, sowohl in Berlin-Schönefeld als auch bei Jumo in Dessau, geübt. Der Start verlief einwandfrei, wenn ich auch wieder erst kurz vor dem Zaun abheben konnte. Aber als ich in ca. 50 m Höhe war und gerade das Fahrwerk einfahren wollte, setzte erst das linke und bald darauf auch das rechte Triebwerk vollständig aus. Es war nun schwierig, mit dem Mittelmotor allein die Maschine auf der Höhe zu halten. Es gelang mir aber trotzdem, die Platzrunde zu beenden und unversehrt wieder auf dem Platz aufzusetzen. Eine Überprüfung zeigte, daß an beiden Triebwerken die Verdichterschaufeln den Beanspruchungen nicht gewachsen waren und sich selbständig gemacht hatten. Eine unerklärliche Tatsache, denn bei meinem Flug war die Drehzahl nicht höher als bei meinen vorausgegangenen Versuchen in Berlin-Schönefeld. Die BMW-Versuchsingenieure zogen wieder nach Schönefeld zurück und monatelang hörten wir nichts mehr von ihnen.«[5)]

In Wendels ausführlichem Flugbericht vom 30. März stellte sich der Flug rein technisch so dar: »Die Beschleunigung der Geräte geht zu langsam vor sich. Besonders über die Drehzahl 6 400 U/min ist das Gerät nur sehr langsam hin-

Me 262 V-1 in der Halle: Die beiden BMW P 33-02-Turbinen sind endlich eingebaut. Zur Sicherheit beließ man den alten Jumo 210 Reihenmotor noch in der Rumpfspitze. Das rettete Werkeinflieger Fritz Wendel das Leben.

wegzubringen. Der Start selbst war sehr lang. Bei einer Geschwindigkeit von 400–500 km/h konnte trotz vollständigem Zurücknehmen der Gashebel die Drehzahl nicht unter 7 000 U/min bei einem Einspritzdruck von 16–18 atü gebracht werden … Bei 100 L. Brennstoffanzeige wurde ein starkes Schwanken der Einspritzdrücke links und gleichzeitig ein unruhiger Lauf des linken Gerätes beobachtet. Es wurde daraufhin der Gashebel auf Stoppstellung gezogen, wobei aus Versehen auch der rechts so weit zurückgenommen wurde, daß beide Geräte stehen blieben … Es kann jetzt schon gesagt werden, daß mittelmäßige Flugzeugführer dieses Flugzeug mit einer derart hohen Flächenbelastung nicht beherrschen können.«[6]

Man war also von einem Messerschmitt-Strahljäger noch weit entfernt, obwohl in den Hallen der Messerschmitt AG zu diesem Zeitpunkt bereits drei Zellen der Me 262 zur Erprobung bereitstanden. Doch es gab kein Triebwerk für die Prototypen.

Dafür überschlugen sich im März 1942 die Ereignisse in der deutschen Luftrüstung. Spätestens im Winter 1941/42, d. h. während der Niederlage vor Moskau, waren die Blitzkriegspläne der Naziführung gescheitert. Hatte Hitler im Dezember 1941 noch immer gehofft, Silvester im Moskauer Hotel Metropol feiern zu können, so erforderte der Rückzug vor Moskau und die nunmehr völlig veränderte Kriegslage erhöhte Rüstungsanstrengungen.

Nicht nur die Stückzahlen, z. B. der Flugzeuge, mußten erhöht, sondern auch die Technik mußte verbessert werden. Auf letzteres glaubte sich Messerschmitt eingestellt zu haben. Nicht ohne Hintergedanken hatte er während der Strahlflugzeug-Konferenz auf den Schnellbomber mit Kolbenmotor angespielt. Mit dem Gespür des Industriellen hatte sein Werk nach Beginn der Serienproduktion des Zerstörers Bf 110 die modernere Ausführung eines Schnellzerstörers Me 210 als Ablösemuster in Angriff genommen. Auch diese Maschine war wie die Me 262 von Dipl.-Ing. Woldemar Voigt projektiert worden. Messerschmitt selbst hatte jedoch im Projekt den Rumpf um einen Meter verkürzt und das Fahrwerk leichter gestaltet. Damit sollte die Masse verringert und ein Geschwindigkeitszuwachs erreicht werden.

Noch ohne abgeschlossene Erprobung bestellte das RLM eine Serie von 1 000 Maschinen. Es wurde angeordnet, die Serienproduktion der Bf 110 zu drosseln und die Me 210 schnell hochzufahren, um sie noch im Winter 1941 an der Ostfront einsetzen zu können. Doch die Erprobung zeigte hohe Instabilität, Leitwerkflattern und Fahrwerkbrüche. So waren bis März 1942 wenig mehr als 100 Maschinen ausgeliefert worden, und die Anzahl der Brüche wuchs rapide. Messerschmitt geriet zunehmend in finanzielle und politische Schwierigkeiten. Im Februar 1942 stand die Firma bereits mit 25 Millionen Reichsmark in der Kreide, hervorgerufen durch Beschaffungskosten für Rohmaterial und Halbfertigfabrikate von den Lizenzfirmen sowie nicht ausgelieferte Maschinen. Hinzu kam der monatliche Finanzbedarf von 16 Millionen Reichsmark.

Am 9. März mußte Messerschmitt bei Göring zum Rapport erscheinen. Er versprach, bis zum 1. April sechs verbesserte Me 210 zu liefern. Auch Erhard Milch ging darauf ein. Doch der Termin konnte nicht gehalten werden. So wurde vom RLM am 14. April die Einstellung der Serienproduktion beschlossen. Von da an überschwemmten Güterzugladungen mit Baugruppen und zugeschnittenem Material im Wert von 68 Millionen Reichsmark das Werk. 370 halbfertige

Me 210 sowie Baugruppen und Teile für 800 weitere mußte Messerschmitt in zwei großen Hallen des Fliegerhorstes Gablingen einlagern. Der Verlust betrug zunächst 38 Millionen Mark, der ein Jahr später allerderdings durch die Me 410 fast ausgeglichen werden konnte, da dieses Muster mit verlängertem Rumpf und stärkeren Triebwerken im wesentlichen der Me 210 entsprach.

Prof. Messerschmitts Ruf war allerdings angeschlagen. Besonders Erhard Milch hatte seitdem ständig Vorbehalte gegen den Konstrukteur und Industriellen. Doch das störte den geschäftstüchtigen Konzernboß kaum. Inbeirrt verfolgte er, tatkräftig unterstützt von seinem Aufsichtsrat, in dem auch Vertraute Hitlers, wie z. B. der SS-Brigadeführer Theo Croneiß, saßen, nur ein Ziel: Maximalprofit und möglichst viele neue Flugzeugmuster in Serie.

So folgten dann 1942, 1943 und 1944 in relativ kurzen Abständen zahlreiche Prototypen neuer Muster, die er alle in Serie herstellen wollte. Obwohl von der Naziführung seit der Bf 109 und der Bf 110 zum ausschließlichen Jägerproduzenten bestimmt, umfaßte die Entwicklungspalette fast alle Typen: Zerstörer und Aufklärer Me 410, Lastensegler Me 321, sechsmotorige Großraumtransporter Me 323 »Gigant«, Jäger Me 209A und Me 309, Langstreckenbomber Me 264, Raketenjäger Me 163, Jagdbomber Me 328 und nicht zuletzt die Me 262.

Doch der Führung des Dritten Reiches ging es vor allem um hohe Stückzahlen für die Front. Eine neue Sommeroffensive im Süden der UdSSR wurde geplant, und dazu benötigte man frisch aufgefüllte Verbände. Bereits vor Udets Selbstmord im November 1941 hatte Milch in dessen Kompetenzen eingegriffen und mit dem sogenannten »Göring-Programm« eine Vervierfachung der Flugzeugproduktion gefordert. Milchs Untersuchungen sowie die des 1941 gebildeten Industrierates des Reichsmarschalls Göring ergaben jedoch, daß lediglich eine Verdoppelung realisiert werden konnte.

Als am 8. Februar 1942 Albert Speer zum Reichsminister für Bewaffnung und Munition ernannt wurde, fand Milch, nunmehr allein verantwortlich für die Luftrüstung, in ihm einen einflußreichen Partner. Nur wenige Wochen später, am 21. März 1942, ernannte Hitler Fritz Sauckel, den Gauleiter und Reichsstatthalter von Thüringen, zum Generalbevollmächtigten für den Arbeitseinsatz. Sauckel erhielt diktatorische Vollmachten für die planmäßige und rücksichtslose Beschaffung von Arbeitskräften, vor allem von Zwangsarbeitern aus den besetzten Ländern.

Ende 1941 waren in der deutschen Luftrüstung 1,3 Millionen Arbeitskräfte beschäftigt. Sauckel bekam nunmehr den Auftrag, 1,6 Millionen weitere für die Rüstung und die Landwirtschaft zu rekrutieren. Ein Jahr später arbeiteten bereits 1,9 Millionen Menschen in der Luftrüstungsindustrie. Das Personal der Weser-Flugzeugbau bestand zu jener Zeit schon zu 50 Prozent aus ausländischen Zwangsarbeitern, und auch Messerschmitts Belegschaft war von 9 809 Beschäftigten Ende 1940 inzwischen auf 11 545 angestiegen.

Dennoch hatte der Professor Messerschmitt Sorgen. Mit dem Me 210-Dekakel hatte er sich in Milch einen unversöhnlichen Gegner geschaffen. Daß es mit der Me 262 nicht recht voranging, wurde ihm ebenfalls angelastet. Milch verlangte bei Göring kurz nach dem Me 210-Serienstop auch die Einstellung der Lastenseglerproduktion Me 321, weil bei der Erprobung bereits 36 Menschen ihr Leben verloren hatten. Das Faß zum Überlaufen brachte jedoch eine Meldung Generalingenieurs Roluff Lucht, der berichtete, daß Messerschmitt durch ständige Änderungen an seinen produzierten Typen eine hohe Ausbringung hemme. Milch schickte Lucht nach Augsburg mit der Forderung, Messerschmitt möge zurücktreten.

Dort hatte der Aufsichtsrat getagt. Der stellvertretende Aufsichtsratsvorsitzende F. W. Seiler und SS-Brigadeführer Theo Croneiß wollten Milch von seinem Vorhaben abbringen. Doch der blieb eisern. So trat Prof. Messerschmitt als Generaldirektor zurück und wurde durch den Vorsitzenden des Aufsichtsrates Croneiß ersetzt. Fortan sollte sich der Professor ausschließlich der Forschungs- und Konstruktionstätigkeit widmen. Trotzdem war an eine Serienproduktion der Me 262 immer noch nicht zu denken. Der Strahljäger stand ganz am Anfang seiner Entwicklung.

Heinkel hatte Ende März 1942 einen offiziellen Fertigungsauftrag über neun Versuchsflugzeuge vom Typ He 280 sowie über 13 Maschinen der Serie He 280 A-1 erhalten. Doch bereits am 26. April 1942 stürzte der Prototyp He 280 V-2 während seines Versuchsfluges durch einen Triebwerkschaden ab und wurde zu 80 Prozent zerstört.

Erster Flug mit Junkers-Turbinen

Ende Juni 1942 trafen endlich die von Junkers versprochenen zwei Versuchstriebwerke Jumo 004 V-9 und V-10 bei Messerschmitt ein. Lassen wir wiederum Versuchspilot Fritz Wendel zu Wort kommen: »Zu dieser Zeit begannen wir bereits damit, in dem nächsten Versuchsmuster – und zwar in der V3 – die ersten Jumo 004-Triebwerke unter den Flächen einzubauen. Diese Maschine hatte keinen Mittelmotor und sah im wesentlichen der späteren Serienmaschine schon sehr ähnlich. In den frühen Morgenstunden des 18. Juli 1942 machte ich dann in Leipheim die ersten Startversuche. Wir gingen deshalb nach Leipheim, weil dieser Platz damals Geheimplatz war, wegen der dort laufenden Erprobung der Me 321 und Me 323, unserer sogenannten ›Giganten‹. Aber auch diese Startbahn mit ihren 1 100 m war sehr bescheiden in ihrer Ausdehnung für die ersten Versuchsflüge eines Düsenflugzeuges. Nach unserer Berechnung und insbesondere nach Umrechnung der durchgeführten Versuche mit der V-1 hätte die V-3 bei reinem Düsenantrieb und einem Gewicht von über 5 000 kg bei 180 km/h abheben müssen.

Bei meinen ersten Rollversuchen erreichte ich diese 180 km/h nach 800 m Rollstrecke. Dabei hatte ich auf keinem Ruder Wirkung oder Druck. Es war einfach nicht möglich, den Sporn vom Boden wegzubekommen und dem Flugzeug eine Lage zu geben, aus der man ungefährdet vom Boden abheben konnte. Rollversuche über die 800-m-Grenze hinaus waren nicht möglich, da die restlichen 300 m unbedingt zum Anlauf gebraucht wurden.

Me 262 V-3: die erste Me 262 mit zwei Jumo 004A-Triebwerken, ohne Mittelmotor.

Vorbereitung der Me 262 V-3 zum ersten Flug.

Nach diesen ersten Rollversuchen kamen wir zu dem Schluß, daß der fehlende Propellerstrahl in Verbindung mit dem großen Anstellwinkel eine wirkungsvolle Anströmung der Ruder bei diesen Geschwindigkeiten ausschloß. Die Versuche zeigten uns schon eindeutig, daß Düsenflugzeuge unbedingt Bugradfahrwerk haben müssen, damit sie von Anfang an bereits mit kleinem Anstellwinkel anrollen. Aber wie sollten wir nun unsere damals noch mit Heckrad ausgerüstete Maschine in die Luft bringen?

Irgendjemand machte den Vorschlag, bei 800 m Gas drin zu lassen und durch plötzliches Betätigen der Bremsen ein Moment um die Querachse herbeizuführen, wodurch unter Umständen die Maschine in die Fluglage gebracht werden könnte. Der Vorschlag war einleuchtend, die praktische Durchführung natürlich sehr riskant. Denn sollte der Versuch mißlingen, konnte ich die Maschine bis zum Platzende nicht mehr zum Stillstand bringen. Aber es gelang.

Nachdem ich die Bremsen betätigt hatte, kippte die Maschine nach vorne über und als sie ihre Fluglage erreichte, hatte ich sofort Ruderdruck und Ruderwirkung und konnte unmittelbar danach abheben. Die Triebwerke liefen einwandfrei. Es war eine große Freude, mit dieser Maschine zu fliegen. Ich war selten bei einem Erstlingsflug mit einem neuen Muster so begeistert wie diesmal auf der Me 262. Der erste Flug dauerte von 8.40 bis 8.52 Uhr. Nach einer ausgiebigen Unterredung mit Professor Messerschmitt und den leitenden Konstrukteuren sowohl unserer Firma als auch von Jumo, führte ich von 12.05 bis 12.18 Uhr den zweiten Flug durch. Dabei zeigte sich, daß in den Kurven die Strömung am Innenflügel verhältnismäßig früh abriß und dadurch in der Steilkurve nur relativ kleine Anstellwinkel erreicht wurden. Der Innenflügel war aerodynamisch hoch belastet, weil er eine geringe Tiefe hatte. Die Vorderkante des Flügels ging vom Rumpf rechtwinklig weg, um dann nach den Triebwerken nach hinten abzuknicken, wodurch die bekannte Pfeilung entstand. Die Hinterkante dagegen lief so, wie es auch bei den späteren Mustern der Fall war, ziemlich gerade durch.

Wir entschlossen uns nun, den Innenflügel nach vorne zu vertiefen und ebenfalls mit Vorflügeln zu versehen. Dadurch entstand die Form, die später allgemein bekannt wurde. Damit erreichten wir wesentlich größere Anstellwinkel, was gleichbedeutend war mit kleinem Kurvenradius und geringer Landegeschwindigkeit. Nachdem ich sechs Versuchsflüge mit diesem Muster durchgeführt hatte, war ich so begeistert von den Eigenschaften, daß ich mich für den baldigen Serienanlauf einsetzte. Ich hatte zwar noch einmal, und zwar bei Erreichen der 700-km-Grenze mit Leitwerkschwingungen zu kämpfen (diese unangenehmen Erscheinungen haben mich nie verlassen), aber wir konnten sie ohne Änderungen beseitigen.«[7]

Doch mit der geschilderten konstruktiven Veränderung greift Flugkapitän Fritz Wendel der Geschichte vor. Auch erhielt diese auf die Innenflügel erweiterten Vorflügel nicht die Me 262 V-3, sondern der 1. Prototyp V-1 ab August 1943. Zunächst war jedoch die V-3 noch immer der einzige Prototyp mit TL-Triebwerk Jumo 004. Der gelungene Flug gab nicht nur den Triebwerkkonstrukteuren bei Junkers Auftrieb, sondern auch die Luftwaffe, das Reichsluftfahrtministerium und die Nazi-Führungsgrößen witterten endlich ihre Chance. In den Abteilungen des Technischen Amtes kam Euphorie auf und trotz strengster Geheimhaltung drang die Kunde vom neuen Turbojäger Messerschmitts auch in andere Abteilungen des RLM.

Etwa Ende Juli 1942 erhielten auch Oberleutnant Harro Schulze-Boysen sowie Oberst Erwin

Gehrts vom RLM Kenntnis über den neuen Strahljäger Me 262, die ihre Informationen an die sowjetische Aufklärung weitergaben. Die Meldung über den Strahljäger Me 262 konnte den Sowjets nur insofern nützlich sein, als sie sich möglicherweise auf ein derartiges Flugzeug in absehbarer Zeit einzustellen hatten. Ein Äquivalent zu schaffen, dazu reichten die Kraft der Konstrukteure und die Kapazität der Produktionsstätten in der UdSSR nicht aus.

Um die Erprobung der einzigen mit Turbinen ausgerüsteten Me 262 auf eine breitere Basis zu stellen, schaltete Messerschmitt die Erprobungsstelle der Luftwaffe in Rechlin ein. Einen Monat nach den ersten beiden Flügen Fritz Wendels auf der Me 262 V-3 kam Dipl.-Ing. Beauvais von Rechlin nach Leipheim. Wendel berichtete: »Ich kannte ihn schon lange als besonders zuverlässigen Piloten ... Vor dem Start erklärte ich ihm die Schwierigkeiten, die wegen des Heckrades zu beachten waren. Die Triebwerke waren damals noch sehr primitiv in der Bedienung. Man benötigte z. B. 30 Sekunden, um vom Leerlauf auf Vollgas zu fahren. Auch das versuchte ich meinem Kollegen Beauvais zu erklären. Denn bevor die Triebwerke auf Vollast waren, durfte man die Bremsen nicht loslassen, weil der Platz zu kurz war. Ich stellte mich an der 800-m-Grenze auf, an der Beauvais die Bremse betätigen sollte. Er rollte an, kam auf mich zu, und ich sah schon, daß die Geschwindigkeit an dieser Stelle noch viel zu gering war. Ob er zu schnell Gas gegeben hatte, so daß die Strömung an den Verdichtern der Triebwerke zeitweise abgerissen war; ob er die Bremsen zu früh losgelassen hatte – ich weiß es nicht mehr. Jedenfalls war er zu langsam.

Ich konnte jedoch auch unmöglich im letzten Moment 200 m weiterlaufen. Beauvais betätigte die Bremsen. Der Schwanz der Me 262 ging hoch und fiel wieder nach unten. Er versuchte es noch einmal und noch ein drittes Mal. Fast unmittelbar an der Platzgrenze gelang es ihm, die Maschine frei zu bekommen. Aber die Räder streiften die anschließenden Getreidefelder, so daß er keine Höhe gewann. Und nach einigen hundert Metern war es passiert. Irgendwo war der rechte Flügel hängengeblieben und der Flug war mit einem ziemlichen Knall zu Ende. Beauvais passierte wunderbarerweise bei diesem mißglückten Start nichts. Es erschien unglaublich, daß ein Mensch aus so vielen Trümmern heil herauskommen konnte.«[8)]

So blieb der Messerschmitt-Flugerprobung wiederum nur die Me 262 V-1 mit dem Mittelmotor Jumo 210, um die Zelle des Flugzeugs weiter testen zu können. Wendel absolvierte noch etliche Flüge mit dem lahmen Vogel, bevor endlich in der zweiten Septemberhälfte zwei weitere Jumo 004A-0 Triebwerke aus Köthen eintrafen. Vorsichtshalber hatte man die weitere Erprobung nach Lager Lechfeld verlegt, wo eine wesentlich längere Piste zur Verfügung stand. Da

Fritz Wendel startet am 18. Juli 1942 zum ersten Flug mit der Me 262 V-3 auf dem geheimen Flugplatz der Messerschmitt AG in Leipheim.

die Me 262 V-1 noch immer über den Kolbenmotor verfügte, die Me 262 V-3 aber noch nicht wieder aufgebaut war, rüstete man nunmehr die Me 262 V-2 mit diesen beiden Triebwerken aus.

Am 12. September 1942 beschimpfte Reichsmarschall Göring Flugzeugindustrielle und Konstrukteure wegen der Neu- und Weiterentwicklungen: »Das geht nun nicht so weiter. Ich kann nicht mehr wie im Frieden unerhört viel Zeit darauf verwenden, jeden einzelnen Motor und jede einzelne Zelle viele Monate bis ins letzte durchprobieren, bevor ich es in Serie gebe. Die Zeit, die benötigt wird, um ein Flugzeug, das einen Fortschritt oder einen neuen Typ darstellt, von der ersten Konstruktion bis zur Herausbringung in Serie fertigzustellen, die Zeit, die so vergeht, ist ja so, daß man nur immer hoffen kann, daß es nicht mehr zum Tragen kommt, weil vorher der Frieden schon da sein wird. Ich habe niemals verstanden, warum es notwendig ist. Es ist mir gesagt worden, es gehe nicht anders. Ich muß mich leider damit abfinden, aber es ist schon etwas Ungeheuerliches, wenn auf Grund, sagen wir einmal, der prinzipiellen Erkenntnisse, ein neuer Motor oder eine neue Zelle Jahre brauchen, bis sie brauchbar sind.

Ich habe sehr schwere Nacken- und Rückschläge in dem letzten Jahr hinnehmen müssen. Maschinen, die viel geben sollten, und bei denen viel versprochen war, haben das überhaupt nicht gehalten. Andere Maschinen, die durch diese ersetzt werden sollten, sind damit in der Herausbringung stark zurückgeworfen worden und ich habe nun schon in vier Fällen immer wieder auf die alte Maschine zurückgreifen und ihre Herausbringung wieder steigern müssen, weil das Neue, was mir zugesagt war, das nicht gehalten hat, das man versprach. Das gleiche gilt nicht nur bei der Zelle, sondern auch beim Motor.«[9]

Göring zeigte hierbei nicht nur wenig Sachkunde, sondern gab indirekt eine verfehlte Politik infolge der gescheiterten Blitzkriegsstrategie zu. Sollten denn die Konstrukteure nicht ausgereifte Entwicklungen in Serie überleiten, wie es im Fall der Me 210 geschehen war? Trugen nicht Göring und sein Generalluftzeugmeister die Hauptschuld, indem sie vom Reißbrett weg eine Großserie bestellten, von einem Typ, dessen Versuchsmuster keineswegs voll erprobt waren?

Erst nach dieser Beratung vom 12. September traf der zweite Satz Jumo 004A bei Messerschmitt ein und wurde sofort in die Zelle der V-2 eingebaut.

Am 1. Oktober 1942 startete Fritz Wendel um 9.23 Uhr mit der Me 262 V-2 und konnte das Flugzeug 20 Minuten später sicher und ohne Vorkommnisse landen. Nach einer Reihe von Versuchsflügen und einigen Änderungen an der Zelle erreichte er erstmals 800 km/h.

Einen Tag später entschloß sich das RLM, das bereits am 12. August befohlen hatte, fünf weitere Versuchsmuster zu fertigen, die Erprobungs-

Erst nach der Me 262 V-1 und der V-3 startete der 2. Prototyp Me 262 V-2 mit Jumo 004A am 1. Oktober 1942 zum Jungfernflug. Er erreichte im Laufe der Erprobung 800 km/h. Am 17. April 1943 flog Hauptmann Wolfgang Späte von der Luftwaffe diese Maschine nach.

Heinkel He 280 V-2 mit 2xHeS 8A Radialturbinen: Das erste Turbo-Jagdflugzeug der Welt flog bereits am 20. März 1941. Doch die HeS 8A Turbinen wurden nie serienreif.

basis durch den Bau weiterer 30 Versuchsserienflugzeuge bis Ende 1943 zu erweitern. Alle Maschinen sollten bereits ein Bugradfahrwerk erhalten. Prof. Messerschmitt war zwar immer noch skeptisch, was die rechtzeitige Betriebssicherheit der Triebwerke anlangte, doch nahm er den Auftrag ziemlich ernst. Bereits am 15. Oktober wurden von der Konzernleitung Aufträge zur Betriebsmittelkonstruktion erteilt sowie Maßnahmen zur Beschaffung von Material für die Vorserie ergriffen. Durch die Vorfälle bei der Me 210 gewitzigt, erstreckten sich die Vorbereitungen nur auf 10 statt auf 30 Flugzeuge.

Eine Planungsbesprechung des RLM mit den Messerschmitt-Werken am 2. Dezember 1942 sollte diese davon überzeugen, die Flugklartermine für die Versuchsmuster der Me 262 jeweils um einen Monat vorzuverlegen, um noch im Sommer 1943 eine einwandfreie Flugerprobung durchführen zu können. Messerschmitt wurde später der Vorwurf gemacht, er hätte Entwicklung und Erprobung immer wieder verzögert. Ein so genialer Techniker, wie man ihn damals und auch nach dem Zweiten Weltkrieg hinzustellen versuchte, war er jedoch keinesfalls.

Viele seiner Entwicklungen entstanden unter maßgeblicher Beteiligung hervorragender Konstrukteure, wie Lusser, Voigt und anderen, deren Namen weniger bekannt wurden. Ein nüchterner Unternehmer, dem es in jedem Fall um höchsten Profit ging, war er aber auf jeden Fall. So waren seine Forderungen nach 20 Konstrukteuren sowie 600 weiteren Arbeitskräften, darunter 200 Facharbeitern, für das Programm der Versuchsmuster und der Vorserie keineswegs überzogen. Denn wer ein wenig Kenntnis von Konstruktion, Erprobung, konstruktiven Änderungen, Serienüberleitung einschließlich der Herstellung von Serienbauvorrichtungen und konstruktiver Betreuung der Serie hat, wird diesen Bedarf ermessen können.

Und nicht zu vergessen: Noch immer fehlte die nötige Anzahl von Triebwerken für die Erprobung der V-Muster. So hielt sich Messerschmitt in der Frage des Jägers für die kommenden zwei Jahre eine Hintertür offen. Falls die Me 262 infolge der Triebwerksprobleme nicht fertig würde, so kalkulierte er, mußte man einen Kolbenmotorjäger zur Hand haben. Deshalb entwickelte auch die Projekt- und Konstruktionsabteilung zwei neue Muster. Die Me 309 sollte ein völlig neues Ablösemuster der Bf 109 werden und bereits ein Bugradfahrwerk besitzen. Mit der Me 209 V-5 schufen ihre Konstrukteure eine Zelle, bei der viele Bauteile des Rumpfes und der Tragflächen von der Bf 109 übernommen werden konnten, so daß eine rasche Serienumstellung möglich war. Durch ein neues Triebwerk, Fahrwerk und Leitwerk sowie die stärkere Bewaffnung wurden die Mängel der Bf 109 kaschiert.

Nur wenige Tage nach der Planungsbesprechung am 10. Dezember 1942 bei Messerschmitt befahl Generalluftzeugmeister Milch eine neue Dringlichkeitseinstufung für zukunftsträchtige Programme. »Die Entwicklung eines Teils der folgend genannten Geräte läuft bereits in der Dringlichkeitsstufe DE«, hieß es darin. »Durch das Stichwort ›Vulcan‹ soll insbesondere auch die Beschaffung dieser Geräte erfaßt werden, für welche weitergehende Vorbereitungen wie bisher getroffen werden müßten. Das Programm umfaßt folgende Geräte:

A) Flugzeuge: Me 163, Me 262, He 280, Me 328, Ar 234.

B) Ferngelenkte Körper: Hs 293, Hs 294, Fritz X, Fi 103.

C) Strahltriebwerke: Jumo 004, BMW 003, –18, He 011, DB 007.

Weitere Geräte, deren Projektunterlagen noch nicht ganz abgeschlossen sind, werden nach ihrer Festlegung zur Ergänzung dieses Programms nachträglich benannt. Es handelt sich hierbei um Schnellbomber und Zerstörer mit Strahlantrieb sowie weitere ferngelenkte Körper.«[10]

Entgegen allen späteren Behauptungen, waren sich von Anfang an alle Beteiligten der Bedeutung des Strahlflugzeuges bewußt. Verkannt wurden dagegen die schwierige Lösung der technischen Probleme sowie der industriellen Fertigung und die militärstrategische Lage.

Hatten die Heinkel-Flugzeugwerke noch im Januar 1943, vor der endgültigen Zerschlagung der 6. Armee bei Stalingrad, einen Serienauftrag über 300 Strahljäger He 280B-1 erhalten, sollte sich die Situation bald gründlich ändern. Für das geplante He 280-Serienmuster waren ein einfaches Seitenleitwerk und eine Bewaffnung von 6 × 20-mm-Kanonen MG 151/20 vorgesehen. Mit diesem Auftrag verfügte die Luftfahrtindustrie praktisch über einen Auftragsbestand von 343 Turbojägern, wenn man die 13 geplanten He 280 A-1 und die 30 in Auftrag gegebenen Me 262 dazurechnete. Da Heinkel jedoch wegen Kapazitätsmangels die Serienproduktion der He 280 nicht übernehmen konnte, denn seine Werke waren durch die He 111 und He 177 ausgelastet,

He 280 V-3 während des Fluges.

sah das RLM die Siebel-Flugzeugwerke in Halle als Lizenznehmer vor. Untersuchungen ergaben allerdings, daß dieses Werk – bekannt durch seine Siebel-Fähren für die Kriegsmarine sowie das Schul-, Verbindungs- und Reiseflugzeug Si 204 D – der Aufgabe nicht gewachsen war. So hing der Serienauftrag zunächst in der Luft. Wenige Tage nach dem Fiasko bei Stalingrad fand am 5. und 6. Februar 1943 eine Reichsgauleiter-Tagung in Posen (Poznan) statt.

Dort legte der Generalbevollmächtigte für den Arbeitseinsatz, Fritz Sauckel, Rechenschaft über seine 1942 geleistete Arbeit ab. Im Mittelpunkt stand der Einsatz von Zwangsarbeitern in der Rüstungsindustrie und vorrangig in der Luftwaffenfertigung. Allein vom 1. April bis 1. Dezember 1942 hatte Sauckel 2 749 652 Zwangsarbeiter aus allen besetzten Ländern Europas heranschaffen lassen und damit die ihm gestellte Planzahl um mehr als eine Million überboten. 700 000 Arbeitskräfte waren in die Luftwaffenfertigung gesteckt worden. Für 1943 sollten nach Sauckel weitere 1 115 000 Zwangsarbeiter mobilisiert werden.

Da die Bomberfertigung aber bereits nicht mehr ausreichte, um den Bedarf zu befriedigen, befahl Hitler noch im Februar 1943, daß für alle Jagdflugzeuge Bombenschlösser zu fertigen seien. Damit sollten alle Jäger im Bedarfsfall auch als Jagdbomber einsetzbar sein. Die Ausführung des Befehls wurde mit allem Nachdruck gefordert und der General der Jagdflieger dafür mitverantwortlich gemacht.

Am 4. März 1943 lieferte Messerschmitt dem Technischen Amt des RLM ein Protokoll, in dem der Bauzustand der Me 262 zusammengefaßt war. Damit standen erstmals durch die bisherige Erprobung belegte Vergleichsmöglichkeiten zwischen der zweifellos weiter vorangeschrittenen He 280 und der Me 262 zur Verfügung. Die He 280 besaß zwei Mängel: zu geringer Kraftstoffvorrat und Leitwerkschütteln bei hohen Geschwindigkeiten. Letzteres traf auch auf die Me 262 zu, ließ sich jedoch mit geringem Aufwand beseitigen. Dafür fehlte dem Messerschmitt-Jäger noch immer das unbedingt erforderliche Bugrad. Heinkel hatte zwar bereits im Dezember 1942 mit der Umkonstruktion begonnen – sie umfaßte einen verlängerten und aufgedickten Rumpf, ein Zentralleitwerk und ein neues Flächenprofil – doch das bedeutete faktisch die Entwicklung eines neuen Flugzeuges. Diese Arbeiten waren Ende März 1943 noch keinesfalls abgeschlossen.

Den Todesstoß erhielt die He 280 aber durch das Fehlen eines geeigneten Herstellerwerkes. So bedauerte denn Milch in einem Schreiben vom 27. März 1943 an Heinkel, daß er die He 280 zugunsten der Me 262 vom Entwicklungsprogramm abgesetzt habe. »Wie sie selbst wissen, erlaubt es die gegenwärtige Kriegslage heute nicht mehr, zwei Muster nebeneinander laufen zu lassen.«[11] Milch muß diese Absage zugunsten seines ärgsten Feindes Messerschmitt ziemlich schwer gefallen sein.

Einen Tag später berichtete auf einer Industrieführerkonferenz der Beauftragte für Strahlflugzeuge im Technischen Amt des RLM über den Stand der Entwicklung. Sie sah nicht sehr rosig aus, dennoch meinte er: »Das Flugzeug Me 262 ist zur Zeit mit einem Baumuster bei Messerschmitt mit Junkers Triebwerken vorhanden. Die Erprobung ist ziemlich weit fortgeschritten. Nach Aussage von Messerschmitt ist eine Geschwindigkeit bis zu 850 km/h erflogen.«[12]

Diese Aussage Messerschmitts war offensichtlich stark übertrieben, denn die Me 262 V-3 hatte bis zu ihrem Absturz erst 700 km/h und die einzige noch im Flugbetrieb befindliche Me 262 V-2 seit ihrem Erstflug am 1. Oktober 1942 ganze 800 km/h erflogen. Heinkels He 280 V-5 dagegen erreichte zu diesem Zeitpunkt mit den ersten BMW 003 A-Versuchstriebwerken bereits 820 km/h. Sie spielte allerdings in der Planung des RLM keine Rolle mehr.

Am 29. März war die Me 262 V-3 wieder aufgebaut und man glaubte nun, die Erprobung mit zwei Mustermaschinen auf eine etwas breitere Basis stellen zu können. So wandte man sich an den General der Jagdflieger, Adolf Galland, und bot einen Prototyp zum Nachfliegen an. Hauptmann Wolfgang Späte, ein erfahrener Jagdflieger des an der Ostfront operierenden JG 54 und gerade beim Erprobungskommando 16 eingesetzt, berichtete später: »Eines Tages machten die Messerschmittwerke offiziell Mitteilung, daß die Me 262 soweit sei, daß man ihre Serienfertigung diskutieren könne. Da ich damals einer der wenigen Jagdflieger war, der (durch die Erprobung der Me 163) Erfahrung mit dem Fliegen strahlgetriebener Flugzeuge besaß, erhielt ich den Auftrag, die Maschine nachzufliegen und dem General der Jagdflieger und Generalluftzeugmeister Bericht zu erstatten.«[13)]

So kam Späte Mitte April 1943 aus Bad Zwischenahn bei Oldenburg, wo das Erprobungskommando 16 unter seiner Führung den Raketenjäger Me 163 testete, nach Lechfeld zu Messerschmitt. Am 17. April stieg er in die Me 262 V-2 und startete zu einem ersten Überprüfungsflug: »Das Ergebnis war, um es kurz zusammenzufassen, daß ich mich schon nach dem ersten Flug spontan zum Fernschreiber begab und General Galland dringend empfahl, diese Maschine selbst zu fliegen. Was sich hier auf den ersten Blick offenbarte, war ein solcher Sprung nach vorn in der Entwicklung des Flugwesens, daß es auch im Kriegseinsatz gar nicht abzusehende Vorteile bringen mußte, wenn es gelang, das Muster rechtzeitig in entsprechenden Stückzahlen herauszubringen.«[14)]

Doch es sollte noch vier Wochen dauern, ehe sich Galland nach Lechfeld begeben konnte. Schon der Tag nach dem Flug Hauptmann Spätes sollte der Euphorie einen Dämpfer aufsetzen. Dazu Fritz Wendel: »Im Frühjahr 1943, als dann die V-3 wieder dazukam, holte ich meinen Versuchsfliegerkollegen Ostertag zur Verstärkung hinzu. Er sollte mich bei der Erprobung unterstützen, damit die Maschine bald serienreif gemacht werden konnte. Aber nach wenigen Flügen bereits mußte Ostertag sein Leben für die Entwicklung dieser epochemachenden Erfindung opfern. Aus dem Horizontalflug heraus ging die Maschine aus unerklärlichen Gründen in den Sturzflug über und raste in den Boden. Bei allen diesen Flügen hatten wir eine Kamera eingebaut, welche automatisch das Armaturenbrett photographierte. Diese Kamera blieb nach dem Sturz unversehrt. Aus den Bildern konnten wir entnehmen, daß ein Triebwerk ausgesetzt hatte.

Im Laufe der 262 Geschichte kamen noch mehr solcher Unfälle vor, ohne daß die Ursache festgestellt werden konnte, da keiner der Piloten die Maschine vorher mit dem Fallschirm verlassen konnte. Als Ludwig Hofmann im Auftrag der Amerikaner nach dem Kriege eine 262 von Lechfeld nach Cherbourg flog, passierte ihm das gleiche. Er war der Einzige, der aus der Maschine mit dem Fallschirm herauskam. Als er mir den unfallhergang erzählte, wußte er nicht, daß damit diese unerklärliche Unfallserie eine Erklärung gefunden hatte. Das tropfenförmige Gebilde hinter der Tur-

Me 262 V-2: Sie stürzte am 18. April 1943 bei Schwabmünchen ab. Werkpilot Willy Ostertag wurde das erste Opfer der Me 262.

bine, welches ursprünglich von Hand und später von einem Regler gesteuert, die Austrittsöffnung am Triebwerk mehr oder weniger verkleinerte, riß bei einem Triebwerk ab und verschloß dadurch die Austrittsöffnung. Dadurch blieb das Triebwerk ruckartig stehen und erzeugte zudem einen enormen Widerstand. Die Folge war ein starker Schiebezustand des Flugzeuges.

Da nun beim Schieben die im Rumpfschatten befindliche Höhenflosse abgeschirmt wurde und an Wirkung verlor, ging die Maschine in einen immer steiler werdenden Bahnneigungsflug über (bekanntlich übt jede Höhenflosse ein nach unten gerichtetes Moment aus). Die Piloten waren in solchem Falle nicht in der Lage, die Maschine aus dem Bahnneigungsflug mit dem Höhenruder abzufangen, da sie die Ursache übersahen. Sie hätten auf jeden Fall zunächst den Schiebezustand durch starken Seitenruderausschlag beenden müssen. Die Maschine hätte sich dann von selbst abgefangen. Mir persönlich war bei den ersten Versuchsflügen zweimal dasselbe passiert, und es gelang mir danach jedesmal durch Seitenruderausschlag jenen gefährlichen Zustand des Sturzfluges zu vermeiden.«[15)]

Wolfgang Späte, der eigentlich diesen Flug ausführen sollte, erlebte den Unfall so: »Mit dem Flugerprobungsleiter der Messerschmittwerke, Caroli, stand ich schon am Startbahnanfang, während die Me 262 vom Trecker langsam auf einer Rollfeld-Ring-Straße um den Platz gezogen wurde. Wir hatten jeder eine Zigarette angesteckt, damals schon eine kontingentierte Kostbarkeit. Als das Flugzeug heran war, meinte Caroli: Es kann losgehen. Bitte steigen sie ein.

Die Zigarette rauchen wir aber erst zu Ende, meinte ich in einer plötzlichen Sparsamkeitsaufwallung. Ja, natürlich. Wir gingen also weiter auf der Zementbahn einher, irgendeine technische Frage diskutierend. Ostertag, der vom Werk mit der Verantwortung für den Klarzustand der Maschine betraut worden war, setzte sich indessen nochmals in den Führersitz. Sicherheitshalber wollte er die Triebwerke noch einmal abbremsen. Nachdem er sie beide zum Laufen gebracht hatte, begann er plötzlich, sich den Fallschirm, der bereits im Führersitz unter ihm lag, anzuschnallen, setzte die Funkkopfhaube auf und schloß den Kabinendeckel. Ich trat heran und machte – etwas ärgerlich vielleicht – fragende Gesten, was er denn beabsichtige. Ostertag deutete ... auf seinen Kopf, was bedeutete, ich will selbst erst einmal fliegen!

Na, schön! Wahrscheinlich wollte er sich seiner Verantwortung wegen überzeugen, daß wirklich alles in Ordnung ist. Wir traten zurück und rauchten unsere Zigaretten zu Ende. Ostertag gab Gas und startete. Im 500 m Höhe entschwand er mit Westkurs unseren Blicken. Nach einer Viertelstunde begannen wir, den Himmel abzusuchen. Es war keine Me 262 zu sehen. 25 Minuten Flugzeit: Bisher war niemand von uns länger als 25 Minuten in der Luft geblieben. 5 Minuten Reserve mußte man haben, um nötigenfalls durchzustarten und noch eine Platzrunde zu drehen. 30 Minuten nach Start: Ostertag war noch nicht zurück. 35 Minuten: Die Maschine mußte auf fremdem Platz oder vielleicht in freiem Gelände gelandet sein. In der Luft konnte sie nicht mehr sein ... Erst später einmal kam mir zum Bewußtsein, daß mir eigentlich eine Zigarette damals das Leben gerettet hatte. Denn der fragliche Start war für mich vorgesehen.«[16)]

Willy Ostertags Me 262 V-2 stürzte bei Schwabmünchen aus 500 Meter Höhe unvermittelt senkrecht zu Boden und wurde dabei völlig zerstört. Ostertag war das erste Opfer der Me 262, dem noch hunderte allein aus technischen Gründen und tausende im Kampf bzw. bei der Fertigung folgen sollten. Flaksoldaten, die den Absturz beobachtet hatten, fragten später in Lechfeld nach, ob dort eine Ju 88 fehle; sie sei bei Schwabmünchen abgestürzt. Woher sollten sie auch wissen, daß es sich um die streng geheime Me 262 gehandelt hatte. Infolge dieser Geheimhaltung verbot sich eine detaillierte Befragung der Männer, die den Unfall beobachtet hatten, von vornherein. Vielleicht hätten sie die Ursache aufklären können. So aber erhielt das Protokoll über den Absturz als Unfallursache das Versagen des Schalters für die elektrische Verstellung der Höhenflosse. Man war dicht dran. Doch der eigentliche Grund stellte sich erst heraus, als es niemandem mehr nützte: nach dem Krieg.

Am 4. Mai 1943 mußte die Me 262 V-3 wieder aus der Flugerprobung herausgenommen werden, weil sich am Triebwerk Jumo 004 A-002 beim Start die Kraftstofförderpumpe festfraß. Dadurch brach die Welle für den Apparateträger-Antrieb. Nach der Demontage des Triebwerkes fand man in der Ölpumpe Stahlteile, vermutlich von einem Kugellagerkäfig. Da auch die Me 262 V-1 noch umgebaut wurde, gab es einige Tage lang überhaupt keinen flugfähigen Prototyp mehr. Zum Glück für Messerschmitt hatte Jumo im April weitere Triebwerke der Jumo 004 A-0-Ausführung angekündigt, so daß für die soeben fertiggestellte Zelle der Me 262 V-4 bald die Flugerprobung freigegeben werden konnte. Sie wurde noch im April nach Lechfeld überführt.

Anstelle von Willy Ostertag bereitete sich nun Gert Lindner auf die weitere Erprobung der Me 262 vor. Am 17. Mai startete er schließlich mit der V-4 zum Erstflug. Sie war wieder einmal das einzige flugfähige Versuchsmuster. Allerdings nur für zwei Tage. Dann kam die V-3 erneut hinzu und wurde noch am 17. Mai von den Piloten des Erprobungskommandos 16, Hauptmann Späte und Oberleutnant Pöhs, nachgeflogen.

A. Galland fliegt die Me 262

Diese Wochen im April/Mai 1943 waren in Messerschmitts neuem Erprobungs-Mekka, Lager Lechfeld, ziemlich hektisch; so als wollte man die Stalingrad-Niederlage vom Februar vergessen machen, indem man wenigstens einige Siege an der Luftrüstungsfront vorwies. Darauf deutete auch das Verhalten Gallands und Spätes hin. Der 22. Mai sah dann endlich Generalmajor Adolf Galland im Lager Lechfeld. Zunächst sollte der General der Jagdflieger die Me 262 V-3 nachfliegen, doch es kam anders. Galland erzählte: »Nach den einleitenden Vorträgen der an der Konstruktion beteiligten Fachingenieure herrschte erwartungsvolle Spannung.

Zunächst führte der Chefpilot des Werkes einen der beiden Vögel im Fluge vor. Nach erneutem Auftanken stieg ich ein. Mit zahlreichen Handgriffen ließen Mechaniker die Turbinen an. Ich verfolgte den Vorgang mit größtem Interesse. Die erste lief glatt an. Die zweite fing Feuer. Im Nu stand die Turbine in Flammen. Aber als Jagdflieger ist man zum Glück schnelles Aus- und Einsteigen gewöhnt. Der Brand war schnell gelöscht. Die zweite Maschine machte keinen Ärger.«

So startete Galland mit der V-4: »Ich rollte auf der 50 Meter breiten Startbahn mit immer größerer Geschwindigkeit ohne jede Sicht nach vorn. Das kam von dem konventionellen Spornrad, mit dem diese ersten Flugzeuge noch ausgestattet waren. Man konnte daher auch nicht mit dem Seitenruder die Richtung einhalten. Dazu mußten einstweilen die Bremsen benutzt werden. Die Startbahnlänge reicht ja niemals aus. 150 km/h habe ich etwa drauf. Da hebt sich endlich der Schwanz des Vogels. Die Sicht wird frei. Das Gefühl, im dunkeln mit dem Kopf gegen die Wand zu rennen, ist vorbei. bei vermindertem Luftwiderstand steigert sich schnell die Geschwin-

Hauptmann Wolfgang Späte, General der Jagdflieger Adolf Galland und Prof. Willy Messerschmitt auf dem Flugplatz Lager Lechfeld bei Augsburg (von links).

digkeit. 200 km/h sind überschritten. Dann läßt sich die Maschine weit vor dem Ende der Startbahn gutmütig vom Boden abheben.

Ich fliege zum erstenmal mit Rückenstoßantrieb! Kein Motor vibriert – kein Drehmoment und keine peitschenden Geräusche der Luftschraube. Von einem pfeifenden Schall begleitet, schießt mein Turbo in die Luft. – Es ist, als wenn ein Engel schiebt, sage ich später, als man mich fragt, wie's war …

Nach meiner Landung war ich beeindruckt und begeistert wie noch nie. Doch nicht Gefühle und Eindrücke waren maßgebend, sondern die festgestellten Leistungen und Eigenschaften. Das war kein Schritt, das war ein großer Sprung nach vorn!«[17)]

Aus der Sicht von Bf 109-Jagdfliegern mußte das wahrscheinlich so anmuten. Doch rechtfertigten solche ersten Eindrücke bereits Wertungen, wie sie Späte und Galland nach ihren Flügen abgaben? Hauptmann Späte beispielsweise schrieb in seinem Arbeitsbericht, daß diese Maschine »… im derzeitigen Zustand ohne Bedenken jedem guten Jagdflieger in die Hand gegeben …« werden kann. Er, Galland, Chefpilot Fritz Wendel und Prof. Messerschmitt setzten sich noch am selben Tag zusammen, um gemeinsam mit Gallands Flugbericht einen Vorschlag auszuarbeiten.

Dieser sah vor, wie Galland später schrieb, »… sofort mit dem Bau einer Anfangsserie von 100 Stück zu beginnen, die der gleichzeitigen technischen und taktischen Erprobung dienen sollte. Ein solches Vorgehen widersprach der bisher im deutschen Flugzeugbau üblichen Sorgfalt. Wir wollten die endgültige Serienfertigung sofort vorbereiten und die Zeit bis zu ihrem Anlaufen ausnutzen, um mit den inzwischen fertiggestellten 100 Flugzeugen die erforderlichen Erfahrungen zu sammeln. Die sich daraus ergebenden Änderungen sollten in der ersten Baureihe der Serie bereits durchgeführt werden.«

Und Hauptmann Späte dazu: »Es ging um die Dringlichkeitsstufe. Damals rangierten an erster Stelle unserer Kriegsproduktion U-Boote, dann kamen Panzer, dann Flak, dann Pak, dann vieles andere. An 17. Stelle kam das erste Luftwaffenprojekt …«[18)] Beide irrten hier oder sagten bewußt falsch aus. Gegen Gallands Aussage zur üblichen Sorgfalt der deutschen Flugzeugindustrie sprach das Beispiel der Me 210 und gegen Spätes Bemerkung zur Dringlichkeit die von Milch bereits am 10. Dezember 1942 vergebene Dringlichkeitsstufe »Vulcan« für die Me 262.

Außerdem aber hätten sich die zwei hohen Luftwaffenoffiziere etwas besser informieren müssen. Wo sollten eigentlich die zweihundert Turbinen der Jumo 004-Erstausstattung für 100 Me 262 herkommen? Die kamen sogar für die Prototypen nur kleckerweise!

Galland sandte drei Tage nach seinem Flug auf der Me 262 V-4 ein Fernschreiben an den Generalluftzeugmeister, Generalfeldmarschall Erhard Milch:

»Am 22. d. M. habe ich im Beisein des Oberst Petersen und verschiedener Herren des Amtes in Augsburg die Me 262 nachgeflogen. Bezüglich der Me 262 bitte ich folgendes vortragen zu dürfen:

1.) Das Flugzeug stellt einen ganz großen Wurf dar, der uns im Einsatz einen unvorstellbaren Vorsprung sichert, falls der Gegner noch länger beim Kolbentriebwerk bleibt.
2.) Fliegerisch machte die Zelle einen sehr guten Eindruck.
3.) Die Triebwerke überzeugen restlos, außer bei Start und Landung.
4.) Das Flugzeug eröffnet völlig neue taktische Möglichkeiten. Ich bitte, folgenden Vorschlag anbringen zu dürfen: Wir haben die FW 190 D in Entwicklung, die in allen Werten der Me 209 ebenbürtig sein dürfte. Beide Muster werden leistungsmäßig die Feindmuster, insbesondere in der Höhe, nicht übertreffen. Lediglich waffenmäßig und in der Geschwindigkeit werden Fortschritte erzielt werden.
   Daher: a) Muster Me 209 einstellen,
   b) ganze Jägerserie auf FW 190 mit BMW 801 und FW 190 mit DB 603 bzw. Jumo 213 umstellen.
   c) freiwerdende Konstruktions- und Fabrikations-Kapazität ab sofort auf Me 262 umlegen.«[19)]

Sowohl Galland als auch Späte hatten während

Das Streitobjekt Me 209 V-5: Die Entwicklung der Me 209 wurde kurz nach ihrem Erstflug im Dezember 1943 eingestellt.

ihres Aufenthaltes in Lechfeld selbst erfahren müssen, welche Probleme es noch mit den drei der vier bis dahin gefertigten Prototypen gab, von denen einer während Spätes Anwesenheit sogar abstürzte, beim zweiten während Gallands Startversuch ein Triebwerk in Brand geriet. Woher nur bezogen sie den Optimismus, bis Jahresende 100 Me 262 fertigzubekommen?

Noch am 22. Mai fuhr der General der Jagdflieger zu Göring auf Burg Veltenstein mit seinem Bericht und dem Vorschlag an Milch. Göring schlug er vor: »Anstelle einer Me 262 können wir in der Luftverteidigung auf zwei bis drei Me 109 verzichten, wenn dies produktionsmäßig notwendig sein müßte.«[20] So erreichte er schließlich, daß am 25. Mai in einer Staatssekretärbesprechung bei Milch beschlossen wurde, noch 1943 insgesamt 100 Me 262 zu bauen, obwohl nicht die geringsten Voraussetzungen dazu vorhanden waren. Schleierhaft erscheint auch das Verhalten Professor Messerschmitts selbst, der es doch eigentlich hätte besser wissen müssen. Messerschmitt-Eprobungsleiter Caroli hatte den Erprobungs- und Bauzustand der Me 262 am 23. Mai 1943 nämlich ganz prosaisch folgendermaßen beschrieben:

- »Querruderkräfte sind trotz Spaltauskleidung noch immer zu hoch
- Höhen- und Seitenruderkräfte sind zu hoch
- Richtungsstabilität ist zu gering
- Maschine zeigt schlechtes Abkippverhalten beim Schieben
- Triebwerke laufen unruhig, wird zurückgeführt auf zu geringen Einspritzdruck. Dadurch bedingt mangelhafte Zerstäubung und verringerter Ausbrand des Kraftstoffes mit erhöhtem Verbrauch.
- Starke Flammenbildung beim Standlauf
- dauerndes Hängen der Magnetventile für Anlasser-Kraftstoff (erfordert andere konstruktive Lösungen).«[21]

Und das waren nur die unmittelbaren Mängel an der Zelle und den bisher ohne Sparstoffen produzierten Jumo 004 A-0 Triebwerken. Zumindest Messerschmitt und seine Erprobungsmannschaft mußten durch den ständigen Kontakt mit den Triebwerkkonstrukteuren und -monteuren Kenntnis davon gehabt haben, daß die zu diesem Zeitpunkt abgeschlossene Umkonstruktion auf das sparstoffärmere Jumo 004 B bei der Erprobung noch manche Probleme mit sich bringen würde.

Die euphorischen Berichte Gallands veranlaßten Milch, in seiner Besprechung mit den Amtschefs festzulegen, daß die Entwicklung der Me 209 eingestellt, die Bf 109 und FW 190 bis zur

Auslieferung der ersten Serien Me 262 weiter hochzufahren seien und für FW 190 ein neues Triebwerk, entweder Jumo 213 oder DB 603, vorzusehen sei.

Wörtlich heißt es im Abschlußprotokoll des 25. Mai: »... der Generalfeldmarschall wird selbst den Herrn Reichsmarschall bezüglich Anlauf Me 262 unterrichten.

Der Generalfeldmarschall unterstreicht die Wichtigkeit der Fertigung der Me 262 und ernennt Oberst Petersen (Chef der Erprobungsstelle der Luftwaffe Rechlin, M. J.) zum Kommissar für diese Aufgabe ... die Ausführungsform des Flugzeuges, der Termin der Auslieferung der serienreifen Zeichnungen und Betriebsmittelunterlagen sind umgehend festzulegen.«[22]

In der Triebwerksfrage schien es ebenfalls voranzugehen, denn bei Jumo in Köthen kam noch im Mai das erste sparstoffarme Jumo 004B-1 auf den Prüfstand. Dennoch gab es nach wie vor Probleme, von denen die Junkers-Ingenieure auch Messerschmitt informiert hatten. Dieser schrieb nämlich am 2.Juni 1943 an Fritz Seiler im Aufsichtsrat, daß noch nicht erwiesen sei, ob das Jumo-TL für große Höhen ebenso geeignet sei wie der DB-603 Reihenmotor der Me 209.

Die ersten zwei auf dem Prüfstand erprobten B-0-Triebwerke wurden in aller Eile nach Lechfeld versandt, um sie in die gerade fertiggestellte Me 262 V-5 einbauen zu können.

Dieses fünfte Versuchsmuster unterschied sich erheblich von seinen Vorgängern. Nicht nur durch die brandneuen Triebwerke einer neuen Serie. Erstmals verfügte die V-5 über ein Burgradfahrwerk, das in der Bf 109 F V-23 eingehend erprobt worden war. Zwar hatte man das Fahrwerk noch ohne Einziehmechanismus fest angelenkt, doch konnten auch so erste Erfahrungen gesammelt werden.

Am 6. Juni 1943 startete die Me 262 V-5 nach eingehenden Rollversuchen zum Erstflug. In der Folgezeit waren noch etliche Änderungen erforderlich, um das anfänglich starke Flattern des Bugrades beim Rollen am Boden und vor allem während des Startens bzw. des Aufsetzens mit den relativ hohen Geschwindigkeiten zu beseitigen. Auch die V-5 besaß keine vergrößerten Vorflügel und somit immer noch die hohe Landegeschwindigkeit von 195 km/h. Doch wurde die Startrollstrecke wesentlich verkürzt und damit das komplizierte Abbremsen während des Startvorganges unnötig.

Dieser beachtliche Fortschritt war, zumindest was die Triebwerkfrage betraf, nur ein scheinba-

Me 262 V-5: Der fünfte Prototyp erhielt als erster ein Bugradfahrwerk, das allerdings noch nicht einziehbar war.

rer. Messerschmitt erhielt für die Erprobung kein Triebwerk zu viel, obwohl die Lebensdauer nicht selten nur zehn Stunden betrug. Statt dessen trat neun Tage nach dem Erstflug der V-5 ein neuer Abnehmer auf den Plan, der die Triebwerksituation noch angespannter werden ließ. In Rheine/Westfalen startete am 15. Juni 1943 der Arado-Chefpilot, Flugkapitän Horst Selle, mit dem Prototyp des zweistrahligen Aufklärers und Bombers Arado Ar-234 V-1 zum Erstflug. Auch diese Flugzeugzelle stand bereits in mehreren Exemplaren seit 1941 in einer Halle des Arado-Werkes Brandenburg-Neuendorf und harrte auf die Junkers-Triebwerke, die erst im Februar 1943 eintrafen. Es waren die A-0 Turbinen der ersten Serie mit den Werknummern 06 und 016.

Me 262 V-5 (PC + UE): Gut erkennbar die beiden Starthilfsraketen unter dem Rumpf und das fest verriegelte Fahrwerk ohne Abdeckung.

Trotz dieser komplizierten Lage begann bei Messerschmitt die Serienplanung für die Me 262, um auf alle Fälle vorbereitet zu sein und die Fertigung sogleich aufnehmen zu können, falls die Triebwerke in genügender Anzahl zur Verfügung stehen würden. Am 17. Juni fand eine Beratung zur Serienplanung statt, auf der festgelegt wurde, daß die Fertigung der Rümpfe ohne Bugsektion in Regensburg-Obertraubling, die der Flächen und Führerräume im Werk Augsburg, die Endmontage ebenfalls in Augsburg sowie das Einfliegen in Lechfeld erfolgen sollten. Für die Naziführung schien angesichts der prekären Lage an den Fronten Eile geboten. Neue Waffen mußten vordringlich entwickelt und neue Offensiven vorbereitet werden.

Nach erfolgreichen Versuchsstarts der Fernrakete A-4 und der Flügelbombe V-1 am 29. Mai 1943 in Peenemünde hatten Generalluftzeugmeister Milch die V-1 sowie der Minister für Bewaffnung und Munition Albert Speer die A-4 zu jenen

Arado Ar 234: Dieser erste Strahlbomber ging 1944 noch in Serie.

Waffen auserkoren, die eine Wende des Krieges herbeiführen sollten. Die Entwicklung der dritten »Wunderwaffe« eilte besonders, denn Milchs Sachgebietsleiter für alliierte Luftwaffenausrüstung, Oberstingenieur Dietrich Schwenke, wartete am 28. Mai mit der Aussage eines gefangengenommenen britischen Fliegers auf, der kurz zuvor in Farnboraugh ein Flugzeug ohne Propeller mit hoher Geschwindigkeit hatte starten sehen.

Sieben Tage später rief Hitler sieben seiner führenden Flugzeugkonstrukteure auf den Obersalzberg, um mit ihnen die Strahljägerfrage zu beraten. An dieser Beratung nahm kein Vertreter der Luftwaffe teil. Hitler wollte auf diese Weise ein ungeschminktes Urteil über den technischen Stand der einzelnen Entwicklungen erhalten. Mit Heinkel beriet Hitler nicht mehr die He 280-Entwicklung, sondern das Projekt des vierstrahligen Bombers He 343 sowie das weitere Vorgehen bei dem bereits in Serie befindlichen Bomber He 177. Das Gespräch mit Prof. Messerschmitt dauerte über eine Stunde und drehte sich vor allem um die Me 262 und den Kolbenmotorjäger Me 209.

Galland, der die Me 209 ein müdes Schiff genannt hatte, obwohl ihr Prototyp zu diesem Zeitpunkt noch nicht einmal geflogen war, ließ dabei völlig außer acht, daß bei einem eventuellen Scheitern der Serienproduktion der Me 262 die Me 209 ohne allzu große Probleme die veraltete Bf 109 G hätte ablösen können, weil 65 Prozent ihrer Bauteile für das neue Muster verwendbar gewesen wären. Neu waren das Triebwerk, das Fahrwerk, Leitwerk sowie die Bewaffnung.

Jedenfalls verlangte Hitler von Messerschmitt offensichtlich Zusagen und Garantien hinsichtlich der Produktionsplanung für die Me 262, die dieser – allein schon wegen der Triebwerksorgen – nicht geben konnte. Hitler und Speer verliehen ihren Bedenken Ausdruck, sich, wie Milch es gefordert hatte, nur auf die Me 262 zu orientieren, da auch sie die Sorgen der Triebwerkkonstrukteure bei BMW und Junkers kannten. So ordnete Hitler an, die technische Erprobung der

Heinkel He 177, ein Bomber mit je zwei Doppelmotoren DB 606 oder 610. Seit Ende der 30er Jahre entwickelt, galt er wegen zahlreicher Brände als »Reichsfeuerzeug«.

Heinkel-Strahlbomberprojekt He 343. Es sollte nie fertig werden.

Me 262 einstweilen nur mit einigen Versuchsmustern fortzusetzen.

Nach Gallands Meinung wurde damit der Serienbau um mindestens ein Jahr verzögert. Diese Ansicht Gallands wird teilweise bis heute in Veröffentlichungen über die Me 262 kolportiert und damit alle Verantwortung für den zu späten Einsatz des Turbojägers Hitler zugeschoben. Das ist jedoch eine bewußte Irreführung, wie die Tatsachen eindeutig belegen. Bei den im Sommer 1943 bestehenden Möglichkeiten konnte gar keine andere Entscheidung fallen.

Serienauftrag bei schleppender Erprobung

Außerdem blieben die Serienplanung, die Werkzeugbeschaffung und somit die Serienvorbereitung davon unbeeinflußt. Lediglich Messerschmitt war nunmehr von dem Druck des Generalluftzeugmeisteramtes, 100 Me 262 bis Ende 1943 zu liefern, befreit. Er hätte sie wegen fehlender Triebwerke und nicht abgeschlossener Erprobung ohnehin nicht fertigstellen können.

In der Nacht vom 13. zum 14. Mai 1943 griffen 141 Bomber der Royal Air Force (RAF) zum zweiten Mal in diesem Jahr die Skoda-Werke in Pilsen an. So weit drangen zu diesem Zeitpunkt die alliierten Bomber bereits ins Herz des Großdeutschen Reiches und seiner okkupierten Gebiete ein.

Drei Tage später brachen unter den sogenannten Damm-Busters (4-Tonnen-Spezialbomben) der RAF die Staumauern der Möhne- und der Eder-Talsperren im Ruhrgebiet. 1 200 Menschen ertranken in den reißenden Fluten. Am Donnerstag, dem 10. Juni 1943, begann schließlich die im Januar von den Alliierten in Casablanca beschlossene »Combined Bomber Offensive« gegen Deutschland, bestehend aus kombinierten schweren Nachtangriffen der britischen RAF gegen Flächenziele, wie Wohnviertel großer Städte, und Präzisionstagesangriffen der amerikanischen USAAF gegen wichtige Industrieziele.

Neue kampfstarke Jagdflugzeuge zur Abwehr dieser oft 1 000 und mehr Maschinen zählenden Bomberverbände standen also auf der Tagesordnung. Daher auch die besondere Aktivität der Nazi-Führungsspitze hinsichtlich modernerer Flugzeugprogramme.

Zwei Tage nach der Planungsbesprechung bei Messerschmitt, nämlich am 29. Juni 1943, wurden die Vertreter der Firma zum Generalluftzeugmeister Milch ins RLM zitiert, wo dieser von Messerschmitt persönlich über die Serienvorbereitung der Me 262 informiert werden wollte. Messerschmitt und sein Planungsleiter, Ing. Bley, waren gut vorbereitet. Die Materialbestellungen für die Vorserie hatten den Konzern verlassen, die Bauunterlagen für das Flugzeug sollten bis Mitte Juli ausgeliefert werden. Prof. Messerschmitt: »Dann kann der Bau bzw. die Vorarbeit für die Bauvorrichtungen in vollem Fluß sein. Von konstruktiver Seite habe ich keine Forderungen zu stellen.«[23)]

So sollten die Zeichnungen bis zum 15. Juli ausgeliefert sein und danach die Konstruktion der Betriebsmittel für die ersten 100 Vorserienmaschinen erfolgen. Für Mitte September war die Fertigstellung des ersten Satzes der Helling geplant. »Wir können dann«, so meinte Ing. Bley, »bei Anspannung aller unserer Kräfte und Erfüllung gewisser Voraussetzungen, die Lieferung des ersten Vorserienflugzeuges im Januar 1944 haben ... Im November 1944 läuft dann bereits die Großserie an, und dann klingt die Vorserie aus.«[24)]

Ende Juli 1943 war jedenfalls von Seiten der Messerschmitt AG alles vorbereitet worden, um eine Serienfertigung rechtzeitig aufnehmen zu können, falls bei der Erprobung, der Materialbereitstellung und der Arbeitskräftebeschaffung die Termine eingehalten würden. Doch nicht einmal der termingemäße Abschluß der Erprobung lag allein in der Macht der Messerschmitt AG.

Ab 19. Juli nahm die Me 262 V-1 – nach erfolgtem Umbau – die Erprobung wieder auf. Sie war nunmehr ebenfalls mit 2 Jumo 004 B-0 ausgestattet. Anstelle des Jumo-Kolbenmotors im Rumpfbug hatte sie als erstes Me 262-Versuchsmuster eine Bewaffnung von 3 MG 152/20 des Kalibers 20 mm. Außerdem besaß sie als erste 262 den vergrößerten Vorflügel auch im Mittelflügelbereich, der ihre Landegeschwindigkeit auf 175 km/h reduzierte und die Startstrecke um 380 m verkürzte. Einen Tag später, am 20. Juli, wandte sich Prof. Messerschmitt an das RLM und beantragte zusätzlich 225 Vorrichtungsschlosser und 47 Konstrukteure. Hier spielte er offensichtlich mit doppelten Karten. Einerseits hatte er in der Planungsbesprechung am 29. des Vormonats erklärt: »Von konstruktiver Seite habe ich keine Forderungen zu stellen.« Andererseits aber wußte er, daß Milch die Me 209 zugunsten der Me 262 vom Entwicklungsprogramm abgesetzt hatte, ohne Göring und Hitler in vollem Umfang darüber zu informieren. Er, Messerschmitt, besaß jedoch den Freibrief Hitlers aus dem persönlichen Gespräch auf dem Obersalzberg, von dem Milch nichts wissen konnte, da die Luftwaffe bei diesen Gesprächen ausgeschlossen war.

So mußte denn Generalfeldmarschall Erhard Milch gezwungenermaßen am 13. August befehlen: »Me 209 ist in dem bisher vorgesehenen Umfang sofort in Angriff zu nehmen. Me 262 darf hierdurch weder führungsmäßig noch kapazitativ leiden.«[25] Auch bei den Arbeitskräften fuhr Messerschmitt zweigleisig und spielte die rivalisierenden Führungsspitzen gegeneinander aus. Er verließ sich nicht auf seine Personalanforderungen an das RLM, sondern führte darüber hinaus vertrauliche Verhandlungen mit dem Kommandanten des KZ Dachau, um zusätzliche Arbeitskräfte zu erhalten.

Bereits Anfang 1943 hatte die SS Messerschmitt 3 000 Häftlinge für sein Augsburger Werk überlassen. Die Verhandlungspartner von Prof. Messerschmitt und Direktor Hentzen: Staatsrat Schieber vom Reichsministerium für Bewaffnung und Munition (RmfBM) sowie SS-Obersturmbannführer Maurer vom SS-Amt Arbeitseinsatz. Stabsingenieur Alpers aus dem Generalluftzeugmeisteramt des RLM berichtete seinem Chef Erhard Milch am 9. Februar davon. Messerschmitt konnte also damit rechnen, daß seine Verhandlungen nicht ergebnislos verlaufen würden, obwohl erst am 20. April die Geheime Staatspolizei (Gestapo) den aus Belgien stammenden Zeichner Frans De Waele in Augsburg verhaftet hatte. Er wurde beschuldigt, unter dem Decknamen Capitaine Sharf mit sechs anderen Zwangsarbeitern eine Spionagegruppe aufgebaut zu haben.

Waele überstellte man in das KZ Buchenwald, von wo er später in das KZ-Außenlager »Dora« des Mittelwerkes gelangte. Dorthin also, wo die Fernrakete A-4 und ab 1944 auch das Jumo 004-Triebwerk für die Me 262 gefertigt wurde. Willy Messerschmitt mußte zwar damit rechnen, daß seine

Verhandlungen mit der SS seinem großen Widersacher Milch im RLM bekannt würden, doch das scherte ihn keineswegs, sollte doch das Tauziehen um Arbeitskräfte in den nächsten Monaten noch groteskere Formen annehmen.

Am 25. Juli 1943 flog der Messerschmitt-Einflieger Gert Lindner die Me 262 V-4 zur Erprobungsstelle der Luftwaffe nach Rechlin-Lärz, wo sie erstmals dem Reichsmarschall und Oberbefehlshaber der Luftwaffe, Herrmann Göring, vorgeführt wurde. Göring war begeistert. Auf dem Rückflug von Rechlin nach Lechfeld mußte Lindner in Schkeuditz bei Leipzig zwischenlanden. Trotz einer verlängerten Piste gelang es dem Flugzeugführer beim Start nicht, die Maschine rechtzeitig abzuheben. So ging auch die V-4 zu Bruch, wodurch wiederum nur drei der fünf Prototypen (V-1, V-3 und V-5) für die Erprobung zur Verfügung standen. Doch auch die V-5 fiel wenige Tage später, am 4. August, nach Fahrwerk-Bremsversuchen in Lechfeld für längere Zeit aus.

Einen Tag vor diesem Bruch fand in Berlin die Generalluftzeugmeisterbesprechung auf Drängen Milchs erstmals mit Rüstungsminister Albert Speer statt. Außerdem nahmen an ihr auch 85 Luftwaffenoffiziere teil, darunter die Jägerspezialisten Oberst von Loßberg (Nachtjäger), der kommandierende General des XII. Fliegerkorps Josef Kammhuber, General der Jagdflieger Adolf Galland, Oberst Theo Rowehl, ein Aufklärer und zuständig für Fragen der Höhenjäger, sowie Major Hajo Herrmann, Kommandeur der gerade aufgestellten Tagjagdverbände für den Nachteinsatz nach der sogenannten »Wilde Sau«-Taktik, der einmotorigen Nachtjagd im Scheinwerferlicht über den Wolken.

Es ging um die Ausrüstung und den Bedarf der Jäger- und Nachtjägerverbände sowie um Arbeitskräfte für die Jagdflugzeugfertigung. Galland, obwohl die Anforderung an seine Jäger besonders an der Ostfront und in der Reichsverteidigung ständig wuchs, zeigte sich großzügig. Er bot Major Herrmann 500 Tagjäger für die helle Nachtjagd an, obwohl er damit die Abwehrkraft seiner Tagjagdverbände schwächte. Und das zu einem Zeitpunkt, da die 8. USAAF ihre Aktivitäten von Tag zu Tag erhöhte. In überschlagendem Einsatz sollten die Bf 109 und die Fw 190-Einsitzer nachts von den »Wilde Sau«-Nachtjägern und tagsüber von Tagjägern genutzt werden.

Gallands Hintergedanke bei diesem großzügigen Angebot dürfte allerdings gewesen sein, für die Me 109 und die Fw 190 eher die Me 262 zu bekommen. Denn »... anstelle einer Me 262 könnten wir in der Luftverteidigung auf zwei bis drei Me 109 verzichten ...«, so hatte er am 22. Mai verkündet. Dabei – und das wußte Galland – stand die Serienfertigung noch in den Sternen. Doch mit der Serienvorbereitung sowohl der Zelle als auch des Triebwerkes wurde die Arbeitskräftefrage mit jedem Tag prekärer. Der von Goebbels im Februar verkündete totale Krieg brachte neue Einberufungen von Facharbeitern an die Front. Durch die Neuaufnahme der Flügelbombe V-1 und der Fernrakete A-4, die Fertigung neuer Panzer, verschiedener Sturmgeschütze sowie von U-Booten verschärfte sich die Situation. Der Kampf um Arbeitskräfte zwischen den Rüstungsfirmen nahm immer schlimmere Formen an.

Oberst Mahnke vom RLM dazu: »Außerordentlich störend macht sich bemerkbar, daß im Augenblick die Fabrikationsvorbereitungen für A-4 vorgehen und gegenüber unserem Programm in den Vordergrund treten. Es ist nicht mehr zu verkraften, daß man mehr deutsches Personal heranzieht. Gerade aus den Jagdmotorenfirmen in München kann man nicht mehr Leute herausziehen. Wir haben den Fall erlebt, daß BMW höhere Anforderungen bekommen hat auf Abgabe für A-4 ...«.

Speer unterbrach Mahnke: »Das kommt nicht in Frage. Die Kräfte für A-4 müssen alle aus der Heeresfertigung genommen werden und aus dem allgemeinen Wehrmachtsgerät, nicht aus der Luftwaffenfertigung. Das hatte ich damals abgelehnt, weil die Luftwaffe sowieso mit der Fi 103 (V-1, M. J.) belastet ist.«

Mahnke beklagte sich: »In der vorigen Woche hat man mir zwei Modellfabriken weggenommen.« Milch darauf: »Ich bin der Meinung, daß die Luftwaffe kräftig genug ist, um denen eins ins Gesicht zu hauen ... wir sind zu höflich.«

Generalingenieur Pasewaldt: »Die Schwierigkeit ist da, wo wir es nicht erfahren. Wir erfahren leider vieles nicht, weil es kleine Firmen sind, die keine direkten Beziehungen zu uns haben. Nun kommt das Rüstungskommando ...!«[26] Speer sagte Hilfe zu.

Eine Woche danach, am 12. August 1943, war davon jedoch noch nichts zu spüren. Messerschmitt-Ingenieur Bley beschwerte sich hinsichtlich der Me 262 Fertigungsplanung wegen der Arbeitskräftebeschaffung: »Die Firmen, die herausgesucht worden sind, berufen sich alle auf das A-4 Programm und lehnen es ab, Leute nach Augsburg abzustellen.« Milch tobte: »Die Leute von A-4 sind wie die Wilden. Sie brechen in alles ein und tun so, als ob sie die ersten Menschen wären, die die ganze Erde zu verteilen hätten. Da müßt ihr sagen: Macht, daß ihr ein Ende weiterkommt! Die Leute berufen sich mindestens auf einen Führerbefehl; der Führer hat natürlich einen Befehl gegeben. Er hat aber auch für uns einen Befehl gegeben; was die Leute behaupten, ist alles gelogen. Sie haben gewisse Vorrechte auch vor anderen, aber nicht vor uns!«[27]

Diese »Wilden«, die in alles einbrachen, sich wie die ersten Menschen benahmen, die alle belogen, sollten reichlich ein Jahr später, als die A-4 Großserie bereits lief, eine große Rolle bei der Serienproduktion der Me 262 spielen. Um nur zwei zu nennen: Gerhard Degenkolb, Generalkommissar für das A-4 Programm und Leiter des Sonderausschusses A-4, der das Fertigungsprogramm für die Fernrakete ausgearbeitet hatte und nun die Produktion von vorerst monatlich 1 800 »Vergeltungswaffen« auf Hochtouren brachte. Degenkolb sollte später auch Generalkommissar für das Programm 262 werden.

Ein weiterer dieser »Wilden« – im wahrsten Sinne des Wortes – war SS-Brigadeführer Dr. Ing. Hans Kammler, der Konstrukteur des KZ im allgemeinen und der Gaskammern von Auschwitz im besonderen. Er war zu dieser Zeit gerade dabei, 16 000 KZ-Häftlinge – für die Produktion der A-4 im Mittelwerk Nordhausen – zu beschaffen und das KZ-Außenlager »Dora« zu erweitern. Er sollte später als Chef der Rüstungskommissare ähnliche Aufgaben bis hin zum Einsatz für die Me 262 übernehmen.

Auch auf der Generalluftzeugmeisterbesprechung am 17. August 1943 ging es nochmals um die Frage der Dringlichkeit und der Arbeitskräftebeschaffung. Speer hatte kurz zuvor seine Absicht erklärt, eine neue Dringlichkeitseinstufung herauszugeben. Danach sollten an erster Stelle Hauptzeuge, an zweiter Jäger und Zerstörer und an dritter gleichrangig A-4 und Fi 103 (V-1) stehen. Nun beschwerte sich Oberst Mahnke erneut bei Generalfeldmarschall Milch: »Die Mitteilung ist an die Rüstungsinspektion heraus, aber alles verfolgt den Kurs, daß Panzer und A-4 im Vordergrund stehen.« Milch meinte dazu: »Ich will es heute mit Minister Speer besprechen.«[28]

So erging Speers neue Geheimweisung an alle Rüstungskommandos:

»Betrifft Luftwaffenfertigung und A-4-Programm des Heeres: Luftwaffenprogramm darf durch das A-4-Programm nicht gestört werden.«[29]

Obwohl Speer und Milch übereingekommen waren, daß diese Weisung von Speer herauszugeben sei, sandte Milchs Stab umgehend an alle Leiter der Fertigungshauptausschüsse, der Sonderausschüsse und der Sonderringe Fernschreiben mit der Entscheidung Speers.

Jedoch als diese Fernschreiben am 17. August herausgingen, hatten bereits 146 viermotorige Bomber der 8. USAAF ihr Zerstörungswerk vollendet. Einige wurden zwar auf ihrem Weg nach Südwestdeutschland abgeschossen, doch öffneten 132 um 11.45 Uhr ihre Bombenschächte über den Messerschmitt-Werken in Regensburg-Prüfening. Das war aber noch längst nicht der Höhepunkt der Luftschlacht. Am frühen Nachmittag flogen erneut 229 Bomber die Kugellagerwerke in Schweinfurt an. 36 Boeings mußten brennend zu Boden. Die letzte davon war zugleich der 59. Verlust dieses Tages. 102 weitere wurden beschädigt.

Die Schäden in Schweinfurt waren nicht so hoch, wie von den Amerikanern vermutet, doch sie führten der Naziführung die Verwundbarkeit der gesamten Rüstungsindustrie vor Augen. Hingen doch von der Kugellagerproduktion fast alle Rüstungszweige ab. Was in der Nacht zum 18. August geschah, lief bei der britischen RAF unter dem Code »Operation Hydra«. 597 Halifax- und Lancaster-Bomber luden insgesamt 1 593 Tonnen Bomben über der Heeresversuchsanstalt Peenemünde ab.

Die Konsequenzen sollten einschneidend sein. Kein auch noch so geheimes oder geschütztes Rüstungswerk war mehr sicher vor nachhaltigen Zerstörungen. Von nun an begann sich der Gedanke durchzusetzen, die Rüstung zu verlagern, zu dezentralisieren und unter die Erde zu bringen. Damit spitzte sich auch die Arbeitskräftelage weiter zu.

Am 7. September 1943 weilte Prof. Messerschmitt zu einem einstündigen Gespräch bei Hitler. Es ging wiederum um die Messerschmitt-Projekte Me 209 und Me 262. Nachdem Messerschmitt Hitler auf die Unfähigkeit Milchs hingewiesen hatte, schilderte er Hitler auch die Vorzüge dieser beiden Typen. Speziell nach der Me 262 befragt, erklärte er: »Die schnellste Möglichkeit wäre eine Bomberausführung der Me 262. Der technische Vorsprung der 262 ist so gewaltig, daß dieses Flugzeug nicht schnell genug kommen kann, da sonst zu befürchten ist, daß der Gegner mit etwas Ähnlichem früher oder gleichzeitig mit uns kommt.«[30]

Messerschmitt verfolgte dabei offensichtlich die Absicht, alle beiden Projekte seines Werkes im Interesse eines maximalen Profits durchzusetzen. Und da ihm zwei Jäger gleichzeitig möglicherweise nicht genehmigt worden wären, pries er die 262 als Bomber an. Er verwies aber im gleichen Atemzug auch darauf, daß seine Werkkapazitäten allein nicht für eine Massenfertigung ausreichen würden. Daher schlug er Hitler vor, den komplizierten Kolbenmotorjäger von Dornier, die Do 335, und den Turboaufklärer Arado Ar 234 von der Entwicklung abzusetzen. Wahrscheinlich verschwieg er wohlweislich, daß auch die Ar 234 in einer späteren Ausführung als Bomber geplant war.

Zwei lästige Konkurrenten wären auf diese Weise ausgeschaltet worden. Hitler legte sich offensichtlich nicht fest, doch der Gedanke an den Blitzbomber hatte ihn wohl gefangen genommen. Einen Tag nach diesem Gespräch kapitulierte Italien. Nur wenig später besetzten die Alliierten Foggia und damit einen wichtigen großen Absprungflughafen für viermotorige Bomber der 15. USAAF, die so in die Lage versetzt wurden, süddeutsche Industrieziele mit großer Bombenzuladung zu erreichen. Von nun an nahm die Gefahr einer alliierten Landung an der französischen Küste immer mehr zu. Der Mehrfrontenkrieg rückte in bedrohliche Nähe. Einer solchen Gefahr mußte unbedingt mit geeigneten Mitteln begegnet werden. Sollte die Me 262, als Blitzbomber eingesetzt, eines dieser Mittel sein?

Am Donnerstag, dem 14. Oktober 1943, flogen 291 Bomber der 8. USAAF erneut die Kugellagerwerke in Schweinfurt an. Es sollte ein schwarzer Donnerstag werden. Diesmal blieben 60 Viermotirige auf der Strecke. Insgesamt hatten die Amerikaner bei ihren letzten vier Großangriffen auf deutsche Industrieziele 148 Bomber und rund 1 500 Mann fliegendes Personal verloren. Das war Anlaß genug, die Tageseinsätze vorerst zu drosseln, bis man die Reichweite des Jagdschutzes vergrößert hatte.

Dennoch hatten sie bis zu diesem Zeitpunkt bereits genügend Schäden angerichtet. So hatte

Dornier Do 335 V-1, der schnellste Kolbenmotorjäger des Zweiten Weltkrieges.

der August-Angriff auf die Messerschmitt AG nicht nur 400 Tote und zahlreiche zerstörte halbfertige Flugzeuge gefordert, sondern auch alle für die mechanische Fertigung der Me 262 vorgesehenen Werkzeugmaschinen waren zerstört worden. Das wirkte sich zwar nicht entscheidend auf den vorgesehenen Termin des Serienbeginns aus, es erforderte jedoch eine rechtzeitige Neubeschaffung. Hauptproblem war nach wie vor die Triebwerkversorgung und, damit im Zusammenhang stehend, die nur schleppende Erprobung.

Noch am 3. Oktober besagte ein Erprobungsbericht von Messerschmitt: »Es ergab sich verschiedentlich, daß die von Junkers zugestellten und für die Einstellung verbindlichen Diagramme in Abhängigkeit von Außenluftdruck und Temperatur nicht dem tatsächlichen Verhalten der Triebwerke bei Änderung der Außenbedingungen entsprechen. Dadurch war häufiger ein Nachstellen vor dem Start erforderlich.«[31)]

Nicht selten brannten die Triebwerke nach dem Abstellen weiter und mußten gelöscht werden. Triebwerkausfälle während des Fluges traten mehrfach auf. Besonders störanfällig waren die ersten B-Reihentriebwerke, die ja als Serienausführung gedacht waren.

So konnte erst am 17. Oktober 1943 der 6. Prototyp, die erste Me 262 mit einziehbarem Bugradfahrwerk, zum Erstflug starten. Auch die Me 209 V-5, der erste Prototyp des künftigen Serienjägers zur Ablösung der Bf 109 G, war hallenfertig. Der Erstflug sollte Anfang November erfolgen.

Dies war die Situation bei Messerschmitt, als Reichsmarschall Herrmann Göring in den ersten Novembertagen 1943 seine Rundreise durch sechs der größten deutschen Flugzeugwerke begann. Messerschmitt in Regensburg war eine der ersten Stationen. In seiner Begleitung befanden sich Generalluftzeugmeister Erhard Milch und der General der Jagdflieger, Adolf Galland.

Nachdem man das umfangreiche Werkgelände und die gerade erst fertiggestellte, noch im Einfliegen begriffene Me 262 V-6 besichtigt hatte, begann die Besprechung, in deren Verlauf Göring auf sein Kardinalproblem hinwies:

»... Die Hauptsache ist aber dann eine sehr wichtige technische Frage, wieweit der Strahljäger Me 262 imstande ist, eine oder zwei Bomben mitzunehmen, um als überrascher Jabo wirken zu können? Ich möchte hier den Gedankengang des Führers übermitteln, der mich vor wenigen Tagen auf diese Dinge angesprochen hat, und dem ungeheuer viel an der Erledigung dieser Auf-

Die Me 262 V-6 (VI + AA) flog erstmals am 17. Oktober 1943. Als erste Me 262 mit einziehbarem Bugrad wurde sie am 2. November 1943 Göring in Lechfeld vorgeführt.

gabe liegt. Wenn nämlich der Gegner im Westen eine Landung versucht, und am Strande beim Ausladen von Panzern, Geschützen und Truppenteilen sich das erste Durcheinander abzeichnet und eine außerordentliche Stauung eintritt, ... sollen diese schnellen Maschinen, und wenn es auch nur wenige sind, durchjagen und in dieses Durcheinander Bomben hineinwerfen.«

Galland schrieb später in seinen Memoiren »Die Ersten und die Letzten«: »Messerschmitt antwortete Göring ausweichend.« Doch das Gesprächsprotokoll gibt, in Übereinstimmung mit dem Gespräch zwischen Messerschmitt und Hitler vom 7. September, folgende Antwort Messerschmitts wieder: »Es ist von vornherein vorgesehen, daß bei der Maschine 2 Bombenschlösser angebaut werden, damit man mit ihr Bomben werfen kann, und zwar eine Bombe zu 500 kg oder zwei zu je 250 kg. Es kann aber auch eine Bombe zu 1 000 kg oder je zwei zu je 500 kg mitgenommen werden. Vorläufig sind aber, weil die Maschine in Serie laufen sollte, die Bombenschlösser und die elektrischen Leitungen nicht eingebaut. Göring: Damit ist die Hauptfrage für den Führer geklärt. er denkt gar nicht an 1 000 kg, sondern er sagte mir noch einmal: wenn wir nur 250 kg mitnehmen könnten, sei er schon außerordentlich dankbar. Die Mitnahme von zwei 250 kg Bomben wird ihn ... freuen ...

Göring: Wieviel Maschinen sind denn nun fertig? Messerschmitt: in der endgültigen Serienform noch keine! Göring: Ist die erste Serie schon im Beginn des Baues, schon aufgelegt?
Messerschmitt: Ja, es werden Teile davon in der Werkstatt gefertigt. Der Plan war so, daß Mitte Januar eine Maschine kommt, im Februar acht, im März 21, April 40, Mai 60, Juni 60!«[32] Göring legte fest, daß in etwa acht Tagen eine Kommission zu bilden sei, in der Messerschmitt, das Technische Amt und die Firma Junkers vertreten sein sollten, um die Triebwerkfrage zu klären und das Ganze noch einmal gründlich in Richtung Jabo durchzusprechen.

Zwei Tage später besuchte Göring die Junkers Flugzeug- und Motorenwerke und beriet auch mit den Jumo-Konstrukteuren. Doch davon wird später noch die Rede sein.

Da sich Göring persönlich um das Strahlflugzeug kümmerte und selbst Hitler immer nachdrücklicher nach der Me 262 verlangte, intensivierte auch Milch wieder seine Bemühungen. Die Serienvorbereitung war inzwischen ziemlich fortgeschritten und auch bei Junkers hatte man trotz aller Probleme die Serienplanung für das Triebwerk begonnen. Allerdings dachte Milch in Übereinstimmung mit Galland und Speer mehr an einen Einsatz als Jagdflugzeug denn als Jabo, um der ständig wachsenden Gefahr der Bomberströme endlich Herr werden zu können. Zumal Anzeichen darauf hindeuteten, daß die Amerikaner die Reichweite ihres Jagdschutzes bald erhöhen würden und damit der Kampf der veralteten Bf 109 und der FW 190 gegen die viermotorigen Bomber noch aussichtsloser wäre.

Lediglich in der Frage, ob die Me 262 die Bf 109 ablösen könne oder zusätzlich eingesetzt werden sollte, war man sich noch nicht einig. Auf die Me 209 baute Milch kaum noch. Ihr Prototyp Me 209 V-5 wurde beim Göring-Besuch in Regensburg auch nicht vorgeflogen, sondern erst einen Tag später, am 3. November. Offensichtlich war sich Prof. Messerschmitt seiner Sache gar nicht so sicher und wollte kein Risiko eingehen.

Jedenfalls entschloß man sich im Technischen Amt durch Milch's Einfluß – er wollte auf die alten Muster, deren Ausstoßstückzahlen gerade im Steigen begriffen waren, keinesfalls verzichten – zu einer zusätzlichen Fertigung des »Turbos«.

In einer Amtsbesprechung am 12. November meinte Milch: »Das einzige, was von unserer Seite nicht hundertprozentig gesagt werden kann, ist die Frage: Ist die Me 262 und das Strahltriebwerk schon so pupillensicher, daß man den Schritt ohne weiteres für das nächste Jahr vorsehen kann? Und zwar nicht nur hinsichtlich der Entwicklung, sondern auch der Fertigung?

General Vorwald, Chef des Stabes des Technischen Amtes: Nach der letzten Besprechung: Ja!

Oberst Petersen, Kommandeur der Erprobungsstellen der Luftwaffe: Rückschläge muß man immer erwarten!«[33]

Der hier offensichtlich werdende Sinneswandel Milch's ist schon bemerkenswert. Hatte er doch noch im Juni die Fertigung von 100 Me 262 bis

Jahresende 1943 befohlen und die Arbeit an der Me 209 entgegen Hitlers Ansicht vorübergehend einstellen lassen. Sollte ihn der Besuch bei Junkers so nachdenklich gemacht haben, daß er nun sogar an einer Serienfertigung 1944 zweifelte?

Ab Herbst 1943 ging die faschistische Luftrüstung mehr und mehr dazu über, die Flugzeugindustrie zu dezentralisieren. Besonders die Vorfabrikation wurde in ländliche Bezirke verlagert und gut getarnt. Allein während des Sommers beschlagnahmte die Luftwaffe dazu mehr als 3,3 Millionen Quadratmeter Nutzfläche für Fabrikverlegungen. Rigoros mußten Bauern Land- und Forstgebiete im Reichsinteresse abtreten, wurden Säle von Gaststätten und andere Räumlichkeiten requiriert.

Im Herbst begann auf Befehl Görings eine umfassende Suche nach Tunneln und Höhlen. Dorthin sollte die Schlüsselproduktion verlagert werden. Die bisher in 27 großen Werken untergebrachte Fertigung wurde auf 729 kleine und kleinste Betriebe verteilt. Die Bauarbeiten zur Verlagerung in unterirdische Fertigungsstätten aber gingen mehr und mehr in die Hände der SS über. Denn nur sie konnte die erforderlichen Arbeitskräfte, KZ-Häftlinge und Zwangsarbeiter, stellen. Aus den übrigen Bereichen der Wirtschaft waren kaum noch Leute dafür abzuziehen.

Am 16. November 1943 empfing Rüstungsminister Albert Speer in Gegenwart seines Hauptdienstleiters Saur den SS-Brigadeführer Kammler und ließ sich von ihm über den Stand der Bauarbeiten berichten, die Kammler im Auftrag des Ministers unter umfassendem Einsatz von KZ-Häftlingen für wichtige Rüstungsfertigungen durchführte. Ende 1943 hatte der Gauleiter Fritz Sauckel statt der ursprünglich für das Jahr geplanten 1,115 Millionen Zwangsarbeiter sogar 1,43 Millionen für die Rüstungsindustrie beschafft. Und daneben schufteten zu diesem Zeitpunkt allein in der Luftrüstung bereits 36 000 KZ-Häftlinge. Die Planung sah eine ungeheure Aufstockung vor. Arbeiteten im Januar 1944 neben tausenden Zwangsarbeitern insgesamt 6 014 KZ-Häftlinge für den Messerschmitt-Konzern, so war für das ganze Jahr der Einsatz von 20 200 KZ-Häftlingen geplant.

Kein Wunder also, daß Generalluftzeugmeister Erhard Milch im November 1943 gute Beziehungen zum Reichsführer der SS, Heinrich Himmler, aufnahm. Denn in dessen Ressort fielen die Konzentrationslager. Milch stand dem millionenfachen Mörder Himmler keineswegs nach. Milchs späterer Biograph, der Engländer David Irving weiß in seinem Buch »Tragödie der Luftwaffe« zu berichten, daß Milch einmal sagte: »Die Gauner haben Glück, daß ich nicht Chef der Gestapo bin. Dann gäbe es viel mehr Todesopfer.«

Drei Wochen nach der Berichterstattung Kammlers überzeugte sich Speer persönlich von der Ausführung seiner Befehle zur unterirdischen Fertigung im Mittelwerk Nordhausen-Niedersachswerfen und dessen KZ »Dora«, wo neben der A-4 und der Fi 103 auch das Jumo 004-Strahltriebwerk gefertigt werden sollte. Saur, Degenkolb und Kammler begleiteten ihn. In Karinhall, auf Görings Landsitz, waren indessen am 23. November Generalluftzeugmeister Milch, General Vorwald aus dessen Amt und Oberst Diesing beim Reichsmarschall zusammengekommen, um über das weitere Schicksal einiger Neuentwicklungen zu entscheiden. Genau 20 Tage nach ihrem Erstflug wurde die Me 209 zugunsten der Me 262 endgültig vom Entwicklungsprogramm abgesetzt und keine Serienproduktion dieses Musters vorbereitet.

Hitlers »Blitzbomber«

Man schrieb den 26. November 1943, als auf dem Fliegerhorst Insterburg/Ostpreußen (heute Tschernjachowsk) eine Vorführung der letzten Neuentwicklungen stattfand. Hitler persönlich begab sich aus der nahegelegenen »Wolfsschanze« bei Rastenburg dorthin.

Bei einer ganzen Reihe von Militärs und Rüstungsexperten machte sich unter dem Eindruck der verheerenden Luftangriffe auf die Kugellagerindustrie, auf Flugzeugwerke und andere wichtige Rüstungsobjekte der Gedanke breit, die Luftkriegs- und Luftrüstungsstrategie zu ändern. Bisher hatte der Offensivcharakter und später der Vergeltungsdrang deren Rich-

Während der Vorführungen der neuesten Entwicklungen der Luftwaffe auf dem Fliegerhorst Insterburg/Ostpreußen flog man die Me 262 V-6 auch Hitler und anderen Nazigrößen vor. Von links: Prof. Messerschmitt, ein unbekannter Offizier, Reichspropagandaminister Joseph Goebbels sowie der Reichsminister für Rüstungs- und Kriegsproduktion Albert Speer.

tung bestimmt. So mußten folglich Bomber den Vorrang besitzen. Realistischer Denkende versuchten jedoch diese, noch aus der Blitzkriegsära stammende Strategie in Richtung Verteidigung zu verändern und dementsprechend den Jagdflugzeugen Priorität einzuräumen.

Bereits am 6. Oktober hatte Direktor Karl Frydag, der Leiter des Hauptausschusses Flugzeugzellenbau, in einer Rede vor den Reichs- und Gauleitern der NSDAP größere Zuweisungen von Produktionsstätten des allgemeinen Bedarfs für den Jagdflugzeugbau gefordert: »Wenn die Umsetzung aber nicht stattfindet, oder nicht in genügendem Maße, dann fällt das Jägerprogramm«, so seine Meinung. Zweifellos waren auch Speer, Milch und der General der Jagdflieger, Galland, dieser Meinung.

Unter solchen Vorzeichen trafen sich bei einer Flugzeugschau in Insterburg die Nazigrößen.

Besonders beeindruckt zeigte sich Hitler von der Me 262 V-6, die er bis dahin nie gesehen hatte und die man ihm nun sowohl am Boden als auch im Flug vorführte. Wie zu erwarten, richtete Hitler an Göring die Frage: »Kann dieses Flugzeug Bomben tragen?« Göring überließ die Antwort dem Industriellen. Und Messerschmitt, den Jabo-Befehl vom Jahresbeginn und das Gespräch mit Göring Anfang des Monats noch gut in Erinnerung, antwortete: »Jawohl mein Führer, im Prinzip ja. – Belastungsmäßig werden 500 kg sicher, vielleicht sogar 1 000 kg zu verkraften sein.«

Hitler darauf: »Seit Jahren fordere ich von der Luftwaffe den Schnell-Bomber, der ungeachtet der feindlichen Jagdabwehr sein Ziel sicher erreicht. In diesem Flugzeug, das sie mir als Jagdflugzeug präsentieren, erblicke ich den Blitz-Bomber, mit dem ich die Invasion in ihrer ersten und schwächsten Phase abschlagen werde. Es wird ungeachtet des feindlichen Luftschirmes in die gerade gelandeten Massen von Material und Truppen hineinschlagen und Panik, Tod und Verderben anstiften. Das ist endlich der Blitzbomber! – Daran hat natürlich niemand von ihnen gedacht!«[34)]

Galland schrieb nach dem Krieg: »Von solchen Erwägungen, die Me 262 möglicherweise nicht als Jäger einzusetzen, war mir nichts bekannt, als ich im Dezember im Fliegerhorst Insterburg in Ostpreußen an einer Vorführung der letzten Neuentwicklungen der Luftwaffe teilnahm.« Daß Galland sich im Datum irrte, mag verziehen werden. Doch sollte er wirklich so rasch den Jabo-Befehl, der ja seine Truppe betraf und den 2. November in Regensburg vergessen haben? Der Verdacht liegt nahe, daß auf diese Weise das Scheitern mehrerer Konzeptionen Hitler allein in die Schuhe geschoben werden sollte.

Doch die von unzähligen Autoren stets von neuem kolportierte Ansicht, daß die Jäger-Bomber-Frage der Me 262 zum Scheitern des Luftkrieges geführt hätte, ist lediglich Spiegelfechterei. Auch wenn noch fast 1 500 Me 262 gefertigt wurden und man 1944 die höchsten Ausstoßstückzahlen an Flugzeugen erreichte, war doch das Potential des Dritten Reiches bereits Ende 1943 erschöpft und der Krieg damit entschieden. Denn die Arbeitskräftelage war katastrophal.

Zwei Tage nach der Vorführung in Insterburg schrieb Milch an Speer und fragte an, ob es nicht möglich wäre, die italienischen Gefangenenlager noch einmal auf Facharbeiter für die Fi 103 und die Me 262 durchzukämmen. Vom Staatsrat Schieber erhielt Milch eine positive Antwort. Doch bald darauf bestimmte die Gruppe Arbeitseinsatz des Rüstungsamtes, daß nur ein Drittel der Arbeitskräfte auf diese Weise zur Verfügung zu stellen sei. Die übrigen zwei Drittel sollten aus der anderen Luftwaffenfertigung abgezogen werden. Ein Programm war so wichtig wie das andere und wer den größten Einfluß besaß, war dem anderen immer einen Schritt voraus.

Auch Milchs Vorprellen über seinen Generalmajor Vorwald zu Speers Hauptdienstleiter Saur – einem absoluten Durchreißer, der über Leichen ging – brachte kein Ergebnis. Vorwald mußte am 30. November seinem Chef berichten: »Es liegt daran, daß Herr Saur es nur macht, wenn er die verantwortliche Führung übernimmt. Wenn er die Fi 103 und die Me 262 machen darf, gibt er seine Unterstützung hundertprozentig. Solange wir verantwortlich sind und er nur zuliefern soll, macht er es nicht.«[35)]

So intervenierte schließlich Speer persönlich in einer Besprechung bei Hitler am 17. Dezember 1943, daß er zur Vorbereitung der Me 262-Serienproduktion deutsche Facharbeiter, speziell Vorrichtungsbauer und Einrichter benötige. Er erreichte immerhin, daß 3 000 Werkzeugmacher aus der Wehrmacht für vier Monate freigestellt wurden.

Erst am 20. Dezember startete der 7. Prototyp der Me 262 zu seinem Erstflug. Immer noch mit Jumo 400 B-0, also Nullserientriebwerken, da die eigentliche Serie noch nicht angelaufen war. Die-

Die Me 262 V-7 besaß eine provisorische Druckkabine.

Me 2612 V-9: der Produktionsprototyp für die Jägerversion Me 262 A-1a.

ser Test diente vor allem der Leistungsermittlung und der Druckkabinenerprobung. Zwei Tage später erhob sich aber auch der fünfte Prototyp der Arado Ar 234 zum Jungfernflug, der ebenfalls mit zwei Jumo 004-Strahlturbinen ausgerüstet war und zunächst als Fernaufklärer, in der Serienausführung jedoch als Bomber geplant war.

So verlief die Jahreswende ohne entscheidende Fortschritte in der Serienproduktion. Als Milch am 5. Januar 1944 zum Rapport bei Hitler eintraf, war dessen größte Sorge die drohende Invasion der Alliierten in Nordfrankreich. Zu ihrer Abwehr, so hob Hitler hervor, benötigte er in erster Linie U-Boote und Strahlflugzeuge. »Wenn ich die rechtzeitig habe, kann ich damit Invasionen usw. abwehren. Das andere ist alles gut, aber es kommt nicht so sehr in Frage.«[36)]

Doch gerade damit ging es nicht so recht vorwärts. Zwar wurde auch im Januar eine Me 262 zur Flugerprobung übergeben, doch immer noch nicht die erste Serienmaschine. Am 19. Januar 1944 erhob sich erstmals die Me 262 V-9 von der Piste. Sie entsprach zwar der Serienausführung in ihrer endgültigen Form und galt auch als Produktionsprototyp der Jägerausführung; sie besaß jedoch noch keine Bewaffnung. Gleichzeitig wurde mit der V-9 die Funk-

So sah die endgültige Ausführung des Bugrades und des Federbeines aus.

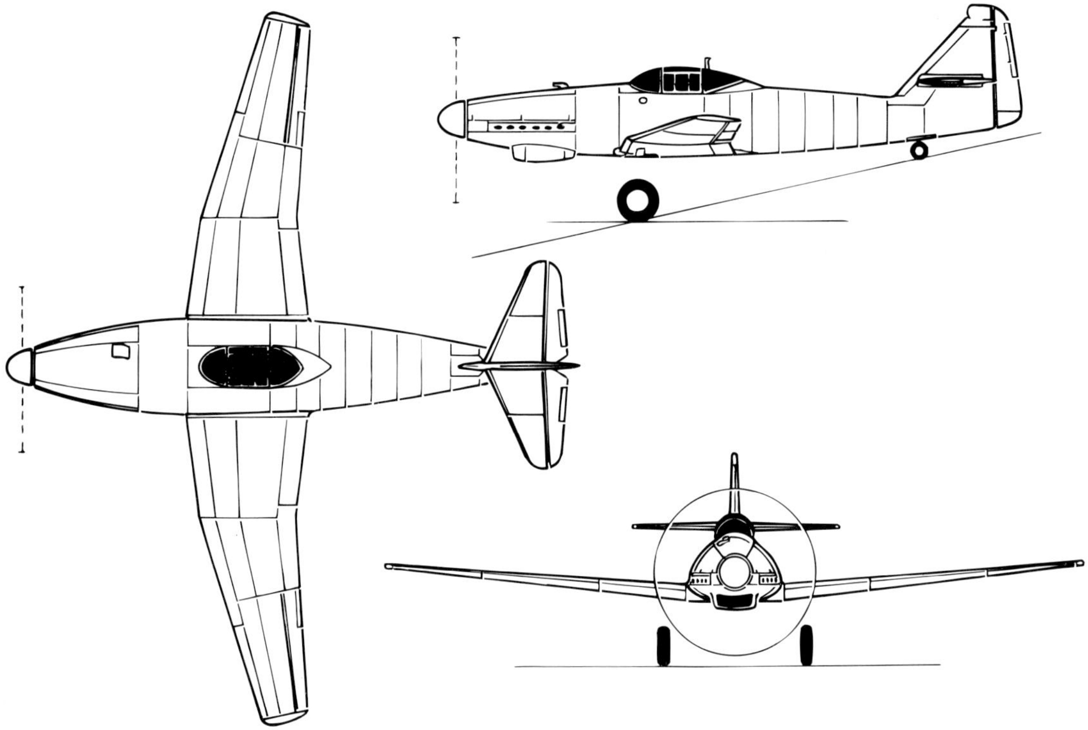

Die Me 262 V-1. Alle Zeichnungen: C. Backmann

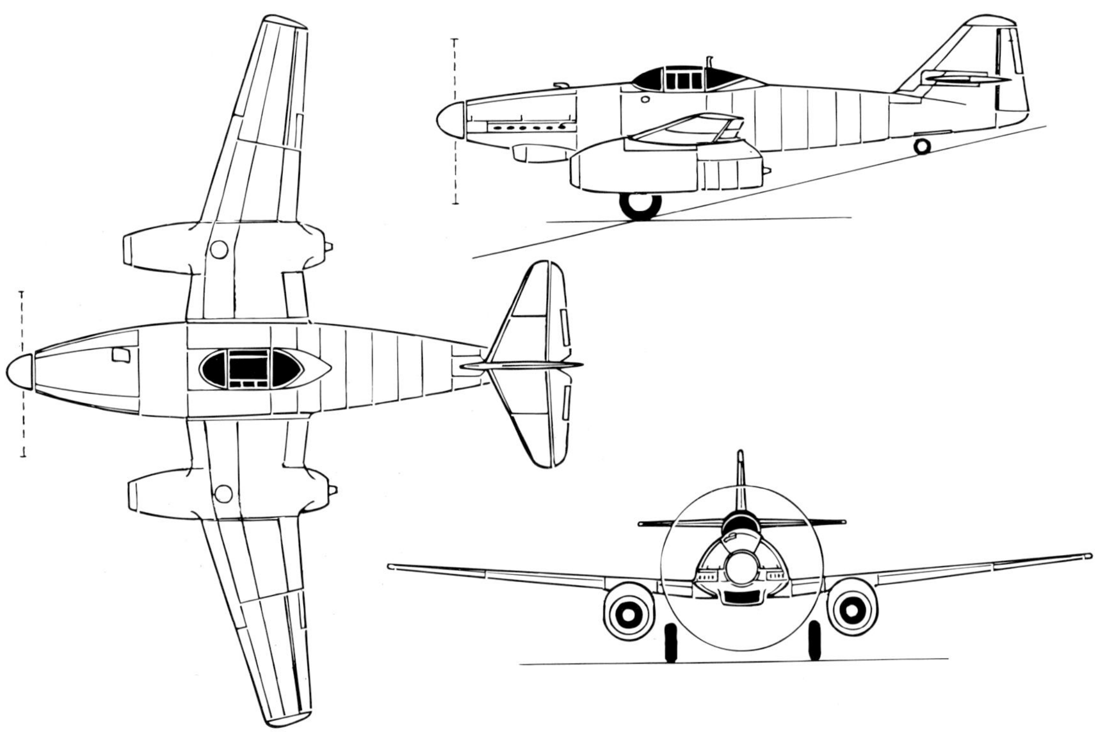

Die Me 262 V-1 mit BMW-Triebwerken und dem Jumo 210.

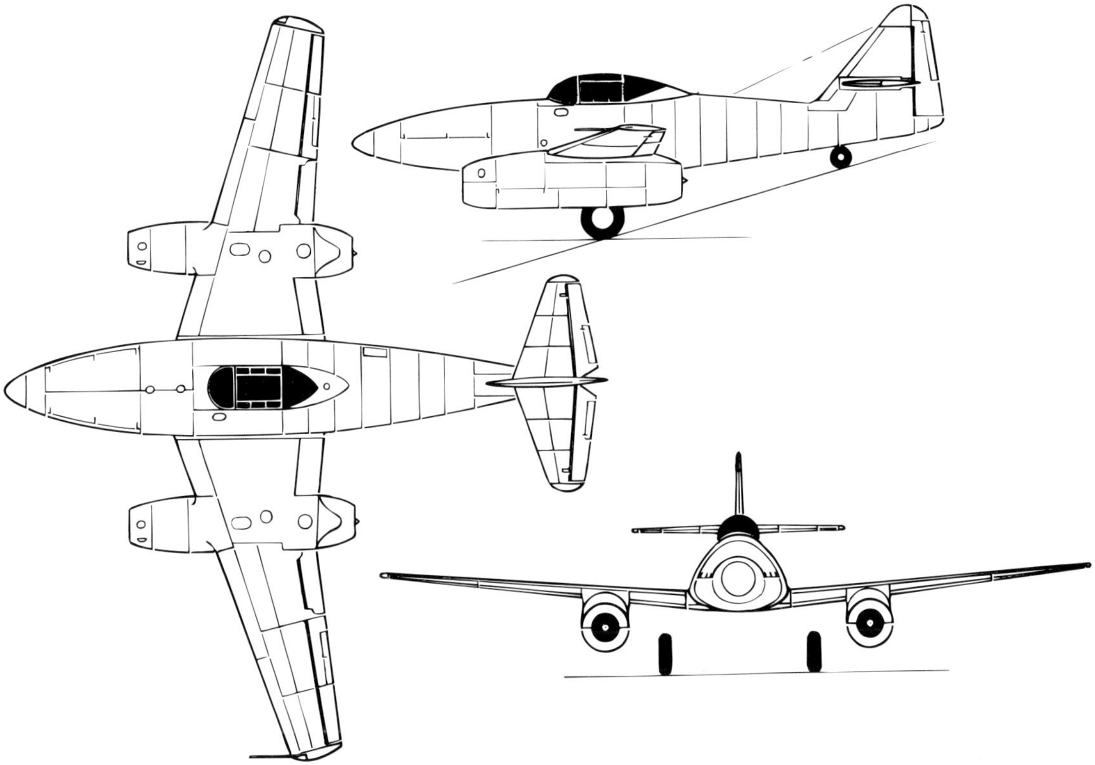

Die Me 262 V-2 mit Triebwerken Jumo 004 A.

und Navigationsausrüstung getestet. Ihre Vorgängerin, die Me 262 V-8, war ebenfalls fertiggestellt, konnte jedoch noch nicht im Flug erprobt werden, da sie zum Waffeneinbau vorbereitet wurde. Der Erstflug dieses Prototyps erfolgte erst zwei Monate später, nämlich genau am 18. März 1944.

Der nächste Prototyp folgte schließlich am 15. April mit der Me 262 V-10, dem letzten Muster der ersten Versuchsserie. Die V-10, die erst in die Flugerprobung ging, als – ganz langsam noch – die Nullserie anlief, war zugleich der erste Prototyp für die Jagdbombererprobung des Strahlflugzeuges.

Doch nach Plan sollte bereits im Januar 1944 die erste Serienmaschine vom Band rollen. Daß dieses Ergebnis noch vier Monate auf sich warten ließ, war einerseits auf die Arbeitskräftelage bei der Serienvorbereitung andererseits aber vor allem auf die zu spät angelaufene Serienproduktion der Strahlturbine bei den Junkerswerken zurückzuführen.

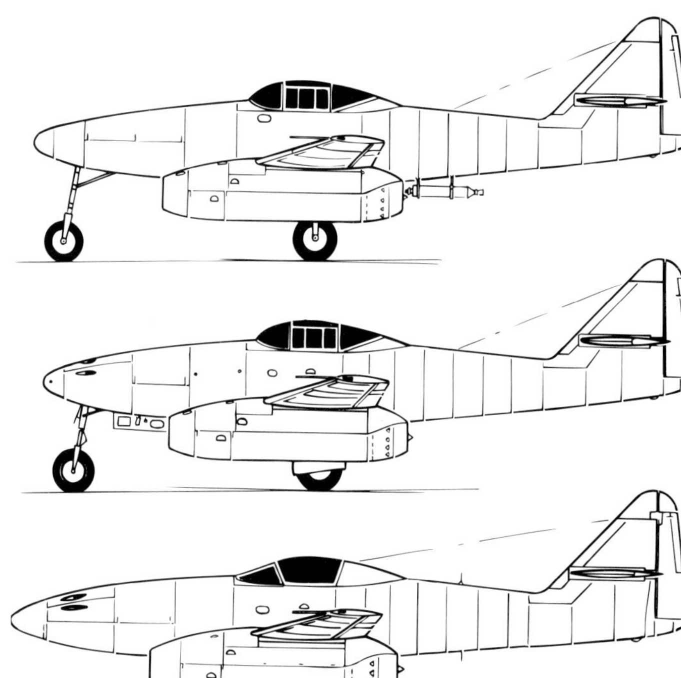

Die Me 262 V-5, V-6 und V-9 (von oben nach unten).

Die Me 262 V-10 bei Schleppversuchen mit 500- und 1 000-kg-Bomben.

Quellen I

1) Ziegler, M.: Kampf um Mach 1. – Hobby-Bücherei, S. 130
2) Wendel, F.: Die Werkserprobung der Me 262. – In: Weltluftfahrt (Coburg), Heft 11/1955, S. 265
3) Geheime Aktennotiz der EHF vom 11. 7. 1941 (Kopie im Besitz des Verfassers)
4) Baumbach, W.: Zu spät. – Richard Pflaum Verlag, München 1950, S. 244–246
5) Wendel, F.: Die Werkerprobung der Me 262. – In: Weltluftfahrt (Coburg), Heft 11/1955, S. 265
6) Boehme, M.: Jagdgeschwader 7. – Motorbuch Verlag, Stuttgart 1983, S. 25
7) Wendel, F.: a. a. O., S. 265/266
8) Ebenda
9) Baumbach, W.: a. a. O., S. 66–68
10) Boehme, M.: a. a. O., S. 28/29
11) Ebenda, S. 31
12) Baumbach, W.: a. a. O., S. 246
13) Späte, W.: Die Me 262. – In: Weltluftfahrt (Coburg), Heft 11/1955, S. 263
14) Ebenda
15) Wendel, F.: a. a. O., S. 266
16) Späte, W.: a. a. O., Heft 12/1955, S. 288
17) Galland, A.: Was hatten wir für Möglichkeiten. – In: Weltluftfahrt (Coburg), Heft 3/1956
18) Späte, W.: a. a. O., Heft 12/55, S. 287
19) Boehme, M.: a. a. O., S. 35/36
20) Galland, A.: Die Düsenjägertragödie. – In: Weltluftfahrt (Coburg), Heft 3/1956
21) Boehme, M.: a. a. O., S. 36
22) Ebenda, S. 41
23) Ebenda, S. 43
24) Ebenda, S. 44: 25) Ebenda, S. 45
26) Irving, D.: Geheimwaffen des dritten Reiches. – Sigbert Mohn Verlag, Gütersloh 1965, S. 113/114 (Reichstagsprotokolle)
27) Ebenda, S. 115
28) Ebenda, S. 116
29) Ebenda
30) Irving, D.: Die Tragödie der Luftwaffe. – Neuer Kaiser Verlag, Klagenfurt 1973, S. 309
31) Boehme, M.: a. a. O., S. 47
32) Baumbach, W.: a. a. O., S. 47
33) Ebenda, S. 248
34) Irving, D.: a. a. O., S. 434
35) Irving, D.: Geheimwaffen des dritten Reiches. – S. 201
36) Baumbach, W.: a. a. O., S. 94

»Achillesferse« Triebwerk

Man schrieb den 15. Mai 1941, als auf dem wohl berühmtesten Flugplatz der Royal Air Force in Cranwell nach fauchendem Heulen ein zierliches Flugzeug ohne jeden Propeller langsam über die Grasnabe zu rollen begann und nach endlos langem Beschleunigen sanft abhob. Das erste britische Turbinenflugzeug, später unter der Bezeichnung Gloster G.40 »Squirt« bekannt geworden, startete zu seinem Jungfernflug. Damals trug es noch die Projektbezeichnung E.28/39 (Experimentalflugzeug Nr. 28 des Jahres 1939). Sarkastisch meinte der spätere Oberbefehlshaber der RAF, John Slessor, dazu nach dem Zweiten Weltkrieg: »Es wäre besser gewesen, der Typ hätte E.28/36 geheißen.«

Frank Whittle, der Konstrukteur der in diesem Flugzeug verwendeten Radialturbine war dennoch glücklich. Ging nun doch ein Jugendtraum in Erfüllung. Freilich erst sehr spät, woran er jedoch keine Schuld trug, sondern vielmehr die Militärbürokratie mit ihrer Engstirnigkeit. Schuld trugen vor allem die Präsidenten und Geschäftsführer der Firmen, die ihren eigenen Gewinn über die Sicherheit des Landes stellten und die Gefahr eines faschistischen Überfalls erst für akut hielten, als die Bombergeschwader der deutschen Luftwaffe bereits britische Städte in Schutt und Asche legten.

Die Geschichte der Gloster G.40 begann genaugenommen bereits 1928. Um diese Zeit nämlich beendete der britische Kadett Frank Whittle seine Arbeiten an dem Projekt für seine Gasturbine, mit deren Hilfe ein Flugzeug nach seinen Berechnungen etwa 800 km/h Höchstgeschwindigkeit erreichen konnte.

Als Whittle seine Pläne 1929 dem Luftfahrtministerium vorlegte, stießen sie dort auf völliges Unverständnis. Daher wandte er sich an den Industriellen Georg Reid von der Firma Reid und Sigrist, die vorwiegend Flugzeugarmaturen produzierte. Aber auch hier stieß er auf Ablehnung. So ging es ihm noch mehrmals.

Bei flüchtiger Betrachtung waren es scheinbar die großen technischen Schwierigkeiten, die eine Verwirklichung des Projektes unmöglich erscheinen ließen. Der Wirkungsgrad einer Gasturbine ist nämlich dann am höchsten, wenn die Temperatur der Gase, welche die Turbinenschaufeln umströmen, sehr hoch ist. Wird eine hohe Gastemperatur erreicht, steigt die Durchströmungsgeschwindigkeit, erhöht sich damit die Drehzahl der Turbine und folglich auch der Wirkungsgrad. Das führt andererseits aber zu wesentlich größeren thermischen und mechanischen Belastungen der Turbinenschaufeln.

Die solchen Anforderungen genügenden hochwarmfesten Stähle waren jedoch nur in geringen Mengen vorhanden und daher sehr teuer. Ursache dafür war nicht zuletzt die ungenügende Grundlagenforschung. Für die Konzerne war es günstiger, nur eine gewisse Zweckforschung zu betreiben, um den Aufwand für Forschung und Entwicklung möglichst klein zu halten. Die Flugzeuggasturbine zu entwickeln, hätte zweifellos für eine unbestimmte Zeitspanne große finanzielle Ausgaben für Forschung und Entwicklung erfordert, ohne einen raschen Erfolg zu garantieren. Ein Freund aus Fliegerkreisen riet ihm schließlich, Verbindungen mit einer finanzkräftigen Gruppe aufzunehmen und dann nochmals an die

Industrie heranzutreten. Es gelang auch, die Bankfirma O. T. Falk und Partner zu interessieren. Jetzt, als plötzlich ein kapitalkräftiges Unternehmen hinter Whittle stand, war die British Thomson-Houston Turbine Factory in Rugby (BTH) bereit, sich des Projektes anzunehmen – allerdings nicht ohne darauf hinzuweisen, daß eine entsprechende Verdienstspanne für das Unternehmen festgelegt werden müsse!

Auch das Luftfahrtministerium trat wieder auf den Plan. Es forderte auf jeden Fall eine Beteiligung des Präsidenten des Luftrates an diesem Vertrag. Am 27. Januar 1936 kam es zum Abschluß eines sogenannten Vier-Parteien-Abkommens, nach dem Frank Whittle alle Patentrechte an die neuzugründende Firma abtreten mußte und dafür als »Ehren-Chefingenieur« und technischer Berater für die Dauer von fünf Jahren fungieren durfte. Allerdings schränkte man seine Rechte noch durch zahlreiche weitere Bedingungen ein. So wurde im März 1936 die Firma Power Jets Limited mit einem Aktienkapital von 10 000 Pfund Sterling gegründet.

Jetzt begann Whittle mit den eigentlichen Konstruktionsarbeiten, die er schon nach kurzer Zeit abschließen konnte. Die erste Versuchsturbine sollte aus einem einstufigen Radialverdichter –ähnlich den Laderkompressoren von Flugzeugkolbenmotoren –, einem von einer schottischen Firma für seine Zwecke gebauten Brenner sowie einer einstufigen Turbine bestehen. Als Drehzahl hatte Whittle 17 750 U/min errechnet.

Das erste Versuchstriebwerk von Whittle U-1 (1937) wurde auf einem alten LKW als Prüfstand erstmals erprobt, wobei das Verdichterlaufrad das Gehäuse zerschlug.

Bereits im Oktober 1936 unternahm er die ersten Brennkammerversuche. Nun setzte ein zäher Kampf mit den technischen Schwierigkeiten ein. Schon zu Beginn hatte man große Sorgen mit der ungleichmäßigen Verbrennung. Das war oft so gefährlich, daß die Büroangestellten in den Nebenräumen fluchtartig das Weite suchten; einmal wurden sämtliche Tische leergefegt und überall verbreiteten sich Rauchschwaden und Benzindämpfe. Da die Verbrennung unter fürchterlichem Getöse erfolgte, begann man in der Umgebung der Firma zu munkeln, hier würden neuartige Flammenwerfer entwickelt.

Ebensolche Schwierigkeiten bereitete der Bau des Turbinenläufers, da die Beschaffung des Materials erhebliche Zeit in Anspruch nahm.

Im März 1937 stand die fertige Versuchsturbine Whittle U-1 schließlich komplett auf dem Prüfstand, einem alten LKW, dessen Motor zugleich als Anlasser genutzt wurde. Schon beim ersten Versuchslauf – die Turbine hatte noch nicht einmal 9 000 U/min erreicht – durchschlug das Verdichterlaufrad das Gehäuse. Ein neues konnte nicht beschafft werden. Whittle war gezwungen, aus Kostengründen das alte Laufrad und Gehäuse wieder herzurichten. Am 12. April erfolgte der zweite Versuch. Doch auch der verlief äußerst gefährlich: Nachdem eine Drehzahl von 2 000 U/min erreicht worden war, öffnete Whittle das Regelventil, um die Drehzahl zu erhöhen. In diesem Moment begann die Turbine wild zu heulen, während sie sprunghaft ihre Touren steigerte. Nur mit Mühe gelang es, das Aggregat abzustellen. Ein weiterer Versuche brachte dasselbe Ergebnis, nur daß sich dieses Mal Teile der Brennkammer in rotglühenden Stahl verwandelten und Whittles Mitarbeiter aus dem Raum stürzten.

Es erforderte zeitraubende Überprüfungen, bis sich herausstellte, daß Restmengen unverbrannten Kraftstoffes in der Brennkammer die Ursache waren. Erst nach zahlreichen Änderungen an dieser Kammer, an der Brennstoffeinspritzung und am Zündsystem gelang es Ende 1937, eine Drehzahl von 13 600 U/min zu erreichen. Whittle war inzwischen zu der Überzeugung gelangt, daß die Beschaufelung des Turbinenläufers das eigentliche Hindernis für eine Drehzahlerhöhung sei. Sie war von den BTH-Ingenieuren entwickelt worden, die über jahrelange Erfahrungen im Dampfturbinenbau verfügten. Aber die Gasturbine setzte neue Maßstäbe. Whittle entwikkelte daher eine Beschaufelung nach seinen Berechnungen und ließ sie patentieren.

Mit dem neuen Aggregat, dem Whittle U-2, gelang Ostern 1938 erstmals ein einstündiger Dauerlauf bei 8 200 U/min. Später konnte eine Laufdauer von 105 Minuten erzielt werden, bei der erstmals ein Schub von 218 kp (2,16 kN) gemessen wurde. Aber Zwischenfälle gab es immer noch.

Zaghafter Anlauf bei Whittle

Im Oktober 1938 kam ein völlig umkonstruiertes Versuchsmuster vom Typ U-3 auf den Prüfstand. Am 26. Oktober lief die Turbine zum ersten Mal. Genau auf den Tag acht Monate später erreichte das Triebwerk 16 000 U/min. Jetzt, als sich erste positive Ergebnisse der Whittleschen Arbeiten einstellten, begann sich das Luftfahrtministerium und damit auch die Industrie für die Gasturbine zu interessieren. Bereits einen Monat nach dem erfolgreichen Lauf der U-3, also im Juli 1939, erhielt Power Jets den Auftrag, eine neue Turbine zu entwickeln, die für den Einbau in ein Flugzeug geeignet sein sollte. Bei Power Jets wurden nunmehr mit Hochdruck die Konstruktionsunterlagen für das TL-Triebwerk W-1 geschaffen. Zur gleichen Zeit erhielt die Gloster Aircraft Corporation Ltd. in Hucclecote den Auftrag des Air Ministry zur Entwicklung eines Strahlflugzeuges unter der Ausschreibungsnummer E.28/39.

Nach den Vorentwurfsarbeiten nahm das Gloster-Konstruktionsteam unter Leitung George Carters im September 1939 die Projekt- und kurze Zeit später die Konstruktionsarbeiten für die unter der Werksbezeichnung G.40 laufende Maschine in Angriff. Um kein Risiko einzugehen, wurde das Flugzeug weitestgehend konventionell ausgelegt. Es war ein relativ kleiner Ganzmetall-Tiefdecker mit kreisrundem, sich zum Ende hin stark verjüngendem Rumpf. Das Triebwerk sollte in Rumpfmitte hinter der Kabine untergebracht werden und durch Abdeckbleche auf der Rumpfoberseite für Wartungsarbeiten zugänglich sein. Der zentrale Lufteinlauf im Rumpfbug teilte sich vor der Kabine in zwei Luftführungskanäle. Die Schubdüse lag relativ weit hinter dem Leitwerk und war von geringem Querschnitt; sie besaß noch keinen Regelpilz. Das trapezförmige Tragwerk mit abgerundeten Randkappen erhielt an seiner Hinterseite Landeklappen und ausgeglichene Querruder. Neu für britische Flugzeuge waren lediglich das als Druckkabine ausgebildete Cockpit sowie das Bugradfahrwerk. Während das Bugrad nach hinten in den Rumpf einziehbar war, wurde das Hauptfahrwerk in die Flächen eingefahren und durch gewölbte Bleche abgedeckt. Gefordert hatte das Luftfahrtministerium die Unterbringung von vier Maschinengewehren. Aus Raumgründen mußten die Flugzeugkonstrukteure jedoch auf den Einbau dieser Waffen verzichten.

Sir Frank Whittle vor seinem Strahltriebwerk W.1 und der Gloster G.40.

Inzwischen war ein weiterer Konkurrent – und zwar einer der mächtigsten – auf den Plan getreten: Rolls Royce, heute einer der größten Strahltriebwerkhersteller. 1940 begann Rolls Royce Turbinenschaufeln, Gehäuse, Pumpen und anderes Zubehör für Power Jets zu liefern, kam so in den Besitz wertvoller Konstruktionsunterlagen und Erfahrungen, so daß er nach und nach mehr Einfluß auf die Entwicklungsarbeit Whittles gewann. Schon ein Jahr später konnte der Konzern mit eigenen Strahlturbinen-Entwicklungen auf der Basis der Whittle'schen Arbeiten beginnen.

Im April 1940, 19 Monate nach Konstruktionsbeginn, hatten die Gloster-Leute um George Carter die Zelle der G.40 fertiggestellt. Da zu diesem Zeitpunkt die Power Jets-Turbine noch nicht betriebsbereit war, baute man die 1940 als Versuchsmuster entwickelte W-1x ein. Im Flugzeug selbst befanden sich keine Hilfsgeräte, wie z. B. Pumpen und ähnliches, die durch das Triebwerk angetrieben wurden, weil man die volle Leistung für den Antrieb nutzen wollte. Deshalb mußte der Pilot das Hydraulik-System zum Einziehen des Fahrwerkes mit einer Handpumpe bedienen. Für den Betrieb der elektrischen Bordgeräte diente eine Batterie.

Am Abend des 7. April 1941 sollten die Rollversuche beginnen. Als Testpilot Philip E. Gerry Sayer das Triebwerk in Gang setzte und die Bremsklötze entfernt worden waren, rührte sich die G.40 auf der regennassen Graspiste nicht von der Stelle. Erst bei 12 000 U/min rollte sie langsam über den Platz – 32 km/h waren das Höchste, was man an diesem Tag erreichte. Dieses Ergebnis war niederschmetternd. Die Zellenkonstrukteure schimpften über die Leistung der Turbine, und Pessimisten betrachteten das ganze Unternehmen als gescheitert. Einige Experten rieten Sayer sogar dringend ab, weitere Flugversuche zu unternehmen. Auch Whittle war enttäuscht, versuchte jedoch in erbitterten Diskussionen nachzuweisen, daß die Leistung der Turbine ausreiche.

Am 14. Mai herrschte wesentlich besseres Wetter. Diesmal hatte Whittle die Turbine nicht gedrosselt. Sayer, der sofort spürte, daß die G.40 jetzt schneller rollte, lenkte die Maschine kurz entschlossen ans Startbahnende, erhöhte die Drehzahl auf 15 000, hob ab – und flog etwa 200 Meter weit. Dieses Manöver wiederholte er noch zweimal am selben Tag. In fieberhafter Nachtarbeit wurde nunmehr die inzwischen fertiggestellte W-1-Turbine, die einen Schub von 385 kp (3,78 kN) erbrachte, in die G.40 eingebaut. Um 19.40 Uhr des nächsten Tages stand der ungewöhnliche propellerlose Tiefdecker mit fauchender Turbine an der Startbahn.

Gloster E.28/39: Der Entwurf 28 aus dem Jahre 1939 erhielt später die Werkbezeichnung Gloster G.40 und den Namen »Squirt«. Das war der Prototyp des ersten britischen Strahlflugzeuges und das dritte Turbinenflugzeug der Welt.

»The Gloster E.28/39« steht am Bug der G.40, hier auf dem Flugfeld in Cranfort.

Sayer jagte das Triebwerk auf 16 500 U/min, löste die Bremsen, rollte, immer schneller werdend, über den Platz und hob bereits nach 600 Metern ab; rasch gewann er Höhe – und verschwand hinter einer Wolkenbank. Voller Spannung warteten die Männer um Whittle. Nach einigen Minuten kehrte Sayer zum Platz zurück und landete einwandfrei. Der Bann war gebrochen, Whittle und Sayer wurden stürmisch gefeiert.

Whittle entwickelte und vervollkommnete noch einige Turbinen, die in der G.40 und deren zweitem Versuchsmuster erprobt wurden. Doch nur eine davon ging schließlich Anfang 1944 in Serie, ohne jedoch im Zweiten Weltkrieg noch in besonders großen Stückzahlen gebaut zu werden. Das geschah erst ab 1945. Es war die W-2B/23 »Welland« von Rolls Royce.

Der Gigant unter den britischen Triebwerkkonzernen hatte sich durchgesetzt und begann nunmehr die mühevolle Arbeit Frank Whittles in klingende Münze für die Taschen der Aktionäre zu verwandeln. Nun sträubten sich auch jene Konzerne, die vorher jedes Risiko abgelehnt hatten, nicht mehr, an der Entwicklung von TL-Triebwerken teilzunehmen – jetzt begann sogar ein regelrechtes Wettrennen um Aufträge des Luftfahrtministeriums. »Sie fliegt«, hatte jemand neben Whittle erstaunt gesagt, als die Gloster G.40 zum ersten Mal mit dem neuen Antrieb in den Himmel stieg. »Dazu ist sie ja auch da«, antwortete dieser. Es schwang ein wenig Stolz in diesem Satz mit. Ab jenem 15. Mai 1941 waren sowohl die Briten als auch später die Amerikaner der festen Überzeugung, den ersten Jet der Welt in die Luft gebracht zu haben. Wie groß mag die Überraschung gewesen sein, als im Sommer 1944 erstmals britische Aufklärer und amerikanische Bomber von deutschen Düsenjägern abgeschossen wurden?

Doch auch dann noch glaubte Frank Whittle an seinen Vorrang. die endgültige Bestätigung, nicht der Erste gewesen zu sein, traf ihn offen-

Die Whittle/Power Jets W.2/700 wurde in der zweiten G.40 erprobt.

Die ersten sechs Gloster-G.41 »Meteor« F.MK.1-Jagdflugzeuge erhielt im Juli 1944 die 616th-RAF Fighter Squadron. Doch sie wurden nur ab August 1944 über England zur Abwehr der V-1 Flugbomben eingesetzt. 43 dieser Flugzeuge sind bis Kriegsende gebaut worden.

sichtlich sehr. Ausgerechnet im verhaßten Nazideutschland sollte ein Düsenflugzeug bereits 22 Monate früher geflogen sein? Bitternis muß das Motiv gewesen sein, das ihn 1952 veranlaßte, sich in der Schweizer Fachzeitschrift »Interavia« in einen Prioritätenstreit mit Ernst Heinkel einzulassen, der leider nicht zu seinen Gunsten ausging. Dabei hätte er wirklich der erste sein können!

Whittles Idee war allerdings nicht so neu, wie man glauben könnte. Viele Techniker vor ihm trugen sich schon mit dem Gedanken, scheiterten jedoch an tausend Barrieren. So unter anderen bereits 1910 der Rumäne Henry Coanda, ein Wissenschaftler, dem die moderne Luftfahrt den Coanda-Effekt des Auftriebs durch Anblasen der Flügelklappen und damit den Kurzstart verdankt. Er entwickelte bereits im »Babyalter« der Luftfahrt ein Triebwerk mit ummantelter Luftschraube, dessen verdichtete Luft durch zusätzliche Brennstoffeinspritzung und nachfolgende Verbrennung einen erhöhten Schub abgeben sollte. Damit war zugleich auch die erste Idee des viel später entwickelten Nachbrenners für Strahlturbinen geboren. Coanda stellte einen von ihm entwickelten Flugapparat mit diesem Antrieb 1919 auf dem Pariser Luftfahrtsalon aus und erregte beachtliches Aufsehen. Als er danach einen ersten Start versuchte, ging der aus Stoff und Holz bestehende Doppeldecker in Flammen auf, und sein Erfinder mußte die Arbeiten mangels finanzieller Mittel aufgeben. Auch die Arbeiten zur Schaffung von Gasturbinen, welche der Franzose Armengaud (1904) und der Deutsche Holzwarth (1905 bis 1914) leisteten, scheiterten zumeist am fehlenden Geld.

Grundlegende theoretische Arbeiten zur Gasturbine vollbrachte auch der russische Wissenschaftler W. I. Basarow 1923, der sein Patent bereits 1924 anmeldete. Doch waren es hier die umfassenden volkswirtschaftlichen Schwierigkeiten nach Revolution und Bürgerkrieg, die eine Verwirklichung vorerst nicht zuließen. Erst ab 1936 beschäftigte sich der Triebwerkkonstrukteur A. L. Ljulka mit einer Zweistrom-Luftstrahlturbine für Flugzeuge, die im Herbst 1941 auf den Prüfstand gehen sollte. Unterbrochen wurde diese Entwicklung durch den deutschen Überfall auf die UdSSR am 22. Juni 1941.

Etwas später als Frank Whittle, doch mit wesentlich größerem Erfolg entwickelte schließlich der deutsche Wissenschaftler Hans Joachim Pabst von Ohain ein Flugzeugtriebwerk. Ihm stand nicht nur sein Talent, sondern auch das Glück zur Seite, zu den gesellschaftlich Privilegierten zu gehören.

Immerhin hatte Deutschland nach dem verlorenen Ersten Weltkrieg und den sich daraus ergebenden Beschränkungen für den Flugzeugbau erhebliche technische Rückstände im Flugmotorenbau aufzuholen. Als man daher 1935 mit der verstärkten Wiederaufrüstung und dem offiziellen Aufbau einer Luftwaffe begann, fehlte es an leistungsstarken Triebwerken. Ein idealer Boden für die Idee eines revolutionierenden Antriebs.

He 178, das erste Turbinenflugzeug

Bereits als Student hatte sich Pabst von Ohain mit dem Gedanken zur Entwicklung einer Luftstrahlturbine getragen. Nach Abschluß seines Studiums arbeitete er als Assistent am Physikalischen Institut der Universität Göttingen unter Prof. Pohl und bereitete sich auf seine Dissertation vor.

Während dieser Zeit stellte er Berechnungen an, die seine Überlegungen bestätigten und entwarf eine erste Kleingasturbine als Versuchsgerät. Als Besitzer eines Opel Kadett und guter Kunde der Autoreparaturwerkstatt Barthels & Becker in Göttingen hatte er sich mit dem Hauptmechaniker dieser Firma angefreundet. Ohain erkundigte sich nach den Herstellungsmöglichkeiten und den Kosten für ein Versuchstriebwerk und baute so mit dem Technikenthusiasten Max Hahn eine fruchtbare Zusammenarbeit auf. Das war Ende 1934. Hahn studierte die Entwurfszeichnungen, beriet sich mit Ohain und unterbreitete wesentliche Vereinfachungsvorschläge. So wurde es möglich, das Versuchsgerät auf den Werkzeugmaschinen der Firma relativ kostengünstig herzustellen. Als Verdichter hatte übrigens Ohain – ohne von Whittles Arbeiten Kenntnis zu haben – einen Radialverdichter gewählt. Er ließ sich mit den verhältnismäßig bescheidenen Mitteln und unter den primitiven Werkstattverhältnissen am ehesten verwirklichen.

Nachdem das Gerät Anfang 1935 seiner Fertigstellung entgegensah, bereitete Pabst von Ohain in einer kleinen Abstellhalle der Firma die Versuche vor und begann gemeinsam mit Max Hahn erste Vorversuche. Doch sie brachten noch keine Ergebnisse, so daß sich Ohain veranlaßt sah, mit Prof. Pohl zu sprechen, der das Engagement seines Assistenten mit Wohlwollen verfolgte. Er erlaubte Ohain in großzügiger Weise, Versuche auf dem Hof des Instituts vorzunehmen, und vor allem, institutseigene Meßgeräte und Instrumente zu verwenden. So konnten Ohain und Hahn wesentliche Druck- und Temperaturmessungen vornehmen. Große Schwierigkeiten gab es mit der Verbrennung. Sie funktionierte schlecht und fand vor allem hinter dem Turbinenrotor statt. Ohain wurde klar, daß noch zahlreiche zeit- und kostenaufwendige Verbrennungsversuche erforderlich waren. Ergebnis: Die Turbine konnte nicht zum Selbstlauf gebracht werden. Deshalb wurde als Fremdantrieb eine Schleifmaschine eingesetzt. So machte man es zumindest möglich, bei Messungen eine wesentliche Entlastung der Antriebsmaschine durch den Schub

Der Radialverdichter des ersten Göttinger Versuchsgerätes.

festzustellen, womit sich wenigstens die Richtigkeit des Weges bestätigte.

Bevor der junge Physiker seine experimentiellen Versuche wegen finanzieller Schwierigkeiten hätte aufgeben müssen, wandte sich Professor Pohl im Februar 1936 an den Industriellen Dr. Ernst Heinkel.

Dieser schlug eine Zusammenkunft vor, und am 17. März stellte sich der 24jährige Physiker dem Flugzeugmagnaten vor. Heinkel sah nach dem Gespräch sofort eine Chance, mit dem Turbinen-Luftstrahltriebwerk anderen Flugzeugkonzernen zuvorzukommen. Er stellte den jungen Mann und seinen Helfer Max Hahn, die glaubten, mit einem Kostenaufwand von 50 000 Reichsmark auszukommen, unverzüglich ein.

Chefkonstrukteur Karl Schwärzler sowie die beiden Zellenkonstrukteure Siegfried und Walter Günther wurden ins Vertrauen gezogen und mit Ohains Vorhaben bekannt gemacht. Die Brüder Günther erhielten den Auftrag, mit der internen Entwicklung einer Zelle für das neue Triebwerk zu beginnen. Innerhalb von vier Wochen wurde in Rostock-Marienehe eine Sonderbaracke errichtet, die durch einen hohen Zaun streng vom übrigen Werk abgeschlossen war und deren Tore zur Warnow hinausgingen. Sie firmierte als Sonderentwicklung II.

Der Automechaniker Max Hahn, ein Mann mit großer praktischer Erfahrung, neben dem ersten Versuchsgerät in Göttingen 1935.

Mitte April 1936 trafen Ohain und Hahn in Rostock-Marienehe ein. Dort stand bereits ein dritter Mann, Dipl.-Ing. Wilhelm Gundermann, als Konstruktionsleiter der neuen Gruppe zur Verfügung. Er hatte als Student des Flugzeug- und Flugmotorenbaues das seltene Fach Turbomaschinen gewählt und zu diesem Thema auch seine Diplomarbeit geschrieben.

Die Arbeiten begannen unter strengster Geheimhaltung, auch gegenüber den eigenen Betriebsangehörigen. Und nicht einmal solche offiziellen Institutionen, wie das von Göring geprägte Reichsluftfahrtministerium (RLM) und dessen Technisches Amt (C-Amt), hatten einen blassen Schimmer davon, was bei Heinkel vor sich ging. Nur die unmittelbar Beteiligten wußten Bescheid. Vor allem galt es zunächst festzustellen, warum das erste Versuchsgerät in Göttingen nicht ohne Fremdantrieb lief. Man fand nach langem Suchen heraus, daß das Turbinenrad sowie fehlende Leitschaufeln und ein zu kleiner Verbrennungsraum die Hauptgründe dafür waren. Konstruktionsleiter Gundermann stieß beim Patentestudium auf ein Whittle-Patent von 1935 über ein Axialturbinenrad. Ohain hatte jedoch sowohl den Verdichter als auch die Turbine mit Radialbeschaufelung vorgesehen, weil es mit Radialturbinen für Flüssigkeiten bereits Erfahrungen gab. Das verschaffte der Heinkel-Turbine zwar einen Vorsprung, erwies sich jedoch bald als Irrweg. Hahn entwarf zur Verbesserung der Brennprozesse eine Umlenkbrennkammer, die er 1937 zum Patent anmeldete.

»Heinkel war ungeduldig und wollte Erfolge in kürzester Zeit sehen«, erzählte später Wilhelm Gundermann. »Er unterstützte das Entwicklungsvorhaben stark und nahm durch häufige Besuche am Reißbrett, in den Werkstätten und bei den Versuchsanlagen regen Anteil an jedem Fortschritt.« Man arbeitete bis zur Erschöpfung. Als sich erste Erfolge andeuteten, half Heinkel. »Zur Vergrößerung der Mannschaft durfte sich Max Hahn aus verschiedenen Werkstätten, sehr zum Leidwesen ihrer Leiter, die besten Mechaniker aussuchen. Ich bekam nach und nach meist neu eingestellte Konstrukteure und Zeichner zugeteilt.«[2]

So wurde entwickelt und wieder verworfen,

gebaut und wieder verändert. Endlich, in der Nacht Anfang März 1937, ertönte am Ufer der Warnow zum ersten Male das charakteristische Heulen und Pfeifen einer Strahlturbine. Den Männern um Ohain klang es wie Musik in den Ohren, als das noch unförmige Demonstrationsgerät HeS 2 seinen heißen Gasstrahl aus der geöffneten Barackentür zum Fluß hinausblies. Nach einem Versuch mit 80 kp (786 N) wurde wenig später mit 125 kp (1,23 kN) die berechnete Leistung und auch ein gutes Beschleunigungsvermögen erreicht.

Diesen ersten Versuchen schlossen sich umfangreiche Brennversuche im Windkanal an. Er wurde nachts genutzt, weil er am Tage den Windkanalmessungen an Flugzeugmodellen und Zellenteilen dienen mußte. Um schneller zum Ziel zu gelangen, verwendete man bei den Brennversuchen gasförmigen Wasserstoff. Dadurch bereitete in der Folgezeit zwar die Umstellung auf Dieselöl und Benzin noch einige Schwierigkeiten, doch der gangbare Weg wurde rascher vorgezeichnet.

Nach einer ganzen Reihe Versuchsläufen konzentrierten sich alle folgenden Arbeiten auf das Flugtriebwerk HeS 3. Es erhielt einen axialen Vorsatzläufer mit acht Schaufeln aus Dural. Der einstufige Radialverdichter mit seinen 16 Schaufeln bestand aus warmfestem Duraluminium W, das auch für den Diffusor verwendet wurde. Den Luftstrom lenkte man um und teilte ihn dreifach auf: einmal zur Kühlung der Brennkammer-Außenwand, zum anderen vor den 16 Brennern zum Kühlen des Verbrennungs- und des Mischraumes; der mittlere Luftstrom trat schließlich in die Brennkammer ein. Großen Wert hatte man auf die gleichmäßige Versorgung aller Brenner mit Kraftstoff gelegt. Für die Brennkammerbleche und die aus dem Vollen gebohrten Verdampferrohre mußte hochwarmfester Stahl mit 38 Prozent Nickel gewählt werden. Die Turbine mit ihren 16 Schaufeln bestand aus einem Krupp-Sonderwerkstoff, da ein Abgasturbinenstahl nicht schnell genug zu beschaffen war.

Allein die aus dem Vollen gebohrten Verdampferrohre zeigten, daß man im Interesse eines raschen Erfolges noch ein ganzes Stück von einer serienreifen Turbine entfernt war. Das sollte sich später auch als Achillesferse der Heinkeltriebwerke erweisen.

Originalgetreuer Nachbau der ersten flugtauglichen Luftstrahlturbine der Welt HeS 3B, des Triebwerks der He 178.

Mit der Konstruktion und dem Bau des HeS 3 ging auch die He 178-Zelle ihrer Vollendung entgegen. Man schrieb inzwischen das Jahr 1939, als das erste HeS 3A auf dem Stand erprobt wurde. Um die Zeit bis zur endgültigen Fertigstellung der He 178 zu nutzen, hängte man das neue Triebwerk unter den Rumpf eines als Sturzbomber entwickelten Prototyps der He 118, der dazu durch seine Hochbeinigkeit besonders geeignet war. Auf diese Weise sollte die Turbine erstmals im Flug erprobt werden. Erich Warsitz und Walter Künzel unternahmen die Probeflüge. Nach dem Einschalten der Turbine vergrößerte sich die Geschwindigkeit des Flugzeuges relativ schnell und ließ bereits erkennen, welche Kraft in dem neuen Aggregat steckte. Dabei betrug der gemessene Standschub lediglich 450 kp (4,4 kN), lag damit allerdings höher als bei der fast zwei Jahre später laufenden Whittle-Turbine. Da das Triebwerk nach einer Landung der He 118 durch

Heinkel He 178 V-1, das erste Turbinenflugzeug der Welt, startete am 27. August 1939 mit der HeS 3B-Radialturbine. Am Steuerknüppel saß Erich Warsitz.

Erich Warsitz, der erste Mensch, der ein Turbinenflugzeug flog. Er hatte kurz zuvor auch das erste Raketenflugzeug der Welt eingeflogen.

weiterbrennende Leckkraftstoffe ausbrannte, mußte das zweite, als HeS 3B bezeichnete in die nunmehr fertiggestellte He 178 eingebaut werden. Für den zweiten Prototyp stand damit zunächst kein Triebwerk mehr zur Verfügung.

Am 27. August 1939, vier Tage vor dem Überfall Hitlerdeutschlands auf Polen, startete Werkeinflieger Erich Warsitz mit der He 178 und dem Triebwerk HeS 3B zu seinem historischen Flug. In etwa 500 Meter Höhe drehte er zwei Runden über dem Platz. Das war der erste Flug der Welt, den ein Turbinenflugzeug absolvierte. Eine neue Etappe in der Geschichte der Luftfahrt hatte begonnen.

Die He 178 V-2 wurde fertiggestellt, kam jedoch nie zum Fliegen.

Bei den Brandenburger Motorenwerken (Bramo) machten sich die Flugmotorenkonstrukteure Ende der dreißiger Jahre ebenfalls Gedanken über leistungsstärkere Triebwerke. Der traditionsreiche Betrieb war aus den 1912 gegründeten Siemens-Motorenwerken hervorgegangen. 1933/34 entstand der Bramo 323 »Fafnir« als Neunzylinder-Sternmotor von 900 PS (600 kW) für größere Höhen. Mit ihm wollte das Werk 1938/39 ein Motorluftstrahltriebwerk schaffen, um den Wirkungsbereich und die damit erreichbaren Schübe zu messen. Dazu wurde der Kolbenmotor mit einem ummantelten Gebläserad gekoppelt, welches vom Bramo 323 angetrieben wurde. Die Erprobung zeigte jedoch, daß ähnliche Leistungen auch mit hochgezüchteten Kolbentriebwerken erreichbar waren. Man entschloß sich daher, eine reine Luftstrahlturbine mit Axialverdichter zu projektieren.

In diesem Stadium forderte im Herbst 1938 das RLM die Zusammenfassung aller Entwicklungsarbeiten an luftgekühlten Sternmotoren mit dem Ziel, einen leistungsstarken Doppelsternmotor, wie ihn die USA bereits besaßen, zu entwickeln. Wenige Wochen danach erging von der Abteilung Sondertriebwerke des RLM ein Entwicklungsauftrag an Bramo und Junkers für eine 600 kp (5,88 kN) starke Strahlturbine.

Von Dezember 1938 bis April 1939 schuf die neugebildete Abteilung Gasturbinen im Entwicklungswerk Berlin-Spandau unter Dr. Hermann Oestrich und Chefkonstrukteur Hans Roskopf das Projekt P 3302 mit sechsstufigem Axialverdichter. Für einen Axialverdichter, der von der Aerodynamischen Versuchsanstalt (AVA) Göttingen bei Prof. Enke durchgerechnet worden war, entschied man sich deshalb, weil er einen höheren Wirkungsgrad als ein Radialverdichter sowie einen wesentlich geringeren Durchmesser und damit eine kleinere Stirnfläche versprach; günstig also für den Stirnwiderstand des Flugzeuges.

Als Bramo im Juni 1939 in den Besitz der Bayrischen Motorenwerke AG München übergegangen war und nun als BMW-Flugmotorenwerke Brandenburg GmbH firmierte, waren die Vorversuche abgeschlossen.

Um die Arbeitsweise studieren zu können, hatte die Gruppe im Entwicklungswerk Nord in Spandau eine kleine Gasturbine, bestehend aus einem Flugmotorenlader (Kompressor, Verdichter) des Bramo 323 sowie aus einem Teilausschnitt der Brennkammer und des Turbinenläufers des künftigen Triebwerkes, geschaffen. Doch die Versuchsläufe waren enttäuschend, vor allem, was das Verhalten der Brennkammer betraf. Daher ging man ab April an die Gesamtkonstruktion des Triebwerkes P 3302 mit sechsstufigem Axialverdichter, Ringbrennkammer und einstufiger Turbine. Während der Konstruktionsarbeiten begann der Bau der erforderlichen Prüfstände sowie der Werkzeuge und Vorrichtungen für die Fertigung der Versuchstriebwerke P 3302 V-1 bis V-10.

Um nicht eingleisig fahren zu müssen und damit ein großes Risiko einzugehen, erhielt eine weitere Konstruktionsgruppe unter Leitung Dr. Weinreichs die Aufgabe, ein zweites Projekt P 3304 in Angriff zu nehmen und durchzurechnen. Es war ein kompliziertes Zweiwellentriebwerk mit gegenläufigem Axialverdichterrotor, das später die RLM-Bezeichnung BMW 002 (WL-9-002) erhielt. Seine Entwicklung wurde jedoch 1942 abgebrochen.

Auch die Arbeiten unter Forschungsdirektor Kurt Loehner in München an einem Projekt – später als 3301 bezeichnet – mit zweistufigem Radial-

Pech und Pannen bei BMW

Ende 1940: Erster Probelauf des TL BMW P 3302 auf dem provisorischen Prüfstand im BMW-Werk in Spandau.

verdichter und einstufiger Axialturbine sowie hohlen, von innen gekühlten Turbinenblättern führten bis September 1939 zu keinem Erfolg.

Die Entwicklungsgruppe zog schließlich, nach dem Zusammenlegen beider Firmen, nach Spandau um. Erst Anfang 1940 war dort endlich das P 3302 V-1 prüfstandfertig. Nach langwierigen Versuchen mit einem Elektromotor als Anlasser gelang es endlich, unter vielen Mühen die Turbine zum Laufen zu bringen. Doch die Leistungsmessungen waren deprimierend.

Im August 1940 konnten bei 8 000 U/min magere 150 kp (1,47 kN) Schub gemessen werden. 9 000 U/min mußten mindestens erreicht werden. Als der Versuch dazu unternommen wurde, gab es erneut Schaufelbrüche. Das war aber noch nicht alles. In der Ringbrennkammer verlief die Temperaturverteilung äußerst ungleichmäßig. Auch die Schubdüse sowie die Turbinenschaufeln verzogen sich unter der großen Hitzeeinwirkung, und geschweißte Stellen hielten den hohen Belastungen und Temperaturen nicht stand.

Durch den Einsatz von Sondermaterialien konnten diese Probleme einigermaßen gemeistert werden. Nur die Probleme mit der Ringbrennkammer löste man lange Zeit nicht, bis Thermodynamiker und Konstrukteure eines Tages dahinterkamen, daß möglicherweise die Baulänge der einzelnen Brennkammern des Ringes zu kurz sei. Nachdem dieser Mangel beseitigt worden war, ergaben sich tatsächlich wesentlich günstigere Brenn- und Temperaturverteilungsverhältnisse.

Durch Vermittlung Prof. Messerschmitts, der auf die ersten zwei Triebwerke für die Me 262 V-1 wartete, die man ihm bereits für die ersten Wochen des Jahres 1942 versprochen hatte, erhielt BMW zwei zweimotorige Bf 110-Zerstörer, um sie als fliegende Prüfstände zur Flugerprobung der Triebwerke einzusetzen. Im Hochsommer 1941 begannen die ersten Flüge mit diesen Erprobungsträgern in Berlin-Schönefeld. Auf dem Stand brachte das P 3302 nunmehr 450 kp (4,41 kN), eine Leistung, die weit unter der RLM-Forderung lag.

Endlich, Anfang März 1942, lieferte BMW die ersten beiden Turbinen P 3302 V-11 und V-14 an Messerschmitt. In den darauffolgenden Wochen baute man sie in die bereitstehende Zelle ein, beließ jedoch sicherheitshalber einen Kolbenmotor in der Rumpfspitze des Flugzeuges. Das rettete dem Versuchspiloten das Leben. Schaufelbruch erst an der linken, dann auch an der rechten Turbine zwang zum sofortigen Abbruch des Fluges. BMW ging nun trotz der großen Terminverzögerungen an die völlige Umkonstruktion der Maschine. Das war auch schon deshalb erforderlich, weil inzwischen das RLM eine Leistung von 800 kp (6,86 kN) Schub verlangte.

Das neue TL-Triebwerk, jetzt unter der RLM-Bezeichnung BMW 003 in Arbeit, baute im wesentlichen auf der Konzeption der bisherigen Versuchsturbine auf. Auch die Abmessungen blieben die gleichen. Dafür wurde die Anzahl der Verdichterstufen von sechs auf sieben erhöht. Eine neue Beschaufelung mußte entwickelt werden. Hinzu kam, die Brenner für die Brennkammer zu verändern sowie die Kühlung und die Beschaufelung der Turbine zu verbessern. Den Luftdurchsatz erhöhte man um 30 Prozent. Es wurden also derart umfangreiche Veränderungen vorgenommen, daß man getrost – auch bei Beibehaltung der Grundkonzeption – von einer Neukonstruktion sprechen konnte.

Wieder verging fast ein Jahr und erneut gab es, als die Turbine auf den Prüfstand kam, Schwierigkeiten. Zuerst klappte es mit dem Anlasser nicht, dann gab es erneut Schaufelbrüche an der ersten Verdichterstufe und an der Turbine. Allmählich bekamen die Wissenschaftler und Konstrukteure einen Schaufelbruchkomplex. Er sollte noch Monate andauern, bis die Strahlturbine BMW 003 für die Nullserienproduktion freigegeben werden konnte. Im Oktober 1943 wurde ein erster Flug mit fliegendem Prüfstand, diesmal einer Ju 88, unternommen.

Das BMW 003 war von allen in Deutschland entwickelten und gebauten Strahlturbinen, ausgenommen die HeS 3- und HeS 8A-Radialturbinen, das absolute Leichtgewicht sowie das Triebwerk mit dem geringsten Durchmesser. Seine Ringbrennkammer konnte als Vorbild für viele spätere und modernere Triebwerke gelten. Es benötigte jedoch auch die längste Entwicklungszeit.

Durch diese Öffnung über der Schubdüse ragte das Flüssigkeitsraketentriebwerk (FRT) des BMW 003R. Hier Startvorbereitung zum Testflug ohne FRT.

Das BMW-Fertigungswerk Basdorf-Zühlsdorf bei Berlin sollte bis August 1944 die ersten 100 BMW 003A-0 Vorserientriebwerke herstellen. Doch erst im Oktober wurde diese Stückzahl erreicht, und Arado hatte z. B. bei der Erprobung mit den Versuchsmustern seiner Ar 234 C-Versionen mit BMW 003-Triebwerken ständig Schwierigkeiten. Am 3. November 1944 erteilte das Oberkommando der Luftwaffe (OKL) dem »Mittelwerk« Nordhausen, wo 1943/44 Tausende Häftlinge des KZ Buchenwald (Dora) unterirdische Stollen in den Kohnstein getrieben hatten, einen technischen Vorbescheid über die Produktion von 15 000 Triebwerken dieses Typs.

Die Verlagerung der BMW-Entwicklungsabteilung von Spandau nach Staßfurt war bereits in vollem Gange, als ein Bombenangriff auf Spandau das dort in Entwicklung befindliche stärkere BMW 018 völlig zerstörte. Die Großserienfertigung von BMW 003 A-1, A-2 und E-3 »Sturm« lief schließlich im Januar 1945 in den Schächten des Kaliwerkes Westeregeln bei Unseburg an, weil die unterirdischen Räume in Nordhausen inzwischen von den Junkers-Motorenwerken für die Strahlturbine Jumo 004 belegt worden waren. Es wurden jedoch nur noch 750 BMW 003 für den sogenannten Volksjäger He 162 und den Strahlbomber Ar 234 C hergestellt.

Das verbesserte BMW 003A auf dem Prüfstand.

Mustereinbau des BMW 003 A-1 in die Me 262 A-1b mit der Werk-Nr. 170 078. Die Maschine befindet sich unter einem Tarnnetz.

Jumo 004 für die Me 262

Die Me 262-Konstrukteure aber mußten nach dem mißlungenen Versuch mit den P 3302-Turbinen und weiteren Verzögerungen nochmals fast vier Monate warten.

Früher als die bisher geschilderten Arbeiten an einer Turbine begannen diesbezügliche Forschungen bei Junkers in Dessau.

»Bereits sehr früh hatte Junkers ... die prinzipiellen Leistungsgrenzen des Propellerantriebes erkannt und suchte nach völlig neuen Wegen.« In der »Junkers Lehrschau« von 1939, Seite 19, heißt es:

»Junkers schwebte als letztes Ziel der Ersatz des Luftschraubenantriebes durch Strahlantrieb eines rotierenden Gebläses vor. Es kam hierfür u. a. der Freikolbenmotor – bekanntlich eine erfolgreiche Verwirklichung Junkers'scher Gedanken auf dem Motorengebiet – in Frage, oder auch eine kolbenlose Druckerzeugung durch Explosionsvorgänge in geschlossenen Behältern.«

»Diese Darstellung war wahrscheinlich die erste Veröffentlichung dieser Junkers'schen Gedanken, die er selbst wohl aus Konkurrenzgründen geheimgehalten hatte.«[3)]

Ehemalige Beschäftigte der Junkers Flugzeug- und Motorenwerke (Jumo) berichteten allerdings, daß seit 1927 an einem sogenannten »Ofen« gearbeitet wurde. Abrupt unterbrochen wurden die Entwicklungen 1933, nachdem die Nazis Prof. Hugo Junkers unter fadenscheinigen Vorwänden aus seinen Werken vertrieben hatten und dieser 1935 in aller Stille gestorben war. Unter Mißbrauch seines Namens wurde aus den Werken – durch maßgebliche Beteiligung des ehemaligen Fliegers Erhard Milch – ein faschistischer Staatskonzern: die Junkers Flugzeug- und Motorenwerke AG, das größte Unternehmen dieser Branche in der Welt.

Der inzwischen zum General avancierte Milch, in den 20er Jahren Vorstandsvorsitzender der Junkers-Luftverkehrs AG, muß um diese Arbeiten gewußt haben. Jedenfalls begannen in Dessau um 1935 erneute Forschungen für ein Flugzeug-Turbinen-Triebwerk. In den zwei darauffolgenden Jahren baute man gemeinsam mit der Aerodynamischen Versuchsanstalt Göttingen einen mehrstufigen Axialverdichter für Experimentierzwecke.

Die verhältnismäßig guten Ergebnisse wurden später dem Verdichter der Strahlturbine Junkers T-1 zugrunde gelegt. Große Erfahrungen hatte man auch bei der Entwicklung eines Abgasturboladers für die Reihenmotoren L 88 und die Flugzeugdieselmotoren Jumo 205 gesammelt, welche von Dipl.-Ing. Gasterstädt und Prof. Otto Mader bereits Anfang der dreißiger Jahre entworfen worden waren.

Es war also ein umfangreicher Stamm von Spezialisten und Facharbeitern auf diesem Gebiet vorhanden. 1937 wurde in einem Zweigbetrieb, der Werkzeugmaschinenfabrik Magdeburg, unter Leitung von Prof. Herbert Wagner, der vom Flugtechnischen Institut zu Junkers übergetreten war, mit der Projektierung und Entwicklung einer Strahlturbine mit Axialverdichter begonnen. Verantwortlich für das Entwicklungsteam war Ingenieur Max A. Müller. Aber auch bei Junkers ging es nicht ohne Anfangsschwierigkeiten ab.

Bis zum Sommer 1938 wurden hochwarmfeste Materialien untersucht sowie Verdichter gebaut und erprobt. Mit Brennkammern experimentierte man. Da die Gruppe, in einer Werkzeugmaschinenfabrik auf privater Basis arbeitend, nicht genügend hochwarmfeste Stähle erhielt, kam ein kleines Versuchstriebwerk, das Mitte 1938 auf dem Prüfstand erprobt werden sollte, nicht selbständig zum Laufen.

Das Team wandte sich daher an Herrmann Göring, den Reichsluftfahrtminister, um Unterstützung. Das RLM und seine kleine Abteilung Sondertriebwerke im Technischen Amt aber forderte die Wissenschaftler auf, alle ihre Forschungsergebnisse und Versuchsunterlagen einem Motorenwerk zu übergeben. Dagegen wandte sich der Chef der Junkers-Motorenentwicklung, Prof. Otto Mader. Wagner und einige Mitarbeiter gingen daraufhin an das Flugtechnische Institut Berlin zurück, während Ing. Max A. Müller zu Heinkel überwechselte.

Aus diesen Gründen beauftragte das RLM die Junkers-Motorenentwicklung in Dessau, ein Flugzeug-Turbinen-Triebwerk mit einer Schubkraft von 600 kp (5,88 kN) zu entwickeln. Nun konnte

Prof. Mader nicht mehr bremsen. Mit der Leitung dieser Arbeiten wurde der bisherige Gruppenleiter für die Entwicklung von Abgasturbinen und Schubdüsen, Dr. Anselm Franz, betraut.

Dr. Franz, als Chef der Abteilung Vorentwicklung für Strömungsmaschinen, hatte fortan gegen die Rivalität der Abteilungen Otto- und Dieselmotoren im Entwicklungswerk sowie gegen die technischen Probleme der TL-Entwicklung anzukämpfen.

Noch 1939 begannen unter Konstruktionsleiter Fritz Böttger die Konstruktionsarbeiten am Junkers T-1, so die Werksbezeichnung. Es handelte sich um ein Einwellentriebwerk mit achtstufigem Axialverdichter, Einzelbrennkammern und einstufiger Axialturbine. Ein Jahr später, am 11. Oktober 1940, ging das erste T-1 auf den Prüfstand und konnte auf Anhieb 30 Minuten lang ohne Beanstandungen gefahren werden. Bereits im Dezember lief das Versuchstriebwerk auf dem Prüfstand mit der Volldrehzahl von 9 000 U/min und im Januar konnte ein Schub von 430 kp (4,21 kN) gemessen werden. Das war zwar noch nicht der vorgegebene Wert, doch er berechtigte zu großen Hoffnungen. Noch konnte man die besten Materialien verwenden, was sich aber bald ändern sollte. Im August erreichte man den geforderten Standschub von 600 kp. Dabei deutete sich schon an, daß die Leistungsgrenze des Triebwerks keineswegs erreicht war.

Der größte Erfolg der Entwicklungsmannschaft bestand wohl darin, daß man während des ersten Zehnstundenlaufs im Dezember 1941 den noch nicht für möglich gehaltenen Standschub von 1 000 kp (9,81 kN) erreichte. Am 15. März 1942 flog das Jumo T-1 erstmals unter einem Erprobungsträger Bf 110 und arbeitete auch in der Luft einwandfrei. Dennoch waren die Entwicklungsarbeiten keinesfalls abgeschlossen. Es gab noch zahlreiche Probleme.

Aus einem Junkers-Erprobungsbericht vom 30. Juni 1942 seien nur einige genannt: »... Die zunächst auftretenden Schwierigkeiten (Schaufelbrüche, Spielfragen am Axialverdichter) konnten durch konstruktive Änderungen zum Teil überwunden werden. Mit dem Aufbau einer Anlage zur Untersuchung von Einzelrädern und den ersten Versuchen mit dem Flugstauverdichter wurde begonnen. Mit Rücksicht auf die zu erwartenden Schwierigkeiten bei der Untersuchung des Höhenverhaltens am Modellverdichter wurden diese Versuche zurückgestellt ... Mit den zunächst für den Einsatz vorgesehenen Kraftstoffpumpen der Fa. Leistritz wurden umfangreiche Erprobungsläufe durchgeführt. Versuche mit einer Kraftstoffpumpe der Fa. Barmag ergaben günstigere Verhältnisse ... Dauererprobungen des Triebwerks (bis zu 50 Std.) und Funktionserprobungen am Prüfstand und im Erprobungsträger Me 110 wurden durchgeführt.«[4]

Die größten Probleme mit der Auswahl geeigneter Werkstoffe harrten jedoch noch einer Lösung. Trotz vieler Bedenken lieferte man zwei Versuchstriebwerke V 9 und V 10 an Messerschmitt für die Erprobung der Me 262 V-3 aus. Ihre ersten zwei Flüge brachen den Bann beim RLM. Sofort erhielten nunmehr die Junkers-Motorenwerke den Auftrag zur Fertigung von 80 Turbinen unter der RLM-Bezeichnung 109-004 A. Diese begann nach der Herstellung weiterer Versuchsmuster Anfang 1943. Das zweite Jumo 004 A-0 kam beispielsweise im März 1943 als Wechseltriebwerk in die neu aufgebaute Me 262 V-3. Die Antriebe mit den Werknummern 006 und 016 baute man im Februar 1943 in den Prototyp der Arado Ar 234 V-1 ein.

Doch mit dem Fertigungsauftrag stand die TL-Entwicklung in Deutschland vor einem Wendepunkt. Diese ersten Jumo 004 A-Strahltriebwerke waren noch ohne Rücksicht auf spätere »Sparstoffe«, wie Nickel, Kobalt, Chrom und Molybdän, entwickelt und gebaut worden, weil die Untersuchungen zu Alternativwerkstoffen im zweiten Halbjahr 1942 gerade erst anliefen. Immerhin mußten die Turbinenschaufeln – bei 700 Grad Celsius in rotglühendem Zustand und bei einer Drehzahl von fast 10 000 U/min – einer Fliehkraft von mehreren Tonnen standhalten. Allein der Nickelbedarf eines Jumo 004 A betrug 88 kg. Bei einer Großserie von 1 000 Stück pro Monat wäre der Bedarf auf 88 000 kg hochgeschnellt. Die Beschaffung aus Importen war durch den Krieg unmöglich geworden.

Dr. Anselm Franz schrieb dazu 1967: »... Das

Jumo 004 A war als Entwicklungsgerät und daher aus fertigungstechnischen Gründen, aber auch wegen seines für damalige Verhältnisse hohen Sparstoffgehaltes für eine Großserienherstellung nicht geeignet. Die für die warmfesten Werkstoffe notwendigen Mengen an Sparstoffen wie Kobalt, Nickel und Molybdän usw. waren damals einfach nicht verfügbar. Bei der Umkonstruktion auf die Serienausführung Jumo 004 B wurde daher eine weitgehende und sehr radikale Umstellung der warmfesten Werkstoffe auf zum Teil sparstoffreie Materialien vorgenommen. Als Beispiel möge erwähnt werden, daß fast alle heißen Blechteile einschließlich der Brennkammern und Schubdüse auf normales Tiefziehblech Flw 1010 umgestellt wurden. Die Oberflächen dieser Blechteile wurden durch eine Aluminiumschicht gegen Oxidierung geschützt. Besondere konstruktive Maßnahmen waren notwendig, um die Temperaturen des Bleches durch Luftkühlung in noch zulässigen Grenzen zu halten«[5]

So wurden bis Anfang August 1943 nur etwa 40 der 80 bestellten Jumo 004 A-0 ausgeliefert, weil das hochwertige Material fehlte. Die letzte, bisher bekannt gewordene Turbine dieser Nullserie besaß die Werknummer 038. Sie wurde als Wechseltriebwerk gegen die Werknummer 006 in der Ar 234 V-1 ausgetauscht, als das erwähnte 006 Schaufelbruch erlitten hatte.

Im Mai 1943 kam das erste Jumo 004 B-0 auf den Prüfstand. Es wurde im Laufe des Jahres um 100 kg leichter als das A-Triebwerk. Dem Krupp-Konzern war es inzwischen gelungen, einen austenitischen Stahl für Turbinenschaufeln zu entwickeln, der als Tinidur bezeichnet wurde und für Temperaturen bis 720 Grad unter hohen Beanspruchungen geeignet war. Er enthielt statt der bis dahin 80 Prozent Nickel und 20 Prozent Chrom nur noch jeweils 30 bzw. 15 Prozent dieser Metalle. So konnte bis Ende 1943 allein der Nikkelbedarf, welcher beim Jumo 004 A noch 88 kg pro Turbine betragen hatte, beim Jumo 004 B auf 24,4 kg verringert werden.

Allerdings war das Material so spröde, daß die Bearbeitung der Turbinenschaufeln mit ihren komplizierten Formen sofort zu weiteren Problemen führte. Auch am Kompressor traten Schaufelbrüche infolge von Schwingungen auf. Trotzdem erhielt Messerschmitt Anfang Juni 1943 die ersten Jumo 004 B, die für das fünfte Versuchsmuster der Me 262 dringend gebraucht wurden. Doch eine Großserienproduktion barg noch immer ein gewaltiges Risiko.

Für das Fräsen der Turbinenschaufeln von 1 000 Triebwerken im Monat, wie die Nazi-Führung das plante, hätten 4 500 Arbeiter an 1 500 Fräsmaschinen in drei Schichten eingesetzt werden müssen. Es mag komisch anmuten, daß ausgerechnet eine Firma für Druckknöpfe die Lösung fand: Auf hydraulischen Pressen wurden die Schaufeln kalt gezogen.

Noch von einer anderen Kuriosität wußte Dr. Anselm Franz 1967 zu berichten: »... Das Serientriebwerk 004 B hatte einen Startschub von 910 kp. Bei der Erprobung des Triebwerks, die im Sommer 1943 begann, traten überraschend Schwingungsbrüche in den Turbinenschaufeln auf. Diese waren dadurch verursacht, daß bei Volldrehzahl diejenigen Schaufeln, die zufällig sehr tiefliegende Eigenschwingungszahlen hatten, mit einer durch die sechs Brennkammern verursachten Erregung in Resonanz kamen.

Um schnell zu sein, haben wir manchmal ungewöhnliche Methoden benutzt. In diesem Zusammenhang ist mir der Berufsmusiker mit absolutem Gehör noch in bester Erinnerung. Er war eigens angestellt worden, um mittels eines Fiedelbogens die Eigenschwingungszahlen der Schaufeln montierter Turbinen zu bestimmen.

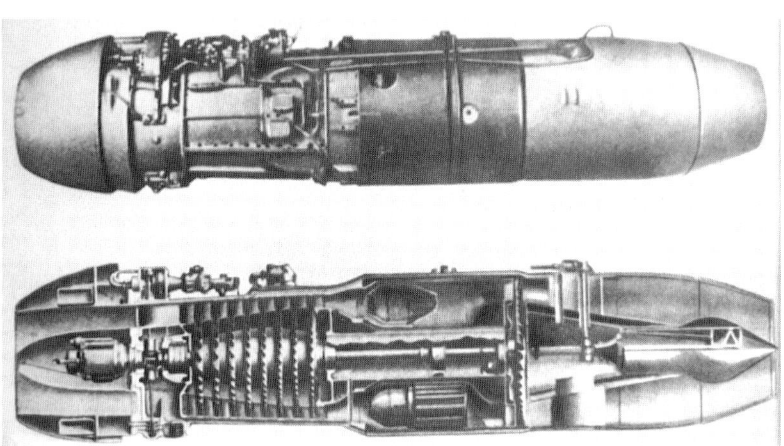

Seitenansicht und Schnitt durch das Triebwerk Jumo 004B-1: Lufteinlauf und Riedelanlasser in der Verkleidung, darüber das Geräteteil auf dem Triebwerk, darunter ein achtstufiger Axialkompressor, ferner der Brennraum mit sechs Einzelbrennkammern im Sammlerring sowie die einstufige Axialturbine und die Schubdüse mit verstellbarem Regelpilz.

Diese Methode war erfolgreich. Nach einer kurzen, etwas aufregenden Periode konnten die Schwierigkeiten im wesentlichen durch geringe Erhöhung der Schaufeleigenschwingungszahl und Reduktion der Volldrehzahl von 9 000 auf 8 700 U/min überwunden werden.«[6] Als Reichsmarschall Herrmann Göring, der Oberbefehlshaber der Luftwaffe, und Generalfeldmarschall Erhard Milch, der Generalluftzeugmeister, am 5. November 1943 die Junkers Flugzeug- und Motorenwerke in Dessau besuchten, informierten sie sich auch ausführlich über das Jumo 004-Triebwerk. Dr. Anselm Franz schätzte den Stand der Entwicklung so ein: „Die Entwicklung ist heute soweit, daß funktionsmäßig im Prinzip die verschiedensten Teile des ganzen Triebwerkes in Ordnung sind. Man kann aber bei der Kürze der Zeit, in der diese Entwicklung durchgeführt wurde, nicht behaupten, daß nun überhaupt keine Entwicklungsschwierigkeiten mehr vorhanden sind und das die Entwicklung abgeschlossen ist. Die Schwierigkeiten, die wir noch haben, liegen an einzelnen Baugruppen des Triebwerkes und ich möchte nur zwei herausgreifen aus dieser Reihe: das eine ist die Turbine. Wir haben neuerdings gewisse Schwierigkeiten mit dem Turbinenlaufrad, bei dem sich unerwartete Schwingungsbrüche in den Schaufeln ergeben. Der zweite Komplex ist die Regelung, und dabei streife ich die von Herrn Reichsmarschall angeschnittene Frage des Gasgebens und Gaswegnehmens. Ich habe bereits in Regensburg erwähnt, daß wir bis 8 km die Dinge sicher beherrschen. Darüber sind wir noch etwas unsicher. Wir sind aber bereits über 11 km geflogen. Ob aber diese Nebenerscheinungen in den Höhen ... bis zum Serienlauf so restlos beseitigt sind, daß ein Flugzeugführer ohne Rücksicht Gas geben und wegnehmen kann, ist ... nicht zu übersehen."[7]

Anderthalb Monate später, am 13. Dezember 1943, meldete die Flugerprobung von Messerschmitt zum neuen Triebwerk Jumo 004 B: »Es sind mehrmals nach dem Abstellen des Triebwerkes durch Anlaufen der Turbine am Leitapparat Ausfälle eingetreten. Insbesondere trifft dies für die ersten B-Triebwerke zu. Bei den B-Triebwerken wurden ferner die Erfahrungen gemacht, daß die Riedel-Anlasser nicht zufriedenstellend arbeiten. So ist es teilweise nötig gewesen, bis zu sechsmal Wechsel des Riedelmotors vorzunehmen, um eine Maschine des Versuchsbaus zur Überführung bereitzustellen. Schwierigkeiten an den Riedel-Anlassern beziehen sich hauptsächlich auf Klemmen der Brennstoffpumpe, Masseschluß und Schwierigkeiten mit dem Freilauf.«

Oberst Petersen, Chef der Erprobungsstelle Rechlin, schrieb am 24. Dezember 1943 sein Urteil an das Technische Amt des RLM: »Der jetzige Zustand der Triebwerke berechtigt nicht dazu, die Betriebsreife des 004 auszusprechen.«[8]

Die Turbine als Schwachstelle

Im Januar 1944, also wenige Tage später, sollte die Serienproduktion der Me 262 nach der Planung des RLM anlaufen! Milch hatte sogar bereits im Juni 1943 gefordert, die ersten 100 Me 262 bis zum Jahresende an die Luftwaffe auszuliefern.

Es ist später viel spekuliert und behauptet worden, was bei näherer Prüfung keineswegs aufrechterhalten werden kann. Selbst der General der Jagdflieger, Adolf Galland, meinte kühn, daß durch Hitlers Entscheidung, die Me 262 zuerst als Bomber und dann viel später als Jagdflugzeug einzusetzen, sowie durch die zögernde Haltung führender Stellen mindestens $1^1/_2$ Jahre verschenkt worden seien. Die Me 262 hätte also nach Meinung einiger gut eingeweihter Leute $1^1/_2$ Jahre früher eingesetzt werden können. Doch vergegenwärtigen wir uns: Zur damaligen Zeit benötigte man für die Entwicklung einer Flugzeugzelle etwa vier Jahre vom ersten Zeichenstrich bis zur ersten Serienmaschine; für ein Triebwerk dagegen sechs Jahre, wohlgemerkt für ein herkömmliches Kolbentriebwerk, dessen Technologie man beherrschte.

Das Projekt der Me 262 wurde dem RLM am 7. Juni 1939 angeboten. Es sah damals noch den Einbau der beiden Triebwerke in den Flügeln vor. Erst am 15. Mai 1940 überreichte man dem RLM das endgültige Projekt mit zwei Triebwerken, die unter den Tragflächen aufgehängt waren. Demnach konnten erst nach diesem Termin die endgültigen Konstruktionsarbeiten beginnen. Genau nach vier Jahren, im Mai 1944, begann der Serienanlauf der Me 262. Ähnlich verhielt es sich mit dem Triebwerk. Auch hier begannen die Konstruktionsarbeiten 1939, der Großserienbau aber bereits im Frühjahr 1944, also knapp fünf Jahre später. Dabei bewegte man sich im Vergleich zum Kolbenmotor auf völligem Neuland.

Unabhängig von allen vergebenen oder nicht vergebenen Dringlichkeitsstufen bzw. von manchem hin und her in den Führungsstellen wurde weder bei der Entwicklung des Triebwerkes noch bei der Zelle auch nur ein Tag verschenkt!

Daß man z. B. die Regelung des Jumo 004 B bis zum letzten Tag des Krieges nicht völlig in den Griff bekam, ist eigentlich der letzte Beweis dafür, warum der Strahljäger Me 262 nicht früher in den Serienbau gehen konnte. Denn einigermaßen betriebsreif war das Jumo 004 B erst ab August 1944, also nach fünf Jahren, immerhin noch ein Jahr früher als es bei Triebwerken konventioneller Bauart üblich war.

Als das Generalluftzeugmeisteramt am 2. Dezember 1942 die Weisung durchsetzen wollte, Messerschmitt solle die Zahl seiner Versuchsmuster Me 262 bis Ende 1943 auf 30 Maschinen aufstocken, war das absolut irreal. 30 Versuchsflugzeuge hätte bedeutet, mindestens 60 Triebwerke und die erforderliche Anzahl Wechseltriebwerke bereitzustellen, also wenigstens 80 Turbinen.

Noch abwegiger war die Forderung von Milch nach 100 Serienflugzeugen bis Ende 1943. Erst im Laufe des Monats Januar 1944 lief in Köthen und in Dessau die Serienproduktion des Jumo 004 B-1 an. Während eines Besuches am 5. November 1943 in Dessau machte Dr. Anselm Franz Göring und Milch mit dem Entwicklungsstand der Turbine vertraut. Dabei erfuhren diese auch von der beabsichtigten Verlagerung der Serienfertigung des Jumo 004 in eine Heereskaserne bei Zittau. Göring schlug vor, die Großserienproduktion unterirdisch in den Bergzügen an der Elbe bei Muldenstein und Jessnitz vorzunehmen. Dadurch gab es weitere Verzögerungen beim raschen Hochfahren der Produktion.

Als Milch in der Generalluftzeugmeister-Konferenz am 18. Januar 1944 die Frage nach der Fertigung und der Kapazität des Jumo 004 bei Junkers stellte, konnte Generalingenieur Franz Mahnke, Abteilungschef GL/C-B3 (Beschaffung Triebwerke), keine optimistische Aussage treffen. Walter Cambeis, der Direktor der Junkers-Motorenwerke, hatte im Februar 1943 den Auftrag vom Technischen Amt erhalten, eine monatliche Lieferung von 300 TL-Triebwerken zu planen, jedoch Kapazitäten für mindestens 500 zu schaffen. Doch bis Januar 1944 standen die Betriebsmittel noch nicht zur Verfügung, obwohl für Dezember 1944 vom Amt bereits eine Monatsproduktion von 1 000 Stück vorgesehen war. Daß die Triebwerke von einer Truppenreife noch weit entfernt waren, davon war auf dieser Konferenz gar nicht die Rede. »Die bauliche Seite …«, so schätzte Mahnke zur Unterbringung der Fertigung ein, »… scheint in Ordnung zu gehen. Man arbeitet im Augenblick schon an dem Bunkerwerk.«

Doch die Betriebsmittelausrüstung war noch keineswegs geklärt. Wie Direktor Werner von Auto-Union, der stellvertretende Vorsitzende des Industrierates der Luftwaffe, zu berichten wußte, forderte Junkers 600 Werkzeug-Maschinen, um die 1 000 Triebwerke pro Monat liefern zu können. Dabei war noch nicht einmal klar, wie sowohl diese als auch gleichzeitig 3 800 Jumo 213-Kolbenmotoren in den beiden Motorenwerken gleichzeitig zu produzieren seien.

Direktor Frydag, Mitglied des Industrierates des Reichsmarschalls, warf ein, daß aber davon die Me 262 abhänge. Milch stellte nach diesem Disput nur die Forderung: »Gemacht werden muß das TL – es hilft nichts …«.[9] Erst im März 1944 lieferte Junkers z. B. das 29. und 39. Jumo 004 B-1 an die Firma Arado zum Einbau in ihren Prototyp Ar 234 V-10.

Am 14. März 1944 genehmigte das GL Planungsamt die Verlegung eines Teiles der TL-Fertigung und des Zentrallagers in das Werk Aken der Margarine-Union, Vereinigte Öl- und Fettwerke AG, Berlin-Grunewald. Ab 1. Juni 1944 wurde die Papierfabrik Muldenstein genutzt. Doch bis zum 24. August war die Verlagerung immer noch nicht restlos abgeschlossen. Erst zu diesem Zeitpunkt waren 515 Zivil-Ostarbeiter für diese Fertigung im neuen Preßgebäude und einer weiteren Baracke der Firma Muldensteiner Werke GmbH Ziegelei I untergebracht.[10)]

Dennoch konnte der Zwischenbilanz- und Bilanzbericht Motorenbau Stammwerk von IFM in seiner Produktionsabrechnung für die Zeit vom 1. 10. 1943 bis 31. 8. 1944 ein positives Ergebnis verzeichnen. Für bis zu diesem Tage 626 Stück gefertigten Sondertriebwerke (Jumo 004 B-1) wurde ein Erlös von 28 357 137,11 Reichsmark und somit ein Gewinn von 1 573 018,55 RM erzielt.[11)] Ein Jumo 004 B-1 kostete demnach den Steuerzahler 45 299 Reichsmark. Dagegen beliefen sich die Verlagerungskosten für das Projekt 240 Muldenstein nur auf ganze 273 498,92 RM und auch sie wurden schließlich vom Steuerzahler berappt.[12)]

Nach der Fertigungsplanung sollte im Januar 1944 eins, im Februar sollten 8, im März 21, im April 40, im Mai sowie in den folgenden Monaten bis einschließlich November je 60 Flugzeuge und danach über 100 ausgeliefert werden. Bis Ende August also 320 Flugzeuge, für deren Erstausstattung man – ohne die Wechseltriebwerke – 640 Jumo 400 B benötigt hätte. Hinzu kamen bis zu diesem Zeitpunkt 10 V-Muster Arado 234 sowie weitere 20 Nullserienmaschinen, also insgesamt 350 zweimotorige Flugzeuge mit einem Bedarf von 700 Triebwerken für die Erstausstattung. Unbedingt erforderlich wären aber auch mindestens 175 bis 200 Ersatztriebwerke und ein gewisser Vorlauf für die im September auszuliefernden Flugzeuge gewesen. Mindestens 1 000 Triebwerke hätten per 31. August 1944 ausgeliefert sein müssen, um zumindest die ursprüngliche Planung zu erreichen.

Doch auch Junkers benötigte für die weitere Entwicklung und Erprobung Versuchstriebwerke sowie für seine Ju 287 Erprobungstriebwerke. Ferner absolvierte die E-Stelle Rechlin ein umfangreiches Erprobungsrogramm, und schließlich benötigten die Verbände Lehr- und Demonstrationsobjekte.

626 bis Ende August 1944 produzierte Jumo 004-Strahlturbinen konnten die geplanten Stückzahlen an Me 262 keineswegs gewährleisten. Die Großserienproduktion dieses Triebwerkes mußte demnach so schnell wie möglich hochgefahren werden. Die Fertigung auf der Montagestraße in Muldenstein versprach in absehbarer Zeit zwar eine Entspannung der Situation, doch wurde inzwischen in den Planungen des RLM, des Rüstungsministeriums und anderer Institutionen bereits mit astronomischen Zahlen beim Ausstoß von Me 262 operiert. Werke mit einer monatlichen Ausbringung von 1 000 Flugzeugen waren im Bau. Hitler, Göring, Sauckel und andere glaubten, mit ihren phantastischen Plänen eine Wende im Kriegsgeschehen herbeiführen zu können. So wurde auch für das Jumo 004 eine weitere bombengeschützte Großmontagelinie ins Auge gefaßt: das »Mittelwerk« Nordhausen-Niedersachswerfen.

Turbinenmontage im »Mittelwerk«

Die Geschichte dieses Werkes begann Anfang 1943. Am 10. Januar erließ Rüstungsminister Speer eine Weisung, die das Fernraketenprogramm A 4 zur »totalgeschützten Fertigung« erklärte. Danach durften keine Arbeiter aus den beteiligten Firmen zur Wehrmacht einberufen werden. Fünf Tage später konstituierte sich im damaligen Ministerium für Bewaffnung und Munition der Sonderausschuß A 4. Leiter wurde der ehemalige Chef des Sonderausschusses Schienenfahrzeuge, Gerhard Degenkolb. Im Juli 1943 wurde vom Rüstungsministerium erwogen, ein Mittelwerk für die Montage der A 4 zu schaffen.

Nachdem am 17./18. August 1943 insgesamt 433 RAF-Bomber die Heeresversuchsanstalt Peenemünde, wo man die A 4 baute und erprobte, bombardiert und dabei beträchtliche Schäden angerichtet hatten, ging man in größter Eile auf die Suche nach Höhlensystemen, in denen eine vor Bombenangriffen geschützte Fertigung der A 4 aufgenommen werden konnte. Der Mitarbeiter des Sonderausschusses, Direktor Figge, entdeckte schließlich eine solche »bombensichere« Anlage im Kohnsteingebiet nahe Nordhausen. Im Innern des 97 m hohen Bergrückens befand sich bereits seit Ende der 30er Jahre die Wirtschaftliche Forschungsgemeinschaft (Wifo), ein ähnliches Tarnunternehmen wie die Mefo.

Der Generalbevollmächtigte für die Kriegswirtschaft, Hjalmar Schacht, hatte dieses Unternehmen für die beschleunigte Aufrüstung gegründet. Von der IG Farben, die seit 1917 im Kohnstein bei Niedersachswerfen Anhydrit abbaute, war Schacht die weitere Untertunnelung als Lagerstätte für militärische Giftgase vorgeschlagen worden. In kurzer Zeit entstand damals auf dem Reißbrett die Anlage Ni, die vorsah, zwei parallele Tunnel A und B 1 800 m tief durch den Berg zu treiben und sie durch 50 Stollen von je 150 bis 200 m Länge miteinander zu verbinden. Mitte 1936 begannen die Bauarbeiten.

Im Spätsommer 1943 existierten die beiden Fahrstollen A und B in Nord-Südrichtung und waren bis dahin mit insgesamt 46 Querstollen verbunden. Sie wurden für die Lagerung solcher Giftstoffe, wie beispielsweise Tetraäthyl genutzt, mußten also für die Montage von Kriegsgerät erst noch weiter ausgebaut werden.[13]

Entsprechend einem Transportbefehl der SS-Kommandantur Buchenwald vom 27. August 1943 wurden einen Tag später 107 Häftlinge mit LKWs nach Nordhausen gebracht. Etwa 200 Meter vor dem südlichen Stollenausgang mußten sie nach ihrem Eintreffen Zelte für jeweils 25 Häftlinge aufbauen. Damit begann die schreckliche Geschichte des KZ Außenlagers Buchenwald mit dem Decknamen »Dora«, das sich schon bald zu einem riesigen eigenständigen Todeslager entwickeln sollte.[14]

Am 10. Dezember 1943 in Nordhausen-Niedersachswerfen: Der Minister für Rüstungs- und Kriegsproduktion Albert Speer (der alle überragende Mann rechts) besuchte mit seinem Hauptdienstleiter Karl Otto Saur (Mitte) das unterirdische Mittelwerk, in dem 1944 neben der Flugbomben- und Raketen- auch die Jumo 004-Serienproduktion anlaufen sollte.

Am 1. September ernannte der Reichsführer SS, Heinrich Himmler, den Brigadeführer Dr. Hans Kammler zum Sonderbeauftragten für das A 4-Programm und für den Aufbau des Lagers »Dora«. Auf diese Weise wurde der Häftlingseinsatz dem SS-Wirtschaftsverwaltungshauptamt entzogen und einer eigenen Dienststelle unterstellt. Sechs Tage später übernahm die Außenstelle »Ni« Niedersachswerfen der Wifo die gesamte Regie im Bauabschnitt Wifo-Erweiterung III. Das betraf die Räumung des Wifo-Lagers im Kohnstein, den weiteren Ausbau der Stollen bis zur Produktionsreife, den Einbau von Versorgungsleitungen für Frischluft, Energie und Wasser, den Aufbau von Barackenlagern sowie den Bau von Straßen und Bahnlinien.

Die Querstollen 39 bis 42, ungefähr 250 Meter von der Südeinfahrt des Fahrstollens B entfernt, wurden wegen ihrer für die Bewachung äußerst günstigen Lage in Schlafstellen für die KZ-Häftlinge verwandelt. Im Oktober zogen die ersten Häftlinge ein. Sie mußten auf nacktem Fels, nur mit einer dünnen Schicht Stroh bedeckt, liegen. Die Belüftung war absolut unzulänglich, und Sanitäreinrichtungen fehlten völlig. Der Gestank von den Abortkübeln und den trüben Karbidlampen verpestete die Luft.

Zu diesem Zeitpunkt waren bereits 6 913 Häftlinge verschiedener Nationen im Einsatz. 80 Prozent davon arbeiteten unter allerschwersten Bedingungen mit primitiven Werkzeugen am Um- und Ausbau des Tunnelsystems. Im November stieg ihre Zahl auf 9 887, im Dezember waren es bereits 10 745 KZ-Häftlinge. In diesen Wochen und Monaten fand jeder 11. eingesetzte Häftling den Tod. Einen kleinen Eindruck von den Bedingungen vermittelte der Wochenbericht des Häftlingskrankenreviers vom 24. Oktober 1943. Bei 6 913 Häftlingen im Lager wurden 1 870 behandelt. Unter anderem 319 an Schürfwunden, 120 an Stoßwunden, 49 an Stichwunden.[15]

Als jedoch am 10. Dezember 1943 Rüstungsminister Speer mit seinem Hauptdienstleiter Saur sowie SS-Brigadeführer Kammler und Direktor Degenkolb das »Mittelwerk« besuchten, wurden ihnen nur die wohlgenährten Häftlinge, zu denen vor allem die kriminellen zählten, vorgeführt. Speer nach seinem Besuch: »Das Lager machte einen sauberen Eindruck.« Doch allein im Dezember starben 633 Insassen.

Bis dahin hatten die Häftlinge unter unmenschlichen Bedingungen 125 000 Kubikmeter Felsausbruch, 50 000 Kubikmeter Verfüllung, 13 500 Kubikmeter Beton, 21 200 Kubikmeter Zement-Estrich, 27 000 Kubikmeter Asphalt-Estrich sowie 18 000 Kubikmeter Asphaltplatten bewegt und verarbeitet für insgesamt 45 Quer- und zwei Fahrstollen. Im Januar verließen die ersten A 4-Raketen das Werk, und der Umzug aus den Stollen 1 bis 20 wurde nunmehr vorrangig betrieben, da sie für die Verlagerung von Flugzeug- bzw. Flugzeugmotorenwerken vorgesehen waren.

Nachdem am 1. März 1944 der Jägerstab gebildet worden war, entstanden unter Kammlers Leitung vornehmlich Projekte zur Verlagerung der Flugzeugproduktion in das Gebiet der Anhydritberge bei Niedersachswerfen. Vor allem die Junkers Flugzeug- und Motorenwerke AG Dessau sollte hier untergebracht werden. Ursprünglich war geplant, in den Stollen 1 bis 20 allein die Schönebecker Reihenmotorfertigung des Jumo 213, ein Triebwerk für den Bomber Ju 188 sowie den geplanten Jäger Focke Wulf Fw 190 D-9 zu verlegen. »Bedarfsanmeldungen für Druckscheiben zum Ausbau der Fertigungsstraße 213 datierten bereits vom 26. 2. 1944.«[16]

Am 17. März 1944 überwiesen die Junkers Flugzeug- und Motorenwerke der Waffen-SS des KZ Buchenwald für den Einsatz von KZ-Häftlingen zur Verlagerung des Werkes Schönebeck im Monat Februar 1944 133 840,– Reichsmark.[17] Auch das Bauvorhaben A 5 der Junkers Flugzeugwerke in Rottleberode wurde von Häftlingen des KZ Dora errichtet. Die Akten der Rechtsabteilung der Junkerswerke enthalten u. a. das Dokument »Geschäftsablauf Bauvorhaben A 5«. Dort heißt es unter Punkt 6: »Die Kosten für den SS-Führungsstab sind über RWN 8 987-190 … (Betriebskonto der Junkers-Werke, M. J.) zu ziehen …«[18] Mit anderen Worten: Die Junkers Flugzeug- und Motorenwerke AG bezahlte alle Aufwendungen des SS-Führungsstabes. Das bestätigt auch Punkt C dieses Dokumentes, in dem es heißt:

»c) Für die Verrechnung der KZ-Häftlinge ist das Konto H-10 836 eingerichtet. Über dieses Konto werden alle Aufwendungen, wie Herrichten des Lagers, lfd. Instandhaltung, Löhne für KZ-Häftlinge usw. einerseits und Erlöse aus Weiterverrechnung zu Lasten fremder Firmen bzw. Objekte andererseits verbucht …«

Allein im September 1944 zahlten die Junkers Werke für das Objekt 5, ein KZ in der ehemaligen Porzellanfabrik Rottleberode
»16 640,30 RM Unterhaltskosten für das KZ Lager Rottleberode
177 600,– RM für die Waffen-SS
13 674,– RM für die Häftlingstransporte«.

Prof. Walter Bartel, selbst ehemaliger Häftling des KZ Buchenwald, schrieb in seinem Gutachten über Rolle und Bedeutung des KZ Dora-Mittelbau und die Funktion der SS bei der A 4-Produktion, Frankfurt/Main 1970, S. 60/61:

»Diese durch Dokumente bewiesenen geschichtlichen Tatsachen ergeben, daß
1. die SS von der Industrie dazu benutzt wurde, die eingeleiteten Baumaßnahmen zu organisieren, die SS aber keine Entscheidungsgewalt erhielt
2. die SS keinerlei Verfügung über Finanzmittel für den Bau hatte
3. die Industrie der SS alle Aufwendungen bezahlte und
4. die Planung des Baues voll bei der Industrie lag.«

Prof. Bartel kommt dann zu dem Schluß:

»Aus diesem Schema geht hervor, daß die führenden Konzerne der deutschen Rüstungsindustrie es verstanden hatten, den administrativen Apparat des Staates vollständig für ihre Zwecke einzusetzen. Es entstand ein einheitliches System der Kriegswirtschaft, in dem die Terrororganisation der SS organisch in die wirtschaftliche Lenkungsstruktur einbezogen wurde. Der Terror diente der völkerrechtswidrigen Ausbeutung von Zwangsarbeitern und KZ-Häftlingen. Die Einschaltung der SS in den Wirtschaftsorganismus

Für die Wochenschau gefilmte »Ostarbeiterinnen« in der Rüstungsproduktion.

beschleunigte auch die bedingungslose Unterwerfung kleiner, nicht monopolisierter Zuliefer- und Baubetriebe, die im Auftrage der Großindustrie von dem mit umfangreichen Vollmachten ausgestatteten ›Sonderstab Kammler‹ unter Durck gesetzt wurden …«

»… Die Vertreter dieser Konzerne tragen deshalb die Hauptverantwortung für die Organisierung dieses Systems, dessen Mechanismus ungezählte Massen- und Einzelverbrechen innerhalb und außerhalb der Konzentrationslager hervorbrachte.«[19] Das traf in vollem Umfang und in gleichem Maße auch auf den Messerschmitt-Konzern bei der Vorbereitung und der Fertigung der Me 262 bzw. später auf die Ernst Heinkel Flugzeugwerke im Falle der He 162 zu.

Im Mai 1944 zogen Teile der Junkers-Motorenwerke in die Stollen 1 bis 20 des Objektes Ni des Kohnsteines ein. Fast gleichzeitig begann die SS, KZ-Häftlinge für den Bau der Helmtalbahn in den Bauabschnitten Hesserode, Günzerode und Osterhagen einzusetzen. Diese Verbindung diente dem Materialtransport bzw. den Zulieferungen für die Fertigungsbetriebe im Stollensystem. Zu diesem Zweck entstanden drei kleinere Nebenlager in Osterhagen, Mackenrode und Nüxei für jeweils 150 bis 300 Häftlinge. »Die SS trieb die beim Bau beschäftigten Häftlinge auf die berüchtigte brutale Weise an. Schläge und andere Methoden des physischen Terrors waren an der Tagesordnung.«[20]

Im Juli gelangten weitere Häftlingstransporte nach »Dora«. Vom 10. Februar bis 26. Juli überstellte die SS allein 7 625 Häftlinge dorthin, davon 1 892 Franzosen, 1 396 Sowjetbürger, 1 213 Polen, 1 145 Belgier, 919 Ungarn, 533 Zigeuner, 140 Deutsche, 53 Niederländer, 38 Tschechoslowaken, 32 Jugoslawen, 17 Spanier, 4 Dänen, 2 Norweger, 1 Österreicher sowie 22 Personen ohne Nationalität. Am 31. Juli 1944 betrug die Gesamtstärke des Lagers »Dora« 11 397 Häftlinge.[21]

Als das SS-Wirtschaftsverwaltungshauptamt am 30. September 1944 befahl, mit Wirkung vom 1. Oktober das bisherige Außenlager »Dora« des KZ Buchenwald in ein selbständiges KZ mit der Bezeichnung »Mittelbau« umzuwandeln, war die Serienmontage des Jumo 004 B-Strahltriebwerks in Nordhausen-Niedersachswerfen endlich angelaufen.

Nach wie vor gab es jedoch Probleme mit den Triebwerken im langsam anlaufenden Versuchseinsatz sowohl bei der Umschulung als auch im gesamten Flugbetrieb. Sicher waren manche dieser Schwierigkeiten auf Bedienungsfehler zurückzuführen. Nicht wenige allerdings aber auf technische Gründe. So gingen Triebwerke in Flughöhen über 8 000 m nicht selten, selbst bei vorsichtiger Zurücknahme des Leistungshebels, aus. Viele Triebwerke kamen falsch eingestellt zu den Verbänden, was zu übernormalen Leistungsverlusten im Schnellflug führte. Die äußerst hohen Temperaturen beim Anfahren und Beschleunigen führten sehr oft zur Überhitzung, insbesondere der Leitkränze mit einer Verzunderung bzw. einem Abriß des Verdichters. Die Riedel-Anlasser reagierten sehr unterschiedlich, und ebenso führten undichte Kraftstoffleitungen häufig zu Triebwerkbränden. Die Regelung des Triebwerkes während des Fluges funktionierte bis zum letzten Tag des Krieges nie ganz einwandfrei.

Jedoch konnte ab Herbst 1944 mit der immer größer werdenden Stückzahl an Triebwerken aus Muldenstein und Nordhausen der steigende Bedarf zunehmend besser befriedigt werden.

Allerdings gab es für den Flugzeugführer noch »zig Achtung!« Man schlage dazu nur in der Kurzbetriebsanweisung Jumo 004 B-1 vom September 1944 (S. 17) nach:

»Bis auf weiteres einwandfreies Zünden in Höhen über 4 km nicht sicher. Wiederanlassen in Höhen über 4 km daher vermeiden. Andernfalls Triebwerküberhitzung möglich.« Oder auf S. 18: »Da der Anschaltvorgang des Ventils (Magnetventil für 3. Nadelstellung der Schubdüsennadel, M. J.) z. Z. nicht sicher funktioniert und in der Me 262 der Kippschalter dafür infolge seiner unzweckmäßigen Anbringung leicht versehentlich geschaltet werden kann, ist das Ventil entweder blockiert oder ausgebaut. Wiedereinbau bzw. Entfernung der Sperre nur für Sondereinsätze verlangen.«

Doch wer wußte schon, wann er einen Sondereinsatz in großen Höhen fliegen mußte oder der Gegner ihn dazu zwang? Welcher Flugzeugführer dachte bei Alarmstart daran? Wieviele Opfer mag dieses bis Kriegsende nicht gelöste technische Detail gefordert haben?

Und schließlich auf S. 29: »Nach 25 Betriebsstunden bzw. bei Beschädigungen oder Störungen, die das Triebwerk unbrauchbar machen, ist Triebwerkwechsel durchzuführen.« Erst im vorletzten und letzten Kriegsmonat konnte die Zahl der Betriebsstunden auf 40 und mehr erhöht werden. Doch die letzten Triebwerke gelangten kaum noch zu den Einheiten und Verbänden, so diese nicht, wie im Falle Prag, direkt am Herstellungsort lagen.

Dabei waren die technischen Probleme des Jumo 004 zu diesem Zeitpunkt bereits weitgehender gelöst und beherrschbarer, als bei dem ebenfalls in Serie zu überführenden Konkurrenz-

Jumo 004B in einer Serienmaschine. Geöffnet ist auch die Abdeckung des Waffeneinbaus in der Bugnase.

Häftlinge des KZ Dora bei der Jumo 004-Produktion in den Stollen 1–20 des Mittelwerkes Nordhausen-Niedersachswerfen.

muster BMW 003. Das leichtere BMW-Triebwerk, das ebenfalls in die Me 262-Baureihe A-1b sowie in den Strahlbomber Ar 234C eingebaut werden sollte, erwies sich als wesentlich störanfälliger, obwohl im ersten Serienauftrag über 100 BMW 003 A-0 die Auslieferung bis August 1944 vorgesehen war. So verzögerte sich die Übergabe an die Luftwaffe bis zum Oktober.

Die Erprobung der ersten Me 262 A-1b sowie der ersten Ar 234-Versuchsmuster mit dem BMW-Triebwerk führte immer wieder zu Störungen und Ausfällen.

Doch sowohl Saur's Rüstungsstab als auch der Chef Technische Luftrüstung (TLR) standen unter Zugzwang. Die versprochenen Großserien an Flugzeugen erforderten Triebwerke und nochmals Triebwerke. Da das BMW-Werk Basdorf-Zühlsdorf am Rande Berlins stark luftgefährdet war, galt es, auch diese Fertigung unterirdisch durchzuführen. So erhielt die Mittelwerk GmbH Nordhausen am 3. November einen technischen Vorbescheid des OKL, wonach die Produktion von 15 000 (!) BMW 109-003 in Niedersachswerfen erfolgen sollte. Ebenso waren seit Oktober aber auch alle Vorbereitungen im Gange, die Massenfertigung des »Volksjägers« He 162 in absehbarer Zeit aufzunehmen. Ihre Zahl wurde in einem technischen Vorbescheid vom darauffolgenden Tag mit 7 500 angegeben.[22)]

Offensichtlich reichte die bis dahin vorhandene Produktionsfläche für das Triebwerk jedoch nicht aus, so daß die Großserie schließlich im Salzbergwerk Unseburg aufgenommen werden mußte. Allerdings konnten hier nur noch 750 BMW 003 montiert und ausgeliefert werden. Die Massenfertigung des Jumo 004 kam dank früherer Aufnahme der Serie im Mittelwerk und der dort vorhandenen KZ-Häftlinge schneller in Gang.

Am 4. November 1944 wurde die Mittelwerk GmbH gemäß Erlaß des Rüstungsministers Speer vom 15. August 1944 zum Eigentümer des gesamten Bauvorhabens »Mittelbau«. Damit gelangte die Wifo-Außenstelle Niedersachswerfen, wo das Jumo 004 gefertigt wurde, zusammen mit dem Außenlager Niedersachswerfen und seinen 2 500 Häftlingen vom KZ Mittelbau »Dora« in die Hände der Mittelbau GmbH. Insgesamt waren damit am 1. November 32 741 Häftlinge im gesamten KZ-Komplex Mittelbau »Dora« für die Luft- und V-Waffenrüstung tätig.

Auf diese Weise konnten neben V-1, V-2, He 162 und zahlreichen anderen Geheimwaffen in Niedersachswerfen immerhin noch rund 2 400 Jumo 004B bis Kriegsende montiert werden. Zusammen mit den 626 TL-Triebwerken aus Köthen und Dessau, den 2 700 aus Muldenstein sowie den rund 275 von Avia Prag gefertigten, umfaßte die Gesamtausbringung rund 6 000 Junkers-Stahlturbinen. Der Preis war hoch. Zwar waren bisher keine exakten Zahlen über die Opfer unter den KZ-Häftlingen und Zwangsarbeitern im Zusammenhang mit der Jumo 004-Fertigung zu ermitteln. Doch sprechen die Gesamtzahlen der Umgekommenen für sich.

Rund 60 000 Menschen aus 21 Ländern waren in dieses KZ verschleppt worden. Nach unvollständigen Angaben und Unterlagen fanden bis Ende März 1945 10 255 von ihnen den Tod. Mehr als 1 000 starben im Nebenlager Boelke-Kaserne Nordhausen, das seit 9. Januar 1945 als Sterbelager diente. Weitere 1 016 Häftlinge wurden am 5. April 1945 von fanatischen Nazis während des Evakuierungsmarsches in einer Scheune bei Gardelegen lebendig verbrannt. Über 4 000 fanden während der Evakuierungsmärsche nach Bergen-Belsen und Sachsenhausen den Tod, und 3 000 wurden im 1. Quartal 1945 auf »Liquidierungstransporte« geschickt. So beträgt die traurige Bilanz fast 20 000 Tote in den knapp 2 Jahren des Bestehens der Mittelwerk GmbH.

April 1945: Die Oswald Boelke Kaserne der Luftwaffe beim Eintreffen der US-Truppen.

Quellen II

1) Irving, D.: Die Tragödie der Luftwaffe. – Neuer Kaiser Verlag, Klagenfurt 1973, S. 39
2) Gundermann, W.: Die Entwicklung des Strahltriebwerks bei Heinkel von 1936 bis 1939. – In: Luftfahrt international, Heft 7/1981, S. 258
3) Erfurth, H.; Kunze, H.: Raketentechnische Forschungen in den Junkers Flugzeugwerken um 1930. – Vortrag auf einem Kolloquium zum 125. Geburtstag Prof. Hugo Junkers am 3. Februar 1984 im Bauhaus Dessau.

* In Göttingen befand sich sowohl das physikalische Institut der Universität Göttingen, wo

Ohain seine Arbeiten begann, als auch völlig unabhängig davon die Aerodynamische Versuchsanstalt der DVL.

4) Boehme, M.: Jagdgeschwader 7. – Motorbuchverlag Stuttgart, S. 25/26
5) Franz, A.: From Jets to Tanks, My constribution to the Turbine Age. – 1967
6) Ebenda
7) Boehme: a. a. O., S. 47
8) Ebenda
9) Militärarchiv Potsdam, Protokolle des Generalluftzeugmeister-Amtes WF-02/31335 vom 18. 1. 1944, S. 295–306
10) Staatsarchiv Magdeburg, Außenstelle Oranienbaum bei Dessau, Bestand Junkers Archiv, Schriftwechsel GL/Planungsamt-Junkers 638/16 und 686/17 Mietvertrag IFM Firma Muldenstein Werke GmbH Ziegelei I.
11) Ebenda, Zwischenbilanz und Bilanzbericht Motorenbau Stammwerk, Produktionsabrechnung für den Zeitraum 1. 10. 1943 bis 31. 8. 1944, Akte 167/20
12) Ebenda, Kosten für das Projekt 240 Muldenstein, Akte 167/7
13) »Mittelbau Dora«, kurzgefaßte Chronik eines faschistischen Konzentrationslagers, Herausgeber Mahn- und Gedenkstätte »Mittelbau Dora«, Nordhausen 1986, S. 12/13
14) Ebenda, S. 14
15) Ebenda, S. 18
16) Mitteilung des Mitarbeiters der Mahn- und Gedenkstätte »Mittelbau Dora«, Herrn R. Gründel vom 22. 1. 1990 an den Verfasser.
17) Staatsarchiv Magdeburg, Außenstelle Oranienbaum; a. a. O. Buchungsbelege Akte 1457/47
18) Bartel, W.: Gutachten über Rolle und Bedeutung des ZK Dora-Mittelbau und die Funktion der SS bei der A-4 Produktion. – Frankfurt/Main 1970, S. 60/61
19) Ebenda
20) »Mittelbau Dora«, a. a. O., S. 29
21) Ebenda, S. 32
22) Ebenda, S. 38

Jägerprogramm und Rüstungsstab

Am 20. Februar 1944 begann die »Big Week«, die sogenannte »Große Woche«, eine ganze Serie von Luftangriffen der britischen RAF sowie der 8. und 15. USAAF auf die deutsche Flugzeugindustrie und auf jene Städte, in denen sie beheimatet war. Den Auftakt gaben 1 000 Bomber, 17 Gruppen amerikanischer sowie 16 Staffeln britischer Jäger. Sie flogen als geballte Macht Flugzeugwerke im Raum Braunschweig, Leipzig, Oschersleben, Tutow und Posen an und luden ihre todbringende Last nicht nur über den Fabriken, sondern auch über den Wohnvierteln ab. In der Nacht vom 20. zum 21. Februar 1944 warfen 600 britische Viermotorige Bomben auf Stuttgart und die Zulieferbetriebe der Flugzeugindustrie. Am Tag danach wurde die Flugzeugindustrie im Braunschweiger Raum erneut Ziel eines Tagesangriffes der 8. USAAF.

Der 22. Februar sah wiederum die 8. Luftflotte über Werken im mitteldeutschen Raum sowie

Während der »Großen Woche« (Big Week) bombardierten Tausende B-17 und B-24 der 8. sowie der 15. USAAF die wichtigsten deutschen Flugzeugwerke. Hier drei Boeing B-17 Flying Fortress einer Bomberformation im Anflug. Die B-17 war der leistungsfähigste USAAF-Bomber.

Auch die Convair B-24 Liberator gehörte zu den Verbänden der 8. und 15. USAAF, die seit 1943 u. a. deutsche Städte angriffen. Die B-17 und B-24 gehörten dann 1944 zu den bevorzugten Zielen der Me 262-Verbände.

über den Regensburger Messerschmitt-Werken, während die 15. USAAF am folgenden Tag von Italien aus Steyr in Österreich und die Wien-Neustädter Messerschmitt-Werke anflog.

Die Schweinfurter Kugellagerindustrie sowie die Flugzeugwerke in Gotha, in Tutow, in Kreising und in Posen gaben Ziele für die 8. USAAF am 24. Februar ab. Nochmals am selben Tag sowie am folgenden 25. Februar flogen die 8. und die 15. Luftflotte einen Nachtangriff auf das Messerschmitt-Werk in Regensburg. Stets waren es mehrere hundert viermotorige waffenstarrende Festungen. Damit hatte die »Big Week« erst einmal ihr Ende gefunden. 3 800 amerikanische und 2 351 britische Bombereinsätze sowie 3 673 Begleitschutz-Jägereinsätze zählten die Führungs- und Koordinierungsstellen der alliierten Luftstreitkräfte insgesamt. In diesen sechs Tagen fielen 19 198 Tonnen Bomben auf die verschiedenen Werke der deutschen Flugzeugindustrie.

Abgeschen von den Schäden an der Fertigungsbasis und an den Gebäuden, wurden allein in den Erla-Flugzeugwerken, Leipzig, 350 Jäger Bf 109 auf den Fließbändern zerstört. In den süddeutschen Messerschmitt-Werken waren es 150 Bf 109 und bei den Wien-Neustädter Flugzeugwerken (WNF) 200 Maschinen des gleichen Typs. Ähnliche Schäden stellten die Rüstungsdienststellen in zahlreichen anderen Werken fest.

Die USAAF verlor in dieser Woche 226 Bomber, 28 Jäger und insgesamt 2 600 Mann fliegendes Personal. Die RAF-Verluste beliefen sich auf weitere 157 Bomber.

Noch unter dem Eindruck dieser Angriffe beschlossen die deutsche Luftwaffenführung und die Rüstungswirtschaft, den Leonberger Autobahntunnel bei Stuttgart als Produktionsstätte für die Me 262 auszubauen.

Produktionsverlagerung und Arbeitskräftebeschaffung

Jedoch wurde die Zerstörung der deutschen Rüstungsindustrie von den alliierten Militärs beträchtlich überschätzt. Erstens konnten die Zerstörungen in der Regel, wenn auch oft provisorisch, schneller als angenommen beseitigt und damit Produktionsausfälle gering gehalten werden. Zweitens wurden schon Anfang 1944 die Produktionsstätten weitgehend dezentralisiert und teilweise in unterirdische Ausweichstätten verlagert. So gelang es der faschistischen Führung, ihre Rüstungsproduktion noch von Monat zu Monat zu steigern. Das traf auf die Flugzeugproduktion ganz besonders zu. Sie erreichte trotz der »Großen Woche« und zahlreicher weiterer Angriffe im Juni/Juli 1944 ihren höchsten Stand während des gesamten Krieges überhaupt. Erst in der Folgezeit ging sie verhältnismäßig langsam zurück. Und das nicht etwa ausschließlich wegen der ständigen Luftangriffe, sondern vor allem aufgrund der großen Verluste an Rohstoffquellen und Zulieferungen aus den verlorengegangenen Gebieten sowohl im Osten als auch im Westen. Besonders nachteilig aber wirkte sich das rasche Vordringen der Sowjetarmee aus. Anfang 1944 bestimmte jedoch noch nicht so sehr die Rohstofflage das Geschehen in der Rüstungsindustrie, als vielmehr das Arbeitskräfteproblem. Bereits am 19. Januar, als der Prototyp Me 262 V-9 in Lechfeld zu seinem Erstflug startete, fand in Berlin eine gemeinsame Beratung des RLM mit dem Reichsministerium für Rüstungs- und Kriegsproduktion statt. Hierbei ging es um die sogenannten V-Waffen, die Vergeltungswaffen, wie die Fernrakete A 4 (V 2), die Flügelbombe Fi 103 (V 1) und die Me 262, und in erster Linie um die Beschaffung von Arbeitskräften zur Serienfertigung. Dr. Krome, verantwortlich für die Me 262 und von Rüstungsminister Albert Speer im Dezember 1943 als Leiter einer Sonderkommission eingesetzt, die alle 14 Tage bei Hitler Bericht erstatten mußte, gab zu bedenken: »Vielleicht könnte man in die A 4 und Fi 103 eingreifen?« Er meinte damit den Abzug von Arbeitskräften aus diesen beiden Programmen. Feldmarschall Milch dazu verdrossen: »Über A 4 kann ich nichts sagen. In Bezug auf die Fi 103 könnten wir in vier Tagen Bescheid geben.«

»Brauchen wir mehr A 4 oder Me 262?«, fragte Dr. Krome. Milch nunmehr eifernd: »Me 262 brauchen wir vor allem anderen, vor U-Booten und Panzern, weil ohne diese Maschine eine Rüstung nicht mehr möglich ist. Ich erkenne die Wichtigkeit als gleichwertig an, aber sie können Deutschland nur mit dieser Flugzeugsache in Ordnung bringen.«

Krome darauf ziemlich verbittert: »Das habe ich schon vor vier Wochen gesagt. Aber daraus sind nicht die notwendigen Konsequenzen gezogen worden.«

Hauptdienstleiter Saur von Speers Ministerium

Das Messerschmitt-Werk in Augsburg nach der Zerstörung durch USAAF-Bomber.

Nach Kematen im Allgäu wurden die Büros der Firma daraufhin verlegt.

Das Messerschmitt-Werk in Regensburg nach dem USAAF-Angriff.

Rüstungsminister Speer und sein Hauptdienstleiter Saur (rechts).

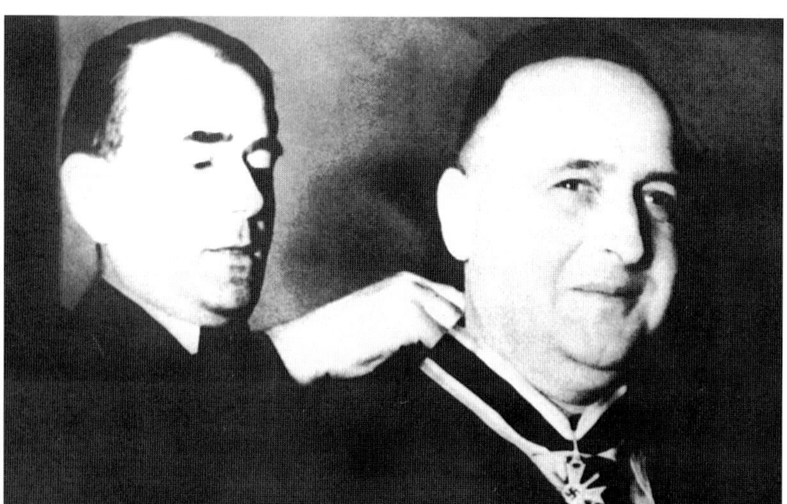

warf ein, daß der Führer ihn darauf hingewiesen hätte, die beiden Programme Me 262 und Sturmgeschütze seien für ihn jetzt die wichtigsten. »In der letzten Woche habe ich dem Minister vorgeschlagen, A 4, Fi 103 und Hochdruckpumpe (ein Ferngeschütz, auch als V 3 bezeichnet, M. J.) aus den Vorrangstufen herauszunehmen. Ich bin vom ersten Tag an für die Bildung von Schwerpunkten gewesen, wie ihn die Me 262 darstellt.« [1)]

Saur verschwieg in diesem Disput wohlweislich, daß er noch am 30. November 1943 Generalmajor Vorwald vom RLM kategorisch erklärt hatte, er werde sich nur dann um Arbeitskräfte für die Me 262 kümmern, wenn er die Führung über dieses Programm übertragen bekomme.

Mit der immer dringender werdenden Beschaffung von Arbeitskräften für die neuen Luftwaffenprogramme und die Verlagerung der Flugzeugindustrie zum Schutz vor Luftangriffen gewann die SS einen ständig wachsenden Einfluß auch auf die Luftrüstung. Am 14. Februar hatte Göring in einem Blitztelegramm an Himmler von diesem die Stellung von KZ-Häftlingen zur Arbeit in unterirdischen Luftrüstungsbetrieben gefordert. Um diese Zeit arbeiteten bereits weit über 36 000 Häftlinge aus 16 Konzentrationslagern in 56 Flugzeug- und Flugzeugteilefabriken. Himmler antwortete noch am gleichen Tage, daß das Tempo der Arbeit in den Luftrüstungsbetrieben, in denen Häftlinge aus nahegelegenen KZ arbeiteten, durch Einführung neuer Methoden noch erheblich gesteigert werden könne. Im Monat Januar hatten die in der Flugzeugindustrie eingesetzten Häftlinge insgesamt 8 733 495 Arbeitsstunden geleistet, wobei die SS für das »erforderliche« Arbeitstempo sorgte.

Allein um die Produktionsstätten der Flugzeugindustrie unterirdisch zu verlagern, sollten zusätzlich weitere 100 000 Häftlinge eingesetzt werden. Für den Stollenausbau im Kalibergwerk Westeregeln, wohin die AGO-Flugzeugwerke Oschersleben, größter Lizenznehmer der FW 190 A-8, verlegt werden sollten, stellte Himmler 1 500 Häftlinge des KZ Buchenwald zur Verfügung. Der Bau der Anlagen wurde vom SS-Führungsstab A 4 in Hadmersleben unter der Tarnbezeichnung »Hans« geleitet. Wenige Wochen später, nach Bildung des Jägerstabes im März 1944 gesellte sich ihm das Ing.-Büro Schlempp auf dem Gelände der Siebenberg GmbH hinzu. Diesem Baubüro, dem als Stellvertreter und zumeist amtierender Leiter Heinrich Lübke, der spätere Präsident der Bundesrepublik, vorstand, oblag die Projektierung, die Organisation und die Leitung aller Luftrüstungsbauvorhaben, besonders der unterirdischen und Verlagerungsbetriebe sowie der dazugehörigen KZ!

Gründung des Jägerstabes

Unter dem Druck der militärischen Situation an den Fronten und nicht zuletzt von den Luftangriffen beeindruckt, bildete die Führung des Dritten Reiches am 1. März 1944 in Berlin den Jägerstab. Die geheime »Anordnung über die Errichtung des Jägerstabes«, Dokument 320 922/44 g des Reichsministers für Rüstung und Kriegsproduktion, lautete:

»1. Zur Sicherstellung des Jägerprogrammes wird beim Reichsminister für Rüstung und Kriegsproduktion mit sofortiger Wirkung der Jägerstab vorläufig für die Dauer von 6 Monaten gebildet. Er hat die Aufgabe, ohne bürokratische Hemmungen durch unmittelbare Befehlsgebung, die Instandsetzung beschädigter Werke oder deren Verlegung durchzuführen.

Diese Aufgabe steht – insbesondere, soweit es sich um die baulichen Arbeiten handelt – vor allen anderen in letzter Zeit als besonders wichtig erkannten Aufgaben. Die Beseitigung der durch Fliegerangriffe hervorgerufenen Schäden in den Städten ist, ebenso wie die Luftschutzmaßnahmen und alle Rüstungsbauten, daher hinter diese Aufgabe zu setzen. Ausgenommen hiervon sind lediglich die Kugellagerproduktion, die Betonstartbahnen für Tag- und Nachtjagd, die Versorgungsbetriebe (Gas, Wasser, Strom) sowie die Verkehrseinrichtungen der bombengeschädigten Städte. Zur Durchführung der Baumaßnahmen ist es notwendig, auf die in Deutschland befindlichen Bauarbeitskräfte ohne Rücksicht auf etwaige Eingriffe zurückzugreifen.

2. Der Jägerstab setzt sich folgendermaßen zusammen: Leitung Reichsminister Speer, Generalfeldmarschall Milch, Stellvertreter und Chef des Stabes Hauptdienstleiter Saur, Mitglieder: Verantwortlich für Bauangelegenheiten Dipl.-Ing. Schlempp, verantwortlich für Sonderbauaufträge SS-Gruppenführer Dr. Ing. Kammler, verantwortlich für Fertigungsplanung Dipl.-Ing. Wegener, verantwortlich für Zulieferung Dir. Schaaf, verantwortlich für Arbeitseinsatz Dr. Schmelter, verantwortlich für Transportangelegenheiten der Chef der Transporteinheiten des RMfRuK Nagel, verantwortlich für Energieversorgung Generaldirektor Dr. Ing. Fischer.

Entscheidungen des Jägerstabes gelten als Weisung des Reichsministers für Rüstung und Kriegsproduktion sowie des Reichsministers der Luftfahrt und Oberbefehlshabers der Luftwaffe (Generalluftzeugmeister).

Die sachliche Bearbeitung erfolgt durch die einzelnen Mitglieder des Jägerstabes, die unter Verwendung ihres bisherigen Briefkopfes mit dem Zusatz ›Jägerstab‹ zeichnen. Soweit bei Fertigung, Zulieferung, Verlagerung und Arbeitseinsatz in Kapazitäten des Heeres und der Kriegsmarine eingegriffen werden soll, ist von den entsprechenden Mitgliedern des Jägerstabes die Zustimmung der beteiligten Amtschefs des Reichsministeriums für Rüstung und Kriegsproduktion einzuholen, die erforderlichenfalls meine Entscheidung herbeiführen.

3. Der Jägerstab errichtet bei den in Frage kommenden Produktionsstätten Außenstellen. Der Chef des Stabes bestimmt die verantwortlichen Leiter der Außenstellen, die nicht Mitglied des Jägerstabes sind.

Die Außenstellen haben bei der Erfassung und Behebung der Schäden den Vorsitzer der zuständigen Rüstungskommission zu beteiligen, um die Auswirkung des Schadens, Verlagerungsmöglichkeiten und Wiederaufbaumaßnahmen im einzelnen festzustellen. Kommen die Leiter der Außenstellen und Vorsitzer der Rüstungskommissionen dabei zur Einigung, so entscheidet der Chef des Stabes im Benehmen mit dem Chef des Stabes im Benehmen mit dem Chef des Rüstungsamtes des Reichsministers für Rüstung und Kriegsproduktion innerhalb 48 Stunden.

4. Die obersten Reichsbehörden bitte ich, dem Jägerstab jede Unterstützung zu gewähren und ihre beteiligten Dienststellen anzuweisen, Ersuchen des Jägerstabes weitestgehend zu entsprechen.

gez. Speer

F. d. R.: Vizepräsident Dr. Frank[2]

Vier Tage später, am 4. März 1944, gab Göring den Erlaß über die Bildung des Jägerstabes heraus. Dieses, ebenfalls streng geheime Dokument hatte folgenden Wortlaut:

»Erlaß

Die Sicherstellung der Jägerfertigung ist von vordringlichster Bedeutung. Sie ist von drei Voraussetzungen abhängig:

1. der Beseitigung der Fliegerschäden in den bestehenden Werken;
2. der Verlagerung, Dezentralisierung und Erweiterung der vorhandenen Fertigungen;
3. der Schaffung bombensicherer Fertigungsstätten.

Die Durchführung dieser drei Aufgaben liegt bei dem vom R. d. L. u. Ob. d. L. und Reichsminister für Rüstung und Kriegsproduktion geschaffenen ›Jägerstab‹.

Soweit es sich um die Schaffung bombensicherer Fertigungsstätten in größeren Höhlen oder neuen Stollen handelt, zieht der Reichsminister für Rüstung und Kriegsproduktion den Reichsführer SS für die erforderlichen Baumaßnahmen zu. Die Bauaufgabe (Umfang und Ort) bestimmt der Reichsminister für Rüstung und Kriegsproduktion als Generalbevollmächtigter für die Regelung der Bauwirtschaft auf Vorschlag des R. d. L. u. Ob. d. L.

Der Reichsführer SS überträgt die Durchführung der erforderlichen Baumaßnahmen dem Chef des SS-Wirtschafts-Verwaltungshauptamtes, SS Obergruppenführer und General der Waffen – SS Pohl, und bestellt als verantwortlichen Leiter den SS Gruppenführer und Generalleutnant der Waffen-SS, Dr. Ing. Kammler.

Der Reichsführer SS stellt Schutzhäftlinge in ausreichendem Maße als Hilfskräfte für Bau und Fertigung.

Der Reichsminister für Rüstung und Kriegsproduktion stellt die zur Durchführung erforderlichen Baufirmen über den Hauptausschuß Bau und die Kontingente nach Maßgabe des dem Reichsführer SS gegebenen Auftrages über die Bevollmächtigung zur Verfügung. Die Einweisung der Fertigungsbetriebe in neue geschaffene Räume erfolgt durch den R. d. L. u. Ob. d. L. unterstützt die Durchführung der Baumaßnahmen mit allen Mitteln. Die Kosten der neuen Baumaßnahmen übernimmt das Reich.

Die Reichsverteidigungskommissare und die Vorsitzer der Rüstungskommissionen haben die schnelle Durchführung der obigen Maßnahmen mit allen ihnen zu Gebote stehenden Mitteln zu fördern. Die obersten Reichsbehörden haben zur Durchführung dieser Aufgaben jede Unterstützung zu gewähren und die in Frage kommenden Dienststellen entsprechend anzuweisen.

gez. Göring«[3]

Nun hatte man es eilig. Bereits einen Tag nach dem Erlaß wurden auf einer Führerkonferenz die allgemeinen Richtlinien für den neugebildeten Jägerstab festgelegt. Mit Hilfe dieses, mit allen erdenklichen Vollmachten ausgestatteten Machtapparates sollte die bisher größte, jemals vorgenommene Produktionssteigerung bei Jagdflugzeugen verwirklicht werden. Wohl kaum ein anderes deutsches Wirtschaftsorgan hatte bis dahin so weitgehende Befugnisse wie der Jägerstab. Ihm ordnete sich gewissermaßen alles unter. So wandte sich bereits am 8. März 1944 der Reichsverteidigungskommissar für Thüringen und Generalbevollmächtigte für den Arbeitseinsatz, Gauleiter Fritz Sauckel, in einer »geheimen Reichssache« an Göring:

»Hochverehrter Herr Reichsmarschall!
Im Rahmen des Jägerprogrammes habe ich in meiner Eigenschaft als Stiftungsführer der Gustloff-Werke diese beauftragt, sofort mit der größten Intensität die Produktion im Rahmen dieses Programmes aufzunehmen. Die Produktion kann in der Nähe der Stadt Kahla (Saaletal) in den Gängen der Karolinen-Stollen der Porzellanfabrik Kahla aufgenommen werden. Die vorhandenen Stollen sind im Durchschnitt 3–3 $^1/_2$ Meter breit und 3 Meter hoch und können entsprechend erweitert und vermehrt werden. Die gesamt nutzbare Fläche beträgt etwa 10 000 m^2. Die Gänge sind absolut trocken und können mit verhältnismäßig leichter Mühe staubfrei gemacht werden. Der überdeckende Berg hat im Durchschnitt 35–50 m gewachsenen Boden. Ich bitte um Ihre Zustimmung, dieses Unternehmen sofort durch die Gustloff-Werke starten zu lassen und die Fertigung einer zu bestimmenden Type oder von Teilen, Motoren etc. festlegen zu wollen.

Arbeitskräfte für diesen Zweck werden von mir schnellstens mobilisiert und auch ein Teil der Stamm- und Facharbeiter der Gustloff-Werke kann abgeordnet werden.

Heil Hitler
Ihr Ihnen stets ergebener
gez. Fritz Sauckel«[4)]

Es mutet geradezu symbolisch an, daß genau an diesem Tage der 6. Prototyp des neuen Turbojägers Me 262 mit dem einst erfolgreichen Segelflieger Kurt Schmidt am Steuerknüppel während eines Testfluges abstürzte und den Piloten unter seinen Trümmern begrub.

Auf seiner nächsten Sitzung am 12. März 1944 beriet der Jägerstab, wie die Dezentralisierung der Jägerfertigung in der Praxis aussehen sollte. Milch dazu: »Eines wäre als generelle Richtlinie festzulegen, die zwar nicht immer ausgeführt werden kann, aber möglichst angestrebt werden soll. Wir wollen auf den Flugplätzen bei den Werken als Endzustand nur noch die Fertig- oder Endmontage und den Einflugbetrieb. Unter Endmontage verstehen wir fix und fertig ausgerüstete Rümpfe, Flächen und Leitwerke …«[5)]

Zur Frage der Arbeitskräfte, die die SS zu stellen hatte, äußerte sich Milch am 25. März in einer Rede vor Flotteningenieuren und Oberquartiermeistern: »Diese Leute lassen sich nicht mit kleinen Mittelchen zu höheren Leistungen bringen. Sie werden eben nicht scharf genug angefaßt … Mit dem Völkerrecht kann man hier nicht arbeiten … dann bringen wir die Brüder mit der Peitsche wieder zur Arbeit. Dann ist die Peitsche das Gesundheitsmittel.«[6)]

Von nun an erlangten die Jägerstabsbesprechungen den Charakter eines »Taifuns« und einer »Feuerwehr« zugleich, wodurch einerseits alles durcheinander gewirbelt, andererseits aber auch Teile und Baugruppen beschafft wurden, wenn die Fertigung irgendwo stecken zu bleiben drohte. Mit Zuckerbrot und Peitsche riß Saur das Steuer dieses Machtorgans immer mehr an sich.

»Wir haben die Flugzeugzellenwerke besucht«, so sagte er am 1. April in einer Stabssitzung, »und diese Zellenwerke sehen nicht gerade schön aus. Da hat der Feind hart mit uns abgerechnet, und er hat nicht schlecht getroffen. Er hat uns Schäden zugefügt, die zunächst manch einen veranlaßt haben, den Kopf hängen zu lassen. Es war tatsächlich zunächst ein deprimierendes Bild, als wir auf unseren ersten beiden Reisen durch die Gaue unseres Vaterlandes hindurchfuhren und 24 Werke aufgesucht haben, von denen allein 16 – man kann schon sagen – als total zerstört anzusehen waren. Es war sofort unsere Verpflichtung, in die Motorenwerke zu gehen. Und dort erlebten wir eine Überraschung. Die Motorenwerke sind bis zum heutigen Tage noch nicht angegriffen worden. Die Feststellung, die wir trafen, war folgende: Die Motorenwerke sind bis zum heutigen Tage noch nicht angegriffen worden. Die Motorenwerke sind im jetzigen, ich kann schon sagen

Thunderbolt- und Mustang-Jäger sollten bald zu Gejagten der Me 262 werden. Hier die P-47 Thunderbolt von Major Michael Jackson der 56th. Fighter Group, 62. FS der 8. USAAF.

tadellosem Zustande in der Lage, das Programm der Fertigungsbetriebe zu decken. Wir haben tatsächlich bereits den Eindruck, daß wir es schaffen können gegen die Mächte, die gegen uns angesetzt sind, die notwendigen Flugzeuge in diesem Monat herauszubringen …«

Milch, der zur Lage in der Reichsverteidigung referierte, meinte in diesem Zusammenhang: »Ich darf in diesem kleinen Kreise sagen: Wenn wir noch mit 400 bis 500 Jägern im Heimatgebiet herauskommen können, dann sind wir ganz glücklich und stolz. Der Gegner kommt aber mit 800 bis 1 000 Bombern und schickt noch seine 1 000 bis 1 200 Jäger überlappend mit … Wenn der Gegner drei Tage hintereinander kommt, sinken wir in einer Form ab, das ist toll. Wir müssen also mehr Jäger herausbringen. Der Gegner hat sich vorgekämpft vom Kanal ins besetzte Gebiet, dann nach Holland und an den Rhein und dann in die Gegend hier, dann hinter den Rhein und bis nach Mitteldeutschland, an die Elbe und jetzt nach Berlin. Und nun kommen vom Süden her die anderen Verbände. Und schon in absehbarer Zeit kommt der Russe. Wir müssen jetzt so viele Jäger schaffen, daß es uns möglich ist, den Gegner auf demselben Wege in Etappen, wie er hereingekommen ist, wieder zurückzudrängen …«.[7]

Nur wenige Tage später, am 6. April 1944, kam

Die P-51 D Mustang der 8. USAAF war der gefürchtetste Gegner der Me 262.

Generalfeldmarschall Milch im Hauptquartier mit Hitler, Göring und Saur zusammen. Er bat Hitler und Saur um ihre Zustimmung zur Erweiterung der unterirdischen A 4-Raketenproduktionsstätte »Mittelwerk« bei Nordhausen und darum, in diesem Bau monatlich 1 000 Me 262 montieren zu lassen. Beide sagten zu. Hitler versprach sogar, Himmler zu veranlassen, daß dafür 100 000 ungarische Juden als Arbeitskräfte bereitgestellt werden. Im anschließenden Gespräch mit Göring forderte Milch ferner, die Me 262-Produktion von den Junkers Flugzeugwerken leiten zu lassen anstatt von der Messerschmitt AG. Messerschmitt hatte nämlich nach Milchs Meinung die Vorbereitung der Serienproduktion durch nicht rechtzeitige Materialbestellung und nur schleppende Fertigung der Betriebsmittel um mehrere Wochen verzögert. Milch »vergaß« dabei völlig, daß die noch immer nicht in genügender Stückzahl zur Verfügung stehenden Jumo 004-Triebwerke die eigentliche Ursache für die Verzögerung waren. Milch verfolgte offenbar zwei Ziele mit seiner Forderung: Einerseits wollte er den »unzuverlässigen« Messerschmitt ausschalten, andererseits versprach er sich Vorteile als ehemaliger Verkaufsleiter und Aufsichtsratsvorsitzender der Junkerswerke.

Allerdings war Messerschmitts Stellung bei Hitler nach wie vor unerschütterlich, so daß der mächtige Milch seinem Ziel, Messerschmitt endgültig zu stürzen, keinen Schritt näher kam. Dafür machte Hauptdienstleiter Saur ihm und den Vertretern der Luftwaffe schon zwei Tage später klar, welche Stellung Milchs einstige, von ihm stets möglichst an die Spitze geschobene Luftrüstung wirklich hatte.

Die Me 262 hat Vorrang

Der General der Jagdflieger, Galland, nahm am 8. April vor dem Jägerstab ausführlich zur Situation in der Tagjagd Stellung: »Die Entwicklung, wie sie jetzt läuft«, erklärte er, »grenzt bereits an Luftbeherrschung. Das Zahlenverhältnis, unter dem jetzt am Tage gekämpft wird, liegt ungefähr bei 1:6 bis 1:8. Der Ausbildungsstand des Gegners ist außerordentlich hoch. Die technischen Leistungen, die er in seinen Flugzeugen hat, sind so beachtlich, daß wir sagen müssen: es muß schon was geschehen! Die Tagjagd hat in den letzten vier Monaten weit über 1 000 Mann fliegendes Personal verloren. Darunter waren selbstverständlich zahlreiche der besten Kommandeure, Staffelkapitäne und Geschwaderkommodore. Wir haben große Sorgen, diese Lücken zu schließen, nicht zahlenmäßig, sondern mit erfahrenen Flugzeugführern … Welcher Weg muß nun beschritten werden, um aus dieser Lage herauszukommen?

Es muß erstens das Zahlenverhältnis geändert werden, das heißt, die Industrie muß eine gesicherte Zahl von Flugzeugen herausbringen, die einen Aufbau der Jagdwaffe gestattet. Zweitens muß, gerade weil wir zahlenmäßig unterlegen sind und immer unterlegen bleiben werden – darüber sind wir uns restlos klar – die technische Leistung gesteigert werden. Es ist klar, daß wir auch in der Reichsverteidigung den 2 000-PS-Motor haben müssen. Andererseits stehe ich auf dem Standpunkt, daß man schon mit einer geringeren Zahl technisch ganz hoch überlegener Flugzeuge wie der Me 262 oder der Me 163 enorm viel erreichen kann … Wir haben bei den letzten zehn Angriffen im Durchschnitt über 50 Flugzeuge verloren und an die vierzig Mann. Das heißt: in zehn großen Einflügen fünfhundert Maschinen und vierhundert Flugzeugführer. Diese in dem bisheri-

Galland, der General der Jagdflieger, bei Hitler. Ihm war »… im Augenblick eine Me 262 lieber als fünf Me 109.«

Die Focke Wulf Ta 152 H-1, eine Konkurrentin der Me 262, nachdem die Me 209 ausgeschaltet war.

gen Ausbildungsstand wieder den Verbänden zuzuführen, gelingt in diesem Tempo nicht. Ich habe noch einmal die Bitte, daß neben dem außerordentlich guten Bestreben, die Zahlen hinzustellen, einmal ganz energisch klargestellt wird, daß die Leistungen mindestens gleichbedeutend sind. Diese Leistungen brauchen wir, schon um der eigenen Waffe wieder das Überlegenheitsgefühl zu geben, selbst wenn die Stückzahlen gering sind. Um nun beispielsweise einen Wert zu nennen: mir ist im Augenblick eine Me 262 lieber als fünf Me 109.« [8)]

Galland mag damit aus seiner Sicht Recht gehabt haben, doch übersah auch er, daß der Krieg letzten Endes an den Fronten entschieden wurde. Saur, der Durchreißer bis zuletzt, rückte diese Aussage gerade:

»Mit den Fliegern gewinnt man den Krieg nicht, sondern die Flieger sind die Sofortaufgabe, um die Produktionsmöglichkeiten von Panzern zu schaffen. Den Krieg im Osten beenden wir mit den Panzern. Dazu sind die Voraussetzungen geschaffen worden, die den Führer veranlaßt haben, bereits gestern zu sagen: ›Wenn dieses Panzerprogramm verwirklicht ist, das jetzt in seiner ganzen Typenform und seinen Anlaufplanungen untermauert ist, dann wird dieses Panzerprogramm den Krieg entscheiden.‹ Die Voraussetzungen sind dafür die hundertprozentige Erfüllung des Luftwaffenprogrammes, daß wir in diesem Jahr den Feind aus dem Lande kriegen, um weiter produzieren zu können.«[9)]

Knapp vierzehn Tage später, am 19. April 1944, fand die Beratung des Jägerstabes gemeinsam mit dem Leiter der Organisation Todt (OT), Xaver Dorsch, statt. Es ging um die Belegung der im Bau befindlichen unterirdischen Fertigungsstätten. Göring gab bekannt, daß Hitler entschieden habe, die Organisation Todt solle die bombensicheren Fabriken und Flugzeugschuppen (Betonhallen) bauen. Mindestens eine der Fabriken habe die Monatsproduktion von vorerst 500 Jägern aufzunehmen. »Und zwar wünscht der Führer sie als erste für den Strahljäger Me 262.«

Milch und Saur machten darauf aufmerksam, daß der Strahljäger im Mittelbau montiert werden solle, also im »Mittelwerk« Nordhausen. Göring darauf: »In diesem Fall kann die Ta 152 in die neue Jägerfabrik gehen.«[10)] Die Ta 152 war ebenfalls eine Neukonstruktion, allerdings mit dem Reihenmotor Jumo 213, und stammte von den Focke-Wulf-Werken als Weiterentwicklung der FW 190. Mit der neuen Jägerfabrik war offensichtlich das Werk Kahla der REIMAHG gemeint.

Mit dem Bau der unterirdischen Jägerfabriken war jedoch stets die Frage nach den Arbeitskräften verbunden. Und die spitzte sich bereits im Frühjahr 1944 weiter zu. Sauckels Arbeitskräftebeschaffungsprogramme stießen auf immer größere Probleme. Der Widerstand in den besetzten Gebieten verstärkte sich von Tag zu Tag. Auch die SS wollte mehr Einfluß. Besorgt wandte sich daher am 7. Mai Staatsrat Dr. Walter Schieber, der Chef des Amtes für Rüstungslieferungen, an Speer:

»Von dem hohen Prozentsatz ausländischer, insbesondere russischer Arbeiter, in unseren Rüstungsbetrieben«, so schrieb er, »geht allmählich ein nicht mehr zu vernachlässigender Anteil in die Wirtschaftsbetriebe der SS über und damit uns verloren. Dieser Entzug wird verursacht durch die immer weitere Ausdehnung des großen Wirtschaftskonzerns der SS, die insbesondere von Obergruppenführer Pohl konsequent weiterverfolgt wird.«[11]

SS-Obergruppenführer Pohl war der Chef des SS-Wirtschaftsverwaltungshauptamtes, gewissermaßen der Schaltzentrale für alle Verbrechen an KZ-Häftlingen, die mit ihrer Lieferung von Arbeitskräften aus den Konzentrationslagern an die Industrie einerseits, und der Einrichtung von Fertigungsstätten der Konzerne in den großen Konzentrationslagern andererseits riesige Profite machte. Nicht zuletzt dieser Brief Schiebers trug dazu bei, daß sich auch Speer und Milch in Fragen der Luftrüstung von Woche zu Woche stärker auf die SS stützten und schließlich regelrecht gute Beziehungen zum Reichsführer SS, Heinrich Himmler, suchten.

Am 25. Mai 1944 fand die Besprechung des Jägerstabes in des Wortes doppelter Bedeutung an höchster Stelle statt. Hitler hatte den Stab auf den Obersalzberg gerufen. Anlaß muß wohl die immer stärker drohende westalliierte Invasion in Nordfrankreich gewesen sein. Obwohl sich die Lage im Osten in den letzten Wochen ständig verschlechterte, im Februar waren im Kessel von Korsun-Schewtschenko 75 000 deutsche Soldaten gefallen und 18 000 in die Gefangenschaft gegangen, und am 12. Mai mußte die Krim endgültig aufgegeben werden, lastete eine mögliche Invasion im Westen wie ein Alptraum auf Hitler. Zu den Teilnehmern der Beratung gehörten u. a. Göring, Milch und Saur. Auf der Tagesordnung stand der Vortrag des Jägerprogrammes. Milch und Saur forderten, daß die Me 262 in großen Stückzahlen als Jagdflugzeug gebaut werden müsse. Nachdem der Stand der Erprobung und Fertigung – einschließlich der letzten drei Prototypen V-8, V-9 und V-10 hatten erst knapp 20 Flugzeuge die Endmontage verlassen – erörtert worden war, fragte Hitler überraschend, wieviele der bisher fertiggestellten Me 262 Bomben tragen könnten. Milch antwortete – er wußte wohl nicht, daß die V-10 gerade zwei Bombenschlösser erhalten hatte – »keines mein Führer, die Me 262 wird ausschließlich als Jagdflugzeug gebaut.« Hitler, so äußerten sich später Beteiligte des Gesprächs, soll selten so erregt gewesen sein. »Alles, was ich angeordnet habe, ist nicht befolgt worden.«[12] Und er forderte, daß die Me 262 mit größtem Nachdruck als Schnellstbomber zu bauen sei.

Keine Debatte, ob Jäger oder Bomber

Noch am gleichen Tag, wenige Stunden nach dem Vortrag bei Hitler, berief Göring eine Beratung mit Milch, dem General der Flieger, Bodenschatz, dem General der Jagdflieger, Galland, Professor Messerschmitt und dem Kommandeur der Erprobungsstellen, Oberst Petersen, ein.

Göring erklärte: »Dazu möchte ich noch einmal des Führers Auffassung – wie er sich den Einsatz als Schnellstbomber denkt – hier festlegen. Der Führer ist sich klar darüber, daß mit diesem Flugzeug Punktziele nicht getroffen werden können. Deshalb soll der Einsatz auch gar nicht erst in der Richtung der Stukas und der Schlachtflugzeuge gelenkt werden. Der Führer fürchtet mit Recht, daß – wenn letzteres der Fall wäre – sofort seitens der Front wieder Verstärkungen und ähnliches an der Maschine für Sturzflüge gefordert würden, die dann womöglich das Flugzeug wieder in sei-

Galland und Erhard Milch im Gespräch.

ner Schnelligkeit absacken lassen. Er denkt sich deshalb den Einsatz so, daß die Maschine in einigen tausend Metern Höhe – es ist für ihn gleichgültig in welcher Höhe, nur muß die zweckmäßigste genommen werden – auf ein Flächenziel aus der Waagerechten heraus abwirft. Ein Sturzflug, besonders mit der Bombe, kommt ja sowieso nicht in Frage, weil die Geschwindigkeit gleich derartig ist, daß wir im Handumdrehen bei der Mach'schen Zahl angelangt sind und damit die Maschine überhaupt nicht mehr beherrschen. Dieser Einsatz kann nun einmal auf die englischen Küsten geschehen, indem man bei Einladungen hineinwirft, vor allen Dingen am Strande. Dann bei Ausladungen zwischen die Landungsboote, die an Land gebrachten Panzer usw. Ich stelle mir die Sache so vor: Die Maschine fliegt längs dem Strande und schmettert in diese Haufen, die zunächst als Wirrwarr dastehen, hinein. So denkt sich der Führer den Einsatz und in diesem Sinne ist er vorzubereiten ... Wir wollen, um jeden Irrtum auszuschalten, erstens das Flugzeug nicht mehr Jabo nennen, sondern Schnellstbomber und zweitens, die Betreuung durch den General der Kampfflieger übernehmen lassen. Von den Versuchsmaschinen sollen nach dem Willen des Führers einige als Jäger weitererprobt und entwickelt werden.«

Der General der Flieger, Bodenschatz, warf ein: »Der Führer hat extra betont, die Erprobung als Jäger soll weiterlaufen.« Göring: »Nur die Erprobung! Damit aber keine Irrtümer und Hemmungen für sie, Galland, entstehen können, habe ich trotzdem die Jagdseite betreuungsmäßig abgeschaltet. Für die Fertigmachung des Jägers müssen die Erprobungsmaschinen genügen, während die Serie rein als Schnellstbomber läuft.«

Der General der Jagdflieger, Adolf Galland, und Prof. Messerschmitt versuchten im Verlauf der Beratung, Göring davon zu überzeugen, daß es notwendig sei, die Me 262 als Jäger, insbesondere zur Bekämpfung der schnellen Mosquitos, einzusetzen.

Göring darauf: »... Ich sage es noch einmal, damit wir uns richtig verstehen, der Führer wünscht nicht eine völlige Lahmlegung als Jäger. Nur braucht er in diesem entscheidenden Augenblick die Maschine zu anderen Zwecken. Da sie als Jäger noch nicht die letzte Reife hat, sagt er mit Recht: Dann habe ich in 4 000 oder 6 000 Meter die vollen Vorteile der Maschine als Schnellstbomber, der nicht erwischt wird. Ich hoffe zu Gott, daß die Me 262 einmal ein hervorragender Jäger wird, und das hofft auch der Führer inständigst. Entscheidend ist aber jetzt, ob ich bei einem Einsatz des Gegners mit seiner ganzen Luftmacht, wie es jetzt in Italien ist und wie es auch am Kanal werden wird, überhaupt noch eine Maschine besitze, mit der ich auch dem Gegner an den Leib kann. Im übrigen, damit wir uns klar verstehen: Eine Debatte oder Diskussion über die grundsätzliche Frage ist nicht mehr denkbar.«[13]

Noch am gleichen Tag erließ der Reichsmarschall eine ganze Reihe von Einzelbefehlen und Anordnungen:

»a) Auf Grund eines Führerbefehls ist, wie bereits eingeplant, die Gesamtserie Me 262 als Jabo auszuliefern.

b) Die Erprobung der Me 262 und vor allen Dingen die TL-Erprobung Jumo 004 ist mit allen Mitteln auf breiter Basis vor allen anderen Erprobungen vorwärts zu bringen.

c) Der Anlauf der TL-Erprobung in Lärz (Rechlin) ist bis auf 6 Flugzeuge Me 262 aufzustocken …

f) 30 Me 262 wurden für die Durchführung der Erprobung beantragt und genehmigt.«[14]

Mit Hilfe der Befehle wollte man die Diskussion in der Luftwaffe, ob nun die Me 262 als Jäger oder als Bomber einzusetzen sei, endgültig beenden.

Der Gedanke Hitlers war nicht ganz von der Hand zu weisen. Doch schien er immer noch mehr oder weniger von dem Eindruck geprägt zu sein, den die Anfangserfolge der Stukas (Sturzkampfflugzeuge Ju 87) 1939 beim Überfall auf Polen hinterlassen hatten. Doch seitdem hatte sich vieles verändert. Die Truppen, die für wichtige Operationen, wie eine Invasion, bereitgestellt wurden, bestanden in der Regel überwiegend aus kampferprobten Verbänden und Kommandeuren, denen auch ein neues Flugzeug keine Angst einflößte. Hinzu kam, daß die Luftwaffe keineswegs die absolute Luftherrschaft, ja nicht einmal mehr eine begrenzte Luftüberlegenheit besaß.

Ohnehin war es für derartige Überlegungen bereits zu spät. Nicht mehr als 20 Flugzeuge Me 262 hatten die Messerschmitt-Montagelinien verlassen. Selbst wenn sie alle Bombenschlösser gehabt hätten, wären sie zum Zeitpunkt der Invasion noch lange nicht einsatzbereit gewesen. Auch hätten selbst vollausgebildete Bomberbesatzungen erst auf das neue Flugzeug mit seiner revolutionären Antriebstechnik umgeschult werden müssen. Nach dem Beherrschen der Maschine wäre die Einsatz- und Abwurftaktik zu erarbeiten gewesen, die bei diesem Flugzeugtyp wesentliche Unterschiede zur Einsatz- und Abwurftaktik von Ju 88- oder Me 410-Flugzeugen aufwies. Selbst bei absoluter Straffung der Umschulung und Ausbildung hätte das mehrere Wochen in Anspruch genommen. Doch selbst der überwiegende Teil der schon montierten 20 Flugzeuge befand sich noch in der Phase der Werkeinfliegerei.

Bereits einen Tag nach dem Vortrag bei Hitler saß der Jägerstab erneut zusammen, um das Problem der Beschaffung von Arbeitskräften für das Jägerprogramm zu beraten. An diesem 26. Mai debattierten unter anderem Speer und Saur mit SS-Obergruppenführer Kammler und dessen Chef der Baugruppe, Dr. Schlempp. Bereits am 4. Januar 1944 hatte Gauleiter Sauckel Hitler versichert, daß er »… mit fanatischem Willen versuchen werde, die für das Jahr 1944 benötigte Gesamtzahl von 4 050 000 neuen Arbeitskräften zu beschaffen, damit die derzeitigen Produktionsziffern gehalten und im Laufe der Zeit noch gesteigert werden können.

Nunmehr erkundigte sich Speer nach den von Hitler am 6. April zugesagten Arbeitskräften. Konkret: »Was ist mit den ungarischen Juden?«

Kammler: »Sie sind unterwegs. Am Ende des Monats treffen die ersten Transporte für die Unter-Tage-Arbeit in den unterirdischen Bunkern ein.«

Schlempp: »… Dorsch sagte gestern, daß er 100 000 Juden aus Ungarn, 50 000 Italiener, 10 000 Menschen aus bombengeschädigten Firmen, 1 000 aus Waldpröhl (richtig Waldbröhl, M. J.) bringen wird; dann will er Leute aus Greisers Gau bringen, 4 000 italienische Offiziere, 10 000 aus Süd-Rußland, 20 000 aus Nord-Rußland. Das wären zusammen 200 000.«[15]

Die Me 262 V-3 während eines Fluges.

Trotzdem blieb Speer skeptisch. Da brüstete sich Kammler, daß er »... einfach 50 000 Leute in Schutzhaft genommen habe, um sich die notwendigen Arbeitskräfte zu besorgen.«[16]

Von den Arbeitskräften schien der faschistischen Führung jedenfalls die weitere Rüstungsproduktion abzuhängen. Immerhin hatte man sich vorgenommen, bis Ende 1945 drei Millionen Quadratmeter unterirdische Produktionsflächen allein für Jagdflugzeuge zu schaffen. Doch bis Ende Mai 1944 lief die Produktion versuchsweise erst auf 200 000 Quadratmetern Fertigungsfläche. Die großen Vorhaben befanden sich zu dieser Zeit in einem ganz frühen Baustadium.

Am 31. Mai 1944 kam Göring nochmals auf seine Befehle vom 25. des Monats zurück. So erhielten alle mit der Me 262 beschäftigten Dienststellen folgende Weisung: »Die Verwendungsbezeichnung Jabo ist zu streichen und durch Schnellstbomber zu ersetzen. Der Einsatz der Me 262 soll taktisch in Höhen von 3 000 Metern außerhalb der Reichtweite der ... leichten Flak erfolgen. Alle Dienststellen, die an der Durchführung dieses Führerbefehls beteiligt sind, haben ihre Aufgaben ausschließlich auf diesen einzigen Verwendungszweck als Schnellstbomber abzustellen.

1) General der Kampfflieger übernimmt Flugzeug Me 262 in seinen Bereich (zur taktischen Betreuung).
2) Das Ekdo. 262, Lechfeld, führt die Erprobung weiter mit dem klaren Schwerpunkt durch, das Flugzeug als Schnellstbomber einsatzklar zu machen. Die Waffenerprobung in der Richtung als Jäger ist parallel hierzu in kleinstem Rahmen zu verfolgen.«[17] Als Göring diesen Befehl unterschrieb, konnte er nicht ahnen, daß ihm nur noch sechs Tage verblieben, um eine bereits seit November 1943 bestehende Weisung Hitlers zu verwirklichen.

Denn sechs Tage nach Görings Befehl begann die lange hinausgezögerte westalliierte Invasion in Nordfrankreich. Dieses Ereignis wurde zunächst von der deutschen Führung gar nicht so ernst genommen, da die alliierte Landung nicht an der erwarteten Stelle zwischen Dover und Calais, wo der Kanal am schmalsten war, sondern in der Normandie erfolgte.

An jenem 6. Juni 1944 standen in ganz Frankreich nur 183 Jagdflugzeuge und kein einziger Schnellstbomber Me 262 zur Verfügung, Alle anderen Jagdverbände lagen in der Reichsverteidigung, an der Ostfront und nur ein unbedeutender Rest in Italien bzw. auf dem Balkan sowie in

Die Dornier Do 335 sollte bei Invasionsbeginn zum Schnellbomber umfunktioniert werden.

Skandinavien. Das JG 26 »Schlageter« mit 124 Maschinen wurde noch am selben Tag von der Küste zurückgezogen, davon nach Metz, nach Reims und nach Südfrankreich je eine Gruppe.

Als man die Gefahr endlich erkannt hatte, und sich Hitler 11 Tage später, am 17. Juni 1944, in die Wolfsschanze II bei Margival bergab, um mit den Befehlshabern Rundstedt und Rommel militärische Fragen der Abwehr zu besprechen, trugen diese erst einmal ihre Wünsche vor: »Rücknahme der Front außerhalb der Reichweite der Schiffsartillerie; Besetzung der HKL mit Infanterie; Herausziehen der Panzer zur Bildung einer operativen strategischen Reserve und vor allem keine neuen Offensiven.« Hitler dagegen phantasierte von den neuen Me 262-Strahlbombern, mit denen er die Invasion stoppen wolle. Doch die sollten noch eine ganze Weile auf sich warten lassen.

Einen Tag nach Invasionsbeginn befahl Saur, die Serienfertigung der Schnellstbomber Me 262 und Do 335 zu beschleunigen. Die alliierte Landung zwang zur Eile. Die etwas ungewöhnliche Do 335 von Dornier mit zwei Kolbenmotoren in Tandemanordnung war gewissermaßen ein Pendant zur Me 262. Ursprünglich als Schnellstbomber entwickelt, wurde 1943 ihre Erprobung als schneller Jäger vorangetrieben. Unter Hitlers Schnellstbomber-Idee wurde sie nunmehr von Saur wieder als Schnellbomber deklariert, blieb jedoch in ihrer gesamten Auslegung ein Verfolgungsjäger mit der für Kolbenmotorflugzeuge sagenhaften Geschwindigkeit von 750 km/h. Sie sollte nun schnellstens in die Großserie überführt werden. Doch gelang es, trotz Jäger- und Jägernotprogramm, bis Kriegsende lediglich, rund 20 Serienflugzeuge und zahlreiche Prototypen auszuliefern. Außer einem Erprobungskommando erhielt kein Verband mehr die Do 335.

Dafür wurde nunmehr, da endlich die Serienfertigung der Me 262 in Gang kam, vom Jägerstab gewaltig auf Tempo gedrückt. Möglichst viele Baugruppenfertiger und Endmontagelinien erforderten jedoch auch immer mehr unterirdische Fertigungsstätten und Waldfabriken, deren rasche Errichtung eine hohe Zahl von Arbeitskräften voraussetzte. Es gab also kaum eine Jägerstabsitzung, auf der dieses Problem nicht zur Debatte stand. So auch auf jener am 9. Juni 1944 mit Speer, Saur, Fritz Schmelter und Direktor Frydag vom Hauptausschuß Flugzeugzellenbau. Schmelter verkündete zynisch: »... Ich bin in der Lage, einige tausend Frauen, KZ-Häftlinge, zur Verfügung zu stellen. Sie müssen geschlossen eingesetzt werden, zu je 1 000 gebündelt. Wer ist in der Lage, diese Frauen zu übernehmen?«

Saur: »Das ist eine Sache, der man unbedingt nachgehen muß.« Schmelter: »Es handelt sich um etwa 20 000 deutsche KZ-Häftlinge und 10 000 bis 20 000 ungarische Jüdinnen.«

Saur: »Ausgezeichnet! Was ich seinerzeit bei Siemens mit den Jüdinnen bei den Elektroeinbauten erlebt habe, war einmalig.« Frydag: »Wir haben eine Flugzeugfirma bei Heinkel als Frauen-KZ.« Saur: »Ich bitte das mit aller Energie zu fördern.«[18]

Mit solchen und ähnlichen Maßnahmen kurbelte der Jägerstab die Produktion von Jagdflugzeugen erheblich an. Die Ausstoßzahlen stiegen von Monat zu Monat, obwohl im gleichen Tempo der Zerstörungsgrad aller ehemaligen Fertigungsbetriebe durch alliierte Bombenangriffe zunahm. Hitler und Göring erkannten, daß der Jägerstab mit seinen rigorosen Maßnahmen Erfolge erzielte. Bereits am 21. Juni 1944 unterschrieb daher Göring einen Erlaß, nach dem am 1. August 1944 die gesamte Luftrüstung an Speer übergehen sollte. Speer setzte einen Tag später die Reichsbehörden davon in Kenntnis: »Aus Anlaß der Übernahme der gesamten Luftrüstung durch den Reichsminister für Rüstung und Kriegsproduktion habe ich den Reichsmarschall Herrmann Göring als Ob. d. L. und RM. d. L. gebeten, mir den Generalfeldmarschall Milch für das Reichsministerium für Rüstungs- und Kriegsproduktion zur Verfügung zu stellen. Der Reichsmarschall hat meiner Bitte entsprochen. Ich bestelle den Generalfeldmarschall Milch hiermit zu meinem Stellvertreter als Reichsminister für Rüstungs- und Kriegsproduktion und Generalbevollmächtigten für Rüstung im Vierjahresplan.«[19]

Damit hatte sich Göring der ihm immer lästiger werdenden Luftrüstung entledigt. Milch war so aus dem Einflußbereich des Reichsmarschalls heraus und besaß nun eine noch größere Machtfülle als vorher. Er war keineswegs, wie er nach Kriegsende glauben machen wollte, kaltgestellt worden. Da durch das Arbeitskräfteproblem insbesondere in der Luftrüstung Himmler sowie die SS mit Kammler, Pohl, Maurer u. a. stetig an Einfluß gewannen, erhöhte sich zwangsläufig auch die Verantwortung Milch's für den Einsatz von KZ-Häftlingen und Zwangsarbeitern in der Luftrüstung bzw. in der Rüstung allgemein. Obwohl bis Mitte Juni 1944 die Me 262 nur als Jagdflugzeug Me 262 A-1a ausgeliefert worden war, und die Produktion als Bomber Me 262 A-2a gerade erst anlief, forderte der neue Leiter der Flugzeugentwicklung im Technischen Amt des RLM, Oberst Knemyer, immer wieder, das Muster ausschließlich als Jagdflugzeug zu fertigen. Nach mehreren Vorstößen bei Hitler konnte Saur schließlich am 22. Juni berichten.

»Der Bau der Me 262 als Bomber ist durch die jetzige Kriegslage bedingt. Aber in dem Augenblick, wo erstens die Me 262 in genügender Masse für Bomberzwecke zur Verfügung gestellt werden kann, und wenn zweitens die Ar 234 als Strahlbomber da ist, dann wird die Me 262 in ihrem Endzustand ein Jäger. Der Führer hat keinerlei Bedenken, zunächst einmal in dem Bauprogramm die Maschine so zu verankern, daß sie mit 500 Jägern und 500 Bombern notiert wird.«[20]

Noch während einer großen Rüstungstagung am 25. Juni 1944 in Linz befahl Hitler Speer und Saur telefonisch zu sich und wies sie an, Maßnahmen für ein großes Jägernotprogramm einzuleiten. Monatlich 5 000 Jagdflugzeuge waren Hitlers Ziel. Saur versprach Hitler bei einem Verzicht auf die Serienfertigung des viermotorigen Bombers He 177 die Produktion von täglich vier Jagdflugzeugen.

Fünf Tage nach Saur's Kompromißrede war das letzte Hindernis zur Steigerung der Jägerproduktion gefallen. Göring erließ am 27. Juni 1944 den Befehl, das gesamte Bomberprogramm zugunsten der Jägerfertigung einzustellen. Gleichzeitig sollte auch die Schulung von Bomberbesatzungen ausgesetzt werden, um dem ständig steigenden Bedarf an Jägerpiloten gerecht werden zu können. Das war praktisch eine Bankrotterklärung für die offensive Kriegsführung. Die Fertigung von Bombern, z. B. der He 111, der Do 217, der He 177 und der Ju 88A, sowie von Transport- und Seeflugzeugen wurde eingestellt. Nur die Junkers-Produktion blieb von dieser Festlegung weitestgehend unberührt. Dafür wuchsen nun die Stückzahlen der Jäger, Zerstörer und Nachtjäger von März bis September 1944 auf das Doppelte. Allerdings konnten anstelle eines Bombers im Durchschnitt zwei bis zweieinhalb Jäger, bezogen auf den Material- und Fertigungsaufwand, fertiggestellt werden. So gesehen und unter Berücksichtigung der immer brutaleren Ausbeutung der Arbeitskräfte sind die Steigerungsraten des Jahres 1944 mit dem höchsten Ausstoß während des gesamten Krieges, selbst unter dem Bombenhagel der Alliierten, gar nicht so phantastisch, wie sie nach dem Kriege immer wieder dargestellt wurden.

Das Protokoll der Jägerstabssitzung vom 2. Juli 1944 gab die Punkte wieder, die einen Tag zuvor beim Reichsmarschall behandelt worden waren:

»1) Um die Heimat zu schützen und die Front zu sichern, ist vom Führer am 30. Juni 1944 befohlen worden: Jäger als absoluter Schwerpunkt. Völliges Ausscheiden des schweren Kampfflugzeuges. Jäger, Zerstörer und Nachtjäger sind auf einen Ist-Bestand von 10 000 zu bringen.

Hierfür 5 000 mtl. Nachschub, aufgeteilt in
3 800 Jäger (einschl. 500 Me 262)
400 Zerstörer
500 Nachtjäger
zus. 4 700 im Programmvorschlag bereits enthalten.
300 ›Jäger‹ bei zusätzlicher Steigerung Ar 234 evtl. Eingehen der Me 262 in den Jagdsektor.

2) Aus dem Jäger-Sektor sind mitzuerstellen die Schlachtflugzeuge, Jabos (aber nicht als neues Muster, sondern nur mit höchster Zweckmäßigkeit aus den bestehenden dargestellt) und Nahaufklärer.

3) Die Reduktion des Kampfsektors erfolgt zugunsten der Jägersteigerung.

4) Die Entwicklungen sind auf das äußerste einzuschränken ... Keine Abänderung der Flugzeuge durch die Truppe. Schärfste Siebung der Änderungswünsche. Kein Hin- und Herrüsten.«[21]

Einen Monat nach Invasionsbeginn – die Alliierten hatten inzwischen ihren Brückenkopf in der Normandie erweitert und festen Fuß gefaßt, doch noch immer war kein Me 262-Schnellstbomber entsprechend Hitlers Plänen im Einsatz – verabschiedete der Jägerstab das Fertigungsprogramm Nr. 226, das am gleichen Tag von Hitler genehmigt wurde. Es sah eine Produktion von monatlich 6 400 Jagdflugzeugen aller Typen vor, deren Zahl sich bald darauf sogar auf 7 400 erhöhen sollte. Hitler befahl aber den sofortigen Auslauf der Serien solcher Flugzeuge, auf die in dieser Phase des Krieges verzichtet werden konnte. Am 9. Juli berichtete Saur vor dem Jägerstab:

»In einer historisch einmaligen bedeutungsvollen Sitzung hat gestern der Führer nach Vortrag durch den Reichsmarschall das in Abstimmung mit den Forderungen der Luftwaffe und den fertigungstechnischen Möglichkeiten der Industrie von uns in Vorschlag gebrachte Programm befohlen und den Befehl dahingehend unterstrichen, daß dieses Programm für das Jahr 1944 und 1945 in seiner Grundlage endgültig in Kraft ist. Er hat darüber hinaus Anweisung gegeben, daß mit dem nunmehr zur Auswirkung kommenden Schwerpunkt der Fertigung an Jagdmaschinen der Auslauf derjenigen Maschinen, auf die verzichtet werden kann, nicht wie wir vorgesehen hatten, mit gewissem Übergang erfolgen soll, sondern selbst auf die Gefahr hin, daß wir angearbeitetes Material zum Teil als Ersatz verwenden, zum Teil sogar verschrotten müssen, die unmittelbare Abstoppung der Maschinen befohlen und darüber auf Vorschlag des Reichsmarschall einen Erlaß unterschrieben, wonach die sich aus diesen Festlegungen ergebenden Umbesetzungen von Arbeitskräften vorab als Kriegsnotmaßnahme von uns zu vollziehen sind.«[22)]

Gerade diese »Kriegsnotmaßnahme« aber stieß auf zunehmende Schwierigkeiten. Zwar verkündete der Generalbevollmächtigte für den Arbeitseinsatz, Sauckel, am 11. Juli in der Reichskanzlei ein neues 15-Punkte-Arbeitsprogramm, mußte aber indirekt sein Scheitern zugeben. Im 1. Halbjahr 1944 waren von den geplanten 2,43 Millionen zu beschaffenden neuen Arbeitskräften nämlich nur 1,48 Millionen rekrutiert worden. Statt 2,18 Millionen Zwangsarbeiter konnten nur noch 634 000, d. h. 28 Prozent, nach Deutschland gepreßt werden. Der Widerstand gegen die Evakuierung aus den besetzten Gebieten nahm von Tag zu Tag zu.

So sollten 250 000 deutsche Arbeitskräfte aus der zivilen Fertigung »ausgekämmt« werden. Die 72-Stunden-Woche, bereits im März vom Jägerstab für die Luftrüstung eingeführt, wurde nunmehr für alle Rüstungsbetriebe verordnet. Durch etwas verbesserte Lebensbedingungen sollte der Leistungswille gesteigert werden. Da das alles noch nicht den erwarteten Effekt zu bringen versprach, sollten KZ-Häftlinge verstärkt herangezogen werden. So wuchs die Zahl der KZ-Außenlager bzw. -Außenkommandos auf über 500. Speer's Rüstung geriet mehr und mehr in Abhängigkeit von Himmlers SS.

Das Protokoll einer der nächsten Jägerstabssitzungen vom 17. Juli 1944 weist folgendes aus:

»B. Blitzbomber

1.) Me 262:
- a) Bericht der Entwicklung über technische Beanstandungen bis 8.7. Fahrwerksfrage muß generell bereinigt werden.
- b) Führungsfrage Mtt. bereinigen

2.) Ar 234
- a) Herr Reichsmarschall befiehlt, auf diesen endgültigen Blitzbomber den gleichen Nachdruck wie auf die Me 262 zu legen ...«[23)]

Nachdem die Serienfertigung der Me 262 endlich angelaufen war, stellten sich bei der Schnellstbomberversion Me 262 A-2a schwerwiegende Fahrwerkmängel heraus. Das Fahrwerk, konstruktiv für ein Jagdflugzeug ausgelegt, hielt der größeren Belastung durch den Einbau eines zusätzlichen Kraftstoffbehälters und das Unterhängen von zwei 250-kg-Bomben SC 250, selbst nach Ausbau zweier MK 108-Maschinenkanonen, nicht stand. Es mußte also verstärkt werden. Doch bis zur Lösung dieser Frage sollten noch viele Flugzeuge während des Einsatzes zu Bruch gehen. Punkt 1b des obigen Protokolls zeigt, daß Milch nach wie vor gegen seinen persönlichen Feind Messerschmitt intrigierte und am liebsten den Junkers-Konzern für die weitere Fertigung der Me 262 verantwortlich gemacht hätte.

Der Punkt zwei legt die Schlußfolgerung nahe, daß Hitler und Göring, obwohl am 17. Juli 1944 noch kein Schnellstbomber Me 262 zum Einsatz gelangt war, nunmehr doch von ihrer kategorischen Forderung des Bombereinsatzes abgingen und sich stärker auf die gerade in der Fertigung anlaufende Ar 234 als Schnellstbomber orientierten.

Unabhängig von diesen Querelen, ließ sich Hitler an diesem Tage die Situation in der Jagdflugzeugfertigung erklären und den Jägerstab abschließend über seine Arbeit berichten. »Hitler überschüttete Saur mit Lob für die geleistete Arbeit«[24], denn immerhin hatte der Jägerstab vom 1. März an die Jagdflugzeugfertigung fast verdoppelt.

Was dem »Führer« nicht berichtet wurde, stand erst fünf Tage später auf der nächsten Jägerstabssitzung zur Debatte. Dazwischen lag ein Ereignis, das den desolaten Zustand des Dritten Reiches schlagartig deutlich werden ließ. Einen Tag nach Hitlers Lobpreisungen von Saur's Tätigkeit, nämlich am 18. Juli, erlitt das nunmehr einsatzbereite Jäger-Erprobungskommando 262 seinen ersten großen Verlust. Hauptmann Werner Thierfelder, der Kommandeur des EKdo. 262 in Lechfeld, stürzte, offensichtlich durch einen Triebwerkschaden, mit seiner Me 262 ab.

Das unzertrennliche Gespann Milch und Speer (rechts) in Peenemünde.

Am 20. Juli 1944 verlegte die 3. Staffel des KG 51 »Edelweiß« als erste Schnellstbombereinheit – unter der Bezeichnung Einsatzkommando Schenk – nach Jouvincourt bei Reims, um mit eineinhalb Monaten Verspätung die »Invasion zu bekämpfen«. Doch davon erfuhr Hitler nichts. Denn am gleichen Tag explodierte in Hitlers Hauptquartier, der Wolfsschanze bei Rastenburg (Ostpreußen), eine Bombe.

Zwei Tage nach diesem Attentat fand eine der letzten Jägerstabsbesprechungen statt. Saur kritisierte heftig die Herstellerwerke und deren Angaben zu den Produktionsziffern. Die gleichen Flugzeuge wurden mehrfach abgerechnet. »Das ist ganz offensichtlicher Betrug. Dem kann man nur mit einheitlichen Werknummern für alle Teile bzw. Baugruppen eines Flugzeuges begegnen, die letztlich die Werknummer des kompletten Flugzeuges ergeben.«[25] Dem hielten die Werke die Beschwerde entgegen, daß die Versorgung mit Bauteilen und Baugruppen nur sehr schleppend erfolge. Eine auf der Sitzung vorgetragene Aufstellung ergab u. a., daß die Endmontage der Me 262 in Schwäbisch Hall Mitte Juli nur über 28 Jumo 004-Triebwerke verfügte, demnach also lediglich in der Lage war, bestenfalls 14 Flugzeuge zu montieren. Das Plansoll lag jedoch zu diesem Zeitpunkt täglich bei 14 Maschinen.

Am 1. August 1944 hatte der Jägerstab offiziell seine Aufgabe erfüllt. Er übergab sie nun mit noch größeren Vollmachten und vor allem mit erweitertem Wirkungskreis an den neugebildeten Rüstungsstab. Im Erlaß Speer's zur Bildung dieser neuen staatsmonopolistischen Institution hieß es u. a.: »Um weiteren Schwerpunktprogrammen die Möglichkeit zu geben, aus der bewährten Arbeitsweise und Organisationsform des Jägerstabes den unbedingt erforderlichen Nutzen zu ziehen, ordne ich die Bildung eines Rüstungsstabes an. Er hat die Aufgabe, ohne bürokratische Hemmungen durch unmittelbare Befehlsgebung die … Programme mit allem Nachdruck durchzuziehen.«[26]

Die Leitung des neuen Stabes einschließlich ihres Chefs und Stellvertreters blieb die alte mit Speer, Milch und Saur. Bauangelegenheiten, Sonderbauaufträge und Fertigungsplanung (Jägerprogramm) lagen nach wie vor in den Händen von Schlempp, Kammler und Wegner. Schmelter wurde für den Arbeitseinsatz weiterhin beauftragt. Hinzu kamen für das Jägerprogramm noch Generalstabsingenieur Roluff Lucht für Sofortmaßnahmen und Oberingenieur Lange für Flugzeugbauprogramme. Neue Mitglieder übernahmen z. B. das Panzerprogramm, das A-4-Programm sowie die Bereiche Energie, Treibstoffe und ähnliche kriegswichtige Rüstungsfragen. Luftwaffen-, Marine- und Heeresrüstung lagen nunmehr in einer Hand, nämlich in der von Speer. Da sich dieser jedoch meistens mit Randbemerkungen an den Protokollen begnügte und selten an den Sitzungen teilnahm, kam diese Aufgabe praktisch Saur zu. Göring hatte sich lediglich die Planung der technischen Entwicklung vorbehalten, doch sollte sich bereits einen Monat später zeigen, daß sich auch in dieser Frage alles Saur unterzuordnen hatte.

Bereits am 4. September 1944 kam erstmals die neuberufene Flugzeug-Entwicklungshauptkommission des Rüstungsstabes unter Leitung von Saur zusammen. Ihr gehörten Oberst Diesing, ein Widersacher Milch's, der immer mehr an Einfluß gewann, Oberstleutnant Knemeyer, Oberst Schaede, Oberst Geist, Generaldirektor Dr. Frydag und Obering. Franke an. Vorsitzender wurde Generalstabsingenieur Roluff Lucht, der inzwischen zum Direktor der Messerschmitt AG avanciert war. Diese Rüstungskommission übernahm praktisch die Funktion des Technischen Amtes des RLM und seines Generalluftzeugmeisters. Somit lagen sowohl die Aufgaben des Rüstungsministeriums als auch die des Reichsluftfahrtministeriums in der Hand des Rüstungsstabes. Zugleich hatten Speer und Saur mit dieser Maßnahme auch den Streit zwischen Milch und Messerschmitt um die Federführung bei der Me 262 beendet. Da der Rüstungsstab als »Feuerwehr« in der gesamten Rüstungswirtschaft fungierte und ausschließlich improvisierte, konnte von diesem Zeitpunkt an von einer Rüstungsplanung nicht mehr die Rede sein. Zugleich erhielten die Rüstungskonzerne in einer Art Selbstverwaltung noch größere Befugnisse, die zwar vom Rüstungsstab gelenkt, jedoch durch das Arbeitskräfteproblem mehr und mehr mit der SS verflochten wurden.

Auf dieser Sitzung wurde auch Speer's Erlaß vom gleichen Tage behandelt, wonach bei der Schaffung bombensicherer Rüstungsbauten zwei Dringlichkeitsstufen gelten sollten. Dabei handelte es sich einerseits um OT-Betreuungsbauten (OT = Organisation Todt) und zum anderen um firmeneigene Bauten, deren Finanzierung unterschiedlich – entweder auf Kosten des Reiches oder mit Krediten zu günstigen Bedingungen, doch zu Lasten des Konzerns – geregelt wurde.

Am 20. September referierten Saur und Oberst Diesing, der neue Chef Technische Luftrüstung (TLR), wie das Amt nunmehr genannt wurde, bei Hitler über die Verwendung der Me 262 als Jagdflugzeug, da kurz zuvor, am 12. September, die Erprobungsstelle der Luftwaffe in Rechlin das Flugzeug als bedingt fronttauglich freigegeben hatte.

Hitler legte sich noch nicht endgültig fest, gab jedoch seinen Segen für einen größeren Einsatzverband beim General der Jagdflieger. Das Kommando Novotny in Gruppenstärke konnte also mit der Einsatzvorbereitung beginnen. Saur hatte Hitler höchste Ausstoßstückzahlen des Turbojägers suggeriert, die er nun mit Brachialgewalt erzielen mußte. Dem standen nach wie vor zu geringe Lieferzahlen an Jumo 004-Strahltriebwerken entgegen. So erließ Saur bereits einen Tag nach dem Vortrag bei Hitler die Anordnung zur »Steigerung der TL-Fertigung mit allen Mitteln«. Die Rüstungskonferenz am 23. September 1944 bestätigte einen neuen Jagdflugzeugentwurf mit Strahltriebwerk. Aus Projekten von Junkers, Blohm und Voß, Focke Wulf und Heinkel wurde der letztere für die Serienproduktion angenommen und erhielt zwei Tage danach die Baumusterzeichnung He 162 und wenig später den inoffiziellen Suggestivnamen »Volksjäger«.

Während eines Besuches von Speers Hauptdienstleiter Saur bei Hitler in der Wolfsschanze am 23. September 1944 unterrichtete dieser den »Führer« A. Hitler über den billigen Heinkel 162-Volksjäger.

Planziel: 1 000 Me 262 monatlich

Hitler war von dem Vorschlag begeistert und stimmte ihm vorbehaltlos zu. Im Protokoll wurde festgehalten: »Der nach durchgehender Prüfung von der Entwicklungshauptkommission Flugzeuge zum Bau vorgeschlagene einsitzige Einstrahltriebkleinstjäger, Entwurf Heinkel, wird zum Sofortanlauf freigegeben und mit einer vorläufigen Stückzahl von 1 000 monatlich befohlen.«[28) Solche Fertigungszahlen wurden von nun an unter Saur's Einfluß zur fixen Idee der Naziführung. Auch die Me 262 sollte in den neuen Jägerfabriken Kaufering, wo man niemals ein Flugzeug produzierte, mit monatlich 1 000 und in Kahla mit anfänglich 900 sowie später mit 1 000 Flugzeugen im Monat herauskommen. Astronomische Zahlen allein für zwei Jagdflugzeugtypen. Doch die Fertigung der Bf 109 G und K, der FW 190 A und D-Jagdflugzeuge, der Bf 110, Ju 88 sowie der He 219-Nachtjäger sollte mit hohen Stückzahlen weiterlaufen, während man die Serienfertigung der beiden Jäger Ta 152 sowie Do 335 neu aufnehmen wollte. Dabei hatte zwar das September-Ergebnis mit 3 538 Jägern den höchsten Monatsausstoß während des Krieges erreicht, jedoch was war das im Vergleich zu Saur's utopischen Zahlen für die Me 262 und die He 162.

Messerschmitt versuchte am 23. Oktober 1944 einen Vorstoß bei Saur und dem TLR-Entwicklungschef Knemeyer: »Die Auffassung ist falsch«, schrieb er, »daß der 1 TL-Jäger es uns gestattet, im Frühjahr und Sommer 1945 gewaltige Zahlen von Flugzeugen in den Kampf zu werfen; wir können etwa die gleiche Anzahl von 2 TL-Flugzeugen zu dem gleichen Zeitpunkt erzeugen (und haben dann obendrein bessere und erprobte Flugzeuge!), wenn wir die für diesen Plan vorgesehene Zusatzkapazität zur Steigerung der Ausbringung unserer heutigen Muster verwenden. Man darf nicht vergessen, daß zur Fertigung von einigen 1 000 TL-Jägern gewaltige Vorbereitungsarbeiten, Betriebsmittelbeschaffungen usw. notwendig sind, die bis zum nächsten Frühjahr zusätzlich zur eigentlichen Fertigung der Flugzeuge geleistet werden müssen.«[29) Messerschmitt hatte diese Erfahrung gerade erst beim Serienanlauf der Me 262 machen müssen und wurde – zum Zeitpunkt des Schreibens – beim Serienanlauf der Me 262 in Kahla ein zweites Mal damit konfrontiert.

Doch sein Einspruch blieb unbeachtet. Am 12. Oktober, 14 Tage vor Messerschmitts Beschwerde, waren Gauleiter Sauckel für die Gruppe REIMAHG und Direktor Franke für die Gruppe Messerschmitt von Hitler zu »Anlaufbeauftragten für Hochleistungsflugzeuge« bestimmt worden. Damit sollte zugleich ein wichtiger Vorschlag des Rüstungsstabes, nämlich der zur Selbstverwaltung der Industrie, verwirklicht werden. Saur und sein Rüstungsstab heckten nunmehr zwar gewaltige Ausstoßstückzahlen aus und beruhigten damit Hitler, schufen sich damit aber Rückenfreiheit, indem sie bei Mißerfolgen der Industrie den schwarzen Peter zuspielen konnten. Und die Industrie in ihrer maßlosen Profitsucht ließ sich letzten Endes darauf ein. Zugleich aber gewann mit der »Aktion Hochleistungsjäger« das Strahlflugzeug absoluten Vorrang vor allen anderen Rüstungsvorhaben. Folgerichtig gab Hitler bereits am 4. November die Me 262 voll für den Jägereinsatz frei. Als Strahlbomber sollten die inzwischen angelaufene Ar 234 und später auch noch die Ju 287 dienen. Die Rolle des Tiefangriffsflugzeuges und des Volksjägers wurde der He 162 zugedacht, die – entsprechend Saur's Vorschlag – von Hitlerjungen mit Schnellausbildung geflogen werden sollte.

Hitler setzte jetzt weder auf U-Boote noch auf die V-Waffen 1 und 2. Auch im Oktober 1944 stieg die Produktion von Flugzeugen und dabei vor allem von Jägern, Jagdbombern und Nachtjägern weiter an. Speer konnte deshalb in einer Rede konstatieren: »Während auf dem gesamten Gebiet der Rüstung die Produktionsziffern unter den Erwartungen blieben, hat es Saur fertiggebracht, die Flugzeugproduktion im Oktober auf 4 394 Maschinen zu bringen.« Sogar die Monatsproduktion der Me 262 stieg erstmals auf über 100 Flugzeuge.

Doch die Verluste an der Westfront, in der Reichsverteidigung und vor allem an der Ostfront überstiegen alles bisher Dagewesene. Allein während des Sommer-Herbstfeldzuges der Roten Armee bis zum Überschreiten der deutschen Reichsgrenze im Oktober 1944 gingen 12 000 Flugzeuge der Luftwaffe verloren. Einige Geschwader mußten mehrmals aufgerüstet werden. Auch in der Reichsverteidigung wuchsen die Verluste von Tag zu Tag und hinterließen vor allem riesige Lücken beim erfahrenen Personalbestand.

Unmittelbar nach dieser Rede fuhr Speer an die Westfront und ins Ruhrgebiet. Sein Reisebericht an Hitler vom 24. November 1944 enthielt folgende Forderungen:
»1.) Erhöhung der Flakabwehr
2.) Konzentration sämtlicher Me 163 im Ruhrgebiet
3.) Bau von längeren Startbahnen für Me 262 und
4.) 100 000 bis 150 000 Arbeitskräfte aus dem ganzen Reich zur Schadenbeseitigung ins Ruhrgebiet zu schicken.«[30]

Junkers Ju 287: noch ein Strahlbomber, der nie fertig werden sollte.

In Rechlin wird die Me 262 A-1a (E2 + 02) der Naziprominenz vorgeführt.

Rüstungstagung in Rechlin vom 1. bis 3. Dezember 1944: Speer, Milch und Himmler in der Mitte.

Heinkel He 162 »Spatz«: der »Volksjäger«, mit dem Hitlerjungen verheizt werden sollten.

Der zweite Vorschlag wurde nie verwirklicht. Die Raketenjäger verblieben in Brandis bei Leipzig zum Schutz der Leuna-Werke, ohne jedoch besondere Erfolge verzeichnen zu können. Auch die Arbeitskräfteprobleme konnten kaum noch gelöst werden. Saur und in zunehmendem Maße auch Kammler bestimmten darüber, um die Luftrüstung und die V-Waffenproduktion zu sichern. Deswegen wurden nun in zunehmendem Maße auch KZ-Häftlinge zur Verlängerung der Betonstartbahnen für Strahljäger und zu deren Instandhaltung nach Bombenangriffen auf die Fliegerhorste eingesetzt. Vom 1. bis 4. Dezember 1944 fand in Berlin und anschließend in Rechlin die letzte große Rüstungstagung Speer's statt. In Rechlin wurden den Militärs sowie den Partei- und Verwaltungsspitzen im Beisein der wichtigsten Industriellen die neuesten Waffen vorgeführt, um den Durchhaltewillen zu steigern. Auch die Me 262, die Ar 234 sowie die Jumo 004- und die BMW 003-Strahltriebwerke wurden gezeigt. Nur der Heinkel He 162-Volksjäger fehlte noch. Er absolvierte erst am 2. Dezember seinen Erstflug.

Doch wer jetzt noch an den »Endsieg« glaubte, mußte schon ein Ignorant sein. Ein Notprogramm begann das andere abzulösen. Am 31. Januar 1945 kam der Führererlaß zu einem weiteren Notprogramm heraus. Mit ihm sollten die Untertageverlagerungen, der Wiederaufbau der durch US-Bomber zerschlagenen Hydrierwerke, der Flughafenausbau und die Me 262-Produktion mit den noch vorhandenen Elektroenergie-Kapazitäten verwirklicht werden. Zu diesem Zeitpunkt hatte die Rote Armee bereits die Oder erreicht und stand vor den Toren Berlins. Doch sollte das Programm erst im Mai 1945 richtig anlaufen.

Göring, Messerschmitt und Saur unterliefen dieses Vorhaben in der noch verbleibenden kurzen Zeitspanne. Immer neue Flugzeugmuster sollten serienreif gemacht und in die Produktion überführt werden, so z. B. die Ar 234c, ein vierstrahliger Bomber. Die Ju 287-Entwicklung wurde erneut aufgenommen, nachdem die Bomber zurückgestellt waren. Das betraf auch die He 162 sowie einen Nurflügeljäger mit 2 Jumo 004, die Gotha Go 229. Messerschmitt begann sogar den Bau eines Jäger-Prototyps

Me 1101 mit Strahlturbine und verstellbaren Tragflächen, obwohl er doch im September gegen den 1 TL-Jäger Heinkels opponiert hatte.

Albert Speer, von dem 30 Jahre später das Nachrichtenmagazin »Der Spiegel« schreiben sollte, er »... machte Widerstand auf eigene Faust – effektvoller als andere. ... Im Februar 1945 räumte der Rüstungschef per Allein-Entscheid der Ernährungsindustrie Priorität ein. Statt Kanonen ließ er Butter produzieren ...«[31], dachte gar nicht an Rüstungseinschränkungen. Auf dem 3. Lehrgang der Kommandeure, Generale und Korpschefs in einer Kaserne in Krampnitz am 13. Januar 1945 sprach er u. a. über die Situation der Jagdfliegerkräfte: »Ein Flugzeug, das in der Lage ist, in seinem kurzen Lebenslauf drei oder vier feindliche Flugzeuge abzuschießen, hat seinen Zweck erfüllt. Wir haben zur Zeit das neunfache von dem, nur umgekehrt, denn mit einem feindlichen Flugzeug werden drei deutsche Flugzeuge etwa bei den Jägern vom Himmel geholt. Man sieht, wie notwendig es ist, hier den technischen Fortschritt immer wieder vorwärts zu treiben.« Und das beabsichtigte er wohl mit der Go 229 und der Me 1101. Am 23. Januar 1945 wandte sich Rüstungsminister Speer an alle Vorsitzenden der Rüstungskommissionen, an die Wehrkreisbeauftragten, Rüstungsinspekteure, Rüstungsobmänner sowie an die Leiter der Hauptausschüsse und Hauptringe, indem er ein Notprogramm der Rüstungsendfertigung verkündete. Es umfaßte nur noch die notwendigsten Maßnahmen zur Weiterführung des Krieges. Darin hieß es:

»Auf Befehl des Führers sind heute folgende Fertigungen des technischen Amtes – in sich gleichrangig – als Rüstungsprogramm festgelegt worden:

1. Sämtliche Handfeuerwaffen, Handgranaten und Faustpatronen
2. Panzerminen
3. PaK
4. le. F. H. und s. F. H. (leichte und schwere Feldhaubitzen, M. J.)
5. Flak
6. 8-cm-Granatwerfer
7. Panzerwagen und Sturmgeschütze
8. LKW, ZgKw und Schlepper
9. Generatoren
10. Tornisterfunkgeräte
11. Sämtliche Hochleistungsflugzeuge mit Schwerpunkt auf 262, 152 sowie 190 und 109 nebst Ausrüstung
12. U-Boot- und Schiffsreparatur
13. Die Führergewaltaktionen Mistel, EZ 42, Störsender, Elefant.

Dieses Notprogramm ist einschließlich der erforderlichen Belieferungen mit Ersatzteilen und Munition mit unbedingtem Vorrang gegenüber allen anderen Rüstungsfertigungen durchzusetzen.«[32]Selbst die V-Waffen Fi 103 oder solche wichtigen Fertigungen wie die Flugabwehrraketen hatten dahinter zurückzustehen.

Obwohl bereits im Januar eine planmäßige Industrieführung nicht mehr möglich war, setzte Hitler nun sogar den berüchtigten SS-Obergruppenführer Kammler zum Chef der Rüstungskommissare ein. Ihm unterstand damit außer der V-Waffenproduktion Fi 103 und A 4 die Fertigung der Me 262, der Ar 234, der He 162 sowie der Me 163, und er »gebärdete sich als selbstherrlicher, niemandem verantwortlicher Rüstungsdiktator«,[33] obwohl ihm Hauptdienstleiter Saur noch vorstand.

Doch beide schienen sich bestens zu ergänzen. Saur verstieg sich am 10. Februar 1945 vor dem Rüstungsstab zu folgender Bemerkung: »Es ist in diesem und in den nächsten Monaten möglich, bei unerhört sorgfältiger Planung eine Rüstungsendfertigung zu erzwingen, von einer Höhe, die die Welt in Erstaunen versetzen wird und der Kriegslage eine entscheidende Wendung zu geben vermag.«[34]

Wie wollte er das wohl erreichen? Durch eine noch schlimmere Ausbeutung oder durch noch größeren Terror gegenüber KZ-Häftlingen und Zwangsarbeitern? Nach seinen Angaben im Nürnberger Kriegsverbrecherprozeß arbeiteten zu diesem Zeitpunkt allein in der Luftrüstung 2,3 Millionen Zwangsarbeiter und KZ-Häftlinge. Und am 11. März 1944 hatte Saur bei der zentralen Planung als frischberufener Chef des Jägerstabes erklärt: »Von den 5 Millionen ausländischen Arbeitern, die nach Deutschland gekommen sind, sind keine 200 000 freiwillig gekommen.«[35]

Ein Generalkommissar wird berufen

»Mit rücksichtsloser Energie« ging der Generalkommissar für das Me 262-Programm, Gerhard Degenkolb, vor.

Am 18. März erließ Speer eine neue Weisung zur Me 262:

»Betrifft Generalkommissar für das Programm 262. Zur Erreichung schnellster und größtmöglicher Fertigung bestelle ich einen Generalkommissar für das Programm 262 und berufe hierzu Herrn Gerhard Degenkolb. Er ist mir unmittelbar unterstellt. Zur Durchführung seiner Aufgaben auf dem Gebiet der gesamten Fertigung des Programms 262 (Triebwerke, Zellen, Ausrüstung und Bewaffnung) sind sämtliche Forderungen des Generalkommissars zu erfüllen; insbesondere ist der erforderliche Transportraum sowie die notwendigen Betriebsmittel, Energie, Kraftstoff, Arbeitskräfte und Nachrichtenmittel zu stellen.

Die Luftwaffe (Chef TLR) wird ihn bei der Durchführung seiner Aufgaben unterstützen. Den unmittelbar eingesetzten Formationen der Wehrmacht kann er in meinem Auftrag die notwendigen Weisungen erteilen. Ich habe den Reichsminister für Ernährung und Landwirtschaft gebeten, für ausreichende Hilfe bei der Ernährung, den Generalkommissar für das Sanitäts- und Gesundheitswesen für zusätzliche ärztliche Betreuung, den Reichsminister für Justiz sowie den Reichsführer SS und Chef der deutschen Polizei für die Bereitstellung von Gefangenen, den Generalbevollmächtigten für den Arbeitseinsatz für die Zuweisung der benötigten Arbeitskräfte, sofern erforderlich aus der Rüstungs- und Kriegsproduktion, zu sorgen.

Der ›Generalkommissar für das Programm 262‹ ist mir dafür verantwortlich, daß die Arbeiten mit rücksichtsloser Energie durchgeführt werden. Die Schnelligkeit der Durchführung darf weder durch formale noch bezirkliche Hemmungen behindert werden.

gez. Speer«[36]

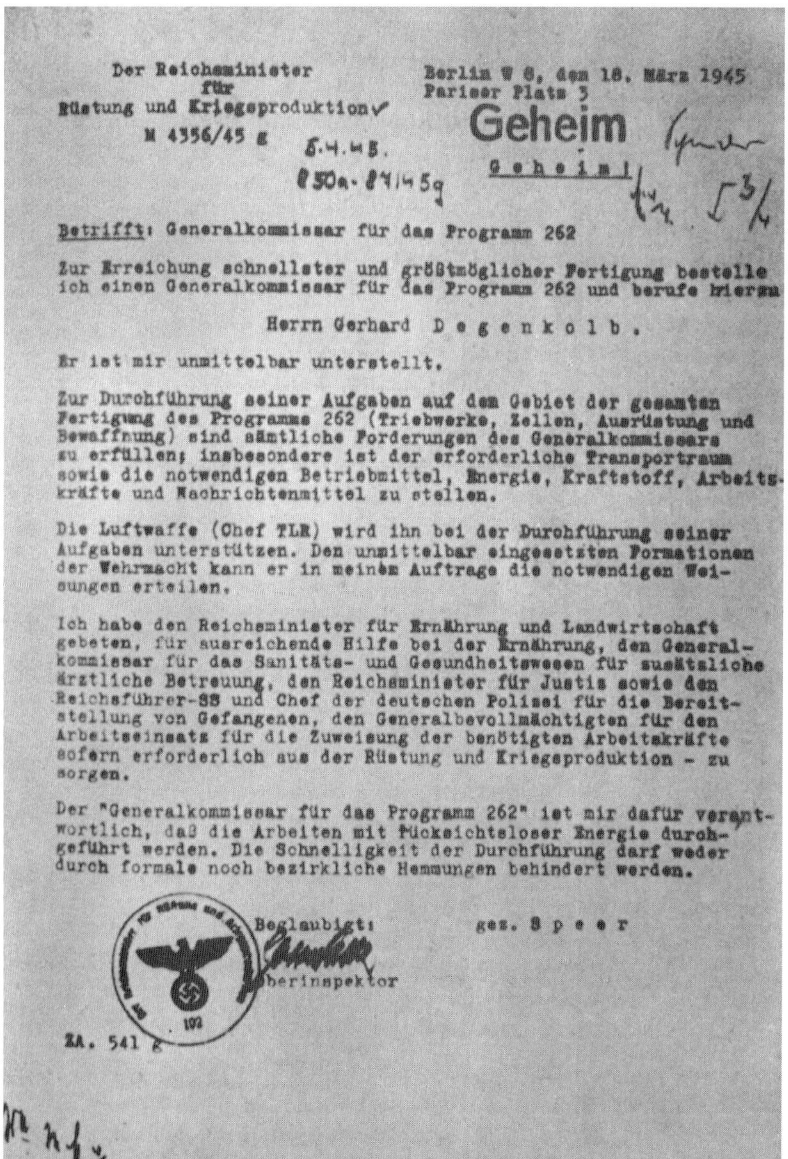

Der Reichsminister für Rüstung und Kriegsproduktion ✓
M 4356/45 g
5.4.45.
850a-87/45g

Berlin W 8, dem 18. März 1945
Pariser Platz 3

Geheim

Geheim!

Betrifft: Generalkommissar für das Programm 262

Zur Erreichung schnellster und größtmöglicher Fertigung bestelle ich einen Generalkommissar für das Programm 262 und berufe hierzu

Herrn Gerhard Degenkolb.

Er ist mir unmittelbar unterstellt.

Zur Durchführung seiner Aufgaben auf dem Gebiet der gesamten Fertigung des Programms 262 (Triebwerke, Zellen, Ausrüstung und Bewaffnung) sind sämtliche Forderungen des Generalkommissars zu erfüllen; insbesondere ist der erforderliche Transportraum sowie die notwendigen Betriebmittel, Energie, Kraftstoff, Arbeitskräfte und Nachrichtenmittel zu stellen.

Die Luftwaffe (Chef TLR) wird ihn bei der Durchführung seiner Aufgaben unterstützen. Den unmittelbar eingesetzten Formationen der Wehrmacht kann er in meinem Auftrage die notwendigen Weisungen erteilen.

Ich habe den Reichsminister für Ernährung und Landwirtschaft gebeten, für ausreichende Hilfe bei der Ernährung, den Generalkommissar für das Sanitäts- und Gesundheitswesen für zusätzliche ärztliche Betreuung, den Reichsminister für Justiz sowie den Reichsführer-SS und Chef der deutschen Polizei für die Bereitstellung von Gefangenen, den Generalbevollmächtigten für den Arbeitseinsatz für die Zuweisung der benötigten Arbeitskräfte sofern erforderlich aus der Rüstung und Kriegsproduktion – zu sorgen.

Der "Generalkommissar für das Programm 262" ist mir dafür verantwortlich, daß die Arbeiten mit rücksichtsloser Energie durchgeführt werden. Die Schnelligkeit der Durchführung darf weder durch formale noch bezirkliche Hemmungen behindert werden.

Beglaubigt:
Oberinspektor

gez. Speer

ZA. 541 g

Das Produktionsprogramm der kommenden Monate sollte so aussehen:

»1 000 Me 262 pro Monat
500 He 162 pro Monat (Volksjäger) und
500 Ta 152 pro Monat (Jäger mit Kolbenmotoren)
sowie 2 weitere Flugzeugtypen.«[37]

Und 14 Tage später, am 31. März 1945, hieß es: »Sollte sich die Luftwaffengeneralität gegen die Instruktionen von Kammler wenden, so will der Führer mit Kriegsgerichtsurteilen und Erschießungen vorgehen.«[38] Zu diesem Zeitpunkt hatte sich Saur mit seinem Rüstungsstab, der im Februar in die Aufbauschule nach Blankenburg im Harz umgezogen war, bereits in die bombensicheren Stollen des Kohnsteins bei Nordhausen-Niedersachswerfen zurückgezogen. Dort befand sich auch SS-Obergruppenführer Kammler. Beide

Der mit Vorschußlorbeeren bedachte Raketenjäger Me 163 bwährte sich nicht: mehr Abstürze als Abschüsse!

sollten schon bald in die noch sicherere Alpenfestung flüchten. Speer und Milch pendelten zwischen Reichskanzlei, Alpenfestung und den Produktionsstandorten hin und her, um die Rüstungsindustrie weiterhin mit unsinnigen Befehlen zu »bombardieren«. Ende März wurde Kammler als Chef der Rüstungskommissare auch noch Hitlers »Bevollmächtigter für Strahlflugzeuge« und zeichnete damit für deren Einsatz verantwortlich. Mit Wirkung vom 1. April 1945 ordnete Speer die Einstellung der Fertigung aller kolbenmotorgetriebenen Flugzeuge an. Befehle, an die sich bereits keiner der nachgeordneten Entscheidungsträger mehr hielt.

Nach Beginn der sowjetischen Offensive auf Berlin begann ein heilloser Ansturm aller Behörden, aber auch militärischer Verbände auf die Alpenfestung. Kammler organisierte persönlich die Verteidigung Berlins und den Widerstand der Me 262-Verbände an der »Ostfront«, gemeinsam mit Saur, Degenkolb u. a. aus sicherer Entfernung im Südwesten Deutschlands.

Quellen III

1) Irving, D.: Geheimwaffen des dritten Reiches. – Sigbert Mohn Verlag, Gütersloh 1965, S. 222, zitiert nach dem Besprechungsstenogramm des RMfRK vom 19. 1. 44
2) »Geheime Anordnung über die Errichtung des Jägerstabes«, Faksimiledruck in »Deutschland im zweiten Weltkrieg«. – Akademie Verlag, Berlin 1984, Bd. 5 – S. 354/355
3) Görings »Erlaß über die Bildung des Jägerstabes« in »Der Fall Lübke«, Legende und Wahrheit. – Berlin 1966, Dokument 7 a
4) Zentrales Staatsarchiv Potsdam (im folgenden ZSta. Potsdam), Akte Gustloffwerke Nr. 136 Blatt 9
5) Bundesarchiv/Militärarchiv Freiburg, RL 3 I/1 (im folgenden BA/MA Freiburg); s. auch S. Koziol; Rüstung, Krieg und Sklaverei. – Jan Thorbecke Verlag, Siegmaringen 1986, Anmerkung 209, S. 148
6) Groehler, O.: Geschichte des Luftkrieges 1910 bis 1980. – Berlin 1981, S. 414
7) Baumbach, W.: Zu spät, a. a. O., S. 73/74
8) Galland, A.: Der Ersten und der Letzten. – Franz Schneekluth Verlag, Darmstadt 1953, D. 354/355
9) Baumbach, W.: a. a. O., S. 75
10) Irving, D.: Tragödie der Luftwaffe, a. a. O., S. 355

11) Speer, A.: Erinnerungen. – Ullstein Verlag, Frankfurt/Main-Berlin 1987, S. 573
12) Irving, D.: a. a. O., S. 360
13) Baumbach, W.: a. a. O., S. 94/95
14) Kosin, R.: Die Entwicklung der deutschen Jagdflugzeuge. – Bernard und Graefe Verlag 1981, S. 189
15) Nürnberger Gericht, Fall 2 US 1F Nr. 582 Blatt 192. Rückübersetzung aus dem Englischen. Siehe auch Jurleit, M.: Das Geheimnis des Walpersberges (In: Aerosport, Heft 9/1968, S. 359
16) Speer, A.: Erinnerungen. – Anmerkung 22, S. 573
17) Kosin, R.: a. a. O., S. 189
18) BA/MA Freiburg RL 3I/7; s. auch Koziol, S., a. a. O., S. 158
19) Faksimile des Originaldokumentes vom 21. 6. 1944 (In: Deutschland im II. Weltkrieg, Bd. 6, S. 358)
20) Baumbach, W.: a. a. O., S. 251
21) Kosin, R.: a. a. O., S. 190
22) Baumbach, W.: a. a. O., S. 75
23) Kosin: a. a. O., S. 190
24) Janssen, G.: Das Ministerium Speer. – S. 189
25) BA/MA Freiburg RL 3 I/8
26) Janssen, G.: a. a. O., Anmerkung 14, S. 399
27) Ebenda
28) Heinkel He 162 Volksjäger. – Verlag Dr. Alfred Hiller, Wien 1984, S. 30
29) Ebenda, S. 34
30) Janssen: a. a. O., S. 297
31) Der Spiegel. – September 1966
32) Förster/Lakowski: Das Jahr 45. Dokument 15 »Schreiben des Reichsministers für Rüstungs- und Kriegsproduktion an die Vorsitzenden der Rüstungskommissionen, Wehrkreisbeauftragten, Rüstungsinspekteure, Rüstungsobmänner sowie die Leiter der Hauptausschüsse und Hauptringe über ein Notprogramm zur Rüstungsendfertigung« vom 23. Jan. 1945
33) Baumbach, W.: a. a. O., S. 78
34) Janssen: a. a. O., S. 291
35) Janssen: a. a. O., Anmerkung 96, S. 391
36) »Einsetzung eines Generalkommissars für das Programm Me 262« vom 18. März 1945.
37) Goebbels, J.: Tagebücher 1945. Die letzten Aufzeichnungen. – Hamburg 1977
38) Ebenda

»Waldgeister und Höhlenbewohner« – In den Me 262-Fertigungsstätten

Im Werk Augsburg-Haunstetten, wo neun Prototypen der Me 262 gebaut worden waren und die Montage der V-10 lief, wurde ab März 1944 die Probemontage von fünf Vorserienflugzeugen S-1 bis S-5 begonnen. Verantwortlich für die Me 262 waren u. a. folgende Personen: Projektleiter Woldemar Voigt, Entwicklung Dipl.-Ing. Wolfgang Degel, Leiter der Konstruktion Dipl.-Ing. Walther Rethel, Direktor für Produktion Dr. Lindner, Cheftechnologe Ing. Helmschrott, Cheftestpilot Fritz Wendel und Leiter des Nachbauwesens Ing. Schmid. Die Produktion in Augsburg-Haunstetten wurde nach der 5. Serienmaschine eingestellt. Gleichzeitig lief die Fertigung im Werk Leipheim als Großserienproduktion an.

Um die für die Naziführung immer wichtiger werdende Me 262 so rasch wie möglich in großen Stückzahlen herauszubringen, hatte der Jägerstab ebenfalls im März beschlossen, eine zweite Fertigungsstätte in Betrieb zu nehmen. Dafür wählte man den Fliegerhorst Schwäbisch-Hall, Hessental. Bei wachsendem Ausstoß sollten weitere dezentralisierte Produktionsstätten geschaffen werden, die später in zwei bombensicheren Jägerfabriken bei Landsberg am Lech sowie bei Mühldorf am Inn zusammengefaßt werden sollten. Die beiden phantastisch anmutenden Objekte mit den Tarnnamen »Weingut II« (Landsberg) und »Weingut I« (Mühldorf) waren von Hitler bereits im Januar 1944 im Beisein von Speer, Milch, Messerschmitt sowie anderen Konstrukteuren und Wirtschaftsführern abgesegnet worden. Projekte dazu hatten Speers Bauexperten und Architekten erarbeitet.

Ein riesiges Gebiet, der Iglinger Wald, südwestlich von Landsberg und nahe dem kleinen Ort Kaufering, war als geeignetes Gelände ermittelt worden. Hier befand sich seit langem ein großes Munitionsdepot. Mitten im Wald hatte man ein Arsenal von 120 Munitionslagern angelegt. Das waren mit Erde bedeckte und mit Fichten und Buschwerk bepflanzte Bunker, die aus der Luft nicht entdeckt werden konnten. Drei riesige Betonhallen aus 6 Meter starken Stahlbetonwänden, jede 330 Meter lang, 46 Meter hoch und 140 Meter breit, sollten eines der geheimen Jagdflugzeugwerke beherbergen. Monatlich sollten 900 Me 262 sowohl hier als auch in Mühldorf am Inn, wo sich das zweite derartige Flugzeugwerk im Bau befand, die Fließbänder verlassen. Der Planung lag die Idee zugrunde, die Maschinen gleich aus der unterirdischen Halle heraus, und zwar auf einer verlängerten Piste, starten zu lassen. Um das Werk in Rekordzeit errichten zu können, wurde eine völlig neue Bautechnologie entwikkelt. Wie bei zahlreichen ähnlichen Projekten mußten die umliegenden KZ's, in diesem Falle war es Dachau, Arbeitskräfte stellen.

Am 1. März 1944, dem Gründungstag des Jägerstabes, begannen die Rodungs- und Bauarbeiten. Bereits im August wollte man das Werk teilweise in Betrieb nehmen, was selbst bei schärfster Ausbeutung der beteiligten Arbeitskräfte eine Utopie war.

Zunächst traten 2 000 KZ-Häftlinge aus Dachau und aus anderen Lagern den Weg in die Außenlager Landsberg und Kaufering an. 12 Stunden Schichtarbeit, eine Siebentagewoche sowie ein täglicher, 8 km langer Fußmarsch vom Lager zur

Baustelle und wieder zurück, waren das Los dieser bedauernswerten Menschen.

Dieses System hatte die SS ausgeheckt, um eine Entdeckung der streng geheimen Bauarbeiten zu verhindern. Damit wurde nämlich nicht nur eine skrupellose Ausbeutung der Arbeitssklaven erreicht, sondern auch der Zug der Häftlinge in die frühen Morgen- bzw. die späten Abendstunden verlegt. So konnte kein zufälliger Aufklärer die riesige Menschenschlange entdecken, was andernfalls zwangsläufig zur Enttarnung des Werkes geführt hätte. Außerdem durften die Kolonnen der Häftlinge nicht auf direktem Wege, nämlich auf der Straße von Landsberg nach Kaufering, marschieren, sondern mußten im weiten Bogen über ein hügeliges Wiesengebiet laufen.

Das Bauwerk selbst wurde weitestgehend gegen die Luftaufklärung abgeschirmt. Riesige Tarnnetze, jeweils breiter als eine Halle, hatte man über die rund 50 Meter hohen Fichten des Iglinger Waldes gezogen.

In der vorgesehenen Länge des Bauwerkes von 82,5 Metern planierte und betonierte man zunächst eine Straße. Gewaltige behauene Steinblöcke begrenzten diese beiden Seiten. In den so entstandenen Längsraum schüttete man danach Unmengen Kies und Schotter bis zu einer Höhe von 40 Metern auf. Durch die Aufschüttung ergab sich ganz von selbst jene Rundung der Kanten vom 40 Meter hohen Gipfel des künstlichen Hügels bis zum Boden. Auf diese konvexe Kiesaufschüttung wurde nunmehr die rund 5,5 bis 6 Meter dicke Stahlbetondecke aufgebracht. Nach der Aushärtung entfernte man die Kies- und Schotterstützung und brachte sie mit LKW's zur Stützung der nächsten Viertelsektion des Bauwerkes. So war es möglich, unter der bereits fertiggestellten Viertelsektion die Ausbauarbeiten vorzunehmen. Kurz nach Beginn der Bauarbeiten fanden auf dem Fliegerhorst Fürstenfeldbruck Startversuche der künftig in dem neuen Jägerwerk zu fertigenden Typen statt. Geplant war zunächst die Herstellung der Me 163 und der Me 262. Die Versuche in Fürstenfeldbruck ergaben, daß die Me 163 ihre Abhebegeschwindigkeit genau am Ausgang der Betonhalle erreichen würde. Ein Idealfall! Die Me 262 benötigte jedoch eine über die Halle hinaus verlängerte Startpiste, die mit Tarnnetzen in großer Höhe überdacht werden mußte. Diese Lösung wurde für die endgültige Ausführung des Objektes bestätigt, da die Me 163 wegen ihrer Unwirksamkeit und ihrer geringen Flugdauer ohnehin aus dem Fertigungsprogramm ausschied. Das Innere der riesigen Betonhalle sollte entlang der Nordseite das Montagewerk für die Me 262 aufnehmen. Im Ostteil befanden sich der Munitionsladebereich, die Tankanlagen und die Flugzeugreparatur. Die südliche Front war als Abstellplatz für fertige Maschinen bzw. teilweise für die Endkontrolle und Wartung gedacht, während der Mittelstreifen die Roll- und Startbahn darstellte, welche sich außerhalb der Halle fortsetzte. Die Wasserversorgung konnte durch ein an dieser Stelle unterirdisch verlaufendes Nebenflüßchen der Wertach gesichert werden. Maschinenbetriebene Stahltore sollten die Hallen bombensicher verschließen. Auf der Betonkuppel wurde sofort nach der Fertigstellung Erde aufgeschüttet und eine Fichtenschonung angepflanzt, so daß nach Abschluß der Bauarbeiten auch die Tarnnetze entfernt werden konnten.

Die Bautermine für das gigantische Projekt

Weingut II, die Jägerfabrik bei Mühldorf am Inn. In 8 Etagen sollten Teile und Baugruppen für Me 262 gefertigt werden.

waren wegen der immer kritischer werdenden Kriegslage nicht zu halten. Allerdings wurden die Arbeiten von keinem einzigen der ab Mitte 1944 immer zahlreicher einfliegenden westalliierten Aufklärer entdeckt. Die Tarnung erwies sich als perfekt. Auch als durch Gefangenenaussagen und verstärkte Agententätigkeit erste Informationen beim Allied Intelligence eintrafen und gezielte Luftaufklärungseinsätze tausende Fotos von jedem Zentimeter Boden um Landsberg und Kaufering erbrachten, konnten die Fotoauswerter trotz angestrengten Suchens keinen Hinweis auf den exakten Standort des Werkes finden. Anfang April 1945 fand daher ein konzentrierter Angriff amerikanischer Bomber auf die Gegend um Landsberg, dessen Flugplatz und die anderen vermuteten Objekte statt. Doch keine Bombe traf das Werk.

Als Ende April US-Truppen das Gebiet um Landsberg und Kaufering besetzten, staunten sie nicht schlecht über das gewaltige Bauwerk. Erst Zeugenvernehmungen ergaben ein Bild. Zu diesem Zeitpukt war eine der drei Hallen zu drei Vierteln fertiggestellt, wärend die beiden anderen zu 50 Prozent erbaut waren. Wasserleitungen hatte man komplett, Belüftungs- und Heizungsanlagen nur zum Teil eingebaut. Die Ausstattung mit Maschinen und Ausrüstungen des Augsburg-Haunstettener Messerschmitt-Werkes hatte erst Ende März 1945 begonnen.

In dem Zustand, wie sie vorgefunden wurden, blieben die Hallen auch nach dem Krieg erhalten, denn eine Sprengung wäre viel zu kostenaufwendig gewesen. Inzwischen werden Teile davon wieder für die Bundeswehr genutzt.

Rund 150 km nordnordostwärts von Kaufering, bei Mühldorf am Inn, entstand inmitten eines großen Waldgebietes ebenfalls eine dieser riesigen Hallen, insgesamt 360 Meter lang und 32 Meter hoch, aus 5 bis 6 Meter dickem Stahlbeton. Hier sollten in acht Etagen Teile und Baugruppen für die Me 262 hergestellt werden. Mehr als 10 000 KZ-Häftlinge wurden dafür aus dem berüchtigten Auschwitz und aus anderen Lagern hierher transportiert und teilweise in Erdhütten rings um die Baustelle sowie Außenlagern bei Ampfing, Neumarkt und weiteren Orten der Umgebung untergebracht. Allein in den Erdhütten des Waldlagers mußten 2 000 Häftlinge hausen. Seuchen griffen unter den halbverhungerten Menschen um sich. Die durchschnittliche Lebensdauer eines Häftlings betrug in Mühldorf nur etwa 80 Tage. Doch weder ist aus Kaufering noch aus Mühldorf jemals eine Me 262 gestartet.

Maschinenbetriebene, auf Stahlrollen laufende Betontore sollten den Bunker verschließen.

Gerätebau Leipheim

Als sich im März 1944 die letzten beiden Prototypen Me 262 V-9 und V-10 im Werk Augsburg-Haunstetten der Messerschmitt AG in der Endmontage befanden und die ersten fünf Nullserienmaschinen Me 262 S-1 bis S-5 aufgelegt wurden, liefen die Produktionsvorbereitungen im Werk Leipheim auf Hochtouren. Werkzeuge und Vorrichtungen trafen in immer größeren Mengen ein. Die Meister des Versuchsflugzeugbaues aus Augsburg begannen an den ersten Nullserienflugzeugen, von der S-6 bis zur S-10, die künftigen Blechschlosser, Klempner, Monteure, Bordnetzmonteure und anderen Facharbeiter einzuarbeiten. Gleichzeitig aber war man in Augsburg und in Leipheim mit einer weiteren komplizierten Aufgabe beschäftigt. Der neugegründete Jäger-

Me 262 S-1: die erste Serienmaschine VI + AF, hier nach Fahrwerkbruch in Lechfeld.

Die Waldmontage in Leipheim und in Schwäbisch Hall: Ein Me 262-Rumpf wird auf das Tragwerk mit ausgefahrenem Fahrwerk gesetzt.

stab hatte in den ersten Märztagen eine Menge Befehle herausgegeben. Er begann aber auch, bereits erteilte Weisungen strenger als bisher üblich zu kontrollieren. Eine der vordringlichsten Aufgaben lautete nun, die gesamte Flugzeugfertigung weitestgehend zu dezentralisieren. Der konsequenten Ausführung dieser Weisung galt es schnellstens nachzukommen.

Die Serienproduktion der Me 262 in Leipheim war zunächst in den Endmontagehallen angelaufen, in denen zuvor die Lastensegler und Großtransporter Me 321, Me 323 sowie die letzten Bf 110 G montiert worden waren. Die ersten beiden Typen waren ausgelaufen, die Fertigung der Bf 110 dagegen voll in die Regie der Gothaer Waggonfabrik übergegangen, wo nur noch die Nachtjagdversion montiert wurde.

Doch die Leipheimer Me 262-Fertigung mußte aus den auffälligen Montagehallen am Rande des Flugfeldes möglichst bald ausziehen. Die Flugzeugindustrie und andere dem Gegner bekannte Werke konnten jederzeit wieder Ziel westalliierter Angriffe werden. Messerschmitt hatte bereits Anfang 1944 einen Ausweichort für die Fertigung und die Montage der Me 262 in Leipheim gefunden. Rund 80 KZ-Häftlinge des Außenlagers Bäumenheim, südlich von Donauwörth, hatten begonnen, im Horgauer Wald eine gut getarnte Produktionsstätte zu errichten. Der Horgauer Wald lag etwa 10 km westlich von Augsburg – entlang der Autobahn Augsburg–Leipheim–Stuttgart – und war nur 35 km von Leipheim entfernt. 25 km nördlich des Horgauer Forstes befand sich das Dachauer KZ-Außenlager Bäumenheim als wichtiger Arbeitskräftestandort. In den ersten sechs Monaten des Jahres 1944 entstand mit nur 80 KZ-Häftlingen im Horgauer Wald ein Werk aus 21 Holzbaracken, verborgen im dichten Kiefernwald. Das Werk konnte weder aus der Luft noch von der Erde aus entdeckt werden. Von der Bürobaracke über Teilelager für Fahrwerke und Rümpfe bis hin zur Flügelmontage, der sogenannten Flächenrüste, war alles vorhanden. 850 Arbeiter, auch hier wieder ein großer Teil Häftlinge, stellten noch bei Kriegsende monatlich u. a. 250 Tragflächen für die Me 262 her. Ein weiteres Werk befand sich im Wald von Burgau, ebenfalls an der Autobahn Augsburg–Leipheim–Stuttgart, allerdings auf deren nördlicher Seite und nur 12 km von Günzburg und Leipheim entfernt. Es handelte sich um die Waldmontage Kuno I AG. Hier entstanden neben kompletten Flugzeugen auch Leitwerke, als die von Blohm und Voss in Wenzendorf zu liefernden nach der Zerstörung des dortigen Werkes ausblieben. Schließlich wurde noch die Endmontage selbst vorgenommen.

Weitere Zulieferungen, wie z. B. die Triebwerkverkleidungen, kamen aus Lauingen, 12 km nördlich von Leipheim gelegen. Den Rumpf lieferte das Messerschmitt-Werk in Regensburg-Obertraubling so lange, bis dort eine eigene Endmontage entstanden war und genügend Zulieferungen aus anderen Betriebsteilen des Werkes Leipheim selbst den Bedarf abdeckten. Allerdings kamen auch Zulieferungen aus weiter entfernten Teilen des Landes. Triebwerke lieferten die Junkers-Motorenwerke aus je einem unterirdischen Betrieb in Muldenstein und Nordhausen. Die Maschinenkanonen MK-108 kamen aus einem Betrieb der Rheinmetall-Borsig in Sömmerda. So waren in Leipheim im April 1944 alle Vorbereitungen für die Serien- und Großserienproduktion der Me 262 unter Leitung von Betriebsleiter Direktor Spieß in vollem Gange. Mit den Probemontagen war schon begonnen worden. Nur Erprobungsleiter Franz Böckler und der Leiter der Einfliegerei, Gerd Caroli, sowie Chefpilot Ludwig Hofmann hatten noch keine Arbeit. Der Erprobungsbeginn der ersten Serienmaschinen sollte sich weiter verzögern. Am 24. April belegte die US-Air-Force Leipheim mit einem Bombenteppich, der auch die Start- und Landepisten in Mitleidenschaft zog und die rasche Dezentralisierung des Werkes beschleunigte. Zwar erlitt die Fertigung keine bedeutenden Schäden, doch mußte die Fertigstellung der Waldfabrik forciert werden, was

Das Bodenpersonal der Verbände half zunächst bei der Montage, um die Me 262 in allen Einzelheiten kennenzulernen.

In der Waldfabrik Horgau: Me 262-Teilelager (hier Fahrwerke).

Montage im Waldwerk Burgau an der Autobahn bei Leipheim.

einer verschärften Ausbeutung der Häftlinge gleichkam. Denn zusätzlich waren die Bombenschäden zu beseitigen. Die 70-Stunden-Woche galt bei Messerschmitt als Mindestarbeitszeit. »Die Zivilisten bei Messerschmitt«, so sagte später ein KZ-Häftling aus, »waren schlimmer als die SS.«[2]

Am 20. Mai 1944 verließ mit der Me 262 S-6, Werknummer 130 011, und der Stammkennziffer VI + AK die erste Maschine der Serienproduktion das Leipheimer Werk. Das erste Fertigungslos umfaßte die Werknummer 130 011 bis 130 027, also insgesamt 17 Flugzeuge. Dabei handelte es sich noch um 10 Vorserienmuster S-6 bis S-15 und die ersten sieben Me 262 A-1a der Großserie als Jagdflugzeuge. Die S-6 ging an das Erprobungskommando 262 der Luftwaffe nach Lechfeld. Doch bis Ende Mai 1944 konnten vorerst nur sieben Me 262 der Vorserie bis zur S-12 an die Erprobung ausgeliefert werden.

Wie in anderen Waldfabriken für die Me 262-Flugzeugmontage war die Holzhalle rund 150 Meter lang, etwa 20 Meter breit und 5 Meter hoch. Sie lag zwischen hohen Fichten, so daß sie von beiden Seiten zu je einem Drittel durch die Wipfel der Bäume verdeckt war. Für die Tarnung des mittleren Hallendaches sorgte ein zwischen die Baumreihen gespanntes Tarnnetz.

Alle in den 21 Fertigungsbaracken hergestellten Baugruppen, wie Bugsektion, Mittelrumpf, Flächen u. ä., kamen in dieser Halle zusammen. Die Montage einer kompletten Me 262 umfaßte 12 Arbeitstakte, die auf vier Fünfteln der Produktionsfläche in der Halle abliefen. Ein Fünftel umfaßte den Weg von dem einen zum nächsten Takt sowie den nötigen Raum für Kleinmaterial, Werkzeug und Normteile. Die Breite der seitlichen Gänge war so bemessen, daß jeweils ein Jumo 004-Triebwerk zwischen Maschine und Seitenwand der Halle um 90 Grad gedreht werden konnte.

Der erste Arbeitstakt begann mit dem Aufsetzen des komplett angelieferten Tragwerkes – einschließlich des montierten Hauptfahrwerks auf einen Montagewagen. Dieser wurde auf einem Gleis zum nächsten Takt geschoben, wo man den Rumpf auf die Tragfläche aufsetzte, die feste Verbindung herstellte und die Montage der dazugehörigen Kabel, Leitungen und Gestänge sowie der Rohrverbindungen vornahm. Der dritte Takt umfaßte die Montage der Bugsektion, einschließ-

Me 262 S-3: Auch das dritte Serienmuster (Kennzeichen VI + AH, rote 3) machte eine Bruchlandung.

lich des bereits montierten Bugrades sowie der vier Maschinenkanonen Mk-108. Danach erfolgte die Montage des kompletten Leitwerkträgers mit dem Leitwerk sowie des rechten und des linken Triebwerkes und der Führerraumwanne. Die Bordgeräte- und die Bordnetzmontage sowie die erste Funktionsprüfung und die Endkontrolle schlossen sich an.

Takt 11, der Triebwerkprobelauf, und Takt 12, die Kompaßjustierung, wurden außerhalb der Halle auf dem Fliegerhorst vorgenommen, wo sich die Justierscheibe befand und auch das Abbremsen der Triebwerke im Freien durchgeführt werden konnte. An jedem Takt wirkten etwa sechs bis acht Hilfskräfte, meist Zwangsarbeiter, unter Anleitung eines deutschen Facharbeiters oder Meisters, mit.

Den Sommer über waren die Arbeiten sowohl innerhalb als auch außerhalb der Halle einigermaßen erträglich, wenn auch die Hitze unter den Dachpappendächern bzw. die schwere körperliche Arbeit zu schaffen machten. Schwieriger wurde es schon im Herbst und im Frühjahr, vor allem auf den unbefestigten und verschlammten Waldwegen. Außerordentlich hart jedoch waren winters die Bedingungen in den unbeheizten Hallen und Baracken sowie beim Transport im Freien.

Die Me 262-Produktion in Leipheim sollte nicht allzu lange geheim bleiben. Schon am 14. Juni 1944 brachte ein britischer Aufklärer interessante

Die Me 262 S-6 während der Werkerprobung in Leipheim.

Aufnahme aus dem süddeutschen Raum nach England. Einer Besatzung der 106. Group der Royal Air Force (RAF) war es über Leipheim gelungen, ungestört die Reihenbildgeräte laufen zu lassen. Im vertraulichen Auswertungsbericht Nr. L 211 vom 28. Juni hieß es dann unter der Überschrift »Interessante Aktivitäten im Zusammenhang mit der Me 262«: »Kürzlich aufgenommene Fotos von Flugplätzen in Süddeutschland haben interessante Informationen ans Licht gebracht, die den Düsenjäger Me 262 betreffen. Es besteht Grund zu der Annahme, daß Testflüge mit der Me 262 in Leipheim stattfinden und es ist wahrscheinlich, daß Messerschmitt den Zusammenbau auf diesem Flugplatz in einer entsprechenden Fabrik vornimmt. Ungefähr 12 Me 262 konnten dort vor zwei Wochen ausgemacht werden. Hohe Aktivität, die in Zusammenhang mit der Me 262 steht, wird in Lechfeld fortgesetzt.«[3)]

Die Folgen dieser Enttarnung ließen nicht lange auf sich warten. Am 19. Juli belegte ein größerer Bomber-Verband der US Air Force den Leipheimer Platz und erkennbare Anlagen mit Bomben. Diesmal ging es nicht so glimpflich ab wie im April. Außer starken Schäden an der Start- und Landebahn sowie an den Hallen und Einrichtungen wurden auch sieben Me 262 aus der Neuproduktion total zerstört und weitere vier beschädigt. Die zu dieser Zeit noch im Bau befindliche Waldfabrik entdeckte man allerdings nicht.

Aus Leipheim, dem Hauptmontagewerk, ist nur wenig über Menge und Umfang der Me 262-Produktion im Sommer 1944 bekannt. Lediglich als Gesamtausbringung für den Monat Juli geben verschiedene Quellen die Zahl von 58 bzw. 59 Flugzeugen an. Vergleicht man jedoch diese Angaben mit den Baulosen und den Werknummern der am 19. Juli zerstörten und beschädigten Maschinen, dann ist die Anzahl der bis Ende Juli gefertigten Flugzeuge der einzelnen Werke ziemlich genau zu ermitteln. Zu dieser Zeit produzierte nämlich bereits das Montagewerk Schwäbisch Hall. Es hatte im Juni sieben Me 262 an die Luftwaffe abgeliefert. Vier davon entdeckte am 25. Juni ein britischer Aufklärer auf dem Platz in Hessental. Im Monat danach dürften aus Schwäbisch Hall maximal 20 Flugzeuge gekommen sein. Vergleicht man die Werknummern der am 19. Juli zerstörten und beschädigten Flugzeuge aus Leipheim, so stellt man fest, daß außer der Wk. Nr. 130 013, der Me 262 S-8 des ersten Bauloses aus der Mai-Produktion und der beschädigten 170 050 (dritte Maschine des dritten Bauloses aus der Fertigung in Schwäbisch Hall, die sich wahrscheinlich zur Ablieferung an die Luftwaffe hier befand) nur Flugzeuge des vierten und fünften Bauloses der Leipheimer Fertigung zerstört und beschädigt wurden. Die höchste Werknummer war 170 066, die 13. Maschine des fünften Bauloses, das 20 Flugzeuge umfaßte. Außer den restlichen sieben Flugzeugen dieses Loses sind aber noch acht bis neun Maschinen des anschließenden 6. Bauloses nach dem 19. Juli montiert worden. So ergeben sich bis Ende Juli 1944 folgende Produktionszahlen von Serienflugzeugen in den einzelnen Montagestätten:

Monat	Augsburg-Haunstetten	Leipheim	Schwäbisch-Hall	Insgesamt
April	3	–	–	3
Mai	2	7	–	9
Juni	–	21	7	28
Juli	–	40	19	59
Insgesamt	5	68	26	99

Diese Zahlen dürfen als gesichert gelten. Es ist jedoch schwer, ähnlich exakte Fertigungszahlen der einzelnen Werke für die folgenden Monate zu ermitteln, da keine Ablieferungsberichte mehr aufzufinden sind. auch die bisher veröffentlichten Monatsausbringungszahlen können nur als Richtwerte betrachtet werden. Nach den bisher vorliegenden Monatszahlen ergeben sich insgesamt 1 433 produzierte Me 262 bis Kriegsende. Sie stimmen jedoch nicht mit den tatsächlich montierten Maschinen überein, selbst wenn man die 497 angearbeiteten und fast fertig montierten Flugzeuge hinzurechnet. Dem bislang vorliegenden Werknummernverzeichnis, welches infolge Beschädigung zwei Baulose nicht exakt

Me 262 A-1a: Die 58. Serienmaschine des Werkes Leipheim mit der Werk-Nr. 170 071 verließ im Juli 1944 das Werk.

ausweist, ist zu entnehmen, daß bis Ende März 1 948 Flugzeuge gefertigt wurden. Doch geht aus Flugbüchern hervor, daß selbst in diesem Verzeichnis nicht enthaltene Werknummern eingeflogen und der Luftwaffe übergeben wurden. als Beispiele mögen das Flugzeug mit der Werknummer 500 428, am 22. März 1945 eingeflogen und nach Brandenburg-Briest von Werkpilot Unsin überführt, sowie das mit der Werknummer 500 444, von Werkeinflieger Dahlitz am 23. März 1945 in Erding getestet, gelten. Addiert man noch diese Werknummernkomplexe, kommt man auf die Zahl von 2 123 produzierten und angearbeiteten Me 262.

Tatsächlich hat die Luftwaffe bis zum 10. April 1945 laut Statistik der 6. Abteilung des Generalquartiermeisters lediglich 1 039 Me 262 übernommen.[4)] Das ist die einzig dokumentarisch belegte Zahl. In ihr sind zwar nicht mehr die nach dem 10. April von der Luftwaffe übernommenen Maschinen enthalten, denn Brandenburg-Briest lieferte noch bis zum 21. April aus, doch muß man dieser Zahl wohl folgen.

Ferner sind die Zahlen der von Messerschmitt und der REIMAHG gelieferten Me 262 auch deshalb so schwer zu ermitteln, weil insbesondere der Messerschmitt-Konzern die Luftwaffe regelrecht betrog und Maschinen abrechnete, die man nie ausgeliefert hatte. Für diesen Betrug boten sich Bombenschäden in den Herstellerwerken geradezu an. Für die bei Luftangriffen zu 100 Prozent zerstörten Flugzeuge erhielten die Firmen nämlich ebenso wie für Schäden an Gebäuden und Anlagen eine Entschädigung vom Reich und die Anrechnung auf das Liefersoll. So hatte Messerschmitt bis Ende Oktober 30 Me 262 als zerstört gemeldet.

Doch nur sieben Flugzeuge waren am 19. Juli beim Angriff auf Leipheim total zerstört und vier weitere beschädigt worden. Daß man die beschädigten Maschinen instandsetzte und ablieferte, versteht sich von selbst. In Schwäbisch Hall gingen am 13. September weitere sechs Flugzeuge verloren, eines wurde beschädigt. Alles in allem also 13 zu 100 Prozent zerstörte Maschinen und für 17 Flugzeuge zusätzlicher Gewinn.

Die ungenügenden Stückzahlen bei der Me 262-Fertigung waren mehrfach Beratungsgegenstand sowohl des Jäger- als auch später des Rüstungsstabes. Meist ging es dabei um die unzureichende Belieferung der Endmontagestätten mit fertigen Baugruppen, d. h. mit Bugsektionen, Rümpfen, Leitwerken und Tragflächen, aber auch mit Triebwerkverkleidungen, Führerraumwannen, Kabinenhauben und Triebwerken. Triebwerkverkleidungen stachen durch ihre schlechte Qualität und Paßgenauigkeit hervor.

Nach Aufnahme der Serienproduktion stand auf einer Me 262-Beratung des Jägerstabes am 22. Juli 1944 dieses Thema zur Debatte. Dabei warf Hauptdienstleiter Saur den Herstellerwerken vor, nicht nur die Produktionszahlen zu langsam hochzufahren, sondern auch die Luftwaffe zu betrügen, weil Flugzeuge mehrfach abgerechnet worden seien. Er forderte deshalb einheitliche Werknummern für alle Einzelbaugruppen, aus denen eine Maschine montiert wurde, die sich schließlich in der Werknummer der jeweiligen Maschine auszudrücken hatte. Diese Forderung wurde durchgesetzt. Der genaue Preis der Me 262 ist nicht bekannt. Die AGO-Flugzeugwerke Oschersleben, ein Betrieb der REIMAHG, setzten in ihrem letzten Geschäftsbericht Ende 1944 den sicher stark untertriebenen Preis von 50 000 RM für eine Maschine an. Messerschmitt und die REIMAHG fertigten immerhin in Schwäbisch Hall 460, in Regensburg-Obertraubling 250, bei Kuno II 80 und damit in Leipheim etwa 650 Flugzeuge.

Leipheimer Werknummern wurden nicht nur in diesem Betrieb, sondern auch im Montagekopf Brandenburg- Briest und der nicht zur Messerschmitt AG gehörenden REIMAHG, Kahla, verwendet.

Autobedarf Schwäbisch Hall

Am 1. April 1944, während im Leipheimer Messerschmitt-Werk die ersten Probemontagen an Me 262-Serienflugzeugen durchgeführt wurden, stellte Betriebsingenieur Ludwig Eder eine Montagegruppe von 15 Facharbeitern des Zellenbaues zusammen. Sie wurde zusammen, mit den Zellenbaugruppen von vier bis fünf Me 262, zum Fliegerhorst Schwäbisch Hall beordert. Damals hatte sich dort die IV./KG-100 mit ihren He 177, Do 217 und Ju 88 sowie eine Außenstelle der Dornier Flugzeugbau, Friedrichshafen, etabliert. Das Montagekollektiv erhielt von der Platzkommandantur eine Flugzeughalle am Nordwestrand des Platzes zugewiesen und begann sofort mit der Einrichtung einer provisorischen Montagelinie. Die Leitung dieses neuen Messerschmitt-Werkes setzte sich wie folgt zuammen: Betriebsleiter Hannes Mißgeld, Leiter der Endmontage Betriebsingenieur Ludwig Eder, Chef der Endkontrolle Leopold Knopf, Leiter der Einfliegerei Hilmar Stumm, Chefpilot Hans Wagner und Leiter der Überwachung Endmontage Ingenieur Witt.

Genau einen Monat später, am 1. Mai 1944, kam eine zweite Gruppe von Messerschmitt nach Schwäbisch Hall. Ihr gehörten mit weiteren deutschen Facharbeitern und dem Leiter der Einfliegerei Hilmar Stumm auch eine beträchtliche Anzahl sowjetischer Zwangsarbeiterinnen an.

Kurz zuvor hatten die Angehörigen des Flugplatzbataillons sowie des in Schwäbisch Hall liegenden KG 100 Sonderausweise und eine Belehrung über die Geheimhaltungspflicht erhalten. Sie mußten sich schriftlich verpflichten, kein Wort über die Fertigung der Me 262 auf ihrem Horst zu verbreiten.

Dennoch nahm man es offensichtlich nicht sehr genau damit. Obwohl der Zweigbetrieb von Messerschmitt den Decknamen »Autobedarf Schwäbisch Hall« erhalten hatte, setzte Direktor Spieß seine zweite Mannschaft nach Hessental in Marsch mit dem Auftrag, sich an Ort und Stelle zu erkundigen, wo sich der Betrieb niedergelassen habe. Denn ihm sei das nicht bekannt. So erkundigten sich die Leipheimer bei Bürgern von Schwäbisch Hall, wo denn die Firma Messerschmitt zu finden sei. Natürlich sprachen auch die Angehörigen der Luftwaffe über den neuen Betrieb auf ihrem Horst.

Das drang sogar bis in den Jägerstab. Auf einer seiner Sitzungen berichtete Ministerialrat Birkenholz: »In Menningberg steht ein großes Schild Autobedarfs GmbH. Die ganzen Leute erzählen,

Fliegerhorst Schwäbisch Hall vor der Zerstörung: im Flachbau die Feuerwache mit Kfz.-Werkstatt, dahinter rechts das Gebäude mit der Me 262-Fertigung (ab April 1944) und links die Halle IV.

sie kommen von Messerschmitt. Dann ist es natürlich schwer, etwas zu tarnen.«[5] Selbst der Bürgermeister des Ortes, Dr. jur. Wilhelm Prinzing, nannte in seinem Tagebuch anfangs die Messerschmitt-Werke, bemühte sich dann jedoch um strikte Geheimhaltung, bis er am 17. Juni notierte: »Nun kann man über das über Hall fliegende Flugzeug offen reden, nachdem am Samstag im Rundfunk als technische Neuerung bekannt gegeben worden ist, man baue jetzt Turbinenflugzeuge, welche mit Hilfe der Abgase des Motors die Luft durch ein Gebläse ansaugen und diese durch eine Düse hinauspressen, so daß der Luftdruck als Rückstoß wie eine Rakete wirke. Das über Hall fliegende Flugzeug z. B. pflegt so rasch zu fliegen, daß man seinen Schall kaum wahrnimmt, weil es beinahe Schallgeschwindigkeit fliegt.«[6] Eine etwas verwirrende Erklärung der Wirkungsweise eines Turbinenluftstrahltriebwerkes! Doch eine bessere gab es für Laien damals nicht.

Am 22. Mai 1944 war im Schwäbisch Haller Ortsteil Hessental zum ersten Mal das Geheul eines Turbinentriebwerkes vom Flugplatz her zu hören. Die beiden Jumo-004 der ersten fertigmontierten Me 262 absolvierten ihren Probelauf. Zwei Tage später startete die Me 262, Wk. Nr. 130 166, die erste Maschine des ersten Schwäbisch Haller Bauloses, zu ihrem Erstflug. Sie war bereits mit Hilfe der Männer des Bodenpersonals der 9./ZG-26 montiert worden, die hier ihren Industrieeinsatz leisteten. Im Bedarfsfall sollten sie sämtliche Baugruppen auf den Einsatzplätzen auswechseln.

Am 10. Mai hatten Verhandlungen der Messerschmitt-Werke mit dem Bürgermeister Prinzing stattgefunden, um die Endmontage und die Einfliegerei voneinander zu trennen.

Danach schrieb der Bürgermeister etwas verschlüsselt in sein Tagebuch: »Wir treten städtische Grundstücke ab, damit für die Dauer eines halben Jahres eine Zeltmontage erstellt werden kann, die in eine Waldschleuse verlegt wird. Es handelt sich um eine Fertigung von .... Der Beauftragte sagte mir, am vorigen Ort L . . . heim wisse zwar jeder schon Bescheid darüber. Diese ...... sind so bewaffnet, daß kein feindlicher Bomber es mehr wagen wird, nach Deutschland einzufliegen.«[7] Damit war die Enteignung eines riesigen Waldareals bei Hessental und Sulzdorf besiegelt.

Die auf ein halbes Jahr befristete Nutzung durch Messerschmitt wurde so erklärt, daß später die Endmontage in unterirdischen Bunkern irgendwo im Osten stattfinden könne. Damit waren Kaufering, Mühldorf und Kahla gemeint. Doch aus dem halben Jahr sollte ein ganzes werden.

Eine Woche nach dieser Verhandlung fand eine

zweite Beratung statt. Die Ereignisse überschlugen sich jetzt. Es ging um die Unterbringung von 120 Sowjetbürgern, Zwangsarbeitern und -arbeiterinnen in Schwäbisch Hall, die bei der Verlagerung der Messerschmitt'schen Firma Autobedarf in die künftige Waldfabrik mithelfen sollten. Bürgermeister Prinzing vereinbarte mit den Messerschmitt-Vertretern, daß diese Maßnahmen als Schießstandsarbeiten zu deklarieren seien. Der Forstmeister wies die Waldgrundstücke zu. Noch am gleichen Tag, dem 18. Mai, traf ein Vorkommando von 30 Russen ein, die im Saal des Gasthofes »Straußen« untergebracht wurden und die zunächst die Pferdestallbaracken der Baufirma Härer für die Unterbringung der 120 herzurichten hatten. Wiederum acht Tage später übergab die Stadt ihre Strafgefangenen an die »Autobedarf GmbH«, damit diese die Waldarbeiten beschleunigen konnte. Schon am 20. und am 23. Mai trafen jeweils weitere 30 »Ostarbeiter« in Hessental ein und am 31. Mai nochmals 26. In einer Besprechung am 26. Mai zwischen Messerschmitt und der Baufirma Härer wurden erstmals konkrete Festlegungen zur Verpflegung, Unterbringung und allgemeinen Betreuung dieser billigen Arbeitssklaven getroffen.

Unter dem 17. Juni brachte der Bürgermeister im Tagebuch sein Erstaunen zum Ausdruck: »Etwa 120 Russen und Russinnen arbeiten unter Leitung von neun deutschen Arbeitern. Ferner sind acht Sträflinge beim Straßenbau beschäftigt. Es ist verwunderlich, wie die russischen Frauen harte Arbeit, nämlich stundenlanges Schaufeln von Erde, Sand und Kies, zu leisten vermögen. Der Bauführer erklärte mir, es handele sich um Zivilarbeiter, die nur fleißig seien, solange man sie beaufsichtigte, sonst seien sie faul. Sie beklagen sich auch über das Essen und seien überhaupt aufsässig.«[8)]

Geleitet wurden die Bauarbeiten von einer Stuttgarter Architektengemeinschaft. Die Bauausführung lag in den Händen der Schwäbisch Haller Baufirma Härer. Der Tarnname des Bauobjektes lautete »Reiher I« und »Reiher II«. Die Firma Härer mußte laut Vertrag vom 26. Mai 1944 Bauleistungen im Werte von 200 000 Reichsmark erbringen.

Die Montagehalle war 150 Meter lang, 20 Meter breit und im First 5 Meter hoch. Zu ihr gesellten sich Bürogebäude und Lager für Teile bzw. Baugruppen sowie ein Luftschutzstollen. Erst nach Abschluß dieser 10 Bauten mit 3 800 m^2 Nutzfläche wurden die Unterkunftsbaracken montiert. Man wollte so schnell wie möglich mit der Flugzeugmontage beginnen.

Welches Arbeitspensum die sowjetischen Zwangsarbeiter leisten mußten, geht daraus hervor, daß am 17. Juli 1944 alle Arbeiten abgeschlossen waren und sich lediglich noch die Unterkunftsbaracken im Bau befanden. Bereits am 18. Juli begann die komplette Endmontage auf dem »Hasenbühl«. Vom Horst selbst waren sämtliche Anlagen und Einrichtungen für die Montage in die Waldfabrik verlegt worden.

Doch schon zu diesem Zeitpunkt gingen die Pläne des Jägerstabes und der Messerschmitt AG wesentlich weiter. Am 19. Juli schrieb Wilhelm Prinzing in sein Tagebuch: »Ich erfahre, daß Autobedarf ihren Arbeiterstand auf 1 000 erhöhen will. Die Arbeiter sollen im wesentlichen im Fliegerhorst untergebracht werden, nur Verheiratete, an Stelle der abziehenden Dornierarbeiter, sollen im Ort Hessental stationiert werden. Die Anlage wird wesentlich vergrößert. Daneben sollen noch einige 100 Kriegsgefangene und Ostarbeiter beschäftigt werden.«[9)]

Die Forderungen wurden von Tag zu Tag größer. Kurze Zeit später verlangte Messerschmitt von der Stadt Unterkunft für 300 Personen, weil vom Fliegerhorst kein Quartier mehr bereitgestellt werden konnte. Da im August rund 1 200 Arbeitskräfte beschäftigt werden sollten, verlangte Messerschmitt bald darauf Quartier für weitere 600 Arbeiter. Vom Rat der Stadt wurden für 600 Zwangsarbeiter Baracken zugesagt, nochmals 300 sollten in Sälen von Schwäbisch Hall und Steinbach untergebracht werden. Die Praxis sah allerdings anders aus. Betriebsleiter Hannes Mißgeld vom Messerschmitt-Werk Schwäbisch Hall erhielt im Höchstfall ganze 712 Arbeiter. Zu ihnen gehörten die bereits erwähnten 120 »Ostarbeiterinnen«, ferner Angehörige des Reichsarbeitsdienstes, Strafgefangene, das Bodenpersonal der 9./ZG-26, etwa 50 Gymnasiastinnen, Schülerinnen einer 7. Klasse aus Duisburg sowie Stammarbeiter von Messerschmitt, deren Anteil etwa 50 Prozent betrug, und die dazugehörigen Flugzeugbauer sowie Meister von Blohm und Voss bzw. von Heinkel. Später kam noch eine kleine Gruppe ausgesuchter KZ-Häftlinge hinzu. Doch Messerschmitt mußte gar nicht so viele Arbeitskräfte in seinem Schwäbisch Haller Werk einstellen. Wie im Fall der Junkers Motorenwerke in Niedersachswerfen kam es billiger, wenn er die wesentlich niedrigeren Kosten für KZ-Arbeitskräfte an die SS zahlte.

Die Anzahl der indirekt für die Messerschmitt AG tätigen Kriegsgefangenen, Zwangsarbeiter und KZ-Häftlinge, die sowohl der Luftwaffe, also dem Fliegerhorst, als auch Messerschmitt von der SS des KZ Hessental vermittelt worden waren, lag wesentlich höher, als sie Betriebsleiter Mißgeld mit 712 angab.

Exakt ist sie allerdings kaum zu belegen, da die Zahl der eingesetzten Häftlinge täglich wechselte.

Nach Schwäbisch Hall lieferten Betriebe aus dem gesamten Reich Me 262-Baugruppen und -teile. Per LKW- und Bahntransport kamen komplette Tragflächen aus dem Autobahntunnel Leonberg bei Stuttgart, wo seit Februar 1944 insgesamt 2 189 KZ-Häftlinge aus dem Außenlager Vaihingen des KZ Natzweiler schufteten. Das Rumpfende mit Leitwerk lieferte Blohm und Voss in Wenzendorf bei Hamburg bzw. teilweise auch Messerschmitt, Leipheim, und den Rumpf Messerschmitt in Hagelstadt bei Regensburg. Die Bugsektion kam aus Wuppertal, später aus Regensburg-Obertraubling, während man die Triebwerkverkleidungen in Lauingen herstellte. Einen Schwerpunkt bildeten die Turbinen aus dem Junkers Motorenwerk in Muldenstein. Am 22. Juli 1944 mußte sich sogar der Jägerstab auf seiner Sitzung um die Belieferung des Schwäbisch Haller Werkes mit Triebwerken Jumo 004 kümmern. Hessental verfügte zu diesem Zeitpunkt lediglich noch über 28 Jumo 004, also über Triebwerke für maximal 14 Flugzeuge.

Alle angelieferten Teile und Baugruppen wurden in den Schuppen, die Rümpfe und Bugsektionen sowie die Leitwerke dagegen getarnt im Wald unter Buschwerk und Bäumen gelagert. Ein Vorrat an Rümpfen soll auch, gut getarnt und bewacht, in einem nahegelegenen Steinbruch abgelegt worden sein. Auf dem »Hasenbühl« lief die Montage einer kompletten Me 262 nach 12 Arbeitstakten ab wie in Leipheim. Nur die zuverlässigsten Arbeitskräfte wurden ausgesucht. Als die deutschen Arbeiter mehr und mehr an die Front abgezogen wurden, bevorzugte man deutsche Frauen und Mädchen, wie beispielsweise die Duisburger Gymnasiastinnen, die es wegen der ständigen Luftangriffe auf ihre Stadt nach Schwäbisch Hall verschlagen hatte. Das geschah vor allem, um Sabotageakten der ausländischen Arbeiter oder Häftlinge vorzubeugen, die in der Endmontage viel schwerer zu entdecken waren als in der Baugruppenfertigung. Eine Tragfläche oder Rumpfsektion durchlief bei der Flächenrüste und der Endmontage immerhin noch zwei Kontrollen vor der Endabnahme und der Einfliegerei. Nach der Endmontage folgten nur noch die Endkontrolle und das Einfliegen. Eventuell falsch angeschlossene Kabel, Leitungen und Gestänge, absichtlich vergessene oder ungesicherte Schrauben, überdrehte oder nicht fest angezogene Schraubverbindungen waren viel schwerer zu entdecken. Möglicherweise nicht einmal bei der Flugerprobung, wo sie sich bereits verhängnis-

Baugruppen (Bugsektion im Vordergrund und Rumpf) der Me 262 im Wald auf dem Hasenbühl. Rechs sind zwei Gymnasiastinnen zu sehen, die in der Endmontage arbeiteten.

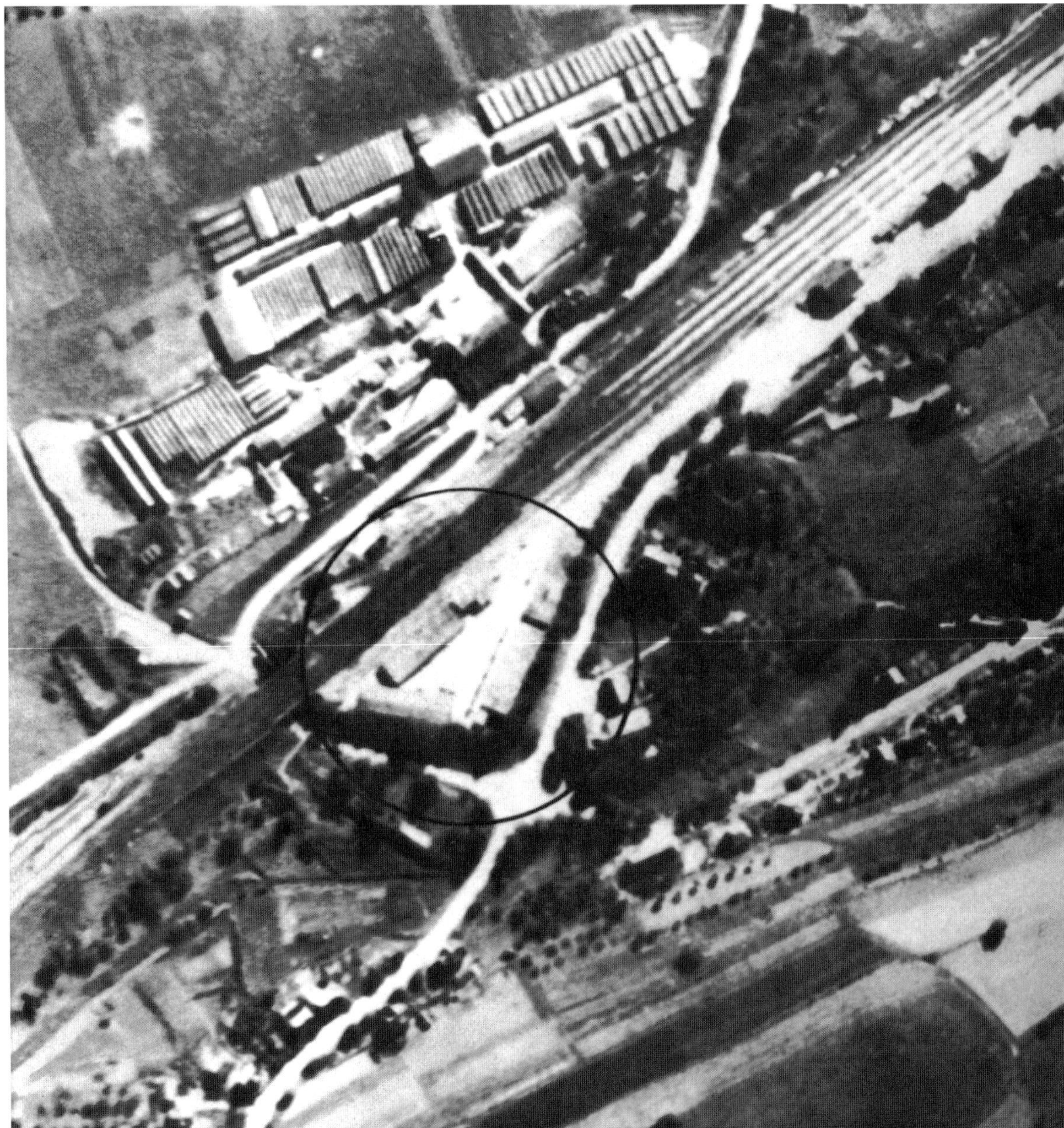

Das KZ Schwäbisch Hall, Hessental, in der Nähe des Bahnhofes.

voll auswirken konnten, sondern erst beim Einsatz, wenn es bereits zu spät war.

Nach dem Montageanlauf im Juli 1944 war für das Werk ein Plansoll von täglich 14 Maschinen vorgesehen. Schon bald spürte man jedoch, daß diese Zahl eine Utopie war. Allein die Tragflächenfertigung im Autobahntunnel Leonberg konnte diese Zahl nie erreichen. Erst im März 1945, kurz vor der Besetzung, erreichte man dort ein Monatssoll von 250 Flächen. Das neue Plansoll von Schwäbisch Hall wurde nunmehr auf sechs Flugzeuge täglich festgesetzt. Jedoch konnte auch diese Norm nur selten erfüllt werden.

Dennoch stieg der Ausstoß an Flugzeugen von

Woche zu Woche. Das wäre ohne den Einsatz von KZ-Häftlingen nicht möglich gewesen. Nur relativ wenige arbeiteten in der Endmontage der Me 262. Sie mußten vielmehr alle körperlich schweren Arbeiten leisten, um die Fertigung überhaupt sicherzustellen. Die Geschichte des Konzentrationslagers Hessental begann praktisch im Juli 1944. Am 17. dieses Monats besichtigte der Kommandant des KZ Natzweiler, SS-Obersturmbannführer Fritz Hartjenstein, den Flugplatz Schwäbisch Hall und das als Lager vorgesehene Gelände am Hessentaler Bahnhof.

Wie wir wissen, referierte am 11. Juli der Generalbevollmächtigte für den Arbeitseinsatz (GBA), Gauleiter Fritz Sauckel, in der Reichskanzlei zur Arbeitskräftelage. In den kurz zuvor stattgefundenen Beratungen des Jägerstabes mit Schmelter und Kammler ging es um die »Gestellung« von KZ-Häftlingen für die Luftrüstung allgemein und die Me 262-Fertigung im besonderen.

Nachdem am 19. August in Vaihingen ein Transport von 2 188 polnischen Juden aus Radom eingetroffen war, gingen im Oktober 600 davon erneut auf Transport. Sie trafen am 14. des Monats, zwei Tage nach Beginn der Aktion Hochleistungsflugzeuge vom 12. Oktober und der Ernennung des Anlaufbeauftragten für Messerschmitt, Direktor Franke, in Hessental ein. Drei Tage später, am 17. Oktober, übernahm der SS-Hauptscharführer August Wanninger als Lagerkommandant das nunmehrige Außenlager Schwäbisch Hall Hessental. »Unser Chef hat mir nicht gesagt, daß ich 600 polnische Juden hier übernehmen sollte. Aber das war gut so, denn damit lernte ich doch gleich den Ausschuß der Menschheit in vollkommenster Form kennen«[11], meinte Wanninger in einem Brief und charakterisierte sich auf diese Weise selbst. Am 16. November trafen weitere 200 Häftlinge, unter anderem auch 53 deutsche und ungarische Juden, in Hessental ein. Schon in der zweiten Woche ihres Aufenthaltes hatte das erste Kontingent den ersten »Abgang«, wie das die SS zynisch nannte. Im von August Wanninger unterzeichneten Wochenbericht vom 22.–28. 10. 44 ist der Name Asriel Eisenberg mit dem Zusatz genannt: auf der Flucht erschossen.

Für das Montagewerk im Wald mußten noch weitere Arbeiten geleistet werden, so unter anderem eine Straße als Verbindung zwischen Landesstraße nach Altenhausen und Fliegerhorst. Die für die fertigen Flugzeuge wichtigste war allerdings jene vom Waldwerk zum Fliegerhorst. Sie überquerte eine Bahnstrecke, an der die Schranken so eng standen, daß die Zugmaschinen oder LKW mit der fertig montierten Me 262 an der Schleppstange nicht hindurchkamen. Deshalb wurde ein zweiter, breiterer Bahnübergang geschaffen. Auch das war Häftlingsarbeit. Messerschmitt-Kontrollchef Leopold Knopf, der sie oft sah, zum physischen Zustand der bedauernswerten Geschöpfe: »Im Winter hatten sie die Ruhr, denen ist der Dreck unten nur so weggelaufen:«[12] Arbeitgeber war in diesem Fall nicht einmal offiziell die Messerschmitt AG, sondern die Bauleitung Fliegerhorst. Vom 16. bis 21. Oktober beschäftigte sie beispielsweise zwischen 550 und 448 KZ-Häftlinge.

Gerhard Schmidt-Schaun, ein Angehöriger der II. Gruppe des Nachtjagdgeschwaders 6 (II.-NJG-6), die einige Zeit mit auf dem Horst lag, berichtete nach dem Krieg: »Es waren völlig ausgemergelte, elende Gestalten … Als die Männer an unseren Mülltonnen vorbeikamen, stürzten sich einige aus dem Glied und versuchten, in den Tonnen irgend etwas Eßbares zu finden. Die Kapos schlugen mit Stangen auf sie ein. Sie gingen zurück, soweit sie nicht zusammenbrachen. Es gab viel Empörung unter uns.«[13]

Einer der wenigen überlebenden Häftlinge, Samuel A., bestätigte später, daß auch Häftlinge in der Endmontage der Me 262 eingesetzt waren. Nach SS-Hauptsturmführer August Wanningers eigener Aussage vor dem Tribunal Rastatt 1945 war der jüngste Häftling seines KZ 15 Jahre alt, der älteste jedoch 74. Und es gab keinen Pardon, beide mußten unter den gleichen menschenverachtenden Bedingungen, bei Hungerrationen ohne gründliche gesundheitliche Betreuung, schuften. Bis heute ist die Zahl der Toten nicht genau zu ermitteln gewesen. Sie beläuft sich allein bei den Verhungerten und an Krankheiten gestorbenen auf etwa 150.

Doch die genannte Zahl beinhaltet längst nicht

alle Toten von Hessental. So wurde z. B. der 17jährige Häftling Moiske Stern nur deshalb von einem SS-Angehörigen der Wachmannschaft niedergeschossen, weil er nicht aufgehört hatte, um Essen zu bitten. Ein Posten in Luftwaffenuniform verächtlich zu solchen Morden: »Ach das sind nur Juden, hier liegen einige:«[14] Nachgewiesen sind eindeutig 32 an Häftlingen begangene Verbrechen durch sogenanntes Erschießen auf der Flucht, bei schlechter Arbeitsleistung oder sogar einfach auf dem Weg von der Arbeit, wenn Posten Häftlinge im Wald zu beaufsichtigen hatten.

Nicht nur in der Endmontage, auch in der Einfliegerei waren Zwangsarbeiter beschäftigt. Der Einflugbetrieb des Schwäbisch Haller Messerschmitt-Werkes befand sich wenige Kilometer von der Waldmontage auf dem »Hasenbühl« entfernt, direkt an der Nordgrenze des Fliegerhorstes Hessental. Dazu standen eine der Hallen am Platzrand sowie einige Baracken und Fertigteilbauten zur Verfügung. Hier arbeiteten unter Leitung von Hilmar Stumm 20 Monteure, davon 10 ausländische. »Das gravierende Problem bei der Einfliegerei war«, so Stumm, »daß an den Maschinen immer wieder Teile gefehlt haben. So flog man Flugzeuge ein, an denen noch wesentliche Teile der Ausrüstung fehlten.«[15]

Die dadurch erforderlichen Nachbesserungen führten die 20 Monteure und Mechaniker im Hangar aus. Ein besonderes Problem bestand in der kompletten Ausstattung der Maschinen mit den Bordinstrumenten. Sie kamen selten in den jeweils geforderten Stückzahlen und Sortimenten von den verschiedenen Herstellern. So mußte die Endkontrolle unter Leopold Knopf mit der Einfliegerei sehr eng zusammenarbeiten, um Ausweichlösungen zu finden, da die Ablieferungstermine drängten. Im Gegensatz zur Endmontage, wo die Ausrüstung streng nach der Baumusterbeschreibung erfolgte und demzufolge fehlende Geräte auch nicht eingebaut werden konnten, mußte die Einfliegerei, um die Flugeigenschaftsuntersuchungen durchführen zu können, die Flugzeuge mit ähnlichen, jedoch baumusterfremden Geräten ausstatten. So entstanden zahlreiche uneinheitliche Modifikationen, und nicht selten mußten bei der Truppe Um- oder Nachrüstungen erfolgen.

Nachdem man solche notwendigen Modifika-

Die Me 262 A-1a mit der Werk-Nr. 110 926 aus der Schwäbisch Haller Produktion. Sie kam zur III./EJG-2.

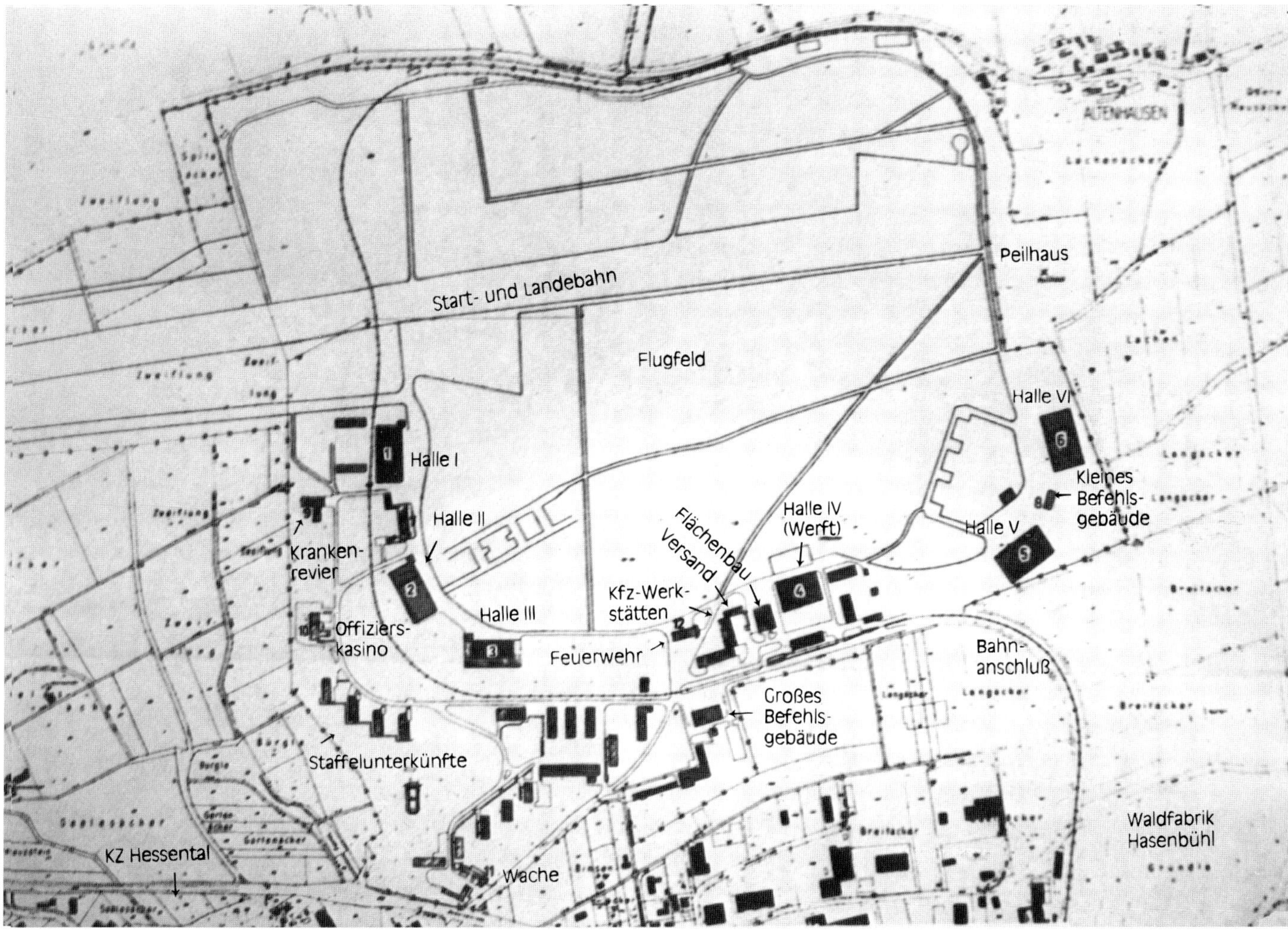

Skizze vom Fliegerhorst Schwäbisch Hall und Lage der Waldfabrik auf dem Hasenbühl.

tionen vorgenommen hatte, überprüften Einflieger, Mitarbeiter der Kontrolle und Mechaniker nochmals alle Funktionen der Maschine, wonach sie schließlich für den Erstflug freigegeben wurde.

Chefpilot Hans Wagner sowie die Einflieger Reimers, Koch und Millarz mußten nach jedem Flug eine Reihe Mängel beseitigen. Sie mußten immer wieder feststellen, daß fast jede Maschine unterschiedliche Flugeigenschaften besaß. Das war nicht zuletzt auf die primitiven Montagebedingungen und die dadurch bedingte mangelhafte Qualität zurückzuführen. Schon beim ersten Flug zeigte sich oft eine starke Kopflastigkeit oder ein Hängen der Me 262 nach der Back- bzw. der Steuerbordseite. Traten kurz nach dem Abheben von der Piste keine erheblichen Flugschwierigkeiten auf, gingen die Einflieger meist auf größere Höhe, um das Flugverhalten im Langsam- und im Schnellflug zu überprüfen, sowie die Funktionsfähigkeit und Wirksamkeit der Ruder, Klappen und übrigen Aggregate zu kontrollieren. Erkannte und von den Mechanikern beseitigte Mängel überprüfte man in einem zweiten Flug. In der Regel mußten vier oder fünf Versuchsflüge von etwa sechs bis zehn Minuten Dauer bis zur Abgabe der Maschine an den Nutzer ausreichen. Mit der Übergabe der Flugzeuge an die Piloten des Überführungsgeschwaders oder des aufnehmenden Verbandes endete die Verantwortlich-

Versuche mit Startraketen in Schwäbisch Hall.

keit der Messerschmitt-Werke für die Maschinen. Das traf nicht auf solche Flugzeuge zu, die von Einfliegern aus Kitzingen, Neuburg oder Memmingen mit dem ersten Flug übernommen wurden. Auf diesen Horsten erfolgte ebenfalls der Einflugbetrieb von Schwäbisch Hall, um der Forderung des Jägerstabes nach weitestgehender Dezentralisierung nachzukommen.

Zwischenfälle im Einflugbetrieb waren, wie in jedem Fertigungsbetrieb, nicht selten. Doch beim Einfliegen der Me 262 passierten schon wegen der neuen Triebwerktechnik und der hohen Geschwindigkeiten mehr Unfälle als bei herkömmlichen Typen. So gab es unter den Hessentaler Einfliegern auch Tote zu beklagen. Am 14. Oktober 1944 mußte z. B. Oberfeldwebel Rudolf Göpfert während eines Probefluges infolge Triebwerkausfall aussteigen. Sein Fallschirm öffnete sich jedoch nicht. Am 2. November endete der Absturz einer Me 262 für Werkeinflieger Reimers tödlich. Auch die Einflieger Koch und Oberleutnant Millarz kamen bei Probeflügen ums Leben.

Einer dieser Flüge wäre beinahe auch Chefpilot Hans Wagner zum Verhängnis geworden. Im Stechflug aus größerer Höhe hatte er den Geschwindigkeitsmesser nicht ständig im Blickfeld gehabt. So geriet die Maschine plötzlich mit 1 014 km/h in den Bereich örtlicher Machstörungen. Die Triebwerkverkleidungen rissen ab und auch sonst wies das Flugzeug Deformationen auf.

Da in Schwäbisch Hall beträchtliche Teile des KG-51, insbesondere die gesamte II./KG-51, mit der Me 262 aufgerüstet wurden, mußte das Werk anfangs auch die Modifikationen zum Baumuster Me 262 A-2a, der Schnellstbomber-Ausführung mit einer auf zwei Mk-108 verringerten Bewaffnung und einem Zusatzkraftstoffbehälter im Rumpf, ausführen. Als die Ausstattung der II. Gruppe begann, kam die zusätzliche Ausrüstung mit Borsig-Starthilfsraketen hinzu. Diese Gruppe des KG-51 war nämlich für den Einsatz auf dem Fliegerhorst Essen-Mühlheim vorgesehen, der jedoch über eine für die Bomberausführung zu kurze Startpiste verfügte. So war der Einsatzstart mit voller Bomben- und Kraftstoffzuladung nur mit Starthilfsraketen möglich.

Die Messerschmitt-Werke hatten bereits 1943 mit dem Versuchsmuster Me 262 V-5 grundlegende Eignungsversuche mit zwei Startraketen unter dem Rumpf durchgeführt. Doch waren keine serienmäßigen Beschläge zur Anbringung der beiden Rheinmetall-Borsig-109 505-Feststoffraketen von je 500 kp Schub gefertigt worden. So entwickelte die Schwäbisch Haller Einfliegerei diese Beschläge, um zunächst Startversuche mit den beiden elektrisch gezündeten Diglykol-Raketen unternehmen zu können. Diese Tests flog Chefpilot Hans Wagner selbst.

Der erste Startversuch mißlang, da die Zündung nicht funktionierte. Auch der zweite Versuch ging daneben. Zwar beschleunigte die Me 262, doch nach kurzer Brenndauer – sie betrug insgesamt nur sechs Sekunden – rissen sich die Raketen von den Beschlägen los und zischten wild über den Platz. Der Gruppe der beobachtenden Monteure und leitenden Mitarbeiter blieb nur noch die volle Deckung. Eine der beiden Starthilfen schlug nach ihrem steuerlosen Zickzackflug wenige Meter vor der Me, in der Wagner saß, brennend auf.

Erst der dritte Versuch verlief normal. Wagner hatte bei 100 km/h die Starthilfen gezündet, und die Me 262 ging sofort in den Steigflug bis auf 1 000 Meter Höhe. Dann waren beide Raketen ausgebrannt. Auch der weitere Flug, der Übergang zum Horizontalflug und die Landung verliefen normal, nachdem der Chefpilot in geringer Höhe über dem Platz die beiden ausgebrannten Starthilfen abgeworfen hatte.

Hätten die Bürger von Schwäbisch Hall und Umgebung gewußt, wie gut die Bildauswerter und Stäbe der RAF, der 8. USAAF und der 15. USAAF über die Vorgänge auf dem Fliegerhorst Hessental informiert waren, sie hätten keine ruhige Minute mehr gehabt.

Den Einfliegern war es unverständlich, daß einer der zahlreichen Befehle, die den Einflugbetrieb regelten, kategorisch untersagte, die Flugzeuge zur Erprobung aufzumunitionieren. Zumindest hätten die von den kämpfenden Einheiten der Luftwaffe abkommandierten Einflieger mit Luftkampferfahrung den Aufklärern relativ schnell ein Ende bereiten können. Diese Aufgabe sollte erst im Januar 1945 ein Industrieschutzschwarm erhalten. So aber blieben die alliierten Aufklärer, meist waren es britische Spitfire, Mosquitos oder Lightnings, unbehelligt. »Zum ersten Male«, so hieß es im Auswertungsbericht Nr. L 211 vom 28. Juni 1944 der 106. Recon. Group der RAF, »wurden am 25. 6. 44 Me 262 in Schwäbisch Hall gesehen, das 50 Meilen nordwestlich von Leipheim liegt. Fünf Maschinen waren sichtbar, vier davon standen einzeln in Abständen entlang der Nordgrenze. Mindestens zwei schienen keine Turbinenverkleidungen zu haben. Möglicherweise wurden Spuren, die auf Düsenflugzeuge hinweisen, in der Nähe der Startbahn gesehen und es könnte bemerkenswert sein, daß zwei provisorische Schuppen kürzlich auf dem Flugplatz errichtet wurden. Zuvor waren nur einige Jäger hier festgestellt worden, die Flugzeuge, die gewöhnlich hier gesehen wurden, schlossen die Typen He 177, Do 217 K-2 und Do 217 ein«[16] Man war also genauestens informiert, selbst über den Barackenraum und andere Einzelheiten, wie die Belegung des Platzes. Solche Aufklärungsergebnisse von Bildflügen wurden meist noch durch Aussagen Kriegsgefangener ergänzt. Ein Bericht der Abteilung »Prisoner of War Interrogation Branch« des britischen Luftfahrtministeriums besagte zum Beispiel, ein deutscher Kriegsgefangener habe ausgesagt, in Leipheim und Schwäbisch Hall würden Schnellbomber, Jäger und Afklärungsflugzeuge des Typs Me 262 und seiner Varianten gebaut. Zumindest von den Aufklärerversionen der Me 262 wußten bis dahin die Briten noch gar nichts. Der vertrauliche RAF-Auswertungsbericht Nr. L 265 vom 8. November 1944 geht sehr ausführlich auf weitere Details ein, die eine Bildauswertung erbrachte: »Seit mehr als vier Monaten sind nun Me 262 in größer werdenden Stückzahlen auf dem Flugplatz Schwäbisch Hall gesichtet worden und die letzte Aufklärung beweist große Aktivität in Zusammenhang mit diesen Maschinen. Obwohl kein bestimmtes Foto als Beweisstück für die Endmontage auf diesem Flugplatz existiert, haben die letzten ADIK-Berichte die Tatsache erhärtet, daß sowohl die technische wie auch die taktische Fortentwicklung dort vorgenommen wird. Im folgenden wird eine Zusammenfassung der vor kurzem beobachteten Aktivitäten in Schwäbisch Hall gegeben. Eine kurze Darstellung über Flugplatzeinrichtungen ist auch enthalten, wobei es interessant ist festzuhalten, daß ähnlich wie in Leipheim und Lechfeld, ein Großteil der Wartung der Me 262 in einiger Entfernung von den großen Flugzeughallen ausgeführt wird.

(i) **Lage** 40°07'00'' Nord
09°47'00'' Ost

Der Flugplatz Schwäbisch Hall liegt 31 Meilen nordöstlich von Stuttgart und 2 1/4 Meilen östlich der Stadt Schwäbisch Hall.

(ii) **Flugplatzeinrichtungen**

Zu den Gebäuden des Flugplatzes, die an dessen südlicher Begrenzung liegen, gehören sechs große Flugzeughallen. Eine dieser Hallen ist zur Zeit äußerst schwer beschädigt und zwei andere sind noch teilweise beschädigt, was ein Ergebnis der letzten Angriffe ist. Baumaßnahmen, die wahrscheinlich mit der Me 262 zusammenhängen, sind die Errichtung von drei mit Tarnnetzen bedeckten Baracken und einige Gebäude aus Fertigteilen, die entlang der nördlichen Begrenzung des Flugplatzes liegen. Es gibt keinen Schießstand für Bordkanonen auf dem Flugplatz, aber eine Anzahl von Gewehrschießplätzen, die im Südosten liegen, ähnlich denen, die von Me 262 in - Leipheim benutzt werden. Die einzige Startbahn ist 2 000 Yards lang.

(iii) **Me 262 Aktivitäten**

Die ersten Me 262 wurden am 25. 6. 44 in Schwäbisch Hall festgestellt. Seitdem ist ihre Zahl allmählich angestiegen und schließlich wurden am 1. 11. 44 14 Me 262 gesichtet. Die meisten der Me 262 werden entlang der nördlichen Begrenzung des Flugplatzes verstreut abgestellt und viele Hinweise auf Düsenflugzeuge und damit zusammenhängende Aktivitäten konnten in diesem Gebiet festgestellt werden. Die neuen Abstellplätze nördlich des Flugplatzes sind bis jetzt nur von verschiedenen Bombern benutzt worden.

Im September wurde klar, daß die Me 262 auch in den beiden westlichen Hallen untergebracht waren, aber seit dem Angriff vom 13. 9. 44 (durch den diese beiden Hallen beschädigt wurden) sieht es so aus, als ob derartige Aktivitäten nun in die danebenliegenden Hallen an der südlichen Begrenzung überstellt worden seien. Bis jetzt konnten keine Me 262 Bauteile in Schwäbisch Hall festgestellt werden, aber im Juni wurden zwei der Me 262 ohne Düsentriebwerke gesichtet.

(iv) **Andere Aktivitäten**

In der Vergangenheit waren die Aktivitäten in Schwäbisch Hall hauptsächlich in Verbindung mit Übungsflügen von Bombern zu sehen, und ein Teil davon wird auch sicherlich in dieser Richtung weitergehen. Die meisten Bomber (hauptsächlich He 177, He 111, Do 217 K-2 und Ju 88) stehen jetzt jedoch in weiten Abständen verstreut nördlich des Flugplatzes, und es besteht der Grund zu der Annahme, daß nur noch eine Flugzeughalle für diese Maschinen benutzt wird.

Vertraulich Verteiler Nr. 38«[17]

Die Besorgnis der Schwäbisch Haller Bevölkerung nach dem Einzug der Messerschmitt-Werke wuchs. Bereits am 21. Juli hatten 105 Boeing B-17 »Flying Fortress« der 303. Bombardement group »Hells Angels« sowie der 379. und 384. Squadron der 8. UAAF den Fliegerhorst angegriffen mit dem Auftrag, die Me 262-Fertigung zu vernichten. Doch der Bombenteppich lag schlecht. Auf dem Horst selbst entstanden keine Schäden, auch nicht auf der Baustelle »Hasenbühl«. Nur in der Umgebung wurden zwei Scheunen, einige Stallungen und Wohngebäude beschädigt.

Das war jedoch nicht der einzige Angriff auf die Messerschmitt-Werke. Bereits zwei Tage zuvor war Leipheim das Ziel gewesen. Memmingen, Kempten und Augsburg folgten. Während einer Besprechung der leitenden Mitarbeiter der Firma »Autobedarf Schwäbisch Hall« mit dem Bürgermeister der Stadt ging es auch um diese Frage. Die Messerschmitt-Leute befürchteten in absehbarer Zeit weitere und schwerere Angriffe auch auf dieses Werk. Der Bürgermeister dazu in seinem Tagebuch: »Ich erklärte, daß es eigentlich unverantwortlich sei, einen solchen Betrieb ausgerechnet in die schönste und altertümlichste Stadt Württembergs zu verlegen und zu einem Hauptbetrieb auszubauen, doch hilft es ja alles nichts, man muß eben fabrizieren. Sie erklärten mir weiter, daß überall dort, wo der Betrieb zusammengehauen worden sei, einfach im Freien weitergearbeitet werde, und überall sei die Leistung gestiegen.«[18]

Die Befürchtungen sollten nur allzu bald Wirklichkeit werden. Bereits am 13. September 11.15

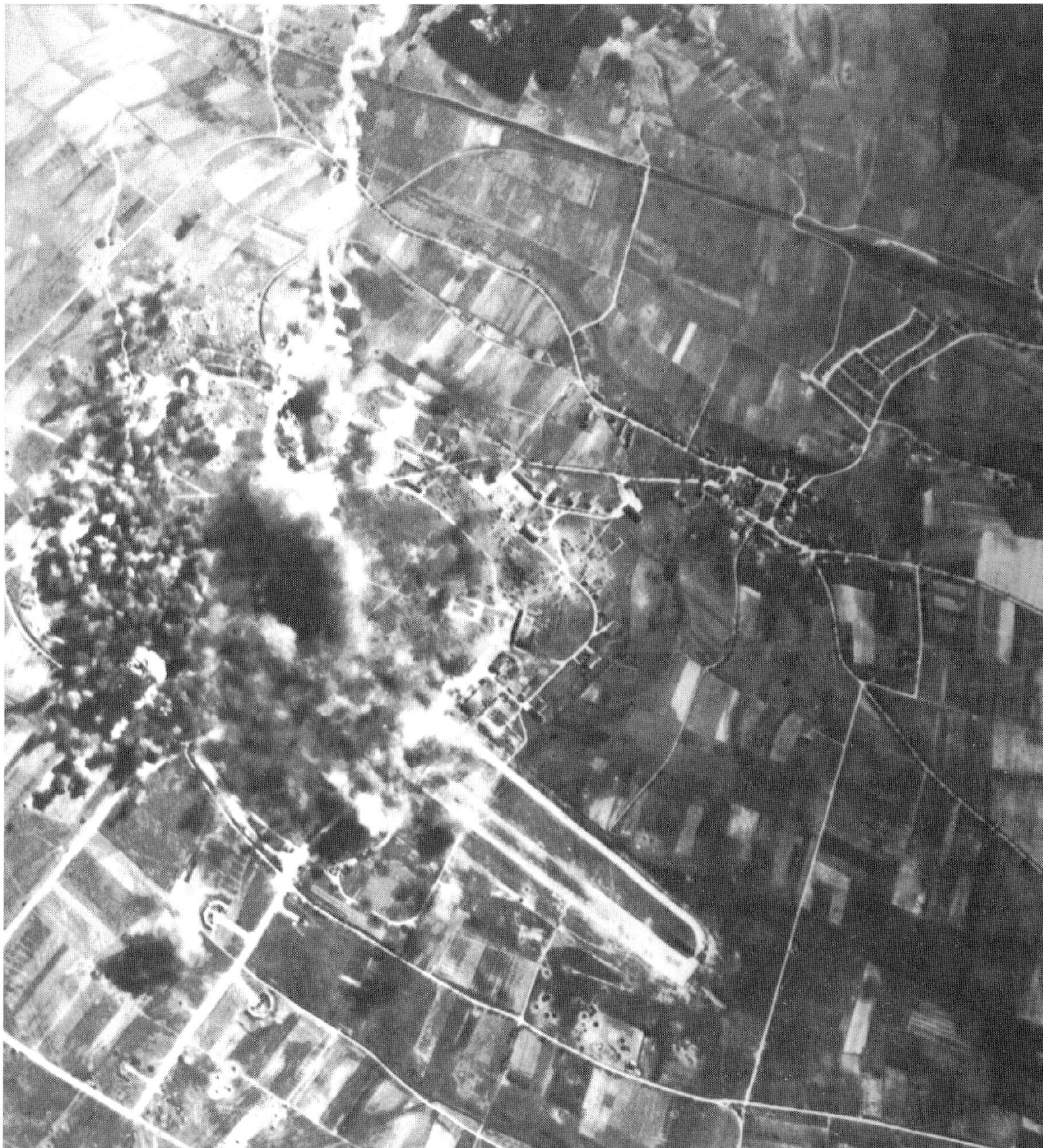

Der Fliegerhorst Schwäbisch Hall im Bombenhagel am 22. März 1945. Ganz oben, Mitte: Die Waldfabrik auf dem Hasenbühl. Gut sichtbar die helle Linie der Zufahrtsstraße, auf der die fertigmontierten Me 262 von der Waldmontage zum Fliegerhorst geschafft wurden.

Uhr griffen 179 B-24 »Liberator«-Bomber den Flugplatz erneut an und warfen ihre tödliche Last nicht nur ins Ziel, sondern auch auf den Ortsteil Hessental, der die schwersten Zerstörungen während des Krieges erlitt. Es war aber nur ein Opfer zu beklagen. Dafür gab es schwere Schäden. Insgesamt wurden 10 Wohngebäude völlig, sieben schwer und ein weiteres mittelschwer zerstört. 29 wiesen leichtere Schäden auf. Die evangelische Kirche und das Spritzenhaus der Feuerwehr wurden ebenfalls zerstört, Rathaus, Farrenstall und Schule beschädigt. Hinzu kamen 25 zerstörte Landwirtschaftsgebäude, wie Scheunen, Ställe und Schuppen. Für den Fliegerhorst war es einer der nachhaltigsten Angriffe überhaupt: Die Halle I wurde durch Volltreffer total vernichtet, die Hallen II und VI trugen schwere Schäden davon und die Hallen III, IV und V leichte Beschädigungen. Sechs Me 262, sechs Ju 88 und eine FW 44 hatten die Bomben zertrümmert, je eine Me 262, Ju 88, Do 217 und He 111 wiesen Schäden auf. Wie durch ein Wunder gab es hier »nur« einen Toten und sechs Verletzte. Bürgermeister Prinzing wandte sich nunmehr an die Leitung der Messerschmitt-Werke »Autobedarf Schwäbisch Hall«. In einem Schreiben vom 9. Oktober 1944 forderte er Unterstützung beim Bau eines Luftschutzstollens für die Bevölkerung. »Wer die Gefährdung der Bevölkerung herbeiführt, muß auch etwas dazu beitragen, um die Bevölkerung schützen zu helfen, denn im Gegensatz zu der Firma Autobedarf wird die Haller, Hessentaler und Steinbacher Bevölkerung nicht auf Lastwagen und Omnibussen weitab vom Angriffsziel geführt, sondern die Bevölkerung muß an Ort und Stelle ausharren.«[19]

Bis zum 25. Februar 1945 hatte Schwäbisch Hall Ruhe vor Bombenangriffen. In den Monaten dazwischen dürften auch die größten Ausstoßstückzahlen erreicht worden sein, denn die Baulose umfaßten in dieser Zeit 50, 98 und 95 Me 262. Die aufnehmenden Einheiten und Verbände übernahmen die Flugzeuge allerdings nur in einem Fall direkt in Schwäbisch Hall, sondern zumeist auf anderen Plätzen, so beispielsweise die I./KG(J)-54 in Giebelstadt, die III./KG(J)-54 in Neuburg/Donau, die III./EJG-2 in Lechfeld, das KG-51 in Rheine und Essen-Mühlheim sowie der JV-44 in Brandenburg-Briest. Man wollte auf jeden Fall Konzentrationen vermeiden. Nur die I./NAGr.-6 übernahm ihre Flugzeuge direkt in Schwäbisch Hall, und zwar staffelweise. Die

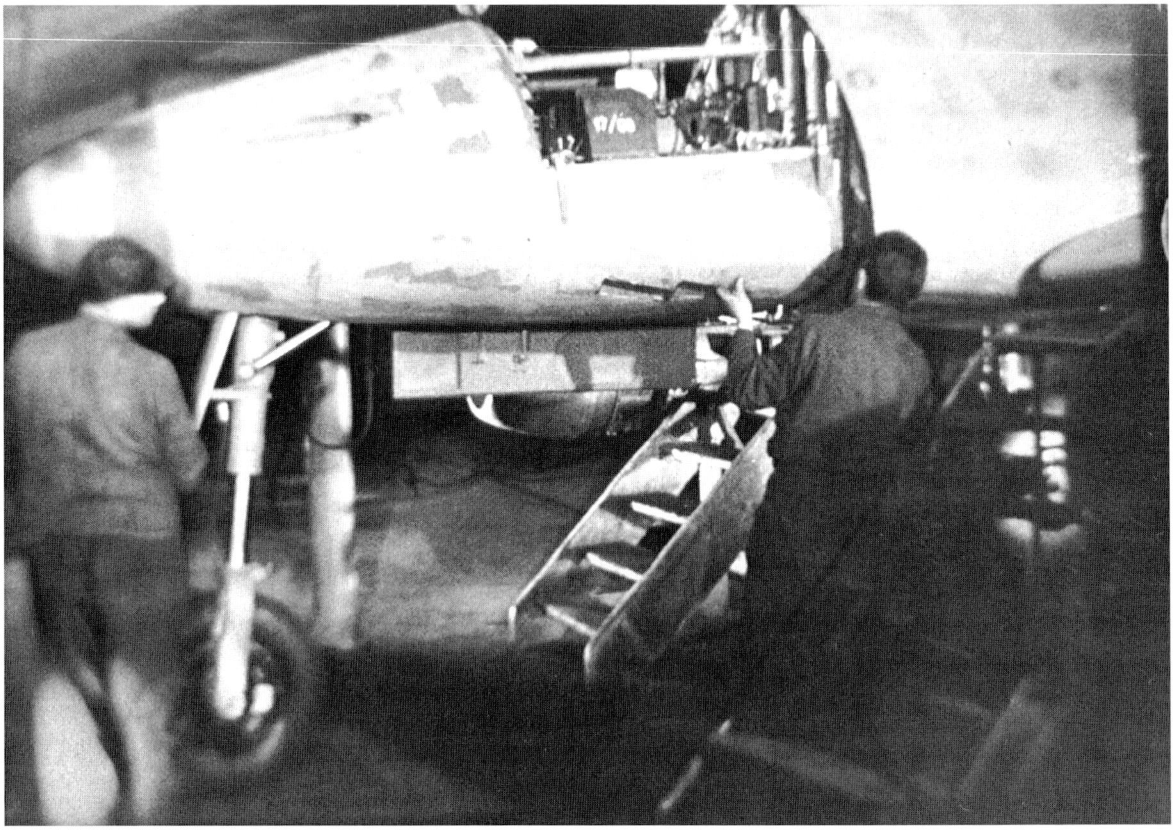

Montage der Bugsektion einer Me 262

2./NAGr.-6 tat dies in der Zeit vom 6. bis zum 27. Februar 1945 sowie die 1. Staffel und der Gruppenstab vom 28. Februar bis zum 19. März, so daß jeweils nur geringe Flugzeugkonzentrationen auf dem Platz vorhanden waren. So entdeckten denn auch die Bomber der 15. USAAF, von Italien kommend, beim Überfliegen des Horstes am 14. Februar nur sieben Me 262 und die 458. Bomber Group der 8. USAAF bei ihrem Angriff am 25. Februar nur 17 Me 262. An diesem Tag luden um 12.03 Uhr 92 B-24 Liberator ihre Bombenlast erneut über dem Horst ab und verursachten große Gebäudeschäden, die Start- und die Landebahn blieben jedoch intakt. Den letzten Angriff von großer Wucht erlebte Schwäbisch Hall am 22. März 1945, als 333 von insgesamt 1 323 eingesetzten USAF-Bombern Schwäbisch Hall, Kitzingen und Giebelstadt bombardierten. Bereits bei Giebelstadt gerieten sie in Luftkämpfe mit sechs Me 262 und Me 163. Bei Ulm und Lechfeld griffen nur je eine Me 262 und Me 163 den Verband an und nahe Ansbach drängten die P-51 des Begleitschutzes einige Me 262 von den Bombern ab. Eine Me 262 wurde bei Schwäbisch Hall von Mustangs angeschossen und drehte ab. Von organisierter Gegenwehr konnte in diesen Monaten kaum noch die Rede sein. 3 718 Bomben wurden abgeworfen, 1 500 Einschläge erkannt, davon rund 1 000 auf dem Flugfeld und mehr als 150 direkt auf der Betonpiste. Sämtliche Hallen waren total zerstört, ebenso die Unterkünfte stark beschädigt worden. Der Platz mußte für einige Tage als einsatzunklar abgeschrieben werden.

Dennoch lief die Produktion auf dem »Hasenbühl« fieberhaft weiter, während die KZ-Häftlinge die Schäden auf der Start- und der Landebahn beseitigen mußten. Nicht eine einzige Bombe hatte nämlich die eigentliche Produktionsstätte im Wald getroffen. Sie war bis zu diesem Zeitpunkt immer noch nicht erkannt worden. Das geht eindeutig aus einer alliierten Luftgeheimdienst-Zusammenfassung No. 70 für die Woche bis zum 11. März hervor, in der es über Luftbilder von Schwäbisch Hall, die am 14. Februar von der aus Italien kommenden 15. USAAF aufgenommen wurden, u. a. heißt: »Die aufgenommenen Fotos zeigten jedoch nur sieben Me 262 auf dem Flugplatz. Es könnte sein, daß die Endmontage, die früher hier durchgeführt wurde, nach Obertraubling oder Neuburg verlegt worden ist.«[20] Das aber war ein Irrtum.

Der Taktwechsel war zeitlich genau festgelegt

Man wäre ihm wahrscheinlich nicht verfallen, hätte man von Anfang an der im Sommer von den Häftlingen neugebauten Straße vom Forst über die Bahnlinie die gebührende Aufmerksamkeit geschenkt. Anhand ihrer Spur wäre die Entdeckung des Waldwerkes sicher möglich geworden. Stattdessen glaubten die Fotoauswerter stets, neue Anzeichen für eine Fertigung in den Hallen des Flugplatzes entdeckt zu haben. Einmal waren es am 8. Februar die gelagerten »Tragflächen und Rümpfe hinter einer der großen Flugzeughallen ...«, ein anderes Mal, am 14. Februar, die Flugzeuge »... in der Nähe der beiden südöstlichen Flugzeughallen ...«, die sie in ihrer Ansicht bestärkten, die Montage erfolge auf dem Platz. Als alle Hallen zerstört und auf dem gesamten Horst keine Baugruppen mehr zu entdecken waren, nahm man irrtümlicherweise an, die Fertigung sei verlegt worden und nur noch Einheiten auf dem Platz stationiert.

So lief die Produktion, wenn auch unter Zulieferschwierigkeiten und durch Transportprobleme täglich unkontinuierlicher werdend, relativ ungestört weiter. Bereits am 23. Februar 1945

Blick in die Montagebaracke einer Waldfabrik

hatte ein amerikanischer Bomberverband den Bahnhof von Schwäbisch Hall angegriffen und zerstört. Auf den Straßen sorgten immer mehr Jagdbomber dafür, daß die LKW-Transporte erheblich behindert wurden. Außerdem gerieten von Tag zu Tag mehr Zulieferbetriebe in die Hände der Alliierten oder mußten verlagert werden, was ebenfalls mit Produktionsausfällen verbunden war. Auch der Einflugbetrieb geriet allmählich in diesen Sog. Seine technische Basis war zertrümmert, jetzt mußten alle Arbeiten im Freien erfolgen. Doch mit den KZ-Häftlingen wurden selbst die großen Schäden vom 22. März 1945 rasch beseitigt. So verließen in den letzten acht Märztagen mindestens noch 22 Me 262 das Band auf dem »Hasenbühl«. Die Farbgebung, die offensichtlich bis dahin in einem Teil einer unzerstörten Halle vorgenommen worden war, fiel einfach weg. Nur die Hoheitszeichen spritzte man provisorisch auf.

Inzwischen näherte sich die Front unaufhörlich, so daß eine Räumung des Platzes unerläßlich schien. Schon am 19. März hatte die auf dem Horst stationierte II./NJG-6 den Räumungsbefehl erhalten. Sie sollte bis Ende des Monats die Verlegung abgeschlossen haben, allerdings zu dem Zeitpunkt noch mit der Begründung, den Platz für die Me 262-Bombergruppe II./KG-51 freizumachen. Als die letzten Angehörigen der Nachtjagdgruppe den Platz verließen, begann auch Messerschmitt über Ostern mit der Räumung des Wer-

Unter Tarnnetzen wird die fertige Me 262 aus der Montagebaracke oder dem Zelt gerollt.

Fertigmachen zum Kompensieren

Kurz vor dem Testflug

Eingeflogene Me 262 zur Übergabe an die Luftwaffe

kes. Verlagerungsort war das Messerschmitt-Werk Kuno-I bei Burgau.

Man schrieb Gründonnerstag, den 29. März, als auf dem »Hasenbrühl« das hektische Treiben zur Demontage des Fließbandes begann und Vorrichtungen, Werkzeuge, Geräte, Teile und Baugruppen zum Transport nach Burgau bei Leipheim vorbereitet wurden. Bis zu diesem Tag verborgen geblieben, wurden schließlich zwei, im Durcheinander des Aufbruchs ungetarnt am Waldrand abgestellte Me 262 von amerikanischen Flugzeugen entdeckt. Die Räumungsarbeiten verliefen sehr zügig. Auch hier mußten Häftlinge den Abbau der Anlagen und das Verladen vornehmen. Man hatte bei Messerschmitt in Neuburg/Donau die Sprengung der letzten noch fertiggestellten Me 262 erwogen. Durch die rechtzeitige Instandsetzung der Startbahn erübrigte sich dies. So setzte Chefpilot Helmut Kaden in Neuburg sofort einige Einflieger in Marsch, die am 29. März in Schwäbisch Hall eintrafen.

Am 30. März starteten gegen Mittag kurz nacheinander die letzten 22 nagelneuen Turbojäger von der Piste in Hessental Richtung Osten. Sie sollten in Neuburg landen. Auch die Hessentaler Einflieger waren dabei. Nur Chefpilot Hans Wagner blieb am Boden zurück, um den Abtransport der Einrichtungen zu überwachen.

Am 2. April 1945 befanden sich nur noch das Nachkommando der Messerschmitt-Werke, die II./KG-51, und ein paar zufällig auf dem Platz gelandete Flugzeuge dort. Die Piloten der acht P-47 Thunderbolt der 526. Fighter Squadron erkannten »... vermutlich 14 Flugzeuge« auf dem Horst. Vier Me 163 wollen sie gesehen haben, 5 Me 262, 2 Me 210 und eine He 111. Wahrscheinlicher jedoch neun Me 262 und statt der Me 210 eher die Me 410. Drei Me 262 sollen den Angaben zufolge beschädigt worden sein, davon eine im startklaren Zustand.

Nach der Verlegung der II./KG-51 (um den 5. April) nach Nürnberg-Fürth sprengten Pioniere die Flugplatzeinrichtungen, soweit diese noch intakt waren. Die Schwäbisch Haller Messerschmitt-Leute kamen bei Kuno I in Burgau gar nicht richtig zum Ausladen ihrer Einrichtungen, geschweige denn zum Montieren. Bereits am 25. April packten sie erneut alles zusammen und verlagerten über Landsberg nach Füssen bzw. nach Innsbruck. Hier endete Anfang Mai die Geschichte des Schwäbisch Haller Werkes der »Autobedarfs GmbH«.

Am 17. April 1945 drangen Truppen des 254. th Infanterieregiments der US-Army in Schwäbisch Hall ein. Sie nahmen sich Zeit mit der endgültigen Besetzung der Stadt, da immer noch versprengte Einheiten der Wehrmacht, der Luftwaffe und der SS in diesem Raum operierten. Erst

Eine der beiden Me 262, die am 29. März 1945 von den Amerikanern auf dem Hasenbühl entdeckt worden waren.

am 19. April besetzte das 255. th Infanterieregiment den Fliegerhorst und einen Tag später die unzerstörte Endmontagestätte von Messerschmitt auf dem »Hasenbühl«.

Was die KZ-Häftlinge in den Tagen seit dem 2. April erlebt hatten, war fast unbeschreiblich. Am 2. April, nach dem Abzug Messerschmitts aus Hessental, traf im KZ-Außenlager ein Zug von rund 200 Häftlingen des Lagers Kochendorf ein. Die SS hatte sie aus dem Hüttener Wald, wo kurzzeitig weitere 1 500 Kochendorfer Häftlinge auf dem Evakuierungsmarsch lagerten, kurzerhand nach Hessental geschickt, weil sie nicht mehr marschfähig waren. 47 Tote blieben im Wald zurück. Auch Häftlinge des Lagers Neckarselz kamen nach Schwäbisch Hall Hessental. Es war nicht mehr zu ermitteln, woher vier oder fünf Waggons mit 300 eingesperrten Häftlingen stammten, die in diesen ersten Apriltagen ganz überraschend auf dem Bahnhof Eckartshausen standen. Bericht eines Zeugen: »Soweit sie noch dazu fähig waren, schrie'n einzelne, man solle sie endlich umbringen, nach Wasser, Mutter ....[21] Zwei Tage lang.

Nach Unterlagen des Internationalen Roten Kreuzes kamen am 14. April 1945 insgesamt 266 Häftlinge des Todesmarsches in Dachau an, einen Tag später weitere 27. Mindestens 560 Hessentaler KZ-Häftlinge, das konnte ermittelt werden, mußten auf diesen Marsch gehen. Hinzu kamen aber jene 200 Kochendorfer Häftlinge, die aus dem Hüttenwald nach Hessental mußten, jene

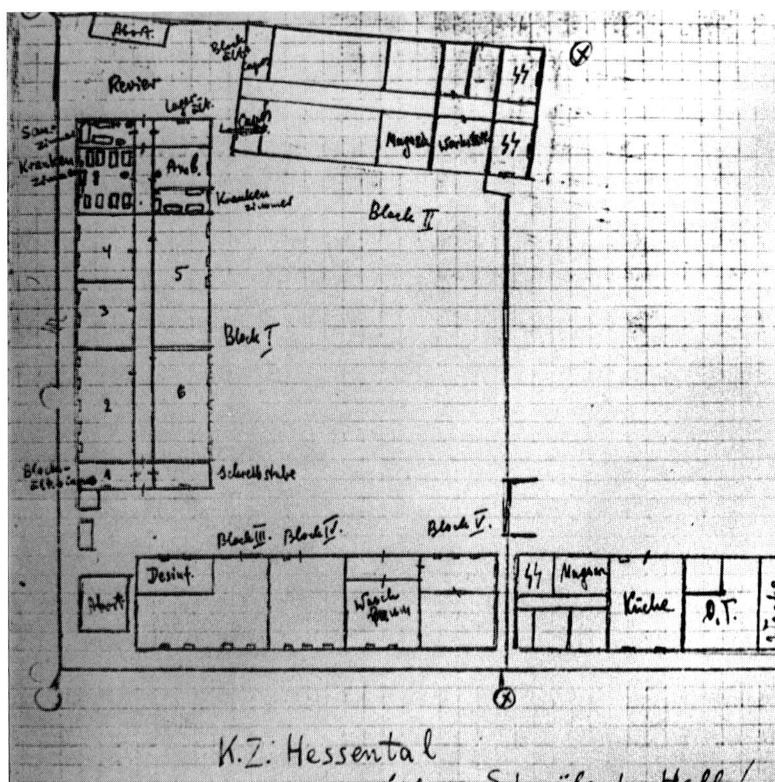

Übersichtsskizze des KZ Hessental bei Schwäbisch Hall, gezeichnet von dem Arzt Dr. Henryk Fenigstein.

42 ermordete KZ-Häftlinge des Todesmarsches wurden nach Kriegsende bei Zöbingen exhuminiert

unbekannte Zahl aus Neckarelz sowie die 1 200 Kochendorfer, die direkt aus dem Hüttenwald weitergetrieben wurden. Mehr als 2 000 also gingen auf den Marsch, doch nur 293 überlebten.

Die Flucht: Am 30. März 1945 um 13.45 Uhr war die Me 262 mit der Werknummer 111 711, von Schwäbisch Hall kommend, auf dem bereits von den Amerikanern besetzten Rhein-Main-Flughafen in Frankfurt gelandet. Es war die »erste« vollintakte Me 262, die den Amerikanern in die Hände fiel. Flugzeugführer war Unteroffizier Hans Fay, der von der Luftwaffe zum Messerschmitt-Einflugbetrieb Neuburg/Donau kommandiert war, und der den Auftrag hatte, eine der letzten 22 in Schwäbisch Hall produzierten Maschinen nach Neuburg zu überführen.

Helmut Kaden, Flugkapitän und Chefpilot der Serieneinfliegerei der Messerschmitt AG Neuburg, praktisch Fays Vorgesetzter, vermutete später: »Zu dieser Zeit rief der Soldatensender Calais Messerschmitt Piloten dazu auf, mit ihren Flugzeugen auf dem bereits in alliierter Hand befindlichen Flugplatz Lachen-Speyersdorf zu landen. 50 000 Dollar Prämie, freier Überflug nach Amerika und freie Entwicklungsmöglichkeiten in Amerika wurden versprochen.«

»Den Entschluß, mit einer Me 262 zu den Alliierten überzuwechseln, hatte Hans Fay nicht erst in Hessental gefaßt. Bereits an Weihnachten 1944 und dann wieder an Januar 1945 informierte er seine Eltern in Lachen-Speyersdorf über sein Vorhaben.« (S. Koziol in »Rüstung, Krieg und Sklaverei«, Anmerkung 228, S. 149).

Dazu Hans Fay selbst: »Da ich schon lange das Geschehen in Deutschland als eine unnatürliche Entwicklung ansah, war ich gegen es eingestellt, wie meine Familie. Als Soldat und unter Druck der politisch entfesselten Massen war Widerstand nicht möglich … Meine Absicht war, dadurch mitzuhelfen, dem unsinnigen Morden ein Ende zu bereiten und den Totengräbern einen Schlag zu versetzen, die auch schließlich meinen gefallenen Bruder auf dem Gewissen haben.« Im zweiten Abschnitt eines streng geheimen amerikanischen Vernehmungsberichtes schrieb Major Ernst Englander vom US-ADI (K) über Fay: »Dieser Pilot entstammt einer intellektuellen und künstlerischen Familie, die bereits 1935 gegen die Nationalsozialisten eingestellt war. Es ist ihr gelungen, nicht mit dem Nazi-Regime in Schwierigkeiten zu kommen. Ein jüngerer Bruder war schon zu Beginn des Krieges eingezogen worden und wäh-

Me 262 (Wk.-Nr. 111 711) aus der Schwäbisch Haller Produktion, unten auf dem Rhein/Main Flughafen in Frankfurt, nachdem sie von Hans Fay zu den Amerikanern überflogen worden war.

Die Fay-Maschine während des Nachfliegens in den USA.

rend des Polenfeldzuges gefallen. Eine Schwester wurde zum Kriegsdienst in einer Flak-Scheinwerferbatterie nahe Hannover verpflichtet und blieb einfach für den Rest ihrer Dienstzeit während des Urlaubs im Dezember 1944 zu Hause.« (Siehe auch vollständiges Vernehmungsprotokoll Major Ernst Englanders in englischer Sprache, abgedruckt in »Messerschmitt Me 262« Aviation Publication, Washington 1978, S. 5). Und im letzten Abschnitt des Vernehmungsprotokolls faßte Major Englander zusammen: »Fay macht nicht den Eindruck eines Opportunisten, und er scheint es nur zu bedauern, daß die Amerikaner seine Heimatstadt nicht eher erobert haben, so daß er sein Flugzeug und sich selbst eher zu den Alliierten bringen konnte. Er wurde auf seinen Charakter und seine allgemeine Zuverlässigkeit hin überprüft. Seine Familie wurde ebenfalls von einem Vernehmungsoffizier besucht. Man kann davon ausgehen, daß Fay in gutem Glauben ohne Hintergedanken handelte, und daß er aus seiner Überzeugung heraus handelte. Er ist als glaubwürdig zu betrachten.« Übrigens landete am 21. April 1945 Oberfähnrich Hans Guido Mudke, von Lechfeld aus gestartet, in Dübendorf/Schweiz. Mudke hatte seine Ausbildung bei der III./EJG-2 in Lechfeld gerade beendet. Er besaß bereits eine Einsatzmaschine der III./JG-7 und sollte nach Prag–Ruzine zu seiner Einsatzeinheit fliegen. Auch er entzog sich diesem sinnlosen Kampf.

Donau Moorkultur AG in Neuburg[22]

Bereits Anfang Oktober 1944 wurde der Einflugbetrieb der Me 262 weiter dezentralisiert. Auch der Fliegerhorst Neuburg/Donau gehörte zu den für diese Aufgabe ausgewählten Plätzen. In Neuburg bestanden besonders gute Bedingungen. Der Horst besaß eine 2 500 Meter lange Betonpiste in Ost-/Westrichtung, sechs große Hallen mit entsprechenden Abstellflächen und ein gutes Rollbahnnetz. Hinzu kamen drei östlich von Feldkirchen gelegene Betonbunker, die ebenfalls zum sicheren Abstellen von Flugzeugen genutzt werden konnten. Ein Waldstück bot gute Tarnmöglichkeiten, auch für eine eventuelle Waldmontage. Der gesamte Komplex lag südöstlich von Neuburg. Laut geheimer Liste des Luftgaus VII gehörte er zum Flughafenbereich Neubiberg und trug die Fliegerhorstnummer 720.

Anfang Oktober war der Platz nach der Übersicht des Kriegstagebuches Luftgau VII von der 1./Ergänzungskampfgruppe He 177 (1./Erg KGr. 177) und der 4. Ergänzungsstaffel, Teilen der II./KG-51 mit Me 262 sowie der III./KG(J)-54 mit Me 262 belegt. Letztere hatte erst am 1. Oktober 1944 das zusätzliche (J) in ihrer Bezeichnung erhalten und begann ebenso wie die Staffel der II./KG-51, es kann sich nur um die 6./KG-51 gehandelt haben, mit der Umrüstung auf Me 262. Ab 1. November 1944 kamen noch die I./KG-40 und ab 6. November die IV.(Erg.)/KG-40 mit He 177 hinzu, die ebenfalls auf Me 262 umgerüstet und als I./KG(J)-40 eingesetzt werden sollten. Schließlich trafen Anfang Dezember 1944 die 10. und die 12. Staffel der IV.(Erg.)/KG-51 in Neuburg ein und formierten sich ab Ende Dezember als IV./EKG-1 zur Ausbildung von Me 262-Bomberpiloten, speziell für die beiden Gruppen des KG-51 Schnellbombergeschwaders. Diese Gruppe verblieb bis zum 19. April 1945 auf dem Horst, um danach in München-Riem aufgenommen zu werden. Ihr folgte die III./KG(J)-54, die bis zum 11. April 1945 in Neuburg disloziert war. Teile der II./KG-51 verblieben dort ebenso wie die IV.(ERG.)/KG(J)-40 bis zum 30. März, während die I./KG(J)-40 bereits am 25. Februar 1945 verlegt bzw. aufgelöst worden war. Ob und wieviele Me 262 diese beiden Gruppen je erhielten, konnte bisher nicht ermittelt werden.

Als Anfang Oktober die Hauptabteilung Serieneinfliegerei der Messerschmittwerke den Horst mit belegte, gaben alle diese Einheiten und Verbände ihre Ju 88 und He 177 ab, um danach auf den Turbojäger umzuschulen. Neuburg wurde von diesem Zeitpunkt an, im Gegensatz zu Lechfeld, das Mekka der Me 262-Kampfflieger und der Kampfjäger.

Leiter der Serieneinfliegerei in Neuburg wurde Flugkapitän Helmut Kaden, sein Stellvertreter hieß Schlinz. Kaden erhielt von der Rüstungsinspektion auf dem Platz drei feste Gebäude zugewiesen und durfte die Startbahn benutzen. Die einzufliegenden Me 262 kamen vorwiegend aus dem Messerschmitt-Werk »Autobedarf Schwäbisch Hall«, aber auch vom Gerätebau Leipheim. Zunächst lief der gesamte Einflugbetrieb unter dem Decknamen »Moorkultur« ab. Auf dem Fliegerhorst benötigte man viele Arbeitskräfte. Hier griff man auf Kriegsgefangene zurück. Bereits am 10. Oktober 1944 wurde ein Kontingent im Saal des Gasthofes Wanner in Untermaxfeld untergebracht. Weitere Kriegsgefangenenlager mit den Nummern 3396, 4040 und 3272 entstanden vor dem Fliegerhorst. Deren Belegungsstärke ist jedoch nicht bekannt.

Der Oktober 1944 war für Neuburg ein hektischer Monat. Überall wurde neubelegt, neueingerichtet, und der Horst gewann zunehmend an Bedeutung. So kam Anfang Oktober der Luftnachrichtenzug des KG 54 hinzu, und das Personal schlug seine Zelte im Schulsaal von Untermaxfeld auf. Auch technisches Personal der Junkers Motorenwerke zog von München-Allach nach Neuburg und fand in der Turn- und Boxhalle sein Domizil. Ursprünglich war geplant, die I./KG(J)-40 in Schwäbisch Hall auf die Me 262 umzurüsten. Das weist ein Dokument des Luftgaukommandos VII vom 27. Oktober 1944 aus. Da dort jedoch bereits die II./NJG-6, die II./KG-51 und der Messerschmitt-Montagebetrieb mit seiner Einfliegerei lagen, gab es erhebliche Unterbringungsschwierigkeiten. Am 10. November befahl das Luftgaukommando – nunmehr für Schwäbisch Hall bereits nicht mehr zuständig – »für die nächsten Tage« eine Teilverlegung der I./KG(J)-40 von Neuburg nach Lichtenau 716. Ein Befehl des OKL-Führungsstabes vom 26. November 1944 ordnete jedoch die sofortige Verlegung nach Schwäbisch Hall an, und das Luftgaukommando gab einen Tag später diesen Befehl weiter. Offensichtlich wurden beide Befehle wenig später widerrufen, denn zumindest Teile der I./KG(J)-40 sowie der Gruppenstab lagen noch bis zum 6. Februar 1945 mit He 177 und einigen Me 262 in Neuburg, wogegen eine Unterbringung in Schwäbisch Hall und Lichtenau bisher nicht bekannt geworden ist. Dort lag seit dem 27. November nur die Luftwaffen-Sanitätsgruppe der IV./KG(J)-40 im HJ-Heim. Dafür kam aber noch nach dem 27. November auch die 10./KG-51 von München-Riem nach Neuburg, so daß hier nun die gesamte Gruppe untergebracht war. Am 6. Dezember gelangte auch der IV. Zug 4./768 der Flak von München-Riem nach Neuburg, um den Platzschutz zu verstärken. Unmittelbarer Anlaß war wohl der zwei Tage zuvor erfolgte Jabo-Angriff von 20 Thunderbolts auf den Horst.

In den folgenden Wochen und Monaten herrschte reger Flugbetrieb in Neuburg, denn die Serieneinfliegerei hatte nicht nur die Maschinen aus Schwäbisch Hall und Leipheim zu überführen, sondern auch jede neue Maschine gründlich einzufliegen, bevor sie an die übernehmenden Einheiten und Verbände ausgehändigt wurde. Diese wiederum führten einen intensiven Umschulungsbetrieb durch, und es dürfte wohl nur wenige Schlechtwettertage gegeben haben, an denen keine Me 262 über Neuburg, Feldkirchen oder Zell hinwegdonnerte.

Die Folgen blieben nicht aus. So stürzte am

13. Januar – während des Anfluges auf den Horst – der Unteroffizier Helmut Born, einer der Serieneinflieger in Neuburg, mit seiner brandneuen Me 262 ab.

Anfang Februar gelangte ein weiterer Verband nach Neuburg. Es handelte sich um die I./EKG-1, welche Flugzeugführer für das KG-76 und die Aufklärereinheiten mit Ar 234 auf Me 262 und Ar 234 umschulte. Sie kam aus Gardelegen, weil sich die dortige Startbahn für die Me 262-Umschulung als zu kurz erwiesen hatte. Bereits ausgebildete Einsatzpiloten der II./KG(J)-54 fanden sich mit den Gardelegener Verhältnissen allerdings relativ gut zurecht. Die I./EKG-1 verlegte nach anderthalb Monaten, so um den 15. März herum, nach Dänemark.

Anfang Februar 1945 muß die Entscheidung gefallen sein, in Neuburg eine Endmontagelinie in Betrieb zu nehmen. Konkrete Anhaltspunkte oder Dokumente dafür waren bisher jedoch nicht aufzufinden.

Für Februar/März 1945 weist der Katalog des Suchdienstes des Internationalen Roten Kreuzes ein kleines selbständiges KZ-Nebenlager Neuburg/Donau aus. Bis zu 6 Häftlinge unterstanden der Fliegerhorstkommandantur.

Für die Zeit vom 6. bis zum 27. Februar befand sich auch der Stab II.(Erg.)/KG(J) am Platz. Die Führerkurierstaffel unter Hauptmann Talk mit Me 262 muß sich ebenfalls einige Zeit, von Rechlin kommend, in Neuburg aufgehalten haben, ohne jedoch in den Belegungsübersichten erwähnt zu werden. Ab 15. Februar 1945 wurden jedenfalls sieben Flugzeugführer dieser Staffel zur Hauptabteilung Serienfliegerei der Messerschmitt AG abkommandiert, so u. a. Oberleutnant K. Hofrichter, Flugzeugführer und Funkoffizier der Staffel.

Ab 21. Februar wurden auch Messerschmitt-Gefolgschaftsmitglieder in Bruck, Maxweiler und in Zell einquartiert. Nach einem Schreiben der Fliegerhorstkommandantur sollten ferner 500 Wehrmachtshelferinnen in Notquartieren untergebracht werden.

Damit war das Personal für die inzwischen aufgebaute oder kurz vor der Fertigstellung befindliche Waldmontage, die im Untereichet, einem Waldstück bei Zell, lag, zusammengezogen. Ein schnurgerade verlaufender Waldweg, durch Montagezelte überdeckt und getarnt, diente als Montagestraße. Er wird heute noch Fliegerstraße genannt. Die fertigmontierten Flugzeuge konnten unmittelbar aus der »Halle« auf eine Zufahrtstraße gerollt werden, welche zunächst die Bahnlinie in leichtem Bogen überquerte und später ebenfalls schnurgerade zur Startbahn führte.

Der genaue Zeitpunkt des Beginns der Endmontage in Neuburg ist bisher nicht zu ermitteln gewesen. Doch dürfte er in der zweiten Hälfte des Monats Februar 1945 gelegen haben. Von da an fertigte die Montagelinie unter der Tarnbezeichnung »Donau Moorkultur AG«. Der vorgesehene Ausstoß sollte nach Aussagen des Werkeinfliegers in Neuburg, Uffz. Hans Fay, 100 Me 262 monatlich betragen. Doch wurden höchstens 80 Stück erreicht. Insgesamt dürften nicht viel mehr als 100 Flugzeuge die Waldmontagelinie der »Donau Moorkultur AG« verlassen haben. Wenn auch die Montagelinie nie direkt zerstört wurde, so wirkten sich doch eine Reihe von Angriffen auf den Fliegerhorst recht nachhaltig auf die Serienmontage und die Einfliegerei aus.

Den Auftakt zum Finale gab bereits am 4. Dezember 1944 ein Jabo-Angriff von 20 P-47 Thunderbolts, die kurz vor 13.00 Uhr rund 15mal in 500 bis 300 Meter Höhe über den Platz hinwegjagten, und die vor allem jedes erkannte Flugzeug unter Feuer nahmen. Zu diesem Zeitpunkt war der Horst mit 66 Flugzeugen, davon 42 »Silber«, wie die Me 262 genannt wurde, belegt. Hinzu kam eine Anzahl anderer Flugzeuge, die zum Ausschlachten bereitstanden.

In der Abendmeldung der Fliegerhorstkommandantur an den Luftgau mußten fünf Flugzeuge, davon zwei »Silber« als total, drei »Silber« als mittelschwer, zwei Flugzeuge, nämlich eine Ju 290 A und eine He 177, als schwer beschädigt gemeldet werden, obwohl die Flugzeuge gut aufgelockert abgestellt waren. Zwei Me 262 erhielten Durchschüsse, die jedoch leicht repariert werden konnten. Eine Lagerbaracke brannte ab. In der Nachmeldung des Horstkommandanten mußten jedoch zwei He 177 als total zerstört abgeschrieben werden.

Doch dieser Angriff war nichts gegen die folgenden. Ein erster größerer Angriff erfolgte am 16. Februar 1945, als 263 B-24 Liberator die Messerschmitt-Werke in Regensburg angriffen, von denen 21 Bomber unter dem Schutz von 20 Ligthnings und 10 Mustangs der 15. USAAF auf Neuburg eindrehten. Sie warfen aus 7 000 Metern Höhe 30 Tonnen Sprengbomben auf den Nordosten, Osten und Süden des Horstes. Sie trafen den Kasernenbereich und den großen Unterkunftsblock. Der Angriff verlief ungestört. Die Platzflak reichte nicht bis in diese Höhe, und eine einzige FW 190, die versuchte, einen B-24-Nachzügler anzugreifen, fiel der amerikanischen Jägereskorte zum Opfer. Die Bomberbesatzungen konnten keine zerstörten Flugzeuge ausmachen. Auch die Ic-Meldung des OKL-Führungsstabes sprach nur von drei leicht beschädigten Me 262. Es gab vier Tote auf dem Horst. Doch allein die III./KG(J)-54 vermerkte zwei völlig zerstörte Me 262 und 18 beschädigte.

In einer Blitzaktion wurden nun von Brauereien große Festzelte besorgt und aufgestellt; das Luftgaukommando VII in München kommandierte eine größere Anzahl von Flugzeugklempnern ab, und in Tag-und Nachtschichten machte man die Flugzeuge wieder flugklar. Sieben Tage später, am 23. Februar, folgte ein weiterer Jaboangriff von Mustangs und Thunderbolts der 8. USAAF. Zwei Me 262 wurden zerstört, zwei leicht beschädigt.

Im März 1945 – die Strahljägerverbände konnten zwar im vorletzten Kriegsmonat keine entscheidende Rolle mehr spielen, sie hatten sich aber bei den Bomberverbänden bemerkbar gemacht – fand eine Serie von Angriffen auf Strahljägerplätze, Montagestätten und Einrichtungen statt. Der erste größere Angriff auf Neuburg erfolgte am 19. März. 125 B-24 der 2 nd. und 14th Combat Bombardement Wing griffen in Wellen von 14.46 bis 14.51 Uhr den Horst an und warfen 285 Tonnen Bomben, darunter 88 Tonnen Brandbomben ab. Getroffen wurden vor allem der Unterkunfts- und der Hallenbereich sowie das Strabag Kriegsgefangenenlager im Ostteil. Nach US-Angaben wurden mindestens 16 Flugzeuge beschädigt. 10 Personen kamen ums Leben. Die Flak reichte wiederum nicht bis 4 900 Meter Höhe und bemühte sich gar nicht erst um eine Abwehr.

Den stärksten und nachhaltigsten Angriff erlebte der Fliegerhorst Neuburg am 21. März 1945. Von 11.43 bis 14.13 Uhr, fast zweieinhalb Stunden lang, flog Welle um Welle von 364 B-24 Liberators unter dem Jagdschutz von 191 Mustangs den Platz an. Die 15. USAAF, aus dem Süden Italiens kommend, warf 800 Tonnen Bomben, von denen natürlich auch viele in der Stadt Neuburg ihr Ziel fanden. Der Flugplatz wurde regelrecht umgewühlt.

432 Tonnen dieser gewaltigen Last waren Splitterbomben, die alles zersiebten, wohin sie fielen. Auch dieses Mal wieder traf der Hauptanteil den Unterkunfts- und Hallenbereich, der zu 80 bis 90 Prozent zerstört wurde. Auch im Auflockerungsbereich gingen zahlreiche Spreng- und Splitterbomben nieder, so daß die USAAF nach dem Einsatz mindestens 21 zerstörte Flugzeuge meldete, jedoch 30 Me 262 nach Ansicht der Besatzungen verschont blieben. Nur eine Me 262 näherte sich dem Verband, griff ihn aber nicht an. Trotzdem gingen zwei B-24 verloren. Als um 15.40 Uhr ein Aufklärer den Platz überflog, stellte er viel Personal und Fahrzeuge auf der Startbahn fest, woraus die Auswertungsstellen den Schluß zogen, daß die Piste bereits wieder ausgebessert wurde. Die Ic-Meldung des Luftwaffenführungsstabes vermerkte 12 zerstörte und 38 beschädigte Me 262. Bedenkt man die gewaltige Bombenlast, so erscheinen 11 Tote fast noch wie ein Wunder. Und noch einmal sollte die 15. USAAF zuschlagen. Anlaß dazu waren wohl die nur eine Stunde nach dem Höllenbombardement begonnenen Reparaturarbeiten an der Piste. An diesem 24. März, genau um 12.03 Uhr, dröhnten 28 Minuten lang 269 Liberators der 15. Luftflotte über den Platz und warfen 563 Tonnen Splitterbomben auf den Unterkunfts- und den Hallenbereich.

Die Startbahn sei wieder intakt und alle Bombenkrater aufgefüllt gewesen, meldeten die Besatzungen der Bomber nach ihrer Rückkehr. 20 Me 262 und 22 einmotorige Jäger zählten die Bomberbesatzungen in der Luft.

Doch sie wagten die waffenstarrenden alliierten Bomber nicht mehr anzugreifen. Vermutlich

Waldmontage der »Donau Moorkultur AG« in Neuburg/Donau nahe Zell.

handelte es sich bei den Turbos nur um zuvor vom Horst gestartete Maschinen, die es vorzogen, auf Ausweichplätzen zu landen. Wiederum waren sechs Tote zu beklagen. Die Ic-Meldung nannte 14 zerstörte Me 262 und 36 beschädigte Flugzeuge. Insgesamt wurden bei allen Angriffen 42 zerstörte »Silber« gezählt. Bei einer Addition der Ic-Meldungen kommt man jedoch nur auf 32 zerstörte, 79 beschädigte und 38 leicht beschädigte. Möglich also, daß von den 117 beschädigten Maschinen nur 10 vollständig abgeschrieben werden mußten.

Am 3. April 1945 meldete die USAAF: Neuburg/Donau als Strahlerflugplatz ausgeschaltet. Man muß sich wohl kurz danach korrigiert haben, denn als am 9. April mehr als 1 000 Bomber die süddeutschen Strahlerplätze und deren Bodenorganisation angriffen, gehörte auch Neuburg wieder zu den Zielen. Allerdings waren es dieses Mal nur 65 »Fliegende Festungen« B-17 der USAAF, die ihre 173 Tonnen Sprengbomben hauptsächlich auf die Start- und Landebahn sowie die Abstellflächen südlich der Startbahn warfen. Verluste wurden von keiner der beiden Seiten mehr notiert, obwohl sie dieses Mal größer als zuvor gewesen sein müssen, denn erstmals waren ausschließlich Abstellflächen und der Auflockerungsbereich Ziel des Angriffs. Messerschmitt bezifferte danach seinen Gesamtschaden an Gerät und Einrichtungen auf 2 Millionen Reichsmark.

Dennoch ist kaum zu glauben, daß 10 Tage später, am 19. April, die aus den Resten der

IV.(Erg.)/KG-1 gebildete IV. Einsatzgruppe-51, also eine Einheit der KG-51, in Staffelstärke durch den in Leipheim stationierten Stab/KG-51 operativ eingesetzt wurde und von Neuburg aus noch Feindflüge flog. Neuburger Bürger können sich noch daran erinnern, daß man nach den letzten Bombardierungen wieder den Flugbetrieb aufnahm.

Am 26. April begann das Übersetzen des 157th. und 180th. Infanterieregiments der US-Army über die Donau und am 27. wurde auch der Fliegerhorst Neuburg besetzt. In der Meldung der 45. Infanterie Division wurde danach von 3 908 Gefangenen, einem besetzten Flugplatz mit 6 bis 8 erbeuteten Flugzeugen, einer zerstörten Radarstellung in Illdorf, 2 erbeuteten Tankwagen mit Dieselkraftstoff und zwei 175-mm-Kanonen gesprochen. Das war das Ende der »Donau Moorkultur AG«.

Die Me 262 A-1a/Jabo mit der Werk-Nr. 111 711. Sie benutzte Werkpilot Hans Fay für seine Flucht zu den Amerikanern.

REIMAHG Kahla

Die Hermann-Göring-Werke in Großeutersdorf bei Kahla, Teil des Gustloff-Konzerns, waren das einzige unterirdische Werk, in dem noch in den letzten Wochen des Krieges komplette Me 262 in Lizenz der Messerschmitt-Werke montiert und an die Luftwaffe abgeliefert wurden.

Das Kapitel REIMAHG dürfte eines der beschämendsten in der Geschichte der deutschen Luftfahrt sein. Während des einjährigen Bestehens dieses Werkes mußten 6 000 Menschen aus 10 Ländern Europas ihr Leben lassen. Rund 16 000 vegetierten ein Jahr lang unter den menschenunwürdigsten Bedingungen dahin.

Am 8. März 1944, acht Tage nach der Gründung des Jägerstabes, hatte Sauckel sich an Göring gewandt und ihm die Errichtung eines unterirdischen Flugzeugwerkes im Raum Kahla vorgeschlagen.

Einen Monat später erhielt die Direktion der Gustloff-Werke, der die Waffenfabriken in Suhl, Weimar und Schmiedefeld, ferner die Werkzeugmaschinenfabrik Heymer und Pilz AG in Meuselwitz sowie die Hirtenberger Patronenfabrik angehörten, eine Anordnung des Gauleiters Sauckel: »Für das Unternehmen Kahla: vorbehaltlich der Zustimmung des Herrn Reichsmarschalls sollen die bei Kahla und Pößneck zu errichtenden Betriebe den Namen ›Reichsmarschall‹ führen. Die Vorbereitungen für die Unterbringung der Arbeiter muß in einem dafür bestens und schnellstens vorzubereitenden Stollen, also untertags, erfolgen. Es wird in drei Schichten à 8 Stunden, also ohne Unterlaß Tag und Nacht gearbeitet. Ab 10. April ersuche ich um täglichen Kurzbericht über Anlauf und Stand der Arbeiten.«[23]

Die Geschichte dieses Werkes begann eigentlich bereits im Sommer 1943. Am 28. Juli 1943 fielen aus den Bombenschächten der B-17 und B-24 der 8. USAAF rund 150 Spreng- und 4 000 Brandbomben auf die Fertigungshallen der AGO Flugzeugwerke GmbH Oschersleben/Bode. Hier wurde zu diesem Zeitpunkt das Jagdflugzeug Fw 190 A-8 als Lizenznahme von Focke Wulf, Bremen, in Großserie gefertigt. AGO war dabei von allen Lizenznehmern, einschließlich des Stammwerkes Bremen, der am kostengünstigsten produzierende FW 190-Betrieb. 49 Tote und 148 Verletzte forderte der Angriff auf das Werk. 40 Flugzeuge wurden zerstört. Der Gesamtschaden an Gebäuden, Maschinen und Anlagen sowie Erzeugnissen betrug nach einem Geschäftsbericht der Firma 9 Millionen Reichsmark.

Vor und während der »Großen Woche« im Januar und Februar 1944 erfolgten weitere Angriffe auf die Stadt und das Werk. Bereits nach dem ersten Angriff waren einige Betriebsteile der AGO-Werke verlegt worden. So die Teileschlosserei in die Kalischächte von Hadmersleben und die mechanische Werkstatt in die Firma Schmidt und Söhne in Oschersleben. Im Januar 1944 begann im Städtchen Auerbach bei den ARWA Strumpfwerken, der A. Robert Wieland KG, die Rumpfmontage der FW 190 A-8.

Die entstandene Lage nutzten Sauckel und der Gustloff-Konzern aus, um sich in den Besitz der AGO Flugzeugwerke zu bringen, deren Stammkapital von 5,5 Millionen Reichsmark sich zu 96,4 Prozent im Besitz der AEG bzw. der Finow Kupfer- und Messingwerke AG befand. Der Rest von 3,6 Prozent gehörte den Stahlwerken Mark in Wengen. »Um das Ziel der Übernahme des Werkes zu erreichen, fanden mehrere Aussprachen zwischen Sauckel und Generalfeldmarschall Milch statt. Sauckel erhielt von Milch die Zusage aller Unterstützung. Milch teilte am 11. Mai 1944 in einem Fernschreiben dem Generaldirektor der AEG, Geheimrat Bücher, mit, daß im Raum Thüringen eine unterirdische Großfertigung von Flugzeugen aufgenommen werden solle mit dem Ziel, einer Lieferung von monatlich 500 Flugzeugen des Baumusters FW 190. Das bisherige Fertigungsprogramm der AGO sah die Produktion von nur 100 bis 120 Flugzeugen vor und sollte bis zu 250 Stück gesteigert werden. Da die Verlagerung des Baumusters in eine unterirdische Produktionsstätte bisher noch nicht vorgesehen war, unterstützte Milch deren Verlagerung in den Stollen des Walpersberges.«[24]

Der Generaldirektor des Gustloff-Konzerns, Karl Beckurts, führte wegen des Kaufvertrages mehrere Besprechungen im RLM mit Oberst Diesing und Oberst Thomas vom Technischen Amt, da sich auch die Junkers Flugzeug- und Motorenwerke AG Dessau für AGO interessierten. Durch Sauckels gute Beziehungen zu Milch ließ letzterer ein einziges Mal die Interessen seines Lieblingskonzerns außer acht. Er konnte nicht ahnen, daß er damit Messerschmitt zu Lizenzgebühren für die Me 262 verhelfen sollte, deren Fertigung er im Sommer 1944 immer noch in die Verantwortung der Junkers-Werke legen wollte.

Damals, im Mai 1944, bestanden die AGO-Flugzeugwerke aus 18 Betriebsteilen, sogenannten Stellen:

Stelle 1	Oschersleben Stammwerk
Stelle 2	Zweigwerk Bleiche
Stelle 3	Zweigwerk WAGO Eschwege
Stelle 4	OKA-Spez.-Masch.-Fabrik Otto Kremling, Hadmersleben
Stelle 5	ARWA A. Robert Wieland KG Auerbach/Erzgeb.
Stelle 6	Fliegerhorst Halberstadt
Stelle 7	Salzwerke Westeregeln GmbH, Egeln Schacht 2 Hadmersleben
Stelle 8	Kupferwerke Ilsenburg AG, Ilsenburg
Stelle 9	Wegeleben
Stelle 10	F. W. Wieland Textilwerke Auerbach
Stelle 11	W. R. Hofmann, Hormersdorf/Erzgeb.
Stelle 12	Lederbetrieb W. Lindekugel, Wolmirstedt
Stelle 13	Fliegerhorst Quedlinburg
Stelle 14	Textil Syndikat Gelenau/Erzgeb.
Stelle 15	Fa. Rösler, Gelenau/Erzgeb.
Stelle 16	Fa. Bauer, Thum/Erzgeb.
Stelle 17	Front Rep.-Betrieb GL Nr. 2681 (AGO) Cravant/Frankreich

Stelle 18 Front Rep.-Betrieb GL Nr. 2681 (AGO) Werk Tours/Frankreich

Alle diese Betriebe sollten letztendlich im Walpersberg bei Großeutersdorf untergebracht werden. Dieses unterirdische Werk aber mußte zunächst ausgebaut werden und das erforderte wiederum Arbeitskräfte und deren Unterbringung im Raum Kahla.

Zwischen den einzelnen Firmen der Flugzeugindustrie war ein Konkurrenzkampf zur Erlangung von unterirdischen Produktionsstätten entbrannt. Den o. g. hatte Sauckel für sich entschieden. SS-Führer Pohl sagte in Nürnberg dazu aus, daß »über die Erlangung solcher unterirdischer Betriebsstätten der Flugzeugindustrie ein lebhafter Wettstreit zwischen den einzelnen Firmen bestand«, und daß der Sonderwaffenbeauftragte Kammler, der engstens mit der Baugruppe Schlempp zusammenarbeitete, noch vor dem IG Farben Konzern die größte Anzahl von KZ-Häftlingen »besonders für die Verlagerung«[25] beschäftigte.

Eingang zum Porzellansandstollen im Walpersberg. Weitere Stollen wurden für die REIMAHG gebaut und mit Maschinen ausgerüstet.

So erschienen in den April- und Maitagen 1944 bei den Bauern rund um Kahla die Vollstrecker Sauckels, um ihnen die Beschlagnahme ihres Landes zu verkünden. In Großeutersdorf wurden 102 Hektar beschlagnahmt, in Bibra 45, in Kahla 7,5, in Orlamünde 2,5 und in Gumperda 5,5. Zum großen Teil handelte es sich um fruchtbares Ackerland. »Der bäuerlichen Bevölkerung von Großeutersdorf entzog man damit die Lebensgrundlage und viele Bauernhöfe konnten nicht mehr existieren. Lange Zeit waren noch immer 68 ha unbrauchbar. Insgesamt betrug der Schaden an Feldern und Wiesen (zu damaligen Preisen, M. J.)

154 000 Mark. Die Waldeinbuße machte ebenfalls einen Betrag von 154 000 Mark aus. Gebäude- und Materialschäden wurden mit 200 000 Mark registriert und die Schäden an Obstanlagen und Gartenland mit 96 000 Mark.«[26)]

Am 11. April 1944 begannen die Bauarbeiten in den Stollen der ehemaligen Sandgrube des Kahlaer Porzellanwerkes und am Mittelhang des Walpersberges. Wenige Tage danach ordnete Kreisleiter Müller von der NSDAP Jena an, daß der Saal der Gaststätte »Rosengarten« in Kahla innerhalb von drei Tagen für die Unterbringung von 500 italienischen Zwangsarbeitern hergerichtet werden müsse. Dieser Saal war kurz zuvor baupolizeilich gesperrt worden, doch das störte die NSDAP keineswegs. Während die ersten 500 abgezehrten, vom Transport und von Zwischenlageraufenthalten zermürbten italienischen Zwangsarbeiter via München pünktlich in Kahla eintrafen und zunächst den Rosengarten bezogen, konferierte Sauckel mit dem Jägerstab, dem GL-Amt und der AEG in Permanenz. Noch nicht einmal im Besitz der AGO Werke, schien sich Sauckel des Geschäfts doch ziemlich sicher zu sein. Schon am 15. Mai wurde das Unternehmen offiziell in REIMAHG (Reichsmarschall Hermann Göring) umbenannt. In der Urkunde über die Gründung und den Zweck der Betriebsgruppe REIMAHG innerhalb der »Nationalsozialistischen Industriestiftung Gustloff-Werke« wurde festgelegt:

»... Die Werke bestehen aus:
1. dem Werk Kahla, genannt A (Adolf)
2. dem Werk Großkamsdorf, genannt E (Erich)
3. dem Werk Krölpa (Reserveplanung), genannt F.

Zweck der Werke ist die Herstellung von Hochleistungsflugzeugen (Zelle und Triebwerk) für die deutsche Luftwaffe.«[27)]

Mit der Leitung der Bauarbeiten am Walpersberg bei Großeutersdorf war ab April 1944 das Architektenbüro Ernst Fleming, Weimar, beauftragt. In einem geheimen Bericht über das Bauvorhaben »Lager Saaletal« vom 6. Mai 1944 wurde der Stand der Arbeiten dargelegt. Danach waren fünf Firmen sowie einige kleinere Handwerksbetriebe der Umgebung eingesetzt. Die größte Firma, Dyckerhoff und Wiedmann, Nürnberg, mit 48 deutschen Facharbeitern sowie 170 italienischen Zwangs- und 255 Ostarbeitern, arbeitete in den Zugangsstollen I, II und III und traf Vorbereitungen für den Einschnitt zum Zugangsstollen IV. Die Begradigungsarbeiten in den Stollen wurden fortgesetzt, wobei ein Teil bereits fertig zum Ausbetonieren der Tunnelgewölbe war. Des weiteren wurden Vorbereitungen für das Legen von Gleisen und Kompressorleitungen in den Stollen getroffen. Die Siemens-Schuckert-Werke Erfurt richteten zwei Trafostationen und die Stollenaußenbeleuchtung ein. Insgesamt waren zu dieser Zeit lediglich 73 deutsche Fachleute, 187 italienische und 390 polnische bzw. sowjetische Zwangsarbeiter, darunter 153 Frauen, direkt am unterirdischen Objekt beschäftigt. Doch das sollte sich bald ändern.

10 Tage später beauftragte Sauckel kommissarisch Ingenieur Heinrich Eisen mit der technischen Leitung des Werkes REIMAHG. Sauckel hatte diesen Mann auf »eine entscheidende und dramatische Weise» kennengelernt, den er sofort mit Göring zusammenbrachte. »Eisen soll den Mut aufgebracht und eine entscheidende Darstellung der gesamten deutschen Jägerfertigung gegeben haben, die Sauckel an Hitler heranbrachte und nach der dann das Steuer herumgerissen wurde.«[28)]

Inwieweit dabei die Me 262 bereits eine Rolle spielte, ist dokumentarisch bisher nicht belegt. Offensichtlich bestimmte dies jedoch wenige Monate später den Entscheid in der REIMAHG, nicht die FW 190D-9 oder die Ta 152, sondern die Me 262 zu fertigen. Erst Ende des Monats erklärte sich die AEG schließlich bereit, ihre Aktien im Wert von 5,3 Millionen Reichsmark für 6,625 Millionen Reichsmark, also zu 125 Prozent, an den Gustloff-Konzern zu verkaufen.

Kurz vor dem Abschluß des Kaufvertrages zwischen dem Gustloff-Konzern und der AEG besichtigte der Generaldirektor der Gustloff-Werke Weimar, Karl Beckurts, einige Betriebe der AGO-Flugzeugwerke Oschersleben. Dazu gehörte auch das in Einrichtung befindliche unterirdische Werk im Kalibergwerk Westeregeln bei Hadmersleben. Durch die Baugruppe Schlempp des Jägerstabes, deren kommissarischer Leiter Heinrich Lübke war, waren bereits in einer Tiefe von 500 Metern 10 000-m²-Stollensystem ausgebaut worden. Weitere 10 000 m² wurden vorbereitet.

Hier lernte Beckurts den Geschäftsführer der AGO-Werke, Direktor Dr. Fritz Schöbel, kennen. Dessen besondere Fähigkeiten lagen in der »Einrichtung von Massenfertigungen auf Grund seiner großen Erfahrungen im AEG-Konzern«.[29] Er hatte die Fertigungszeit einer Fw 190 A von 6 500 Stunden im April 1942 bis zu jenem Zeitpunkt auf 3 410 Stunden gesenkt, so daß die AGO-Flugzeugwerke als Lizenznehmer Bestfertiger des Fertigungsringes und Sonderausschusses F 4 waren, zu dem neben dem Stammwerk Focke Wulf AG Bremen u. a. solch renommierte Flugzeugwerke wie Arado, Fieseler und die Weser Flugzeugbau in Einswarden gehörten.

Am 13. Juni stellte sich Direktor Schöbel mit den besten Empfehlungen bei Sauckel vor, der forderte, man müsse jetzt »... Flugzeuge noch und noch produzieren, mit der allergrößten Beschleunigung und unter Zurückstellung aller möglichen Bedenken ...« Schöbel meinte: »... daß die Produktion von 500 Flugzeugen im Monat kein Problem sei, daß aber die Erzeugung von 1 000 Flugzeugen im Monat schon eine Aufgabe bedeutet, eine Aufgabe, die aber zu lösen ist.«[30]

Für den 5. Juli 1944 hatte Sauckel die leitenden Herren der REIMAHG sowie der inzwischen gegründeten REIMAHG Bau GmbH zu einer Besprechung zusammengerufen. Zu Beginn schätzte er ein, obwohl immer größere Transporte von Arbeitskräften und Sklavenarbeitern in Kahla und Umgebung eintrafen, daß die Arbeiten in der letzten Zeit sehr schleppend vorangegangen waren. »Den Anwesenden schärfte er sehr nachdrücklich ein, daß das Unternehmen jedoch nur Zweck habe, wenn es schneller als jedes andere Werk mit der Produktion zum Zuge käme! Das waren auch die Voraussetzungen, die er mit Hitler, Göring und Speer zum Bau dieses Werkes besprochen hatte ... Aufbau der raffiniertesten Fließgänge und Fließfertigungsmethoden der Welt waren die Forderungen.«[31]

Von den zwei wichtigsten Vorhaben der REIMAHG, der Schaffung bombensicherer Produktions- und Montageräume für die Jägerfertigung und der Schaffung von Unterkünften für die ursprünglich geplanten 30 000 Zwangsarbeiter, wurde nicht etwa das letztere vorrangig in Angriff genommen, sondern zunächst mit dem Ausbau der Stollen und mit dem Bau von Zufahrtsstraßen begonnen. Außer dem baufälligen Volkshaus Rosengarten und dem am Ost-Abhang des Walpersberges entstehenden Lager I für 1 000 Italiener mußten die Zwangsarbeiter vor allem in den schon vorhandenen eiskalten Porzellansandstollen und einigen anderen provisorischen Unterkünften kampieren. Die Stollen der alten Sandgrube lagen am Mittelhang des Walpersberges. Sauckel's Leute hätten es lieber gesehen, die Stollen von der Talsohle aus in den Berg zu treiben, doch dort mußte mit Grundwasser gerechnet werden. Deshalb wurde zunächst von Großeutersdorf nach dem Eingang zur Sandgrube und von dort, nach einer Haarnadelkurve weiter ansteigend, gegen Süden eine breite gepflasterte Straße gebaut. Den Walpersberg durchbohrte man vollkommen und versah ihn an seinem Nordabhang mit weiteren Zugängen. Auch von hier wurde mit dem Bau einer Zu- und Abfahrtsstraße das Verkehrsproblem gelöst. Gleichzeitig begannen die Arbeiten für einen Eisenbahnanschluß des neuen Werkes ab Bahnhof Orlamünde.

Man nahm einen besonderen REIMAHG-Güterbahnhof in Angriff und jenseits der Fernverkehrsstraße 88 schüttete man den Damm auf, der für das Verbindungsgleis zum Werk und in den Berg hinein notwendig war. Dazu machte sich eine ziemlich komplizierte Überbrückung des Dehnatales oberhalb Großeutersdorf erforderlich. »Am Mittwoch, dem 5. Juli (1944), gegen Mittag trat infolge Bruchs eines Wasserrohres im Schacht (Stelle 7) eine Zerstörung der Energiezuführungsleitungen und schwere Beschädigungen der Schachtanlage ein. Seit dieser Zeit liegt die Fertigung in diesem Betrieb still«[32], wie es im geheimen Halbmonatsbericht zum unterirdischen Betrieb Hadmersleben der REIMAHG hieß. Sauckel befahl daher am 10. Juli, »ab sofort mit der Einzelteilfertigung von Flugzeugen in der sogenannten Stelle 0 (Großeutersdorf) der REIMAHG zu beginnen und damit alle Voraussetzungen zu schaffen, daß ab 1. August mit der Fertigmontage des ersten Flugzeuges begonnen werden könne. Bis zum endgültigen Entscheid, ob nun in Kahla die Ta 152 oder die Me 262 gebaut werden solle, wurde die Fertigung der Fw 190 A-8 weitergeführt. Um für die Endmontage die entsprechenden Räumlichkeiten zu gewinnen, erfolgte der Aufbau von drei großen Holzhallen am Mittelhang des Walpersberges neben den Stolleneingängen. Damit sollte bis zum September das Programm von 500 Flugzeugen im Monat gewährleistet werden. In jeder Halle war die Möglichkeit gegeben, fünf Flugzeuge gleichzeitig zu montieren. Doch dazu bestanden noch gar keine Voraussetzungen. Die Verlagerung der 18 verschiedenen Stellen der ehemaligen AGO Flugzeugwerke hatte gerade erst angefangen. So hieß es im Halbmonatsbericht vom 1. August 1944:

»Die Verlagerung von Stelle 3 (Zweigwerk WAGO Eschwege, M. J.) nach Stelle 0 hat begonnen. Im letzten Berichtsabschnitt sind verlagert worden:

Vorrichtungsbau nach Stelle 7 (Schacht Hadmersleben, M. J.)

Flächenrüste nach Stelle 8 (Kupferwerk Ilsenburg/Harz, M. J.)

Rumpfrüste nach Stelle 10 (F. W. Wieland, Auerbach/Erzgeb., M. J.)

Ta 152

Von den vorhandenen Bauunterlagen sind 60 % durchgearbeitet. Die Vorrichtungskonstruktion hat begonnen. Im Laufe kommender Woche erfolgt Einschaltung des Waffenwerkes Suhl, Abtlg. Vorrichtungsbau. Das Programm wurde überschritten,

Liefersoll	170 Maschinen
voraussichtl. Lieferung	190 Maschinen.«[33]

Für die fehlenden Einzelteile aber wurde eine ganz andere Firma gefunden, nämlich Heinkel in Oranienburg, die den Herstellungsauftrag von je 1 000 Teilen für 140 Positionen kurzfristig übernahm und schon zum Teil auslieferte, da ihre He 177 vom Programm gestrichen worden war. So konnten im Juli 200 Fw 190 A-8 ausgeliefert

Die Lockheed P-38 »Lightning« flogen als Fotoaufklärer der USAAF.

werden. Doch von der Me 262 war noch nicht die Rede. Zudem ergaben sich einen halben Monat später Transportschwierigkeiten bei der Verlagerung nach Stelle 0.

Am 15. August 1944 überflog eine P-38 »Lightning«, ausgerüstet mit 24-Zoll-Kameras, unbehelligt den Raum Kahla. USAAF-Bomberverbände hatten kurz zuvor den Verdacht auf militärische Aktivitäten in der Nähe von Kahla gemeldet. Das Flugzeug gehörte zur 106. Aufklärungsgruppe der 8. USAAF.

Der Interpretationsbericht sagte aus:
»Bei dem hellen Band handelt es sich um die Landstraße von Kahla durch Großeutersdorf, Orlamünde nach Rudolstadt. Unmittelbar von dieser Straße zweigen in Großeutersdorf drei offensichtlich ganz neue Straßen ab. Sie führen an der stark bewaldeten Bergseite bis zum Mittelhang hinauf. Es handelt sich dabei um keine normalen zweitrangigen Verkehrswege. Sie zeichnen sich heller ab, sind also neu und sind breiter, lassen also den Verkehr besonders schwerer Fahrzeuge zu. Demnach besteht die Möglichkeit, daß sich hier ein unterirdisches Werk befindet.

Die kürzere Straße zerschneidet, sauber angelegt, Höfe und mündet in die Hauptstraße mit einem deltaähnlichen Netzwerk von Spuren. Südlich des Walpersberges erhebt sich der ebenfalls stark bewaldete Forstberg. Hier sind ebenfalls zwischen den Baumwipfeln Bauwerke zu erkennen. Weitere sauber ausgeführte Bauwerke an der Nordseite des Walpersberges besitzen an der Vorderseite ein Gewirr von kleinen Wegen und könnten durchaus Lager- oder Reparaturwerkstätten sein. Südöstlich des Walpersberges, unweit Großeutersdorf, befindet sich offensichtlich eine neue Eisenbahnspur. Sie ist bereits in Betrieb, wie vier kleine Eisenbahnzüge vermuten lassen. Die neue Spur hebt sich ebenso wie die neuen Straßen hell aus dem Foto heraus. Sie besitzt die für Eisenbahnlinien charakteristischen weitwinkligen Kurven. An der Abzweigung der neuen von der alten Eisenbahnlinie, die übrigens auch eine gewisse Strecke ausgebessert worden ist, hat sich eine Art Hof gebildet, der darauf schließen läßt, daß auf der Strecke reger Güterverkehr mit umfangreichen Be- und Entladearbeiten herrscht. Rätselhaft erscheint ein Weg auf dem Gipfel des Walpersberges, der mitten durch den Wald führt. Er ist neu angelegt und endet ebenso unvermittelt wie er beginnt. Das Foto ergibt Verdacht auf militärische Aktivität bei Großeutersdorf.«[34)]

Wie Recht die Fotoauswerter und Interpreten hatten, geht allein daraus hervor, daß dieses hochgeheime Bauvorhaben der REIMAHG inzwischen beim Rüstungsstab und der Technischen Luftrüstung (TLR) den Tarnnamen »Lachs« erhalten hatte.

»Der Generaldirektor des Gustloff-Konzerns, Karl Beckurts, richtete am 9. Oktober 1944 an das Reichsministerium für Rüstung und Kriegsproduktion, Generalreferat Wirtschaft und Finanzen, ein Schreiben zwecks Finanzierung des Bauvorhabens REIMAHG (›Lachs‹). Darin wurde vorgeschlagen, das Bauvorhaben ›Lachs‹ als Sonderfall zu behandeln.«[35)] Obwohl ein firmeneigener Bau, sollte die Finanzierung wie bei OT-Bauten erfolgen, entsprechend dem Speer-Erlaß vom 4. September. So versuchte Sauckel, Profit auf Kosten der Steuerzahler zu erzielen.

Ganz richtig hatte auch der unvermittelt auf dem Gipfel des Walpersberges beginnende und endende Weg den Verdacht der Fotoauswerter erregt. Oberst Diesing vom RLM (TLR) hatte bei seinem Besuch der REIMAHG vorgeschlagen, fünf Startbahnen in der Nähe von Kahla anzulegen, da Flugplätze in unmittelbarer Nähe des Walpersberges – und damit der Endmontagestätte – bautechnisch als zu schwierig angesehen wurden. Die Herstellung der Startbahnen sollte ohne große Erdarbeiten vor sich gehen. Auch ein Bahnanschluß wurde gefordert. Die Endmontage sollte sodann in Bunkern entlang der Starbahnen erfolgen. Bis diese fertiggestellt wären, wollte Diesing die Montage in Baracken und Zelten in den Wäldern der Umgebung vornehmen lassen. Architekt Georg Schirrmeister entschied sich jedoch für eine Startbahn auf dem Gipfel des Walpersberges. Der Transport der Flugzeuge sollte von den Montagebunkern am Mittelhang mit seinen Stollenausgängen über einen Schrägaufzug zum Gipfel erfolgen. Dieser Schrägaufzug wäre zwar bei eventuellen Angriffen ein neuralgischer Punkt

Die Startbahn für die REIMAHG in Kahla auf dem Gipfel des Walpersberges.

Der Schrägaufzug, mit dem die fertigmontierten Me 262 von den Montagebunkern hinauf zum Flugplatz befördert wurden.

des Werkes, doch mit den vorhandenen Arbeitskräften schnell wieder instand zu setzen gewesen. Dafür hätte man weniger Flugplätze benötigt und die Transportwege der fertigen Flugzeuge wesentlich verkürzt. So hatte man zum Zeitpunkt der ersten Aufklärerfotos mit dem Abholzen des Waldes für die Startbahn begonnen. Das war der »unvermittelt« endende Weg.

Am 10. Oktober 1944 besuchten Göring und Hauptdienstleiter Saur Kahla, Großeutersdorf und das Werk REIMAHG auf dem Walpersberg. Göring äußerte sich anerkennend über den Stand der Arbeiten und beide sagten die volle Unterstützung des Rüstungsstabes zu.

Bis zu diesem Zeitpunkt waren 10 Millionen Reichsmark an Investitionsmitteln in Anspruch genommen worden. Der Gesamtaufwand wurde auf 50 Millionen geschätzt. Berechnungen nach dem Krieg ergaben, daß bis zur Einstellung der Bauarbeiten im April 1945 insgesamt 46,2 Millionen Reichsmark ausgegeben worden waren.

Wenige Tage nach dem Besuch Görings konnten die staunenden Kahlaer aus dem »Völkischen Beobachter« erfahren, »daß in der Rekordzeit von nur 5 Monaten in Mitteldeutschland ein neues Rüstungswerk entstanden sei.«[36]

Der Besuch der beiden Nazigrößen in Kahla und Großeutersdorf hatte seine Folgen. Im Halbmonatsbericht vom 1. Oktober hieß es noch: »Der Anlauf der Ta 152 wird mit aller Energie betrieben. Von den Betriebsmitteln der Beschaffungsgruppe 2 sind von 249 Vorrichtungen bereits 166 im Hause. Der Rest ist bis 30. 9. zugesagt. Die Betriebsmittel der Beschaffungsgruppe 3 sind für den Anlauf mit 1 000 Stück verplant. Die Konstruktion hierfür, die wir selbst vornehmen müssen, wurde am 20. 9. abgeschlossen. Die Unterbringung der Fertigung wird bis 30. 9. beendet sein.«[37]

»Beim Waffenwerk Suhl muß mit allem Nachdruck dafür gesorgt werden, daß die Fertigung bis 15. 10. 44 erfolgt ist. Der Anlauf der Ta 152 geschieht in den nächsten Wochen für Rumpf und Fläche in Stelle 0. Da andere Räume noch nicht fertiggestellt sind, ist die erstellte Holzhalle hierfür geplant. Verlagerung: Die mechanische Werkstatt wurde reibungslos nach Stelle 0 überführt. Es laufen nunmehr in Stelle 0: die Bordnetzmontage, die Sattlerei und die mechanische Werkstatt. Die weiteren Umzüge, und zwar mechanische Werkstatt Stelle 2 (Bleiche), Leitwerkzusammenbau Stelle 12 (Wolmirstedt) sowie die Zusammenbauklempnerei Stelle 1 (Oschersleben) sind so vorbereitet, daß sie jederzeit beginnen können. Die Verlagerung nach Stelle 7 (Schacht) ist abgeschlossen, desgleichen die übrigen vom Rüstungsstab verlangten sonstigen Dezentralisierungen.«[38] Doch am 12. Oktober wurde alles ganz anders. Sauckel avancierte: »... auf Grund eines Führererlasses über den Bau von Hochleistungsflugzeugen« zum »Anlaufbeauftragten für Hochleistungsflugzeuge der Gruppe Kahla.«[39] Damit war nunmehr endgültig die Entscheidung gefallen, daß ab sofort anstelle der Fw 190 A-8 nicht die Ta 152, sondern die Me 262 in Kahla gefertigt würde. Sauckel begann sofort mit der Neuorganisation der leitenden Stellen der REIMAHG für die einzelnen Produktionsstätten, die sich nun wie folgt aufteilten:

»REIMAHG Mü (Triebwerkfertigung in ehemaligen Textilfabriken von Greiz (BMW 801, M. J.), Leitung: Dr. Keller. REIMAHG Phi (Zellenfertigung der Fw 190 A-8, der Ta 152 oder sonstige Nachfolger der Fw 190, Leitung: Dr. Schöbel. REIMAHG Phi (Fertigung der Me 262, Zellenbau, unter besonderer und dringlicher Berücksichtigung der Fertigung der gesamten Vorrichtungen für Me 262, Leitung: Dr. Roloff.«[40] Alle diese Betriebe standen unter der technischen Oberleitung von Dr. Keller und Ing. Heinrich Eisen. Schon am 17. Oktober erteilte Sauckel dem Betriebsführer. Dr. Roloff den Befehl, sofort Zelle und Triebwerk der Me 262 verantwortlich in die Fertigung zu überführen. Das Triebwerk sollte im Erich-Werk Großkamsdorf bei Unterwellenborn anlaufen. Roloffs Auftrag lautete: »... die Fertigung der Me 262 unter Beiseiteschiebung aller Hindernisse und Hemmungen, mit der allergrößten Beschleunigung und allen denkbaren behelfsmäßigen Mitteln mit dem Ziel einer geordneten und auf's höchste ausgebauten Serien- und Fließfertigung in Angriff zu nehmen.« Es ging jetzt für alle Mitarbeiter Roloff's und die zahlreichen im Werk eingesetzten Zwangsarbeiter darum, »... in denkbar kürzester Frist die größtmögliche Anzahl von Fertigmaschinen herauszubringen.«[41]

Gleichzeitig mit diesem Auftrag wurde bei der REIMAHG damit begonnen, alle bisherigen Fertigungsstellen der ehemaligen AGO Flugzeugwerke bis auf wenige Ausnahmen in zwei unterirdische Werke, nämlich die mit dem Tarnnamen Siebenberg GmbH in Hadmersleben, Schacht I und II (Stelle 7), sowie Großeutersdorf bei Kahla, Tarnname »Lachs« (Stelle 0), zusammenzuziehen.

Um den Anlauf der Me 262-Fertigung und -Montage in Kahla schnellstens zu ermöglichen, schlug Direktor Schmidt, der Beauftragte des Rüstungsstabes der REIMAHG und zugleich Verbindungsmann zur Messerschmitt AG, Gauleiter Sauckel vor, sofort 40 bis 50 Mann Einweisungspersonal für Vor- und Endmontage der Flugzeuge nach Augsburg bzw. zum Verlagerungsbetrieb in Marsch zu setzen. Gleichzeitig lieferte Messerschmitt von Leipheim ein Flugzeug Me 262 in vormontierten Großbauteilen Ende Oktober nach Großeutersdorf. Die Ausbildung des Einweisungspersonals sollte drei Wochen dauern.

Der Halbmonatsbericht des Gustloff-Konzerns vom 1. November 1944 enthält unter REIMAHG erstmals die festgelegte Tarnbezeichnung Baumuster 709 für die Me 262. Nach wie vor bestand für diesen Flugzeugtyp höchste Geheimhaltung. Es hieß unter »Anlauf 709: Der Anlauf ist organisatorisch festgelegt. Planungsbüro, Fertigungsbüro und Materialplanung sowie die Bewaffnungsabteilung haben ihre Arbeit aufgenommen. Die für den schnellsten Anlauf in der Stelle 0 erforderlichen Vorbereitungen sind getroffen. Anlaufbeginn hängt nunmehr von den von Mtt. (Messerschmitt, M. J.) zur Verfügung zu stellenden Einzelteilen und dem zu beschaffenden 1. Betriebsmittelsatz ab. Verlagerung: Der Einzug des Leitwerkbaues in Stelle 0 ist in Kürze abgeschlossen, so daß dann sofort die Fertigung beginnt. Nach Genehmigung der Stollen für den Büroeinbau wird der Ausbau beschleunigt durchgeführt. Sofort nach Bezugsfähigkeit werden die für den Anlauf 709 erforderlichen technischen Büros einziehen.«[42)]

In den ersten Novembertagen 1944 lieferte Messerschmitt drei weitere Me 262, bestehend aus rohbaufertigen Großbauteilen, als Anlaufhilfe. Die Einbauteile wurden gesondert geliefert, um die Vormontage in der REIMAHG zu erproben. Außerdem folgte noch ein kompletter Satz Einzelteile Me 262 als Anschauungsobjekte für die Vorrichtungsherstellung. Die bei der Arbeitsgemeinschaft Gutbrod Leonberg (eine Automobilfirma, deren Fertigung im Februar 1944 in den Autobahntunnel Leonberg bei Stuttgart verlagert worden war, M. J.) befindliche Fertigung von Me 262-Tragflächen (Produktionsrate 15 Stück pro Woche) sollte nach Großeutersdorf verlegt werden, um hier den Anlauf der Flächenfertigung zu unterstützen. Die bislang bei der Firma Gläser-Karosserie Dresden vorgenommene Fertigung von Triebwerkverkleidungen für Jumo 004 wurde gleichfalls in die REIMAHG überführt. Alle notwendigen Vorrichtungen mußten im Werk selbst hergestellt werden. Zur weiteren vordringlichen Produktion des Baumusters 709 lieferte die Arbeitsgemeinschaft zusätzlich 100 Satz Einzelteile mit dem Hinweis, daß bis dahin die Einzelteilfertigung in der REIMAHG angelaufen sein müsse. Direktor Schmidt von der Messerschmitt AG verlangte, die gefertigten Flächen zunächst entsprechend dem vorliegenden Lieferplan an Gutbrod zu liefern. Alle darüber hinaus gefertigten Flächen standen für die eigene Flugzeugfertigung zur Verfügung.

Im Geschäftsbericht 1943/44 der AGO/REIMAHG Flugzeugwerke, im November 1944 von Betriebsführer Direktor Dr. Schöbel unterzeichnet, schätzte die Geschäftsführung die Produktionserhöhung von 1944 und deren Ursachen ein. Allein seit der Übernahme durch die REIMAHG im Juli hatte das Werk bis einschließlich November 1 114 FW 190 A-8 an die Luftwaffe startfertig ausgeliefert. Im Geschäftsbericht hieß es dazu: »Die naheliegende Frage, warum die seit März 1944 möglich gemachte Vervielfachung der Zellenausbringung nicht vorher gelungen ist ... muß dahingehend beantwortet werden, daß die ersten Luftschäden, besonders die in die schlechte Jahreszeit gefallenen, sowohl psychologisch wie materiell eine weit stärkere Wirkung als die späteren hatten, zumal dann bereits gute Ausweichmöglichkeiten in Aufnahmebetriebe bestanden, daß die technische Gesamtleitung und Betriebsführung nicht in den Händen eines erfahrenen und durchschlagkräftigen Reihenfertigungsspezialisten lag, der den leitenden Mitarbeiterstab zu aktivieren verstand, und daß auch die sehr wirksame Unterstützung durch den Rüstungs-(Jäger-)stab mit den von ihm vermittelten disziplinaren Möglichkeiten, insbesondere hinsichtlich einer Dauerarbeitszeit von 69 Stunden je Woche und oft weit mehr, fehlte.«[43)]

Bis dahin hatte der Betrieb durch diese ungeheure Antreiberei und Ausbeutung seiner Arbeiter und tausender Zwangsarbeiter 9,5 Millionen Reichsmark Gewinn erzielt, der sich zwangsläufig in den restlichen beiden Monaten des Jahres 1944 noch erhöhen mußte. Zu der künftigen Produktion, nach Übergabe der Ta 152 an die Focke Wulf Werke in Cottbus, und zu den voraussichtlichen Gewinnen hieß es: »Doch dürfte der nur kurze Zeit noch gedrosselt bleibende Kreditbedarf in wenigen Monaten auf die volle Kredithöhe anschwellen, wenn es gelingt, den neuen Fertigungsauftrag von monatlich 1 000 Zellen des Baumusters Me 262 nach kurzem Anlauf zu erfüllen. Wir schätzen den Auftragswert je Zelle nach

Anlauf auf etwa RM 45 000 und damit je Monat Ausbringung auf RM 45 Millionen, was einem Jahreswert von RM 450 Millionen entspricht. Wozu noch erfahrungsgemäß etwa 30 Prozent oder RM 162 Millionen für Ersatzteile, Vorrichtungen und ähnliches treten, so daß sich ein Gesamtjahreswert von etwa 700 Millionen im Höchststand ergäbe, was eine Versechsfachung des voraussichtlichen Jahresumsatzes 1944 bedeuten würde.«[44]

Nach diesen Angaben zum Zellen-Stückpreis, zuzüglich eines Triebwerkstückpreises von 45 299 Reichsmark, kostete also eine Me 262, wahrscheinlich ohne Waffen, insgesamt 135 598,– Reichsmark. Ein lohnendes Geschäft für Messerschmitt, seine Zulieferer und die Lizenznehmer.

Im Dezember 1944 lief die Produktionsvorbereitung der Me 262 bei der REIMAHG auf vollen Touren. So wurden statt der geplanten 250 Fw 190 im Dezember auch nur noch 116 Flugzeuge ausgeliefert. Dagegen zog in die noch existierenden Produktionsstätten mehr und mehr die Me 262-Fertigung ein. Aus dem Protokoll einer telefonischen Unterredung zwischen Saur und Sauckel ist ersichtlich, daß die meisten bisherigen Fertigungs- und Verlagerungsstellen für die Me 262-Produktion erhalten blieben:

»Stelle 1 – Hauptwerk Oschersleben bleibt, soweit nicht zerstört, weiter belegt;
Stelle 2 – Zweigwerk Bleiche wurde, für den für das Baumuster Me 262 erforderlichen Umfang, für die Fertigung eingeschaltet; (Rumpfheck, Leitwerk, M. J.)
Stelle 4 – Firma Kremling, Hadmersleben, wurde weiterhin belegt;
Stelle 5 – Firma A. R. Wieland (ARWA), Auerbach/Erzgeb. Die über 200 Rümpfe vorhandene Kapazität wird für die Me 262 benötigt;
Stelle 6 – Fliegerhorst Halberstadt wird ab Januar 1945 aufgegeben;
Stelle 7 – Firma Siebenberg GmbH, Hadmersleben (unterirdischer Betrieb), wurde in vollem Umfang für die Produktion der Me 262 beibehalten;
Stelle 8 – Kupferwerk Ilsenburg (Flächenbau, M. J.) wurde in vollem Umfang beibehalten;
Stelle 9 – Zweigwerk Wegeleben wird bis Januar noch genutzt;
Stelle 10 – F. W. Wieland Auerbach/Erzgebirge wurde als Unterlieferant nicht mehr benötigt und deshalb für andere Fertigung freigegeben;
Stelle 12 – Firma Lindekugel, Wolmirstedt, wurde bereits zur Verfügung gestellt für andere Produktion;
Stelle 13 – Fliegerhorst Zerbst (Einflugbetrieb Me 262, M. J.) wird in vollem Umfang beibehalten;
Stelle 15 – Fliegerhorst Quedlinburg wird bis Ende Januar noch genutzt und dann zur Verfügung gestellt.«[45]

Von den nicht mehr benutzten Fertigungsstellen wurden die Arbeitskräfte, das bewegliche Betriebsinventar, Baracken usw. in die REIMAHG Kahla zurückgeführt. So blieben praktisch neben der großen Stelle 0 (Kahla) noch weitere 8 Stellen übrig, die für die REIMAHG produzierten. Der ehemalige erzgebirgische Feinstrumpfbetrieb ARWA (A. R. Wieland) Auerbach, die Stelle 5, mußte allerdings statt des einen Fw 190 A-8 Rumpfes Rümpfe für zwei Jagdflugzeuge produzieren, d. h. für Ta 152 (Typ 609) und Me 262 (Typ 709).

Am 18. Dezember 1944 erhielt Direktor Thierfelder von ARWA ein Schreiben aus Oschersleben: »Betrifft Fertigung 709 – Aufgrund der Besprechung in Kahla sowie der in Auerbach am 16. 12. stattgefundenen Verhandlung, erteilen wir Ihnen hiermit den Auftrag auf Fertigung des kompl. vormontierten Rumpfes des Baumusters Me 262. Aus Geheimhaltungs- und Tarnungsgründen bitten wir, in allem weiteren Schriftwechsel und sonstigem Verkehr anstelle der Bezeichnung Me 262 die Ziffer 709 zu verwenden. Der Fertigungsumfang ist festgelegt durch die Fertigungsgruppe F 100. Sie fertigen den Rumpf des Baumusters 709 als selbständiger Unterlieferant und beschaffen sich somit Material, Vorrichtungen der Beschaffungsgruppe 2 und Beschaffungsgruppe 3 selbst. Wegen der Zurverfügungstellung der benötigten Kontingente stellen wir

Ihnen anheim, direkt mit dem S.A.F.2 (Sonderausschuß F. 2, M. J.) zu verhandeln. Wir sind jedoch ebenso bereit, Ihnen die Kontingente aus den uns zugewiesenen Kontingenten abzuzweigen.

Um den Anlauf zu beschleunigen, bevorschussen wir Ihnen 50 to Stahlkontingente für fabrikatorische Vorbereitungen (Eisen-Übertragungsschein beiliegend).

Zufolge eines von Gauleiter Sauckel erteilten Befehls hat das Baumuster 709 außerordentlich kurzfristig anzulaufen. Es ist deshalb erforderlich, daß Sie bereits im Januar 1945 Rümpfe und zwar möglichst in einer Stückzahl von 300 liefern. Die weitere Steigerung bis zur Auslastung Ihrer gesamten Kapazität wird Ihnen rechtzeitig bekanntgegeben.

Verabredungsgemäß setzen Sie für die Fertigung 709 diejenigen Kapazitäten ein, die über die Fertigung von 200 Rohbau-Rümpfen Ta 152 hinaus bei Ihnen vorhanden sind. Es bleibt Ihnen unbenommen, diese Kapazität durch entsprechende Maßnahmen beliebig zu steigern ... Wir bitten Sie, alle zur Verfügung stehenden Mittel einzusetzen, um den geforderten außerordentlich kurzen Anlauftermin zu erreichen.

Der Ihnen erteilte Auftrag läuft unter der Dringlichkeit Zi 4900 W
und der Wehrmachtsnummer LF 1 A1/MFS 4900 W 5200-0226/44 vom 12. 8. 1944.«[46]

Mit der Arbeit war offenbar zu diesem Zeitpunkt auch bereits begonnen worden. Allerdings ergaben sich Schwierigkeiten. Technischer Direktor Dietz von ARWA meldete am 22. Dezember 1944: »Bei der Überprüfung des Rumpfes 709 wurde festgestellt, daß unsere vorhandenen wie auch bestellten Nietautomaten ungeeignet sind, und zwar da der Rumpf nur aus zwei Seitenschalen besteht und demnach eine breite größere Ausladung besteht als bei Rumpf 190. Es dürfte sich hier höchstwahrscheinlich die horizontale Nietung besser eignen. Dasselbe wie bei den Nietautomaten trifft auch bei der Punktschweißmaschine zu. Auch hier ist keine genügende Ausladung vorhanden.«[47] Und aus einer weiteren Mitteilung vom gleichen Tage: »... Wie bereits in einer anderen Mitteilung hingewiesen, eignen sich unsere Nietautomaten für die 709-Fertigung nicht, und es muß vorläufig fast alles von Hand genietet werden. Es muß demnach auch eine Überprüfung unserer Nietwerkzeuge vorgenommen werden. Vor allen Dingen werden noch Preßlufthämmer benötigt, denn durch die Handnietung müssen entsprechend viele Nietkolonnen eingesetzt werden ...«[48]

Noch am Vorweihnachtstag muß Direktor Thierfelder von ARWA nachgefragt haben, ob er mehr Punktschweißen dürfe und wie groß der Lieferumfang sei.

Darauf flatterte ihm am 26. Dezember ein Fernschreiben folgenden Inhalts auf den Mittagstisch: »Punktschweißung an 709 zugelassen, entsprechend den in der Beschreibung aufgeführten Stellen. Beschreibung ist in Ihren Händen. Darüber hinaus wird noch festgestellt, wo weiter punktgeschweißt werden kann. Ihre Anfrage betreffend Umfang ist nicht ganz verständlich. Wir haben doch festgelegt, daß Sie 300 bis 400 oder sogar 500 pro Monat liefern sollen. Nehme an, daß Sie dies meinen. Frohes Fest und alles Gute zum neuen Jahr wünschen Ihnen Dir. Schöbel, Dr. Zimmermann und Schiers.«[49]

Bereits am 2. Januar 1945 erhielt ARWA in Auerbach das Angebot von Messerschmitt (Regensburg), als Anlaufhilfe Schottwände, Windabflüsse, Wannen, Kabinenaufbauten, Rumpfdekken und Flügelübergänge sowie 50 weitere Teile des Rumpfes in größerer Zahl zu übernehmen.

Am Nachmittag des zweiten Weihnachtsfeiertages nahm zum zweiten Mal ein westalliierter Aufklärer Kahla und Großeutersdorf in Augenschein. Er flog in nördlicher Richtung über den Walpersberg, änderte dann seinen Kurs um 180 Grad, ging über Kahla zum Sturzflug über und flog den Walpersberg nochmals von Süden her in geringer Höhe an. Seine Aufnahmen lösten einige Rätsel des ersten Aufklärungsfluges vom August 1944 und zeigten den Fortschritt der Arbeiten. Eine der aus großer Höhe geschossenen Aufnahmen zeigte die Gesamtlage des Objektes und ließ das riesige Arbeitslager im Leubengrund erkennen. Gut sichtbar waren neben den Tunneleingängen die oberirdischen Werkanlagen und die Startbahn. Das zweite Foto war eine in geringer Höhe ausgelöste Serie von Schrägaufnahmen, die die

Bergseite des Objektes im Detail zeigte. Bäume und Bauten hatten lange Schatten. Von dem kleinen, unvermittelt beginnenden und abbrechenden Weg auf dem Berggipfel war nichts mehr zu sehen. Dafür zeigte sich an seiner Stelle eine etwa 33 Meter breite und 1 100 Meter lange betonierte Startbahn für Flugzeuge. Offensichtlich war an jenem vermeintlichen Weg gerade begonnen worden, den Wald abzuholzen. Etwa in der Mitte des Hanges ging ein weiterer Weg von den oberirdischen Werkanlagen am Mittelhang zur Startbahn. Nachdem man diesen Streifen genau untersucht hatte, erkannte man das Bett einer Schmalspurzahnradbahn.

Am Mittelhang der Südseite des Berges nach dem Dehnatal und der Saale zu, wo sich sieben Haupttunneleingänge befanden, konnten die Auswerter eine ganze Reihe verschiedener Gebäude feststellen. Da war z. B. ein Riesenbunker aus Eisenbeton. In der gleicher Größenordnung gab es mindestens fünf Montagehallen in offensichtlich freitragender Holzbauweise, alle in unmittelbarer Nähe der Stolleneingänge. Zu jedem Tunneleingang und jeder Montagehalle führten Eisenbahngleise »... mit einer Hauptlinie, die sich entlang des Randes der ganzen Entfaltung schlängelte.«[50] Unter starken Vergrößerungsgläsern konnten sogar Wagen auf den Gleisen ausgemacht werden.

Luftbild von der gesamten Anlage der REIMAHG: Gut sichtbar sind die Montagebunker am Mittelhang, der Schrägaufzug und die Startbahn sowie die Tunneleingänge am Mittelhang.

Der Bunker 0 beherbergte die Verwaltungs- und die entwicklungstechnologischen Abteilungen der REIMAHG sowie einen Konferenzsaal für 3 000 Personen.

Zu diesem Zeitpunkt arbeiteten in der REIMAHG Großeutersdorf und Kahla rund 15 000 Männer, Frauen und Jugendliche mindestens 10 verschiedener Nationen und vieler Nationalitäten, ohne diejenigen des Werkes Großkamsdorf bei Unterwellenborn. Über 10 000 davon waren ausländische Häftlinge, Zwangsarbeiter und Kriegsgefangene. In den folgenden Monaten kamen noch weitere 3 000 Zwangsarbeiter hinzu, »... die in den neueingerichteten Produktionsabteilungen eingesetzt wurden. Hier handelte es sich um ca. 900 Polen, 700 Italiener, 600 Belgier, 350 sowjetische Bürger und 50 Holländer.«[51]

Besonders die in der Bauabteilung eingesetzten Zwangsarbeiter mußten teilweise unter mörderischen Bedingungen schwerste körperliche Arbeit bei den 95 z. T. namhaften Baubetrieben, wie Dyckerhoff & Widmann, Nürnberg, Haniel & Lueg Düsseldorf, Siemens & Halske Erfurt u. a., leisten.

Franciszek Stemler aus Polen berichtete später: »Die Ausländer erhielten bis Dezember 1944 früh einen halben Liter schwarzen Kaffee, mittags einen Liter Suppe, abends gab es 375 g Brot und 500 g Wurst, Fett, Zucker oder Quark. Ab 1. Dezember 1944 wurde das Essen auf zweimal täglich begrenzt. Vom Januar bis April wurden die Portionen erschreckend klein. Außerdem litten die Ausländer an der großen Unordnung, die in allen Lagern herrschte. Die einzelnen Räume waren mit 30 Personen belegt. Bis Dezember 1944 schlief man noch ohne Stroh und Holzwolle. In den Wohnräumen fehlten sogar Stühle, Eimer und Waschbecken. Die zwangsweise zur REIMAHG gebrachten Ausländer waren mit ihrer Bekleidung gar nicht für Bauarbeiten vorbereitet. Besonders ihr Schuhwerk ging in dem Morast und Gestein rasch entzwei. Die deutsche Lagerverwaltung, die für die Ernährung, Behausung und Bekleidung verantwortlich war, zeigte kein Interesse, solche Zustände zu beseitigen. Im Laufe des Jahres wurden kaum 20 Prozent des Bedarfs ... gedeckt ... Dieser Mangel an Kleidung war die größte Ursache von Krankheiten, die meistens tödliche Folgen hatten.«[52]

Wie die Nazis die Zwangsdeportierten auf den Arbeitsstellen skrupellos antrieben und selbst vor Mord nicht zurückscheuten, schilderte die polnische Zwangsarbeiterin Janina Przybysz: »Besondere Beachtung verdient der Mord an einem Italiener, vollzogen auf der Arbeitsstelle durch einen Pistolenschuß in den Hinterkopf, einzig und allein deshalb, weil es zu langsam ging. Dieser Vorfall ereignete sich auf dem Gelände der Firma Kobeke (Essener Tiefbauunternehmen zum Aufbau des Betriebstransports der REIMAHG, M. J.) und wurde vom politischen Leiter am hellen Tag vor den Augen vieler Menschen ausgeführt.«[53] »Bei nächtlichen Kontrollen fand das Aufsichtspersonal bei einem Zwangsarbeiter aus Mailand kurz vor Weihnachten 1944 ein Messer. Er wurde vor den Polizisten mit seinem eigenen Messer erstochen. Dieser unschuldig Ermordete hinterließ vier Kinder.«[54]

»... in der Flur von Großeutersdorf durch Lastkraftwagenunfall tödlich verunglückt«,[55] schrieb der Standesbeamte der Gemeinde Großeutersdorf in das Sterberegister über einen Zwangsarbeiter. Wahr jedoch ist, daß der belgische Arbeiter Josef Verle erschossen wurde.

Der Italiener Isaio Casolani starb laut Sterberegister an Arrythmie (Herzschlagstörung). Ein Bericht vom 24. Dezember 1944 an den Oberstaatsanwalt meldet jedoch, »... daß er von zwei diensthabenden Gendarmeriebeamten aus Kahla zu Tode geprügelt wurde.«[56]

»Während der Arbeiten auf der Betonpiste des Flugplatzes erschlug die deutsche Arbeitsaufsicht einen ausländischen Arbeiter. Fluchend trat er auf dem leblosen Körper herum, bis die Leiche von zwei anderen zur Seite getragen wurde.«[57]

Ab Ende November 1944 waren alle Beschäftigten der REIMAHG-Baubetriebe – außer den Bunker-Betonierern – in einer Gesamtstärke von 10 000 Mann zusammengezogen worden. Sie hatten die Erdbewegungsarbeiten für den Flugplatz in kürzester Zeit zu bewältigen. Daher war die Antreiberei besonders intensiv. Die reine Arbeitszeit betrug 8 Stunden, ohne die oft stundenlangen Anmarschwege. Pro Erdarbeiter mußten 3 Kubikmeter mit Hacke und Schaufel bewegt werden. Die deutschen Arbeitskräfte hatten dabei »Führungsfunktionen« zu übernehmen.

Anfang Januar erfolgte bei der REIMAHG der

Der Bunker 1, ein Endmontagebunker, am Mittelhang des Walpersberges.

Materialanlauf für das Baumuster 709. Doch war man nach wie vor auf die Anlaufhilfe von Messerschmitt angewiesen. Verschiedene Sonderaktionen brachten nur Teilerfolge. Um die Produktion dennoch rasch aufnehmen zu können, wurden die Materialbestände für die Baumuster Fw 190 und Ta 152 in größerem Umfang mit herangezogen, was sicher zu Störungen der Ta 152-Fertigung in Cottbus führte. Dennoch häuften sich nun die Materialtransporte nach Kahla und Orlamünde. Der für die Flugzeugmaterialtransporte verantwortliche Transportstab unter SS-Hauptsturmführer Cromm besaß vor allen anderen Transportorganisationen Vorrang. »Ganze Tage über wurden Baumaterialien aus den Waggons in Loren der Schmalspurbahn umgeladen. Ob Regen, Schnee oder Frost, es gab für die Zwangsarbeiter keine Möglichkeiten zur Erwärmung.«[58]

Zu diesem Zeitpunkt arbeitete auch das Zweigwerk Bleiche, das Rumpfheck und Leitwerk der Me 262 fertigte, bereits in den Stollen der Stelle »0« Großeutersdorf, wie aus einem Schreiben vom 7. Januar 1945 an die ARWA in Auerbach hervorgeht.

Dennoch hatte im Januar 1945 das Bauvorhaben »Lachs« der REIMAHG durch die brutale Ausbeutung seiner Zwangsarbeiter einen solchen Stand erreicht, daß mit der Endmontage von Me 262 begonnen werden konnte. Allerdings nach wie vor bei laufenden Bauarbeiten an fast allen Objekten. So wurden beispielsweise die Holzhallen für die Endmontage nach und nach weiter einbetoniert. Zusammen mit den vorhandenen Altstollen waren im Innern des Berges 75 Stollen

Bunker 2 der REIMAHG für je fünf Me 262-Endmontageplätze.

Ein weiterer Endmontagebunker und im Hintergrund der Bunker 6.

mit einer Gesamtlänge von 32 km geschaffen worden. 7 Hauptausgänge nach dem Dehna- und dem Saaletal und ein weiterer Ausgang nach dem Reinstädter Grund an der Nordseite des Berges führten zu den etwa 10 000 m^{2}unterirdischer Produktionsfläche. Hier begannen sich die gesamten Produktions-Ausgangsabteilungen von der mechanischen Fertigung über die Tischlerei, Klempnerei, Malerei, Sattlerei, die Flächenrüste, den Sondereinbau, den Leitwerkbau und die Bordnetzvormontage niederzulassen, die bisher ihren Sitz in Oschersleben, Bleiche, Eschwege oder anderswo gehabt hatten. Auch ein Teil des Flächenbaues aus dem Leonberger Autobahntunnel sowie der Rumpfbau aus Auerbach und die Triebwerkverkleidung aus Dresden sollten hier einziehen.

Am Mittelhang vor den Stollenausgängen befanden sich zahlreiche bombensichere und provisorische Bauten. Da war zunächst der Riesenbunker aus 2 Meter dickem Stahlbeton, der sogenannte Bunker »0«. Er enthielt die Verwaltungs- und die produktionsvorbereitenden Bereiche, wie Konstruktion, Technologie und Fertigungsmitteltechnologie, sowie einen Konferenzsaal für 3 000 Personen, ferner Unterkünfte für SS, Gestapo und politische Leiter. Dazu kamen die Montagebunker 1, 2 und 4, ebenfalls aus 2 Meter dickem Stahlbeton, für die Endmontage der Me 262 sowie fünf Montagehallen in freitragender Holzbauweise mit jeweils 20 × 100 Meter Grundfläche. Unmittelbar neben dem Montagebunker 1 befand sich die Zahnradbahn mit dem Schrägaufzug, auf dessen Platte jeweils eine fertige Me 262 zur 1 300 Meter langen und 50 Meter breiten Startbahn hochgefahren werden konnte. Dort tankte man die Flugzeuge aus Unterflurtankanlagen auf und überflog sie zum REIMAHG-Einflugbetrieb auf dem Fliegerhorst Zerbst.

Am 19. März 1945 erfolgte ein weiterer Aufklärungsflug – der nunmehr dritte – über Großeutersdorf und Kahla. Eine Lightning von der 542.th Reconnais. Squadron der 106.th R. Group der 8. USAAF brachte von diesem Einsatz u. a. die Stereofotos 3039 und 3040 mit. In der Beschreibung der Fotoauswerter hieß es: »Zum Zeitpunkt der

Bunkeranlagen der REIMAHG nach dem Krieg: Selbst mit gewaltigen Sprengladungen war ihnen nur schwer beizukommen.

Stereoaufnahmen war das unterirdische Werk schon in Betrieb. Obwohl man den Landestreifen (hier irrte man, es war nur eine Startbahn, M. J.) noch verbreiterte, konnten an der oberen Plattform des Zahnradbahn-Aufzuges zwei Flugzeuge ausgemacht werden.

Jene schwarzen Flecke unten rechts inmitten der Startbahn sahen wie Bombentrichter aus. Aber unter dem Stereoskop zeigten sie sich ganz flach. Ein verspäteter und so gut wie erfolgloser Versuch einer genialen Tarnung.«[59)]

Die Amerikaner schrieben wenige Monate nach Kriegsende in der Zeitschrift »Flying«: »Eine Bombardierung hätte keinen Nutzen gebracht, solange das Projekt noch nicht beendet war.«[60)] In Wirklichkeit waren sie an einer Zerstörung gar nicht interessiert, bevor sie nicht alle dort vermuteten technischen Neuheiten und Unterlagen in ihren Besitz gebracht hatten. Daher auch ihr rasches Vordringen in diese und in die Nordhausener Richtung, zumal diese Gebiete nach der Konferenz von Jalta an die UdSSR fallen sollten.

In Großeutersdorf war bereits im Januar ein Sonderkommando des Oberkommandos der Luftwaffe gebildet worden, zu dem 17 Einflieger und Überführungspiloten gehört haben sollen. Es stand unter der Leitung des Unteroffiziers der Reserve und Serieneinfliegers bei AGO, Josef Zechmeister, einem der sechs von Messerschmitt-Chefpilot Fritz Wendel in Burg auf der Me 262 eingewiesenen Testfliegern. Bis heute sind jedoch nur die Namen von fünf Kahlaer bzw. Großeutersdorfer Überführungspiloten bekannt. Das waren Flugkapitän Friedrich Ritz, Feldwebel Otto Soltau, Unteroffizier Born sowie die Flugzeugführer Ulmer und Tippel. Wann genau die erste bei der REIMAHG montierte Me 262 vom Walpersberg startete, war bislang nicht genau festzustellen. Aber alles deutet auf die zweite Januarhälfte 1945 hin. Beleg dafür dürfte sein, daß ab Ende November verstärkte Anstrengungen zur Fertigstellung des Flugplatzes unternommen wurden, gleichzeitig vier komplett vormontierte Flugzeuge von Messerschmitt zum Einarbeiten geliefert worden waren und das Wetter in der ersten Januarhälfte sehr ungünstig war.

Einflugbetrieb der REIMAHG in Zerbst: Im Vordergrund ist eine in der REIMAHG montierte Me 262 zu sehen, links eine Me 262 der I./KG(J)-54, die ab Mitte März dort stationiert war.

Im Februar lief auf jeden Fall die Serienmontage an, wenn auch sehr langsam und immer noch mit der Anlaufhilfe von Messerschmitt. Zu diesem Zeitpunkt war auch der Schrägaufzug von den Endmontagehallen und Bunkern bereits voll in Betrieb. Am 18. Februar erhielt beispielsweise SS-Hauptsturmführer Kern die Anweisung der REIMAHG, den Schrägaufzug ständig durch zwei Posten bewachen zu lassen. Kurz zuvor war es nämlich einem holländischen Zwangsarbeiter gelungen, Wasser in den Motor des Aufzuges laufen zu lassen und ihn so außer Betrieb zu setzen. Dipl.-Ing. Flugkapitän Ritz berichtete später: »Am Ende des Hauptstollens lag eine der großen bombensicheren Montagehallen. An diese schloß sich eine Rollstraße an, auf der die Flugzeuge zum Einschießen zu ein paar Schießständen gebracht wurden, die ebenfalls in den Berg eingebaut waren. Der Schrägaufzug am Ende der Rollbahn führte zu der 1,2 km langen Startbahn auf dem Bergrükken. Sie war mit Abstellplätzen, Arbeitsplätzen zum Betanken, Motorprüflauf und Kompensierscheibe ausgestattet. Die Startbahn fiel auf beiden Seiten um ca. 5 Meter ab. Beim Start mußte man also in der ersten Hälfte eine Steigung überwinden, die die Me 262 nicht auf Fahrt kommen ließ. Es konnte später gut mit Hilfe von Startraketen abgehoben werden.« Am 23. Februar 1945 startete Oberfeldwebel Otto Soltau in Großeutersdorf mit der Me 262, Werknummer 110 728 und Stammkennzeichen GT + LZ, zum Überführungsflug nach Zerbst. Bei Calbe stürzte die Me 262 aus unbekannter Ursache ab, wobei der Flugzeugführer ums Leben kam. Das ist der Beweis dafür, daß im Februar bereits Me 262 der REIMAHG ausgeliefert wurden, und der Flug von Soltau war mit Sicherheit nicht die erste Überführung nach Zerbst zum Einfliegen.

ARWA Auerbach lieferte im Februar insgesamt 43 Rümpfe, die meisten davon als Rohbaurümpfe. Nur wenige waren, wie geplant, fertig vormontierte Baugruppen, da auch weiterhin Großserienvorrichtungen nur kleckerweise geliefert wurden, die Handnietung vorherrschte und ferner nicht genügend Werkzeuge zur Verfügung standen. »Außerdem«, so Meister Eli Thierfelder, »war der Rumpf der Me 262 für uns eine vollkommen neue ungewohnte und viel kompliziertere Fertigung als der Fw 190 Rumpf. Für die Nietkolonnen mußten viel mehr Leute eingesetzt werden, auch wenig qualifizierte Zwangsarbeiter und Kriegsgefangene. Unten an der Sägemühle in Auerbach hatten die Nazis ein Barackenlager errichtet. Täglich konnten die Auerbacher in den frühen Morgenstunden oder am Abend die verhungerten russischen, polnischen und holländischen Zwangsarbeiter und Kriegsgefangenen durch den Ort marschieren sehen. Meine Frau legte nicht selten Äpfel neben den Gartenzaun, oder auch Kartoffeln und ein Stück Brot, damit die bedauernswerten Menschen wenigstens etwas ihren kargen Rationen hinzusetzen konnten. Das mußte sie allerdings sehr geschickt machen, damit es niemand merkte.«[61] Am 8. Februar fand eine weitere Anlaufbesprechung statt. Dabei wurde auch über Arbeitskräfte und wahrscheinlich über die Verlagerung von ARWA nach Großeutersdorf beraten. Meister Eli Thierfelder dazu: »Die Antreiberei der Nazigrößen, von denen es im Betrieb jetzt nur so wimmelte und von denen uns kaum die Hälfte bekannt war, kannte bald keine Grenzen mehr. Dabei mußten wir mit den primitivsten behelfsmäßigen Mitteln arbeiten. In den letzten Kriegswochen hieß es plötzlich, wir werden verlagert. Alle am Rumpfbau Beteiligten sollten nach Kahla in ein unterirdisches Werk verlegt werden. Schon lange wurde so etwas gemunkelt. Doch nun wurde die Sache offiziell. Natürlich lag uns gar nichts daran, im Schlamassel des sich abzeichnenden Kriegsendes noch von unseren Familien getrennt zu werden und in wer weiß was für Verhältnisse hineinzugeraten. Alle Arbeiter bewegte nur ein Thema, die Verlagerung. Und als wir schließlich den offiziellen Befehl bekamen, weigerten sich fast alle ziemlich einmütig, Auerbach zu verlassen. Man drohte und versuchte es mit allen möglichen Methoden, uns zu verladen. Der Hinweis auf einen Befehl Göring's und Sauckel's war ihr wichtigstes Drohmittel. Ein gewisser Kaschobinski aus Oschersleben gebärdete sich besonders wild. Doch unsere Kollegen waren entschlossen, zu bleiben.«[62]

Edwin Seidel, der erste Bürgermeister von Auerbach nach Kriegsende, berichtete: »Ich habe an der Sägemühle im Ausländerlager gearbeitet. Weil ich unter Polizeiaufsicht stand, mußte ich mich dreimal täglich beim Polizeiposten melden. Trotzdem habe ich bei einem Nachbarn Radio gehört und ausländische Sender verfolgt, um über die Lage an den Fronten informiert zu sein. Unsere illegale KPD-Organisation in Auerbach bestand praktisch nicht mehr. Gearbeitet habe ich dennoch. Zu den Zwangsarbeitern im Lager hatte ich guten Kontakt. Meine Frau und ich sorgten hin und wieder für etwas zusätzliche Verpflegung und ich informierte die Ostarbeiter über den Kriegsverlauf. Zu jener Zeit, als die ARWA verlagert werden sollte, hatten die Lagerinsassen den Entschluß gefaßt, Schluß zu machen, wenn es dazu kommen sollte.«[63]

So verhinderten Auerbacher Arbeiter und ausländische Zwangsarbeiter die Verlagerung. Dafür sollten sie mit höheren Arbeitsleistungen bestraft werden. Noch am 27. März 1945 wurden Verhandlungen zwischen der Stelle 0 und ARWA geführt, wonach ARWA zusätzlich zum Rumpf den Flügelkasten – und davon speziell den Nasenkasten für die Tragfläche der Me 262 – in die Fertigung übernehmen sollte. Erst an diesem Tag konnten auch die Serienvorrichtungen für die Rumpfspitze der 262, die bisher ziemlich primitiv montiert wurde, von der Firma Seyfert und Donner abgeholt werden. Wie viele Rümpfe ARWA Auerbach im März an die REIMAHG Großeutersdorf lieferte, ist leider nicht mehr zu ermitteln.

»Ab 11. März 1945 – wenige Wochen vor Kriegsende – mußten alle Bunker der REIMAHG voll mit Maschinen (Flugzeugen, M. J.) besetzt werden, die fertig montiert werden sollten. Rümpfe und Flügel sollten in den Werkstattbunkern im Melzer'schen Stollensystem und sonst geeigneten Stollen in größter Zahl aufgelegt werden.«[64] Mit den Holzmontagehallen waren das je Bunker und Halle zu fünf Flugzeugen insgesamt 40 Maschinen, die gleichzeitig montiert werden konnten.

Wieviele Me 262 das Werk REIMAHG bei Kahla tatsächlich bis Kriegsende verlassen haben, war bisher nicht dokumentarisch zu belegen. Frantisceck Stemmler spricht von 22, Albert Meyer, ein Kahlaer Architekt, von 27 Flugzeugen. Josef Zechmeister, der Leiter des Sonderkommandos des OKL zur Überführung der Me 262 von Großeutersdorf nach Zerbst in die Einfliegerei erklärte, daß jeder der Überführungsflieger mindestens drei

Maschinen überflogen hat. Das wären rund 51 Me 262. Es dürfte somit zumindest feststehen, daß nicht viel mehr als eine Jagdgruppe (40 Flugzeuge) von den in Kahla montierten Me 262 zur Truppe gelangten. Auch zu welchen Einheiten und Verbänden die Me 262 aus Kahla kamen, kann im wesentlichen nur vermutet werden: die im Februar montierten möglicherweise zum JG-7 nach Brandenburg-Briest. Eine fabrikneue Maschine holte Leutnant Kurt Lamm vom Nachtjagdkommando Welter (10./NJG-11) Mitte März aus Zerbst ab. Es ist nicht auszuschließen, daß weitere Flugzeuge ihren Weg zu der in Burg bei Magdeburg stationierten Staffel nahmen. Ganz sicher übernahm auch die I./KG(J)-54, die ab 18. März vorübergehend in Zerbst auf ihrem Weg nach Prag lag, einige der Kahlaer Me 262 vom Zerbster Einflugbetrieb.

Wie viele Menschen mußten die einzige unterirdische Me 262-Fertigung bei Kahla wohl mit dem Leben bezahlen?

Der Tod des Belgiers Julien Saelens am 7. April 1945, kurz vor dem Ende der REIMAHG ist ein bezeichnendes Beispiel dafür: Saelens war Ende der dreißiger Jahre Belgiens größte Sprinterhoffnung und Teilnehmer an den Europameisterschaften 1938. Am 11. Mai 1944 wurde er »... während einer Razzia der faschistischen Besatzungstruppen festgenommen und anschließend nach Deutschland deportiert ... Im Januar 1945 kam der junge Kunsttischler als Zwangsarbeiter in die REIMAHG. Er mußte 12 Stunden und mehr hintereinander unter Tage arbeiten. Trotz dieser Sklaventätigkeit und entbehrungsreicher Verpflegung konnte die Moral des Sportlers Julien Saelens nicht erschüttert werden. Immer bereit, schwächeren Kameraden zu helfen, war er unter seinen Kameraden beliebt und geachtet. Dann kam der 7. April 1945.

Saelens stand mit Hunderten anderer Zwangsarbeiter in der Reihe am einzigen Schalter, an dem es einen Napf Kohlsuppe gab. Das lange Warten machte die ausgehungerten Menschen unruhig. Sie wußten, daß sie oft stundenlang auf diese eine Schüssel Wassersuppe warten mußten. So auch an diesem Tag. Julien wollte anderen Platz machen. Als er aus der Reihe austrat, stieß ihn einer der SS-Männer mit dem Kolben der Maschinenpistole zurück, so daß Saelens stolperte und fiel. Der SS-Scherge schoß. Die aus kaum zwei Meter Entfernung abgefeuerte Kugel traf Saelens in den Rücken. Während ein Großteil der Zwangsarbeiter floh, transportierten drei belgische Kameraden Julien in die Krankenstube...«[65] »Einer der Augenzeugen berichtete: ›Er wußte, daß er sterben mußte. Er betrachtete dieses furchtbare Ereignis fast mit Ruhe. Es war herzzerreißend; diesen armen 24jährigen, durch einen Faschisten ermordeten Jungen zu sehen, die drei machtlosen belgischen Landsmänner bei ihm, die nicht in der Lage waren, zu helfen.‹«

Bei vollem Bewußtsein, unter wahnsinnigen Schmerzen wandte er sich an sie: »Sagt von mir, daß sie mich ermordet haben. Schmerzlich ist, daß das jetzt noch geschehen mußte. Sagt zu meinen Eltern, daß ich immer an sie gedacht habe und daß mein letzter Gedanke bei ihnen ist.«[66] Gegen 19 Uhr verstarb Julien Saelens.

Nach Schätzungen ehemaliger REIMAHG-Zwangsarbeiter unmittelbar nach dem Kriege wurden 5 000 bis 6 000 Zwangsarbeiter umgebracht.

Ende März, noch während der Kämpfe um den Ruhrkessel, begann die westalliierte Offensive Richtung Osten und Südosten und damit auch auf Thüringen und den Harz, der inzwischen das Rüstungs- und Verwaltungszentrum der Naziführung geworden war. Es drohte die Teilung des deutschen Rumpfreiches in ein nord- und ein süddeutsches Restgebiet. Während Rüstungsstab, Führung der Mittelwerk GmbH und auch REIMAHG-Verantwortliche Hals über Kopf in die vermeintlich letzte Bastion, die Alpenfestung, flohen, gab Speer sechs Befehle heraus, die die Produktion und Verwendung der Waffen aus diesen Gebieten bis 5 Minuten nach zwölf sichern sollten. Am 5. April gingen sie per Fernschreiben an alle noch existierenden Dienststellen seines Bereiches: »Erhaltung der Brückenbauten der Reichsbahn und des Straßenverkehrs über die Saale bei Saalfeld, Groß-Heringen, Weißenfels und Merseburg, der Bahnanlagen auf der Strecke Saalfeld–Jena–Saale wegen der Fertigungen der Zeißwerke in Jena ... Über Erfurt – Nordhausen – Northeim – Kreiensen sollten V-Waffen und Strahljäger abtransportiert werden. Über die Weser bei Hameln, über Wesermünde – Hannover – Kreiensen und ostwärts davon sollte wichtiges Rüstungs- und Ernährungsgut laufen.«[67] Doch diese Befehle konnten den Vormarsch der Armeen nicht aufhalten.

Als am 1. April 1945 der Geschützdonner der Kämpfe bei Eisenach und Gotha bis nach Kahla hinüberhallte, ließ der Kahlaer NSDAP-Bürgermeister sämtliche Abteilungsleiter der Stadtverwaltung zum Befehlsempfang antreten. Danach begann eine Vernichtungsaktion ohnegleichen. Sämtliche Personalakten der Beamten, die Dokumente zur Lage der Wasserleitungen, der Kabel, Abflußkanäle und Gasleitungen sowie die Einwohnermeldekartei wurden mit einem Anhängerlastzug in die Porzellanfabrik geschafft und verbrannt. Ähnliches geschah in der REIMAHG, über deren Gelände am Tage häufig die amerikanischen Jabos hinwegjagten.

Noch am 7., 8., und 9. April erfolgten kleinere Bombenangriffe auf Kahla, Großpürschitz und Uhlstädt. Die Kahlaer saßen größtenteils in ihren Kellern und Luftschutzräumen. Am Mittwoch, dem 11. April, wurde der Volkssturm zur Verteidigung der Stadt mobilisiert. Am Vormittag des 12. April sprengten deutsche Truppenteile sämtliche Kahlaer Brücken, um den Vormarsch der Amerikaner aufzuhalten. Doch um 18.30 Uhr des gleichen Tages rollten die ersten amerikanischen Panzer in die Stadt ein. Auch bei der REIMAHG hatten die Deutschen alles vernichtet, was von dem Geschehen detailliert Zeugnis ablegen konnte, und in panischer Flucht das Werk verlassen. Georg Potzler, ehemals Major beim Stab des IX. Fliegerkorps, und 1945 als Kommandeur des Volkssturmbataillons der REIMAHG eingesetzt, berichtete 1964:

»In der Nacht kam an mich der Befehl von Jena, die 15 000 Fremdarbeiter wegen der Bedrohung der eigenen Front unschädlich zu machen. Auf meine Frage, wie ich dies machen solle, bekam ich zur Antwort, dies sei meine Sache. Es war mir wie auch dem SS-Brigadeführer Pflomm klar, daß man diesen Wahnsinnsbefehl nicht ausführen konnte.

Da der Volkssturm ja immer noch dem Gauleiter Sauckel unterstand, wurde vereinbart, daß Pflomm diesem mündlich die Lage unterbreiten und ihm nahelegen sollte, die 15 000 Ausländer ... auf einen größeren Distrikt zu verteilen.

Diesem Vorschlag von uns wurde durch den damals auf der Köppe in Hermsdorf befindlichen Gauleiter zugestimmt. Wir ließen die Fremdarbeiter davon unterrichten, daß sie in Trecks von etwa 1 500 Personen nach Osten zu in Marsch gesetzt würden ... Es gelang, etwa die Hälfte der Fremdarbeiter von hier zu entfernen. Die anderen weigerten sich mitzugehen.«[69]

Vielen der auf den Treck geschickten Zwangsarbeiter erging es wie den KZ-Häftlingen von Schwäbisch Hall oder anderswo. Walter Ranke aus dem kleinen Ort Langendembach schrieb 1969: »Die Mitglieder unserer Sektion Modellflug haben das Leben und das Schicksal ehemaliger Häftlinge des KZ Buchenwald erforscht. In unserem Ort gibt es einige Ältere, die Augenzeugen der Zustände in den Lagern der REIMAHG sind. Auch in unserem Ort war ein solches Lager. Auf dem Friedhof sind 152 ermordete Slowaken bestattet. Eine Stelle, an der zwei ermordete Italiener der REIMAHG begraben worden sind, wurde von uns ermittelt, das Grab instand gesetzt und von den Schülern unserer Schule gepflegt.

In unserem Ort sollen über 300 Menschen ermordet worden sein. Die Stellen, an denen man sie verscharrt hat, sind annähernd bekannt. Wir stehen ebenfalls mit noch Überlebenden aus der Slowakei und Belgien in Verbindung.

Ich persönlich habe selbst am 6. 4. 45 den Todesmarsch der Häftlinge aus Buchenwald – dem unterwegs die von der SS aufgegriffenen der REIMAHG zugeteilt wurden – gesehen. Später – Ende 1945 – habe ich in einem von der Sowjetischen Militäradministration (SMAD) zusammengestellten Kommando u. a. die bei Pößneck verscharrten Toten mit ausgegraben und auf dem Pößnecker Friedhof beigesetzt. Vor einiger Zeit wurden sie exhumiert und ruhen jetzt in einem besonderen Ehrenhain.«[69] So endete auch die REIMAHG als ein trauriges Kapitel in der Geschichte der Me 262.

Am 15. April 1945 inspizierte eine Kommission der US-Air Technical Intelligence Section des Head-

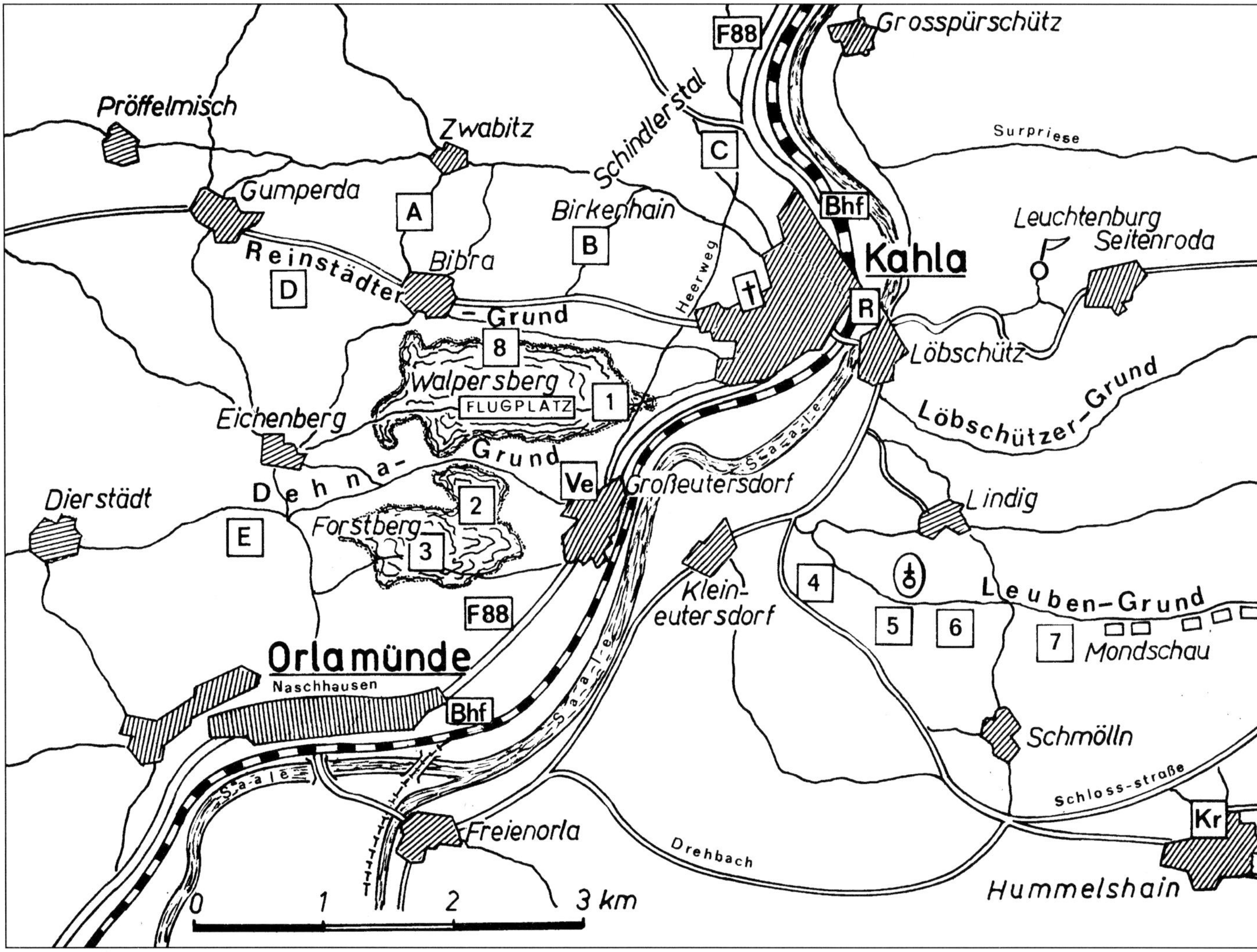

Die Lager der REIHMAG. Ve Verwaltungsbaracken Großeutersdorf am Südabhang des Walpersberges für Bauleitung, Wirtschaftsverwaltung, Gestapo usw.; † Begräbnisstätte für ausländische Zwangsarbeiter oberhalb des Friedhofes von Kahla; Kr. Krankenhaus »Neues Schloß« Hummelshain, erweitert durch Krankenbaracken im Schloßpark; Desinfektionsbau im Lager Leubengrund. 1–8 und E Barackenlager für je 1 000

quarters der USSTAF die Anlagen der REIMAHG: Im Bericht A-366 schrieb Brigadegeneral George C. McDonald, der Director of Intelligence, im Punkt 2: »Einer der Bunker wurde für Teile und Ausrüstungen, wie MK-108 Maschinenkanonen sowie für Elektrik-und Funkausrüstung genutzt. Hier waren Bestände für mindestens 200 Flugzeuge zur Hand.«

Unter Punkt 5 hieß es: »In und um das Werkgelände herum wurden 10 komplette Me 262 Rümpfe ebenso wie Tragflächen und Leitwerke auf Fahrzeugen und im angrenzenden Ort (Großeutersdorf, M. J.) gefunden.«

Auch die umliegenden Orte wurden an diesem Tage von der Section gründlich untersucht. Report A-369 vom 7. Mai 1945 über die Inspektion von Orlamünde und Kahla am 17. April stellt unter Orlamünde im Punkt b fest: »In RR-Wagen (wahrscheinlich Güterwagen, M. J.), die hier abgestellt waren, wurden 8 Rümpfe für die Me 262 gefunden, während Tragflächen, Bugsektionen und Leitwerke fehlten.« Und unter Punkt c: »Vier Waggons mit Zubehörteilen, wie Funkausrüstungen, elektrischen Geräten und Ausrüstungen, Instrumenten und Installationen ergaben einen Teileumfang für mindestens 500 Flugzeuge dieses Typs.« In Kahla fand man weitere zwei Wagenladungen Ausrüstungsteile, 30 Kraftstofftanks und 10 komplette Rümpfe für Me 262. Alle Ausrüstungen befanden sich in einem ausgezeichneten Zustand und wurden als Kriegsbeute beschlagnahmt.

Das Messerschmitt-Werk in Regensburg-Obertraubling

Das dritte große, zur Messerschmitt-Gruppe gehörende Endmontagewerk für die Me 262 war das Werk in Regensburg-Obertraubling. Es bildete mit Neuburg und Brandenburg-Briest den zweiten Messerschmitt-Fertigungskreis. 1942 von der Leichtbau GmbH Regensburg durch die Messerschmitt AG aufgekauft, besaß es einen relativ großen Werkflugplatz, der allerdings über keine Betonpiste verfügte. Nicht zuletzt deshalb gehörte der Platz keinem Luftgaukommando an, so daß hier bis 1944 keine Einheiten oder Geschwader der Luftwaffe stationiert waren. Ab Mitte 1944 schlug in Obertraubling das Fliegerüberführungsgeschwader-1, Gruppe Süd (FlüG-1S), seine Zelte auf, dessen Stab sich seit 1942 in Jügerbog befand und dessen Aufgabe es war, von der Industrie fertiggestellte Flugzeuge zu übernehmen und zu den Luftwaffenverbänden zu überführen, sofern letztere nicht selbst am Herstellerort aufgestellt oder neuaufgefüllt wurden.

Bis Ende 1943 montierte man in Regensburg-Obertraubling noch ausschließlich den Truppentransporter Me 323 »Gigant«, ab September immerhin täglich einen dieser sechsmotorigen Riesen. Ende 1943 erfolgte die Verlagerung dieser Montage zum Zeppelin-Luftschiffbau Friedrichshafen. Damit war der Weg frei, die unmittelbar bevorstehende Serienfertigung der Me 262 auch in diesem Werk mit vorzubereiten; zunächst allerdings nicht als Endmontagebetrieb, sondern für die Baugruppenfertigung.

Fast fertiggestellte Me 262 wurden im Leichtbau Regensburg-Obertraubling zerstört.

ausländische Zwangsarbeiter; R Lager für 500 Italiener im Volkshaus »Rosengarten« Kahla. Zustand beim Einmarsch der Amerikaner am 13. 4. 1945. Lager 1–8 und E fertiggestellt und belegt; A alle Gebäude im Rohbau fertig, B nur ein Gebäude im Rohbau fertig; C noch nicht mit dem Bau begonnen; D zwei Gebäude im Rohbau fertig (bei B und D waren eine Anzahl Häuser etwa 1 m hoch gebaut).

Betriebsleiter in Regensburg-Obertraubling, das mit der Aufnahme der Me 262-Produktion wieder unter dem Tarnnamen Leichtbau GmbH firmierte, war Direktor Lindner, der zugleich als verantwortlicher Produktionsdirektor für die Gesamtproduktion der Me 262 fungierte. Leiter der Einfliegerei war Wendelin Trenkle, dem zunächst Chefpilot Obermeier, danach Chefpilot Brendle und zwölf Einflieger unterstanden. Dies aber erst mit der Aufnahme der Endmontage im Frühherbst 1944. Bereits Mitte 1943 hatte in Regensburg die Fertigung der Serienwerkzeuge und Bauvorrichtungen für die Me 262 begonnen. Nach dem Angriff der USAAF vom 25. Februar 1944, welcher einen großen Teil der Messerschmitt-Werke in Regensburg-Prüfening lahmlegte, wurde der größte Teil der noch erhaltengebliebenen Fertigungsanlagen in ein Waldstück, sieben Kilometer südlich von Regensburg-Obertraubling, verlagert. Dort, zwischen Köfering im Norden, Thalmassing im Westen, Hagelstad im Süden und Alteglofsheim im Osten, entstanden vier Hallen mit Fertigungsstraßen zur Montage der Bf 109 G und K sowie der Me 262. Als Ortsangabe für das Objekt diente Köfering, das dafür jedoch den Decknamen Gauting erhielt, um das Auffinden durch alliierte Bomber zu erschweren. Tarnname für den Betrieb selbst war Leichtbau GmbH, Regensburg-Obertraubling. Im September 1944 verließen hier bereits täglich 20 Bf 109 G und die ersten Me 262 die Endmontage. Dazu waren 4 000 Beschäftigte, darunter 600 deutsche Facharbeiter sowie 600 Mann deutsches Leitungs- und technisch-technologisches Personal, ferner 500 französische und belgische Zwangsarbeiter sowie etwa 2 000 sowjetische Kriegsgefangene eingesetzt.

Außer der Endmontage fanden in Regensburg-Obertraubling die Rumpffertigung und die Montage der Bugsektion, einschließlich der Waffenbestückung, statt. Bis zum Jahresende 1944 vergrößerte sich der Montageumfang an Me 262 sehr rasch und die Stückzahlen an fertigen Flugzeugen stiegen, verglichen mit denen an anderen Montagestellen.

Ende 1943/Anfang 1944 nahm auch im Außenlager Gusen II des KZ Mauthausen (Österreich) das Regensburger Messerschmitt-Werk die Fertigung auf. Zunächst erfolgte dort etwa ab März 1944 der Flächen- und Rumpfbau für das Jagdflugzeug Bf 109 G in einer Waldmontage. Die fertiggestellten Baugruppen gingen danach zur Endmontage nach Regensburg-Prüfening. Gleichzeitig begannen KZ-Häftlinge unter mörderischen Bedingungen in die dortigen Felsen Stollen vorzutreiben, die künftig für die Fertigung von Baugruppen der Me 262 genutzt werden sollten.

Mitte November 1944 waren diese Arbeiten soweit gediehen, daß die Me 262-Flächenfertigung in Gusen aufgenommen werden konnte. In Obertraubling hatten bis dahin ebenfalls KZ-Häftlinge aus Dachau und dessen Außenlagern eine umfangreiche und gut getarnte Waldmontagelinie in riesigen, mit Tarnnetzen abgedeckten Holzhallen errichtet. Damit waren auch dort alle Voraussetzungen geschaffen worden, mit einer versteckten und damit gut geschützten Endmontage der Me 262 zu beginnen.

Etwa um den 20. September 1944 lief mit der Werknummer 500 001 und der Flugzeugkennung »Weiße 7« die erste Me 262 des ersten Bauloses über 100 Flugzeuge (Wk. Nr. 500 001 bis 500 100) vom Montageband und wurde mit dem damals üblichen Zeremoniell an die Luftwaffe übergeben. Die ersten 25 Flugzeuge überführte man nach Schwäbisch Hall und nach Giebelstadt bei Würzburg, wo sie nach gründlichem Einfliegen an die II./KG-51 sowie die I./KG(J)-54 übergeben wurden. Die Wk. Nr. 500 009, also die neunte Maschine aus Regensburg-Obertraubling, hatte ein besonders kurzes Leben. Am 7. Dezember 1944 ging sie bei der 4./KG-51 verloren. Nahe Schwäbisch Gmünd wurde das Flugzeug von amerikanischen Vorausjägern abgeschossen, wobei der Pilot, Stabsfeldwebel Zander, fiel.

Von den folgenden Serienmaschinen gingen nur einzelne, wie z. B. die Wk. Nr. 500 039, an das mit besonderer Dringlichkeit für die Reichsverteidigung neu aufzustellende JG-7 in Brandenburg-Briest. Immer noch wurden, entsprechend dem Hitler-Befehl, vorzugsweise die KG-51 und KG(J)-54 beliefert, teilweise einfach deshalb, weil eine Überführung der Flugzeuge zu diesen Geschwadern nach Giebelstadt, Rheine und

Schwäbisch Hall wesentlich kürzere Flugzeiten und weniger Aufwand erforderte als nach Brandenburg-Briest.

Der Produktionsaufwand für eine Me 262 lag anfangs in Regensburg-Obertraubling sehr hoch. Er umfaßte 9 000 bis 10 000 »Mannstunden« und sollte daher innerhalb der nächsten drei Monate auf 6 000 verringert werden. Bis zum 10. Januar 1945 konnten 47 Maschinen des ersten Bauloses gefertigt und an die Einfliegerei abgeliefert werden. Die 47. Me 262, Wk. Nr. 500 047 und Stammkennzeichen PS + IP, wurde z. B. durch Oberfeldwebel Albert Brück vom FlüG-1 am 10. Januar um 15.05 Uhr nach Schwäbisch Hall überführt und landete dort 15.23 Uhr. Wenige Tage später ging sie eingeflogen an die II./KG-51, die auf dem dortigen Flugplatz nach erheblichen Verlusten in Essen-Mühlheim aufgefrischt wurde.

Flächen für die Me 262 lieferte ab Ende 1944 der Betrieb mit dem Tarnnamen »Esche 2« des Außenlagers Gusen II. Geräte und verschiedene Bauteile lieferte auch ein im Stammlager Mauthausen eingerichtetes Messerschmitt-Werk. Allein in Gusen II arbeiteten unter unmenschlichen Bedingungen 12 537 KZ-Häftlinge.

Ferner kamen noch diejenigen des Messerschmitt-Werkes hinzu. Von den Gusener Häftlingen waren mindestens 2 000, wahrscheinlich sogar 3 000, nur für die Flugzeugfertigung eingesetzt. Messerschmitt lieferte das Grundmaterial sowie Maschinen, Werkzeuge und Fachkräfte, während die DEST – von der SS 1938 gegründete »Deutsche Erd- und Steinwerke GmbH Berlin« – die Stollen von Gusen II und die Bewachungsmannschaften sowie ausreichend Häftlinge als billige Arbeitssklaven zur Verfügung stellte. Diese unterirdischen Gänge waren bereits 1943 auf Befehl des SS-Führungsstabes B-9 unter Leitung von Dipl.-Ing. Karl Fiebinger in den Berg getrieben worden. Zu dieser Zeit produzierte man noch Bf 109-Tragflächen in Holzhallen nahe der Stollen.

Ab April 1945 sollte – nach Verlagerung der Regensburg-Obertraublinger Montagestraße in die Gusener Stollen – schließlich auch die komplette Endmontage von monatlich 1 250 Me 262 dort erfolgen. Ob allerdings außer Tragflächen und anderen Baugruppen sowie Teilen und Geräten je eine komplette Me 262 das Werk »Esche 2« verlassen hat, ist heute nicht mehr festzustellen.

Me 262-Tragflächen und eine Bugsektion (Vordergrund) nach Kriegsende in der Regensburg-Obertraublinger Waldfabrik.

Von den 5 000 bis 6 000 für Messerschmitt arbeitenden Häftlingen kamen mindestens 2 000 ums Leben.

Kommandant des KZ-Außenlagers Gusen II war SS-Hauptsturmführer Karl Chmielewski. Im Prozeß gegen ihn vor dem Schwurgericht Ansbach hieß es in der Urteilsbegründung: »… das Leben der arbeitsfähigen Häftlinge, die als Arbeitskräfte nicht mehr ausgenutzt werden konnten und das Leben der nach seiner Ansicht rassisch minderwertigen Juden … galt dem Angeklagten Chmielewski nichts. Er vertrat dabei die gleiche Auffassung, wie sie in der erwähnten Anordnung des Reichsführers SS vom Herbst 1941 dokumentarisch ihren Niederschlag fand und wie sie in dem Befehl des SS-Obergruppenführers Glück's vom Sommer 1941 zum Ausdruck kam, wonach Häftlinge, die länger als eine bestimmte Zeit arbeitsunfähig oder krank waren, als in den Konzentrationslagern unerwünscht bezeichnet wurden …«.[70] Das Schicksal der deutschen Jüdin Vera Mitteldorf, die im Herbst 1944 in das Lager kam, ist nur eines von abertausenden solch erschütternder Beispiele:

»Im Februar 1943 wurde ich mit meinen Eltern und beiden Geschwistern (12 und 22 Jahre) verhaftet, weil wir Juden waren. So kam ich mit 15 1/2 Jahren in das Konzentrationslager Theresienstadt. Dort mußte ich schwer arbeiten und mit meiner jüngeren Schwester in einem Kindersammellager wohnen. 1944 im Oktober begannen die sogenannten Familientransporte, die in das Konzentrationslager Auschwitz-Birkenau führten. An der Rampe in Auschwitz-Birkenau sah ich meine Eltern und Geschwister das letzte Mal. Sie endeten alle vier in den Gaskammern von Auschwitz. Da ich selbst als arbeitsfähig aussortiert wurde, kam ich gemeinsam mit anderen Frauen in einen anderen Block, in dem Arbeitstrupps zusammengestellt wurden. Nach Tagen der Selektierungen, nach Prügel und Appellen wurden wir zu einem Transport zusammengefaßt, der in ein Außenlager ins Reich ging. In einem Werk für Flugzeugtragflächen fanden wir uns wieder. Etwa 150 jüdische Frauen und Mädchen aus vielen Ländern Europas waren hier zur Zwangsarbeit zusammengetrieben worden. Aus Griechenland, Jugoslawien, Österreich, aus der Sowjetunion, aus Frankreich, Italien und aus Deutschland kamen sie. Unter erbärmlichen Bedingungen wurde hier gearbeitet, gelitten und gestorben. Und es starben viele. Der Rest der Frauen wurde Anfang April 1945, als die Front immer näher rückte, auf Transport geschickt.«[71)]

Horst Keimling aus Dresden, der während seines gesamten Lagerdaseins im Flugzeugbau in Gusen II schuften mußte, schildert seine Ankunft dort so:

»Meine Strafe begann im Zuchthaus Waldheim. Die Gestapo teilte mir Anfang 1943 mit, daß ich wegen Gefährdung der Sicherheit in das KZ Mauthausen eingeliefert werde. Zwei meiner österreichischen Mitgefangenen äußerten sich mir gegenüber, daß man in ihrer Heimat Mauthausen jetzt Mordhausen nenne. Wir waren sieben Antifaschisten, die in einem Sammeltransport, mit Handschellen zu zweit aneinandergefesselt, in einem Waggon von Chemnitz nach Dresden zur Massenverladung gebracht wurden. Zu zweit wurden wir in eine Wagenzelle gepreßt, die kaum einen halben Quadratmeter groß war. An ein Hinsetzen war nicht zu denken. Die nächste Station war Prag. Auf LKW verladen, wurden wir hier in das Gestapo-Gefängnis Prag-Pankratz gebracht. Dort empfing uns die SS mit Fußtritten, Fausthieben und Gebrüll. Je 50 Häftlinge wurden in einer Zelle zusammengepfercht. Die Notdurft mußte im selben Raum verrichtet werden. Wir lagen wie die Heringe an- und übereinander. Unsere Essentagesration bestand aus einer Schnitte Brot, einem Topf Kaffee und einem Schlag Kohlrüben. Nach zwei schrecklichen Wochen im Gestapo-Keller Pankratz trafen wir mit dem Zug in Linz, der vorletzten Station zur Hölle ein. Hier mußten wir für eine Nacht ins Stadtgefängnis, wo es nichts zu Essen gab. Einen Tag später erreichten wir die Endstation, das KZ Mauthausen.«[72)]

Von hier aus kam Horst Keimling in das Außenlager Gusen II. »Die Lebensverhältnisse in den Stollen bei Gusen ...«, »... waren schlimmer als der Steinbruch von Mauthausen; die Zivilisten bei Messerschmitt waren schlimmer als die SS.«[73)] und die SS hatte schon alle Vollmachten. Eine »Geheime Reichssache« vom 3. Juni 1943 bot die Handhabe dazu:

»4. Der Lagerkommandant allein ist verantwortlich für den Einsatz der Arbeitskräfte. Dieser Einsatz mußte im wahrsten Sinne des Wortes erschöpfend sein, um ein Höchstmaß an Leistung zu erreichen.

Pohl
SS-Obergruppenführer
und
General der Waffen-SS«[74]

Horst Keimling aus Dresden erinnert sich:

»Zuerst in großen Holzhallen, später im Stollen, wurden Tragflächen hergestellt. Die Arbeitszeit betrug je Schicht 12 Stunden. Unser Kommando im Tragflächenbau umfaßte etwa 500 Häftlinge pro Schicht. Die Arbeitsbekleidung bestand aus Holzschuhen und Pantinen, die meist mit Strick oder Draht an die Füße gebunden wurden, sowie aus Zivilanzügen verstorbener Häftlinge. Einige Häftlinge trugen auch gestreifte Lageranzüge. Die Kleidung hatten wir Tag für Tag an, auch bei Schnee und Regen. Erst wenn die Sachen vom Leibe fielen, konnte getauscht werden. Die Flächen wurden in einer Helling auf einer Fließstraße angefertigt. Die Aufsicht führten in jeder Abteilung ein Zivilmeister und ein Kapo. Die Kapos waren zum größten Teil deutsche kriminelle Verbrecher. In der Hand hatten sie einen Schlägerschlauch. So überwachten sie unsere Arbeit. Bei dem geringsten Fehler wurde Sabotage angenommen. Die Strafe waren 25 Hiebe mit dem Schlauch auf das Gesäß. Sie habe ich gesehen, wie ein Häftling aus der Sowjetunion 30 und ein polnischer Häftling 50 Hiebe bekam.

Fast alle Nationen waren vertreten. Der kleinste Teil der Häftlinge waren Deutsche. Die Verständigung bei der Arbeit war schwierig. Es durfte nur deutsch gesprochen werden. Vieles war Handarbeit. Bleche schneiden, biegen, nieten, Bolzen drehen wurden von ungelernten Häftlingen ausgeführt. Um eine einwandfreie Produktion zu gewährleisten, war eine Kontrolle vorhanden. Auch diese wurde von Häftlingen durchgeführt. Ausgeschlossen waren Russen und Juden. Ich übersah einmal zwei schiefe Niete. Der Zivilmeister meldete es dem Kapo. Man bestrafte mich für jede Niete mit zehn Stockhieben. Wenn eine Fläche fertig war, wurde sie von fünfzehn bis zwanzig Häftlingen aus der Helling gehoben und in die Spritzerei getragen. Wenn nicht gleich alles klappte, schrien und brüllten die SS-Bestien und die Kapos. Aus der Spritzerei kamen die Flächen an die Verladestelle, wobei alles ohne Kran gemacht werden mußte. Zur einzigen Pause trat das Kommando zum Essenfassen vor der Halle an. Die Essenkübel mußten 300 Meter von einem Wagen geholt werden. Der Weg war so schlecht, daß die Holzpantinen im Schlamm und Dreck steckenblieben. Vor der Halle wurden die Essenkübel in mehreren Reihen aufgestellt. Dort standen die Kapos, bewaffnet mit Knüppeln. Jeden Tag gab es dreiviertel Liter Essen, meist waren es Steckrüben oder Kraut.

In der Halle, die so lang war wie die ehemalige Sachsenwerkhalle (des Sachsenwerkes Niedersedlitz bei Dresden, heute Elektromaschinen AG, M. J.), standen zwei runde Eisenöfen. Im Winter drängten sich die Häftlinge wie Bienen um die Öfen. Wenn es der Kapo sah, schlug er sie brutal auseinander. Das gleiche passierte, wenn wir beim Nichtarbeiten erwischt wurden. Austreten durfte man nur fünf Minuten. Bei Fliegeralarm am Tage wurden wir durch die SS und die Kapos aus der Werkhalle getrieben. Als dann neue unterirdische Stollen, ungefähr 400 Meter von den Werkhallen entfernt, von Häftlingen in den Berg getrieben wurden, damit die Produktion nach dort verlagert werden konnte, mußten wir unter qualvollen Strapazen hier arbeiten. Bei Alarm dienten die Stollen als Schutz für uns Häftlinge, um unsere billige Arbeitskraft zu schützen. In den Stollen führte nur ein Eingang. Mit Knüppeln und Hunden wurden die Häftlinge hineingetrieben, wobei jedesmal durch die Panik die schwächeren Häftlinge buchstäblich zertrampelt wurden.«[75]

Alle Firmen, die im Auftrag des Sonderstabes Kammler produzierten – das waren in erster Linie alle an der Strahljägerproduktion beteiligten – und die Mauthausener Häftlinge beschäftigten (wie Schlier, Gusen II, Ebensee und Melk), zahlten für einen Facharbeiter 6,00 und für einen Nichtfacharbeiter 4,00 Reichsmark je Tag. Selbst Kranke und Arbeitsunfähige wurden zum Arbeitseinsatz gezwungen. Lagerkommandant Chmielewski in Gusen erklärte dazu zynisch, »daß diese Art der Liquidation auch billiger komme als das Töten in den Gaskammern etc.«[76]

Die Sabotage der Rüstungsproduktion in Mauthausen und Gusen nahm vielerlei Formen an. Eine der wirksamsten und am wenigsten auffällige war die Arbeitsverzögerung. Das Ausfallenlassen von Maschinen und Anlagen und die Fabrikation von Ausschuß war eine weitere, wenngleich wesentlich gefährlichere Art.

Alfred Klein aus Rochlitz berichtet:

»Als Gruppenvorarbeiter war ich immer darauf bedacht, die mir unterstellten Leidensgenossen, vorwiegend Russen, in ihrem Bestreben, langsamer zu arbeiten, zu unterstützen. Das führte oft zu Zusammenstößen mit dem ›grünen Vorarbeiter‹.«[77] Otto Wiesner aus Potsdam dazu:

»Ich arbeitete im Betriebsteil Wiener Graben der Messerschmitt GmbH im Flugzeugbau. Meine Aufgabe war das Nieten an den Flügeln. Ich wollte nicht mehr und gab an, schlecht zu sehen und machte Dellen in den Flügel. Der SS-Kommandoführer, der diesen Betriebsteil befehligte, hatte davon Wind bekommen, und so bestand Gefahr für mich. Die Kameraden faßten daraufhin den Entschluß, mich schnell aus dem Kommando herauszunehmen. Ich kam dadurch in den Stubendienst im Block 4.«[78]

Ähnliche Aktionen wurden von Horst Keimling und seinen Mithäftlingen im Objekt »Esche 2« der Messerschmitt-Baugruppenzulieferung für Regensburg-Obertraubling unternommen:

»Die Sabotage wirkt sich insofern aus, als wir versuchten, die Nietköpfe schlecht und schief einzuschlagen. Außerdem wurden die Splinte nicht ordnungsgemäß gesichert. Damit war eine nochmalige Demontage und Neueinbau erforderlich. Es kamen Arbeitszeitverluste und Verlängerungen der Fertigstellung zustande. Wir haben stets alles versucht, um eine schnelle Fertigstellung der Kriegsproduktion zu verhindern.«[79] »Den verschiedensten Sabotageakten folgten im Lager oft exemplarische Bestrafungen«, berichtet Hans Müller, Berlin. »So wurden im Verlaufe der letzten Kriegsmonate wiederholt auf dem Appellplatz vor den versammelten Kameraden Häftlinge der verschiedensten Nationen gehenkt. In der Hauptsache waren es sowjetische Kameraden. Sie gingen unerschrocken in den Tod.«[80]

Eine besonders sadistische Art, Häftlinge umzubringen, hatte sich der Gusener SS-Unterscharführer Jenzsch ausgedacht. Sie wurde auf Weisung von SS-Hauptsturmführer Karl Chmielewski vielfach angewandt. Es war das Totbaden. Eine halbe Stunde lang, meistens jedoch noch wesentlich länger, wurden die Opfer mit eiskaltem Wasser geduscht. Dicht gedrängt und von SS-Leuten umgeben, die jeden erbarmungslos mit Schlagstöcken oder Ochsenziemern zurücktrieben, der ausbrechen wollte, mußten die dafür ausgesuchten Häftlinge im ständig steigenden Wasser stehen, da die Abflüsse verstopft waren. Der Tod trat entweder durch akute Kreislaufschwäche oder durch Ertrinken ein, wenn einer der Häftlinge zusammenbrach. Überlebende starben zumeist in den darauffolgenden Tagen an Lungenentzündung oder an anderen Erkältungskrankheiten.

Herwin Haupt, einer der ehemaligen Häftlinge, schildert: »Zu Beginn des Jahres 1945 wurden viele Häftlinge evakuiert, weil die Front näherrückte. Große Transporte Evakuierter kamen nach Mauthausen. Ein Transport mit etwa 800 Männern im Februar. Ungefähr 140 Kranke wurden ausgesucht und erhielten eine Sonderbehandlung. Sie mußten warten, bis es finster war, dann heraus in die eisige Luft, im Laufschritt um den Block, dann wieder ins Bad und so fort, die ganze Nacht hindurch. Wir hörten die Entsetzens- und Verzweiflungsschreie der Gefolterten und konnten ihnen nicht helfen. einer nach dem Anderen brach zusammen und blieb liegen. Was am nächsten Tag noch lebte, wurde mit Knüppeln und mit Eisenstangen totgeschlagen. Ein alter Häftling bäumte sich noch einmal auf, händeringend flehte er seine Mörder an um Gnade – unbarmherzig sauste der schwere Knüppel auf ihn nieder und spaltete seinen Schädel.«[81]

Gusen und Mauthausen wurden, zum Glück für die Häftlinge, nie bombardiert. So konnten bis in die letzten Kriegstage hinein Baugruppen und Teile für die Me 262 gefertigt werden. Das Werk Leichtbau GmbH von Messerschmitt Regensburg-Obertraubling war jedoch bis Mitte April häufig Angriffen ausgesetzt, so beispielsweise nach Aufnahme der Me 262-Serienmontage am 20. Januar 1945 durch die 15. USAAF. Am 5. Februar war es wiederum diese 15. Luftflotte, nach deren Angriff vor allem starke Verkehrsschäden in Regensburg zu verzeichnen waren.

Am 15. Februar griffen B 24 Liberator das Werk und den Flugplatz Obertraubling an, wobei nach amerikanischen Angaben 23 Me 262 zerstört wurden. 10 Tage danach erneut Angriffsziel, griff am 17. März eine Division der 8. USAAF den Horst und die Werkanlagen sowie die Stadt München an. Einer der letzten und wirkungsvollsten Angriffe fand am 9. April statt. An diesem Tag waren die gesamte Bodenorganisation der Me 262-Verbände und die Herstellerwerke im südwestdeutschen Raum Ziel von fast 1 000 US-Bombern. Die Schäden, auch die an zerstörten Me 262, sollen sehr hoch gewesen sein.

Der ehemalige Messerschmitt-Werkeinflieger Hans Fay, der am 31. März mit einer Me 262 zu den Amerikanern auf den bereits besetzten Flugplatz Frankfurt/Main flüchtete, sagte vor hohen US-Offizieren aus, er habe aus glaubwürdigen Quellen gehört, »... daß bei den Angriffen auf Obertraubling im Februar und Anfang März annähernd etwa 60 Me 262 zerstört und beschädigt worden seien.

Diese Angriffe waren deshalb besonders effektiv, weil der Flugplatz keine Betonpiste hatte und der Boden so weich war, daß die Me 262 nicht starten konnten, als der Alarm ausgelöst wurde.«[82]

Im allgemeinen wurde allerdings von den Alliierten die Wirkung ihrer Angriffe auf Rüstungswerke und Flugplatzanlagen weit überbewertet. So wurde beispielsweise beim Angriff von 366 B 24 Liberator der 8. USAAF am 24. März 1945 auf Neuburg/Donau in amerikanischen Gefechtsberichten die Zahl von 80 bis 100 vernichteten Me 262 gemeldet. Nach den Verlustberichten des Horstkommandanten waren es jedoch nur 25 Strahljäger, die am Boden zerstört wurden. Viele kurz vor dem Einmarsch der Alliierten durch deutsche Kommandos gesprengte Flugzeuge wurden später hinzugerechnet.

Im April 1945 spitzte sich die Lage auch in Regensburg-Obertraubling so zu, daß eine Verlagerung der Endmontage nach »Esche 2« bei Gusen erwogen wurde. Doch dazu war man kaum noch in der Lage. Es fehlte an Transportmitteln, Werkzeugen und Vorrichtungen. Bereits Ende März/Anfang April hatte sich die Lage der Heeresgruppe G, die den südwestdeutschen Raum zu verteidigen hatte, durch den Vorstoß der 3. US-Armee derart verschlechtert, daß ihre Verbindung zur 7. deutschen Armee, die im Thüringer Raum operierte, verloren zu gehen drohte. Der Oberbefehlshaber der Heeresgruppe G, Generaloberst der Waffen-SS Hausser, beantragte beim OKW, die 7. Armee direkt dem Oberbefehlshaber West zu unterstellen und einem Rückzug seiner Heeresgruppe nach Süden und Südosten zuzustimmen.

Das OKW lehnte diesen Vorschlag jedoch ab,

Das Ende in Regensburg-Obertraubling.

Fertigmontierte Flugzeuge wurden zerstört.

entband Hausser vom Oberbefehl und ersetzte ihn durch den General der Infanterie Friedrich Schulz, der bis dahin Befehlshaber der 17. Armee an der Ostfront gewesen war. »Hitler selbst betraute Schulz am 2. 4. 1945 in der Reichskanzlei mit der neuen Aufgabe und versuchte ihm einzureden, ein zwei- bis dreiwöchiger Widerstand der Heeresgruppe sei von entscheidender Bedeutung, da sich durch den Masseneinsatz von Strahlflugzeugen in kürzester Zeit die Bedingungen für die Kampfhandlungen in der Luft und am Boden grundlegend verändern würden.«[83]

Hitler hatte vom Anlauf der Serienproduktion der Me 262 bei der REIMAHG Kahla im Februar/März gehört und kannte die Planung, wonach dieses Werk kurz nach Anlauf der Produktion pro Monat 1 000 Flugzeuge ausstoßen sollte, wie es Gauleiter Sauckel vorschwebte. Auch Gusen II sollte ab April 1945 1 250 Maschinen ausbringen. Phantastische Zahlen, zu deren Realisierung zu diesem Zeitpunkt keinerlei Voraussetzungen mehr vorhanden waren, schon allein wegen der Bereitstellung des Materials, das auf dem noch vorhandenen Restterritorium keinesfalls mehr aufzubringen war. Dennoch glaubte die Nazi-Führung bis fünf Minuten vor 12 noch immer an ein Wunder. So mußte die Linie »Waldmontage« Regensburg-Obertraubling ebenfalls ohne Unterbrechung weitermontieren, obwohl US-Truppen sich bereits der Donau genähert, ja sie an einigen Stellen schon überschritten hatten.

Am 25. April besetzten US-Truppen die Stadt. Sprengtrupps der Wehrmacht und der SS hatten kurz zuvor in der Waldmontage ganze Arbeit geleistet. Zwar standen noch alle Fertigungsanlagen, als die Amerikaner das Gelände besetzten, doch alle montierten Me 262 vor und unter den Tarnnetzen der Waldschneise waren gesprengt. Genaue Fertigungszahlen von Regensburg-Obertraubling stehen nicht zur Verfügung. Nach dem aufgefundenen Werknummernverzeichnis und weiteren Informationen wurden mindestens 250 bis 300 Me 262 fertig montiert und an die Luftwaffe bzw. an Erprobungsstellen übergeben.

Die Fertigung in Brandenburg-Briest

Der Flugplatz Brandenburg-Briest wurde 1939 als A-, B- und C-Fliegerschule gegründet, und in preußischer Tradition erhielt seine Kaserne den Namen des kaiserlich-deutschen Jagdfliegers des Ersten Weltkrieges, Manfred Freiherr von Richthofen. Flugzeugtypen wie die Focke Wulf FW 44 »Stieglitz«, Junkers W 33 und W 34, Fieseler Fi 156, Junkers Ju 52 und Ju 88 bestimmten hier in den ersten Kriegsjahren das Bild. Fliegerhorstkommandant war bei Kriegsende Generalmajor Fruhner.

Dieser relativ große Platz in der Nähe von Berlin mit seiner rund 2 000 Meter langen Betonpiste gewann in den letzten Kriegsjahren zunehmend an Bedeutung. Vor allem für die Tag- und Nachtjagd der Reichsverteidigung war er besonders geeignet. Große Waldgebiete am Nordrand des Flugplatzes ermöglichten eine relativ gute Dekkung und Tarnung.

Obwohl unmittelbar an der »Friedrichstraße« liegend, wie die Haupteinflugschneise der westalliierten Bomberverbände bei ihren Angriffen auf Berlin genannt wurde, blieb der Platz Brandenburg-Briest dennoch bis in die letzten Kriegstage hinein von direkten Großangriffen verschont.

Dort entstand im November 1944 ein Montagekopf der Messerschmitt-Werke für die Me 262. Montagekopf deshalb, weil sich diese Produktionsstätte zunächst wesentlich von den drei Hauptmontagebetrieben Leipheim, Schwäbisch Hall und Regensburg-Obertraubling unterschied. Während in den drei genannten Werken sowohl Teile und Baugruppen gefertigt, zugeliefert und zu einsatzfähigen Flugzeugen montiert wurden, sollte Brandenburg-Briest eigentlich nur als Montagestelle bereits gefertigter Me 262 dienen, bis der dort stationierte erste große Jagdverband, das JG-7, mit seinen vier geplanten Gruppen zu je vier Staffeln voll mit Flugzeugen aufgerüstet sein würde. Dazu sollten vorerst die Flugzeuge direkt von den drei Endmontagebetrieben, vor allem aber von Regensburg-Obertraubling, durch das Fliegerüberführungsgeschwader 1 (FlüG-1) der Luftwaffe überflogen und dem JG-7 übergeben werden. Durch die in diesen Monaten einsetzende schlechte Herbst- und Winterwetterlage und die mangelnde Flugerfahrung der Piloten mit diesem Flugzeug, kam es jedoch zu zahlreichen Verzögerungen und Unfällen während der Überführung. Daher ging man bereits im Dezember dazu über, in Regensburg oder Leipheim endmontierte Flugzeuge wieder zu demontieren und im Bahntransport nach Brandenburg-Briest zu schaffen. Dort mußten sie von den Bodenmannschaften des JG-7 erneut aufmontiert und eingeflogen werden, bevor sie der Verband übernahm. Als bei Tagesangriffen auf das Verkehrsnetz auch Flugzeuge auf der Bahn verlorengingen, verlegte man die Transporte in die Nachtstunden. Doch die Aufrüstung des JG-7 verzögerte sich dadurch erheblich. So wurde im Laufe der Zeit aus dem Montagekopf eine direkte Endmontagelinie von Messerschmitt, die aus angelieferten Teilen und Baugruppen verschiedener Hersteller die Me 262 von Grund auf montierte.

Am 10. November 1944 erhielt Oberstleutnant Steinhoff, Kommodore des JG-77, welches sich im Brandenburger Raum in Umrüstung befand, den Befehl, das erste Turbo-Jagdgeschwader JG-7 aufzustellen. Dazu sollten die Bodendienste des gerade erst aufgelösten KG-1 »Hindenburg«, die Stabsstaffel sowie Reste der III./JG-6 des Kommandos Nowotny den Grundstock bilden.

Bis zum 30. November 1944 sollte die neue III./JG-7 als erste Gruppe des Geschwaders in Brandenburg-Briest bereits mit 40 Me 262 ausgestattet sein.

In seinen Memoiren schrieb Steinhoff: »Im November trafen die ersten Flugzeuge, demontiert auf langen Transportzügen aus dem Süden des Reiches ein. Die Mechaniker begannen, unterstützt von einer Mannschaft der Messerschmittwerke, die Flugzeuge zusammenzubauen. Gegen Ende des Monats nahmen wir den Flugbetrieb auf. Wir zogen in Quartiere außerhalb des Flugplatzes, weil wir befürchteten, daß sie (die USAAF-Bomber, M. J.) ein verlockendes Ziel – einen Flugplatz, dessen Hallen und Abstellplätze voller Düsenflugzeuge standen – bald angreifen würden. Die Ausrüstung des Geschwaders ging sehr langsam voran, der Zusammenbau und das Einfliegen der Flugzeuge war zeitraubend und es haperte an Ersatz- und Spezialteilen, wie dies bei der Einführung eines neuen Typs nicht ungewöhnlich war. So vergingen doch sechs Wochen, ehe der Verband sich formte ...«.[84]

Noch immer kamen zu wenig Flugzeuge nach Brandenburg-Briest. Der zeitraubende Transportweg von mehr als 500 Kilometern, verbunden mit doppelter Montage und Einfliegen, sowie die Gefahr von Bombenangriffen auf Verkehrsknotenpunkte waren einige der Ursachen. Die Flugzeuge auf dem Luftwege zu überführen, scheiterte oft am Wetter, der nicht ausreichenden Zahl gut ausgebildeter Überführungspiloten und auch der Bedrohung durch die zu Hunderten auftretenden Begleitjäger der US-Bomberverbände. Selbst technische Fehler und Unzulänglichkeiten führten zu Verlusten von Flugzeugen. So stürzte am 6. Dezember 1944 Unteroffizier Renner von der III./JG-7 während eines Überführungsfluges in der Nähe von Osnabrück tödlich ab. Allein im Dezember gingen drei weitere Flugzeuge bei Überführungs-, Übungs- und Werkstattflügen verloren.

Am 1. Dezember 1944 fand in Berlin eine der zahlreichen Tagungen des Rüstungsstabes statt. General der Jagdflieger Adolf Galland, zu diesem Zeitpunkt von seiner Funktion bereits entbunden und daher nicht mehr teilnahmeberechtigt, schickte einen jungen Offizier des Geschwaders, Major Rudi Sinner, ohne Vollmacht zu dieser Tagung.

1 500 Industrielle, wirtschaftsleitende Beamte und Militärs nahmen an dieser Tagung teil. Speer sprach über seine Eindrücke nach einer Reise in die Industrie des Ruhrgebietes. Er spielte den Optimisten: »Wir brauchen vor der zukünftigen Produktion keine allzu großen Sorgen zu haben.«[85] Es ging um Kohle, Energie, Lokomotiven und Stahl. Einer der Programmpunkte war der Bericht des Generals Thomas vom RLM zum Me 262-Nachschub. Hauptdienstleiter Saur fragte: »Was geht hier vor? Die Industrie meldet mir, daß auf ihren Werkflugplätzen eine große Zahl abholbereiter Me 262 Flugzeuge stehe, und das JG-7 als einziges Geschwader für diese Maschine beklagt sich darüber, noch keine zu haben.« General Thomas verwies auf die Anwesenheit eines Offiziers des JG-7. Noch bevor sich Sinner richtig vorgestellt hatte, erhielt er von Saur sofort den Auftrag, die Probleme zu lösen. »Fahren oder fliegen sie nach Süddeutschland und bringen sie das alles in Ordnung. Sie haben alle Vollmachten. Sie können jede notwendige Maßnahme durchführen. Sie bekommen am Ende der Besprechung nähere Anweisungen und Vollmachten schriftlich.«[86] Sinner erhielt den Befehl des Chefs des Luftwaffenführungsstabes und alle Vollmachten des Rüstungsstabes und fuhr noch am selben Abend per Bahn nach Augsburg. Erste Station war Messerschmitt-Chefpilot Fritz Wendel, der ihn über die Hemmnisse einer rascheren Überführung informieren sollte. Wendel betrachtete vor allem die sogenannten MYO-Bestimmungen (Flugverbote bei Fliegeralarm) als ein Haupthindernis. Da es im Dezember 1944 nur wenige Stunden am Tage gab, an denen sich keine Flugzeuge der Alliierten über Deutschland befanden, galten, außer für die zur Abwehr bestimmten Tag- und Nachtjagdverbände, fast ständig MYO-Bestimmungen. Auch Überführungsflüge durften zu solchen Zeiten nicht stattfinden.

Sinner klärte das umgehend mit dem Kommodore des FlüG-1, Oberstleutnant Zeidler, in Regensburg-Obertraubling und befahl, daß allein die Flugzeugführer zu entscheiden hätten, wann sie fliegen oder nicht. Auch eine Nachschulung der Piloten des FlüG-1 auf der Me 262 ordnete er an, um die Sicherheit für die Piloten zu erhöhen. Danach führte der Major entsprechende Beratungen mit der zuständigen Jagddivision. All diese Maßnahmen sowie Wendels Bemühungen im Werk führten zu einer kontinuierlichen Belieferung von Brandenburg-Briest mit Flugzeugen, lösten jedoch nicht das Problem der raschen Aufstellung eines kompletten Me 262-Jagdgeschwaders, wie es das JG-7 in kürzester Zeit werden sollte.

Lesen wir dazu noch einmal in Steinhoff's Memoiren: »Auch der Dezember brachte das Geschwader nicht wesentlich voran. Wir waren in der Lage, in den Hallen genügend Flugzeuge zu montieren und dadurch den Geschwaderstab und die Brandenburger Jagdgruppe (III./JG-7 M. J.) so kampfstark zu machen, daß wir den ersten Schlag wagen konnten. Aber das Dezemberwetter erfüllte selten die Mindestbedingungen, um die Flugzeuge einzufliegen … Meist hingen die Wolken tief, behinderte Nebel die Sicht und die ersten Schneeschauer jagten über das Flugfeld.«[87] Die Piloten und vor allem die Offiziere unter Oberstleutnant Steinhoff und Major Erich Hohagen, dem Kommandeur der III./JG-7, saßen in ihren Unterkünften im Wald jenseits des Flugplatzes und ertränkten ihren Ärger in Alkohol. Während der Bemühungen Major Sinners in Süddeutschland, die Aufstellung des Verbandes zu beschleunigen, war der Dezember vergangen. Zu Weihnachten befand sich Sinner in Lechfeld. In der Nacht zum 26. Dezember erreichte ihn ein Anruf des Inspekteurs der Tagjäger, Oberst Johannes Trautloft. »Sinner, es ist etwas ganz Entscheidendes passiert, das ich ihnen am Telefon nicht ausführlich erkären kann. Ihr Kommodore Steinhoff ist mit sofortiger Wirkung seiner Stellung enthoben. Auch Galland und Hohagen sind weg. – Wir müssen möglichst schnell entstandene Lükken schließen. Sie haben die Wahl, entweder das JG-300 oder das 301 als Kommodore zu übernehmen oder aber Hohagens Gruppe in Brandenburg-Briest. Überlegen sie es sich gut, aber ich muß bald ihre Entscheidung haben.« Sinner antwortete: »Das brauche ich nicht zu überlegen, Herr Oberst. Ich glaube, auf die Führung der III./JG-7 gut vorbereitet zu sein.«[88]

So begab sich Sinner nach Brandenburg-Briest, allerdings nicht, ohne vorher nochmals Chefpilot Wendel mit Nachdruck auf besseren Nachschub an Flugzeugen hingewiesen zu haben. Flugkapitän Fritz Wendel schrieb dazu in seinem letzten Bericht der Messerschmitt AG, Technischer Außendienst, am 5. Juni 1945 für die USAAF: »III./JG-7: Nachdem alle Flugzeugführer dieser Gruppe noch einmal 10 Stunden in Lechfeld geflogen hatten, wurde diese Einheit nach Brandenburg-Briest verlegt, zunächst ohne Flugzeuge. Leider klappte in dieser Zeit, es waren die Wintermonate Dezember 1944 und Januar 1945, der Flugzeugnachschub nicht, da die schlechte Wetterlage ein Einfliegen im süddeutschen Raum und eine Überführung in den norddeutschen Raum nicht oder nur beschränkt erlaubte. Die Flugzeuge wurden daraufhin uneingeflogen per Bahn nach Brandenburg-Briest gebracht. Ein Kommando des technischen Außendienstes der Fa. Messerschmitt AG übernahm dort die Leitung der Aufrüstung und die Einfliegerei. Die Arbeiten selbst wurden vom Bodenpersonal des JG-7 ausgeführt. Auch diese Arbeit ging leider infolge des schlechten Wetters nicht so rasch als es wünschenswert war, vorwärts. Anfang Februar 1945 übernahm dann ein Nachrüstbetrieb des Hr. Dr. Weber die Aufrüstung und die Einfliegerei. Diese Maßnahme war falsch, da das Personal und die führenden Persönlichkeiten dieses Kommandos nicht auf dieses Muster eingearbeitet waren. Dadurch wurde die Herausbringung der Maschinen nochmals verzögert … Es muß … erwähnt werden, daß die Überführungsflugzeugführer nur eine sehr kurze Umschulzeit hatten. Dies machte sich dann aber auch äußerst unangenehm bemerkbar, denn eine große Zahl von Flugzeugen wurde von Überführungspiloten zerstört.«[89]

Bereits im Dezember 1944 hatte man sich bei Messerschmitt entschlossen, dem Dilemma mit der Aufrüstung des JG-7 in Brandenburg-Briest ein Ende zu bereiten. Außerdem befürchtete man, daß die Montage der per Bahn angelieferten Flugzeuge bald empfindlich gestört würde. Sie wurde nämlich in den gänzlich unbeschädigten Hallen des Fliegerhorstes am Rande des Flugfeldes vorgenommen, was in Süddeutschland kaum noch vorstellbar war, weil diese Hallen fast alle durch die ständigen Bombenangriffe der USAAF auf die Me 262-Flugplätze und -Produktionsstätten zerstört waren. Man nahm daher Kontakt mit den örtlichen Dienststellen in Brandenburg unter strengster Geheimhaltung auf, um eine getarnte Montagelinie im Wald zu errichten. Dazu wurden Zwangsarbeiter vorwiegend ukrainischer Nationalität aus dem nahegelegenen riesigen Zwangsarbeiterlager Kirchmöser herangezogen. Eines dieser großen Barackenlager befand sich an der ehemaligen Reichsstraße 1 von Brandenburg nach Genthin, also nur wenige Kilometer von Brandenburg-Briest entfernt. Die Zwangsarbeiter mußten die riesige Holzbaracke für die Endmontage in einer Waldschneise am Nordrand des Flugfeldes aufbauen und tarnen sowie gleichzeitig die Zufahrtswege für den Transport der Baugruppen und der Flugzeugteile schaffen.

Dr. Weber aus den Messerschmitt-Werken in Süddeutschland, bis dahin nur mit der Montage anderer Messerschmittflugzeuge befaßt, erhielt den Auftrag, die Endmontage der Me 262 in Brandenburg-Briest zu leiten.[90]

Anfang Februar 1945 wurde aus dem bisherigen Montagekopf ein reguläres Endmontagewerk der Messerschmitt AG. Zwar lief die Fertigung wegen der mangelnden Erfahrung Dr. Webers und seiner leitenden Mitarbeiter nur sehr zögernd an, doch konnten von Tag zu Tag mehr Flugzeuge übergeben werden. Leiter des Einflugbetriebes war Fritz Voß, zeitweise assistiert von Messerschmitt-Chefpilot Fritz Wendel sowie den Einfliegern Ofw. Heinz Wieth und Leutnant Hans Schumacher. Zwar besaßen Stab und III./JG-7 zu diesem Zeitpunkt bereits ihre Sollstärke. Sie verfügten sogar am 12. Februar 1945 über einige Flugzeuge mehr, insgesamt nämlich 6 plus 50 Me 262. Doch sollte bereits die I./JG-7 voll aufgerüstet sein und die Ausrüstung der II./JG-7 bis Ende Februar des Jahres 1944 definitiv abgeschlossen werden.

Dem stand allerdings entgegen, daß die Endmontage einerseits noch immer nicht so viele Flugzeuge wie geplant ablieferte, andererseits aber von den unzureichenden Stückzahlen noch etliche an den neuaufzustellenden Jagdverband 44 (JV-44) zu liefern waren.

Der General der Jagdflieger, Adolf Galland, und einige seiner führenden Offiziere waren im Januar 1945 von Göring wegen »offener Meuterei« von ihren Führungspositionen entfernt und kaltgestellt worden. Mit Genehmigung Hitlers hatte Galland daraufhin die Möglichkeit erhalten, einen eigenen Jagdverband mit Me 262 aufzustellen, um zu beweisen, daß die Me 262 doch noch eine Wende im Luftkrieg gegen die westalliierten Bomberverbände herbeiführen könne. Hitler setzte, um das Ende hinauszuzögern, trotz der aussichtslosen Lage an den Fronten immer noch auf seine Strahljäger und Wunderwaffen als »letzten Halt«.

So stand eben im Februar 1945 noch kein voll-

Zeltmontage in der Waldfabrik Brandenburg-Briest: Me 262-Fertigstellung unter Tarnnetzen.

ausgerüstetes Jagdgeschwader mit Me 262 zur Verfügung. Hinzu kamen andere Hemmnisse.

Major Sinner berichtete später: »Die Fertigstellungsfrist verlief nicht ohne Krisen. So zogen eines Tages bei schönstem Flugwetter und nach entsprechenden Einflugmeldungen endlose Bomberströme stundenlang ihre Bahn über den Flugplatz Brandenburg in Richtung Berlin. Obgleich uns die Weisung Göring's schützte (erst das Geschwader und die Gruppe kampfstark auszubilden, M. J.), verlangten hohe und höchste, zuständige und unzuständige, flehende und rasende Persönlichkeiten pausenlos, wenigstens Teile der Gruppe zum Einsatz zu bringen. Diese war dazu keineswegs in der Lage. Eine Zusammenziehung der ausgelagerten Flugzeuge (Brandenburg-Briest, Parchim und Oranienburg, M. J.) unter dem feindlichen Jagdschirm und Bomberstrom war ausgeschlossen. Vorbereitungen waren mit Rücksicht auf die eigenen Absichten und die Schonanordnung Göring's nicht getroffen worden. Außerdem hätte die Erfüllung der Forderung nach Lage der Dinge die Abwehr des Einfluges kaum wesentlich verstärkt. Im Gegenteil, sie hätte frühzeitige Gegenmaßnahmen der amerikanischen Luftwaffe und damit erhebliche Verluste herausgefordert und somit das Erreichen der vorrangigen Aufgabe, schnellstmögliche Fertigstellung und schlagartiger Einsatz zur Erzielung eines Höchstmaßes an Wirkung – vereitelt.«[91]

Dieser Angriff auf die Reichshauptstadt erfolgte am 3. Februar in der Zeit von 10.39 bis 11.12 Uhr durch insgesamt 937 amerikanische B 17 und B 24. Alle drei Divisionen der 8. USAAF sowie 600 Jäger sammelten sich in dieser Zeit über dem Zentrum der Stadt, der Friedrichstraße, Klosterstraße, dem Zeitungsviertel, Unter den Linden, Stadtbezirk Mitte, dem Südosten und Südwesten Berlins. In insgesamt 32 Minuten fielen 2 267 Tonnen Bomben. Die Amerikaner schrieben später von 400 Hektar Trümmerfläche und 20 000 bis 25 000 Toten. Auch der berüchtigte Nazi-Justizminister Roland Freisler, der zehntausende Menschen in den Tod geschickt hatte, wurde bei diesem Angriff getötet. Nur ein kleiner Jägerverband des JG 300 und die schwache Flak – zahlreiche Batterien waren bereits an die Ostfront zum Erdeinsatz abgezogen worden – erzielten insgesamt 45 Abschüsse, darunter 31 B 17, 5 B 24, 8 P 51 und 1 P 47. Wie stets hatten die Amerikaner allerdings die Wirkung ihres Angriffs überschätzt. Dennoch war die Bilanz mehr als grausam und in dieser Phase des Krieges keinesfalls mehr zu rechtfertigen. 2 893 Tote, 729 Schwer- und 1 205 Leichtverletzte sowie rund 120 000 Obdachlose waren das Ergebnis.

Sinner ließ seine Me 262 nicht starten, die Handvoll Düsenjäger hätten auch unter günstigeren Umständen nichts ausgerichtet. Damit aber handelte er sich die Feindschaft des Horstkommandanten, Generalmajor Fruhner, ein, der ihn bereits vorher ständig zu bevormunden versucht hatte. Um dem aus dem Weg zu gehen, verlegte der Kommandeur den Stab seiner dritten Gruppe zwischen dem 10. und 15. Februar nach Parchim bei Schwerin. In Brandenburg-Briest verblieben somit der Stab/JG-7, die 11. Staffel, der JV-44 sowie die Endmontage und Einfliegerei von Messerschmitt. Durch das Eingreifen von Hauptdienstleiter Saur und SS-Obergruppenführer Kammler in die Me 262-Fertigung und ein antreiberisches Arbeitssystem lief ab Februar/März 1945 die Endmontage in Brandenburg-Briest sowie die Zulieferung aus den süddeutschen Werken zügiger. Als auch der JV-44 Anfang März seine Erstausstattung von 14 Flugzeugen erhalten hatte, konnte die Aufrüstung der I./JG-7 im Verlauf des Monats März abgeschlossen und die der II./JG-7 begonnen werden. Doch die Probleme spitzten sich immer mehr zu. Zusätzliche, aus Regensburg-Obertraubling überführte Maschinen gingen immer wieder verloren. So wurde Oberleutnant Schlag von der 1./FlüG-1 Südost am 3. Februar nahe Brandenburg-Briest während eines Überführungsfluges von amerikanischen Mustangs abgeschossen. Er war genau in die Vorausjagd des Großangriffs der 8. USAAF hineingeraten. Insgesamt wurden laut Tagesverteiler der Industrie vom Monat Februar 11 Me 262 an die I./JG 7 und 8 Me 262 an die II./JG-7 ausgeliefert.

Dennoch blieb der Nachschub an Triebwerken Jumo 004 und an Ersatzteilen aus der Geräteausgabestelle Jüterbog stets die Achillesferse. Das

Die Me 262 A-1a/Jabo mit der Werk-Nr. 170 311 vor einer Halle.

besserte sich erst im März 1945, als zwei motorisierte Geräteausgabestellen geschaffen wurden. Allerdings machte die allgemein schlechte Werkstattausführung der Me 262 viel zeitraubende Nacharbeit bei den Werkstattkompanien der Einsatzverbände erforderlich. Am 20. März besuchte eine Kommission des Technischen Außendienstes der Firma Autobedarf (Messerschmitt AG) unter Leitung von Chefpilot Fritz Wendel das JG 7 in Brandenburg-Briest. Der Stand an diesem Tag betrug 45 Flugzeuge Me 262, obwohl doch nur der Stab/JG-7, die 11./JG-7 und Teile der I./JG-7 hier lagen. Die erste Gruppe muß demnach an diesem Tag mindestens 29 Flugzeuge besessen haben. Von diesen 45 Me 262 waren 85 Prozent flugklar. Alle flugunklaren Maschinen waren unter 48 Stunden wieder einsatzfähig zu machen, also nicht übermäßig beschädigt. Die Fehler im einzelnen: Triebwerkstörungen 34 Prozent, Fahrwerkstörungen 35 Prozent, Masseanschluß- und Funktechnikstörungen 3 Prozent, Ruderwechsel 5 Prozent, Bugsektionswechsel 5 Prozent, Flächenwechsel 4 Prozent und Werkstattflüge 10 Prozent. Bei den in letzter Zeit ausgefallenen 14 Flugzeugen (Teil- oder Totalverluste) waren zu 40 Prozent Triebwerkschäden, 20 Prozent Bedien- und Orientierungsfehler, 20 Prozent Fahrwerkstörungen, 15 Prozent Hindernisse bei Start- und Landung sowie 5 Prozent Reifenschäden die Ursache.

Ab Ende März, als die ersten Endmontagewerke, wie z. B. Schwäbisch Hall, ihre Produktion infolge des Vorrückens der alliierten Truppen einstellen mußten, erhielt Brandenburg-Briest, wenn auch über den Umweg durch das Erzgebirge bzw. das Vogtland, verstärkte Zuführungen an Me 262-Baugruppen für die Endmontage aus den süddeutschen Werken und dem Prager Raum. So konnte man sich einen gewissen Vorrat anlegen und von Tag zu Tag zügiger montieren.

Das Erstaunlichste sowohl für die Messerschmitt-Mitarbeiter in der Endmontage als auch für die Angehörigen des JG-7 war, daß, obwohl Brandenburg-Briest in der Einflugschneise der

USAAF- und RAF-Bomberverbände lag, keine derartigen Großangriffe auf den Platz und seine Hallen erfolgten wie in Süddeutschland. Die Waldmontage der Me 262 wurde offensichtlich nie entdeckt, denn sie konnte bis kurz vor der Besetzung durch die Rote Armee produzieren.

Lediglich am 28. März 1945, während 500 Bomber Berlin angriffen, attackierte die USAAF-Vorausjagd mit ihren P 47 Thunderbolt und P 51 Mustang pausenlos den Platz und seine Anlagen mit Maschinengewehren und Bordkanonen. Das geschah in ähnlicher Weise auch am 10. April, als die USAAF die gesamte Me 262-Bodenorganisation im norddeutschen Raum angriff. Eine kleine Gruppe Bomber lud ihre Bombenlast auch über Brandenburg und dem Fliegerhorst ab. Während jedoch in Burg bei Magdeburg einige Flugzeugverluste zu verzeichnen waren, hielten sich die Schäden in Briest in Grenzen und konnten schon nach kurzer Zeit behoben werden. Auf diese Weise war es in Brandenburg-Briest möglich, noch bis zum 21. April 1945 Me 262-Flugzeuge zu montieren, obwohl die letzten Teile der I., II. und III./JG-7 bereits am 18. April den Platz Richtung Prag-Ruzine und Saatz (Zatec) verlassen hatten. Vermutlich wurden diese Flugzeuge in das Prager Gebiet oder aber nach Parchim und Rechlin überführt, wo zu diesem Zeitpunkt wahrscheinlich noch Teile der II./JG-7 zu Einsätzen in den Berliner Raum flogen. Als wenige Tage später Truppenteile der Roten Armee auch diese nahezu letzte, noch arbeitende Me 262-Endmontage besetzten, fanden sie 30 brandneue und intakte Me 262 vor.

Zum Ausbau des Flugplatzes und der Montagestätte sowie zur Beseitigung der Schäden wurden vorwiegend sowjetische Kriegsgefangene und Zwangsarbeiter eingesetzt.

Im Lager Kirchmöser lebten ca. 1 200 Gefangene, von denen mindestens 143 umkamen. Daneben gab es zwei Lager am bzw. im Stadtteil Görden mit rund 8 000 Gefangenen. Diese wurden häufiger zu Arbeiten in Briest eingesetzt, da sich das Lager in der Nähe des Flugplatzes befand.

Ab Sommer 1944 begannen die Kriegsgefangenen und Zwangsarbeiter der Lager »... Quenz und Görden in großer Zahl am Ausbau des Platzes für Strahljäger, die Rollbahnen und Startpisten wurden verlängert, Splitterboxen angelegt. Die Arbeitszeit betrug 12 bis 16 Stunden am Tag für Hunderte von Gefangenen. Daneben waren aber auch sämtliche verfügbaren Brandenburger Baubetriebe herangezogen worden. Im Herbst wurden auch einige Endmontagehallen errichtet. Bei diesen Arbeiten wurde mindestens ein sowjetischer Kriegsgefangener erschossen.

Später wurden immer wieder Kriegsgefangene zur Reparatur von Bombenschäden nach Briest geholt.«[91a)]

Fertigung bei Blohm und Voß sowie bei der DLH Staaken

Das Werk Wenzendorf bei Hamburg der Blohm und Voß AG war in großzügiger Weise und mit weitgehender Unterstützung des Reiches Ende der dreißiger Jahre als Großserienwerk errichtet worden. Es ging erst Anfang 1944 durch Ankauf aus den riesigen Profiten der Firma vollständig in den Besitz der Blohm und Voß AG über.

Hier waren zahlreiche Flugzeugtypen verschiedener Konzerne, darunter auch der Messerschmitt-Werke, in Lizenz gebaut worden. 1943 litt Blohm und Voß keineswegs unter Nichtauslastung, verfügte es doch über einen Großauftrag für den Umbau von Bf 109G-Jagdflugzeugen zu Schuldoppelsitzern Bf 109G-12. Dennoch erhielt Blohm und Voß im Frühherbst 1943 den Auftrag vom Technischen Amt des RLM, Rumpfenden und Leitwerke einer später noch exakt zu bestimmenden Stückzahl für die Me 262 in Großserie zu fertigen.

Bis Ende 1943 dauerte die Produktionsvorbereitung einschließlich der Beschaffung von Werkzeugen und Vorrichtungen. Mit Jahresbeginn 1944 begann auch hier die Serienfertigung für die Me 262, um den erforderlichen Vorlauf für die Endmontage zu schaffen. Ende Februar, noch bevor bei Messerschmitt der Serienbau begann, konnte Blohm und Voß Wenzendorf die ersten 22 Rumpfenden mit Leitwerk als komplette Baugruppen montagefertig an Messerschmitt ausliefern. Trotz des umfangreichen Bf 109G-12

Umbauauftrages, der uneingeschränkt weiterlief, gelang es Betriebsleiter Andreä mit Hilfe eines ganzen Systems antreiberischer Maßnahmen durch seine leitenden Mitarbeiter, die Fertigung relativ schnell hochlaufen zu lassen. Bis Ende April wurden weitere 49 Sektionen abgeliefert. Als im Juni 1944 die Serienmontage in Leipheim und Schwäbisch Hall richtig anlief, verfügte Messerschmitt bereits über einen Vorrat von 154 Rumpfenden und Leitwerkbaugruppen. Im Juli/August kamen weitere 97 hinzu, im September/Oktober 216, im November/Dezember 290. Bis Jahresende 1944 hatte Blohm und Voß Wenzendorf somit insgesamt 757 Rumpfendbaugruppen ausgeliefert und damit gegenüber den bis dahin produzierten 568 Me 262 einen Vorlauf von 189 Stück geschaffen. Es sollte nicht bei diesem Auftrag bleiben, da sich der Bereich Flugzeugbau dieser großen Schiffswerft mit seiner Baugruppenfertigung so gut empfohlen hatte. Bereits am 26. April 1944 hatte das Technische Amt des RLM einen Vorentscheid getroffen, daß Blohm und Voß auch einen Auftrag über den Umbau von 100 Me 262 B-1a erhalten sollte, der bald danach an die Firma ging. Als im Mai das Werk Augsburg-Haunstetten mit der Me 262 S-5, der 5. Vorserienmaschine, seine letzte komplette Me 262 ablieferte, produzierten von da an Leipheim und Schwäbisch Hall die Serienflugzeuge, und man überflog dieses Flugzeug mit der Werknummer 130 010 sowie dem Stammkennzeichen VI + AJ unverzüglich nach Wenzendorf zum Umbau als Prototyp der Me 262 B-1a-Serie.

Ende Juli 1944 war in Wenzendorf der Umbau abgeschlossen, der jedoch unerwartete Schwierigkeiten bereitete, weil bis dahin noch keine Festigkeitsnachweise für die neue Zellenstruktur durch die wesentlich größere Zweimannkabine erbracht waren. Das Flugzeug wurde sofort nach Lechfeld überflogen, wo bereits in den ersten Augusttagen die Flugerprobung begann. Der Umbau war nach den neuesten präzisierten Baubeschreibungen für den Zweisitzer erfolgt. Wie bei der Jägerversion hatte man auch hier die Bugsektion mit 4 × MK 108 vom Kaliber 30 mm ausgerüstet. Zur Kraftstoffanlage gehörten vier Behälter mit rund 1700 Liter Fassungsvermögen. Die Startmasse der Me 262 B-1a lag damit bei 6250 kg und um 670 kg höher als ursprünglich errechnet. So gelangte die Maschine an die Grenze der

Der Schulzweisitzer Me 262 B-1a wurden bei Blohm und Voss in Wenzendorf bei Hamburg umgebaut.

Belastbarkeit. Und obwohl die Höchstgeschwindigkeit nur geringfügig kleiner als die des Jägers A-1a war, hatte man sie aus Sicherheitsgründen auf 800 km/h und bei schlechtem Wetter gar auf 500 km/h begrenzt. Noch in der 1. Augusthälfte ging der Prototyp des Doppelsitzers an die Erprobungsstelle der Luftwaffe nach Rechlin. Dort wurde er einer gründlichen Baumustererprobung unterzogen, zu der auch Schulflüge gehörten, mit denen weitere Flugzeugführer der Erprobungsstelle auf die Me 262 umschulten. Darüber hinaus erprobte man in dieser Maschine eine Kurssteuerung sowie neue Jumo 004-Triebwerke mit Nadelsteuerung und eine Gashebelbremse. Nach einem Versuchsflug am 8. Oktober mit Stabsingenieur Heinz Pfister und Rodloff als zweitem Mann brach bei der Landung die Bugsektion infolge mangelhafter Punktschweißung vom Rumpf, wobei sich das Flugzeug überschlug und Totalschaden erlitt. Die RLM-Planung für die Ausbringung des Zweisitzers von Blohm und Voß sah vor, sechs Flugzeuge im August, 10 im September und je 15 ab Oktober monatlich auszuliefern. Diese Planung warf jedoch der sehr verspätete und immer wieder verzögerte Anlauf der Serienproduktion bei Messerschmitt in Leipheim und Schwäbisch Hall über den Haufen. Verspätungen von mehreren Wochen bei der Anlieferung der Großbauteile von Messerschmitt an Blohm und Voß verzögerten auch in Wenzendorf einen planmäßigen Anlauf. So konnten im Mai 1944 nur Baugruppen für zwei, Anfang Juni nur für drei Flugzeuge an das Werk geliefert werden. Die Situation besserte sich keineswegs mit erhöhten Ausbringungszahlen, sondern wurde noch verschärft durch Hitlers Befehl, schnellstens und vorrangig das KG-51 mit der Schnellbomberausführung der Me 262 auszustatten, so daß – da auch die Jagdflieger auf Flugzeuge drängten – für Wenzendorf kaum Maschinen zum Umbau abgezweigt werden konnten. So konnte Blohm und Voß im Juli/August lediglich zwei, im September/Oktober sechs und im November/Dezember 1944 insgesamt sieben Me 262 b-1a ausliefern.

Um die mit ständig steigender Stückzahl notwendigerweise zu erhöhende Ausbringung an Rumpfenden und Leitwerken nicht auch noch zu gefährden, beauftragte das RLM im Juli 1944 eine weitere Firma mit dem Umbau zur Me 262 B-1a, nämlich die Deutsche Lufthansa, Werk Staaken bei Berlin, die bis dahin Ju 87-Sturzkampfbomber montiert hatte. Nach Übergabe sämtlicher Konstruktionsunterlagen, der Technologie der Fertigungsmittel und zügiger Anlieferung von Großbauteilen mit einem Vorlauf von acht Wochen sollte hier im November die Montage der ersten Zweisitzer beginnen, wobei geplant war, ab April alle Schulflugzeuge bei der DLH Staaken zu montieren. Die vorläufige Planung umfaßte 65 B-1a bei Blohm und Voß sowie 41 Flugzeuge in Staaken. Doch aus den acht Wochen Vorlauf wurde nichts mehr, zumal nun das JG-7 absoluten Vorrang bei der Ausstattung mit Flugzeugen erhielt und auf den Zweisitzer – obwohl er dringend für die Umschulung benötigt wurde – nicht mehr so viel Wert gelegt werden konnte. So trafen die Großbaugruppen statt mit acht Wochen Vorlauf nun mit wochenlanger Verspätung in Staaken ein. Erst Mitte Dezember konnte mit der Endmontage der ersten Me 262 B-1a begonnen werden.
Zu diesem Zeitpunkt aber hatte Oberleutnant Kurt Welter der Luftwaffenführung überzeugend nachgewiesen, daß die Me 262 auch in der Nachtjagd erfolgreich eingesetzt werden konnte. Sofort verkürzte man die Zuweisung von Schulzweisitzern und rüstete die Me 262 B-1a mit zusätzlichem Lichtenstein-SN 2-Funkmeßgerät zum Behelfsnachtjäger Me 262 B-1/U-1 um. Trotzdem kamen von der DLH Staaken bis Kriegsende nicht mehr als 13 Flugzeuge beider Versionen zur Ablieferung an die Luftwaffe, so daß es bis Kriegsende sowohl an Schuldoppelsitzern als auch an Nachtjägern absolut mangelte und alle Hoffnungen der Luftwaffenführung und der Industrie einfach an der Realität scheiterten.

Bereits am 6. Oktober 1944 – die USAAF, die Wenzendorf bei ihren Angriffen auf Berlin nicht selten überflog, hatte dort offensichtlich die Me 262-Aktivitäten entdeckt – erfolgte ein Tagesangriff auf das bisher unbehelligt gebliebene Werk von Blohm und Voß. Zwar wurden einige Hallen erheblich beschädigt, doch hatte dieser Angriff noch keine allzu großen Auswirkungen auf das Me 262-Programm. Weil die Aktivitäten wegen der geringen Stückzahlen, die der Einfliegerei unter ihrem Chef Rodig zur Werkerprobung übergeben wurden, sehr gering waren, stand Wenzendorf offensichtlich nicht an hervorragender Stelle der USAAF-Ziellisten.

Am 7. Januar 1945 verwandelte jedoch ein Großangriff auf das Werk alle Hallen und einen großen Teil des Flugfeldes in Trümmer und hinterließ eine Kraterlandschaft. Die in der Endmontage befindlichen Zweisitzer mit den BV-Werknummern 10 bis 21 und 29 bis 33, insgesamt also 17 fast fertige Flugzeuge, wurden total zerstört. Fast alle Voraussetzungen für eine weitere Endmontage gingen verloren. Direktor Andreä, der bereits einige Wochen krank und nicht mehr im Werk war, soll mit Vorwürfen des Rüstungsstabes überhäuft worden sein, weil er die Flugzeuge nicht rechtzeitig aus den Hallen gerollt hätte. Andreä wurde abgelöst und durch den Werksbeauftragten Lerche ersetzt. Doch auch dieser Wechsel änderte nichts mehr an der Lage. So konnte im Januar/Februar nur noch eine und im März/April ebenfalls eine Me 262 B-1a fertiggestellt und übergeben werden.

Auch die Rumpfendsektionsfertigung mußte aus Wenzendorf ausgelagert werden. Hier ging jedoch die Arbeit relativ zügig weiter, denn in den Monaten Januar/Februar konnte die höchste Stückzahl von 440 kompletten Baugruppen und im März/April von nochmals 380 Stück an die Endmontagewerke geliefert werden. Insgesamt war also Blohm und Voß nur mit 17 Me 262 B-1a, immerhin aber mit 1 577 Rumpfenden und Leitwerken am Me 262-Programm beteiligt. In Wenzendorf und Staaken konnten lediglich 26 Schulzweisitzer und 7 Nachtjäger montiert werden. Auch bei Blohm und Voß waren von den 4 822 Beschäftigten im November 1944 insgesamt 976 ausländische Zwangsarbeiter.

Fertigung im »Protektorat Böhmen und Mähren«

Die 31. Me 262 A-1a aus der Montage des Gerätebaues Leipheim mit der Werk-Nr. 170 006 ging Anfang August 1944 auf die Reise in das »Protektorat Böhmen und Mähren«. Endstation war die Flugzeugreparaturwerft in Eger (Cheb), eine bislang als Reparaturwerft der Heinkelwerke (Rostock) fungierende ehemalige tschechoslowakische Werft. In diesem, von USAAF-Bombern bis dahin völlig verschonten Werk, sollte der Umbau des Flugzeuges zu einem vom RLM schon seit längerem geforderten schnellen Aufklärer erfolgen. Dazu mußten aus der Bugsektion der Maschine zunächst die 4 × 30-mm-Maschinenkanonen MK 108 entfernt werden, um Platz für den Einbau der Reihenbildgeräte zu schaffen. Anstelle der Hülsenauswurföffnungen in der Rumpfunterseite waren Bildfenster für die Kameraobjektive auszusparen. Da trotz des Ausbaus der Waffen die Filmkassettenbehälter immer noch über den Rumpfstrak hinausragten, mußten die Waffenabdeckbleche und ein Teil der Bugnasenverkleidung mit einer stromlinienförmigen wulstartigen Ausbeulung versehen werden. Sie ermöglichte auf den ersten Blick eine Unterscheidung der anderen Ausführungen von den Aufklärern. Für den Einbau der Bewaffnung blieb somit kaum noch Platz übrig. Daher wurde in der Messerschmitt-Entwicklungsabteilung eine völlig neue Bugsektion für den endgültigen Aufklärer Me 262 A-5a entworfen, die neben dem Einbau von zwei Reihenbildkameras das Unterbringen von zwei MK 108 ermöglichte. Diese Version wurde jedoch nicht mehr fertiggestellt und erprobt.

Reichlich zwei Monate benötigte das Werk Eger zum Umbau des ersten Behelfsaufklärers Me 262 A-1a/U-3. Aber bis zum Oktober 1944 lieferte der Betrieb zwei weitere derart umgebaute Flugzeuge aus. Sie wurden nach kurzem Einfliegen durch Bernhard Richter – Einflugleiter in Eger war Gerhard Mücke – an das neugebildete Aufklärerkommando der Nahaufklärungsgruppe 6 (NAGr.-6) unter Hauptmann Herward Braunegg geliefert. Zwei Monate später konnten die nächsten zwei Aufklärer von Eger an die NAGr.-1 ausgeliefert werden. Auch hier litt der rasche Umbau unter der zögernden Lieferung von Flugzeugen und Baugruppen an das böhmische Werk. Nach wie vor hatte die Auslieferung vorrangig an das zwar pausenlos im Einsatz befindliche, jedoch wenig wirksame Schnellbombergeschwader KG-51 zu erfolgen. An zweiter Stelle der Dringlichkeit stand das für den Jagdeinsatz umzurüstende und umzuschulende KG(J)-54. Dann erst folgte das neu aufzustellende JG-7. Da selbst diese Verbände nur tröpfchenweise mit Me 262 versorgt werden konnten – Verluste des KG-51 wurden schon nach kurzer Zeit jeweils ausgeglichen, Unfälle bei den anderen Verbänden verschärften den Mangel an Flugzeugen – blieb für die Schulzweisitzer, Nachtjäger und Aufklärer kaum noch eine Zelle übrig. Bis zum 15. Dezember 1944 hatte die NAGr.-6 lediglich drei Flugzeuge erhalten. Erst Ende Januar 1945 konnte die 10. Me 262 A-1a/U-3 ausgeliefert werden. Um die Fertigung der Me 262 rasch auf höhere Ausstoßzahlen zu bringen, begann man in dem von Bombenangriffen noch nicht so sehr heimgesuchten »Protektorat Böhmen und Mähren« die Fertigung für dieses Muster auszubauen.

So begann die einst renommierte Avia AG für Flugzeugindustrie im Werk Prag-Letnany, die inzwischen zum Sonderausschuß F 6 Arado gehörte, mit der Fertigung der Rumpfbaugruppen einschließlich Bugsektion sowie Rumpfende und Leitwerk. Es ist leider nicht mehr genau zu ermitteln, wann dort diese Fertigung aufgenommen wurde. Beim Leichtbau Budweis (Ceske Budejovice) lief die Tragflächenfertigung für die Me 262 an. Im Laufe der Monate Februar/März begann auch in Budweis die komplette Endmontage und das Einfliegen der Me 262. Zwei zivile Flugzeugführer übernahmen den gesamten Einflugbetrieb.

Das Personal der FLÜG-1 Gruppe Südost unter Gruppenkommandeur Hauptmann Brunner war für die Überführung der Me 262 von Budweis zu den Einsatzhorsten verantwortlich. In den letzten Kriegstagen erfolgte die Überführung vorwiegend nach Prag-Ruzine. Dort gingen die Flugzeuge an den Gefechtsverband Hogeback des KG(J)-6, dem zuletzt auch die I./KG(J)-54 und I./KG-51 unterstanden, sowie an die Reste der I. und III./JG-7.

CKD Prag-Vysocany nahm im Auftrag der Junkers-Motorenwerke die Serienfertigung der Strahlturbine Jumo 004 auf. Eine ehemalige

Baugruppenfertigung der Me 262 (hier von Bugsektionen) bei Avia in Prag.

Wäscherei in Semilech wurde für die Überholung, Instandsetzung und ebenfalls für die Fertigung von Jumo 004-Triebwerken ausgestattet. Dort lief schon nach kurzer Zeit die Serienfertigung von Triebwerkbaugruppen bzw. Triebwerkverkleidungen für das Jumo 004 an. Unterirdische Prüfstände für Triebwerke, für Teile von Triebwerken sowie für Baugruppen und Geräte der Me 262-Zelle befanden sich bei Kriegsende in einem Tunnel bei Cvikove, 30 Kilometer westlich von Reichenberg (Liberec), sowie in Tunneln bei Poltavi und Posazavi.

Die gesamte Tankdeckelfertigung für die Me 262, die in Verantwortung der Flugzeug- und Metallbauwerke GmbH Wels/Österreich lag, wurde bereits im Sommer 1944 in die Sandstollen bei Grein/Od. (Lettenthalerkeller) eingewiesen, ein Objekt mit 1 500 m^2Fertigungsfläche. Die Entwicklungs- und Forschungsabteilung dieses Betriebes, ebenfalls in die Me 262-Entwicklung eingespannt, erhielt ihren Platz in einem Objekt der Betonwerke Brauneiser Wimsbach/Od. mit 400 m^2 Betriebsraum.

Natürlich waren auch in Böhmen sowie in Österreich für alle diese Aufgaben, von der Verlagerung und der Dezentralisierung bis hin zum Ausbau der Objekte und der eigentlichen Fertigung, KZ-Häftlinge und Zwangsarbeiter eingesetzt.

Im Zusammenhang mit der Verlagerung der Flugzeug- und Metallbauwerke Wels verwies eine Eintragung im Kriegstagebuch des Rüstungskommandos Linz zur Produktionsentwicklung vom 1. April bis zum 30. Juni 1944 auf die Arbeitskräftesituation: »Die Arbeitseinsatzlage war im April und Mai überaus angespannt. Der andauernd hohe Bedarf konnte infolge quantitativ und qualitativ unzulänglicher Zufuhren nicht abgedeckt werden. Im Juni trat infolge Sonderzuweisung von 963 Italienern und Einsatz von KZ-Häftlingen eine gewisse Entspannung ein …

Die Ausländerzufuhren betrugen (außer den genannten Italienern):

April 1 139
Mai 1 522
Juni 801 …«.[92]

Im Februar 1945 erhielt das Werk in Eger (Cheb) den Auftrag, ab März monatlich 20 Me 262 A-1a als Behelfsbildaufklärer A-1a/U-3 umzurüsten. Doch diese Weisung kam zu spät. Das Verkehrsnetz war zerstört, viele Baugruppenhersteller konnten oft wegen fehlender Teile komplette Rümpfe, Tragflächen oder Bordausrüstungen nicht mehr ausliefern. So schaffte das Endmontagewerk Eger bis zur Besetzung durch US-Truppen lediglich noch die Auslieferung von insgesamt 19 Aufklärern im Februar und 20 Me 262 A-1a/U 3 im März 1945.

Die Fertigungsstätten Memmingen, Kitzingen, Erding sowie Kuno I und II

Memmingen, vormals die Basis des Nachtjagdgeschwaders NJG-101, wurde bereits am 18. und 20. Juli 1944 total zerstört, dann jedoch wieder aufgebaut und nur noch für den Einflugbetrieb und die Erprobung neuer Me 262-Varianten genutzt. Leiter der Einfliegerei war Ludwig Hoffmann, der auch für die Erprobung eines Versuchsmusters der Me 262 mit einer 57-mm-Kanone verantwortlich zeichnete. Die Werkstatt der Einfliegerei in Memmingen leitete Messerschmitt-Meister Waggenhut.

Nach dem Angriff auf Neuburg/Donau verlegten sowohl die Reste der II./KG(J)-54 als auch des EKG-1 (IV. und I. (Erg.)/KG-1) nach München-Riem, um die Ausbildung dort weiterzuführen. Die Produktion der »Waldmontage« Zell in Neuburg wurde zwar wieder aufgenommen, doch hatte man bis Kriegsende – seit Aufnahme der Montage – nur insgesamt 80 Me 262 statt der geplanten monatlich 120 fertigstellen können.

Etwa in den Monaten Januar/Februar wurde in aller Eile auch in Kitzingen, 16 Kilometer südöstlich von Würzburg, eine »Waldmontage« im Bereich des Flugplatzes eingerichtet. Dort sollten nach der Planung monatlich 40 Me 262 montiert werden. Das Werk kam bis zur Besetzung durch die Alliierten allerdings kaum noch zur Auslieferung von Flugzeugen. Insgesamt sollen lediglich 20 Me 262 fertiggestellt und an die Luftwaffe abgeliefert worden sein.

Am 22. März 1945 erfolgte in der Zeit von 13.34 bis 13.55 Uhr auch hier ein Angriff der 8. USAAF auf den Platz. Nach der Schadensmeldung des Platzkommandanten wurden drei Me 262 zu 70 Prozent, eine »Silber« zu 50 Prozent und vier »Silber« zu 7 Prozent zerstört. Ferner gab es acht Gefallene, 25 Verwundete und einen Vermißten; auf dem Rollfeld 1 194 Trichter, auf der Startbahn 150 Trichter, auf der Rollstraße 184 Trichter sowie schwere Gebäudeschäden. Die Wiederherstellung des Rollfeldes und der Rollstraße dauerte etwa 14 und die der Startbahn ca. acht Tage. Auch auf dem Fliegerhorst Erding bei München, ebenfalls zum Luftgaukommando VII, Flughafenbereich Neubiberg, gehörend, wurde noch im März 1945 mit der Endmontage begonnen. Wie viele Me 262 von dort an die Luftwaffe gingen, ist nicht festzustellen. Jedenfalls wurde am 23. März durch Werkeinflieger Dahlitz die Werknummer 500 444 in Erding eingeflogen und am 5. April die Werknummer 500 499, woraus erkennbar sein könnte, daß in den Monaten März/April rund 66 Flugzeuge montiert wurden. Übrigens gehört der 500er Werknummernblock eigentlich zur Endmontagelinie Regensburg-Obertraubling. Möglich also, daß es sich bei Erding um eine Verlagerungs- bzw. Ausweichmontage dieses Werkes

Als am 1. Mai 1945, wenige Stunden, bevor der Platz von den Amerikanern besetzt wurde, noch einige Fotos entstanden, sah man auf ihnen eine ganze Anzahl fertiger bzw. fast fertiger Me 262 vor den teilweise zerstörten Hallen. Amerikanische Soldaten ließen sich später vor komplett vormontierten und beschädigten Me 262-Rümpfen, die unter Tarnnetzen entlang

Zerstörte Me 262 in der Erdinger Halle.

Komplette Me 262-Rümpfe entlang der Rollbahn in Erding.

der Rollbahn lagen, fotografieren. Diese Baugruppen für die Endmontagelinie hatte man dort wegen fehlender Lagerkapazität abgestellt.

Weitere Endmontagebetriebe bei Kriegsende waren die schon erwähnten Waldmontagen unter den Tarnbezeichnungen Kuno I in Burgau und Kuno II AG in Riedheim bei Leipheim. Unter diesem nichtssagenden Decknamen verbarg sich im ersten Fall eine Endmontagelinie in einem Waldstück bei Burgau, wohin ab Anfang April 1945 das Messerschmitt-Werk »Autobedarf Schwäbisch Hall« verlegte. Es hatte seine Ausrüstungen noch nicht einmal vollständig entladen, als der weitere Verlegungsbefehl nach Füssen bei Innsbruck erfolgte, weil auch Burgau von den vorrückenden alliierten Truppen bedroht wurde. Bei Kuno I wurden zwar offensichtlich noch einige Me 262 vormontiert, jedoch soll keine davon mehr an die Luftwaffe ausgeliefert worden sein.

Kuno II AG dagegen war die Tarnbezeichnung für die Messerschmitt-Unternehmen Autobedarf Lechfeld, Memmingen und Landshut. Hier wurde zunächst ein umfangreicher Reparaturbetrieb aufgenommen, wobei nicht nur beschädigte Flugzeuge, sondern auch nicht komplett montierte repariert und nachgerüstet wurden. In den letzten Kriegsmonaten übernahmen diese Montagestellen jedoch auch die Endmontage eines Teiles der Leipheimer Produktion. So wurden Flugzeuge der zwei Baulose mit den Werknummern 110 744 bis 110 768, also 25 Me 262, sowie mit den Werknummern 111 737 bis 111 811, das waren 75 Maschinen, montiert. Sie gingen vorwiegend an den JV-44 und an die I. KG(J)-54. Die erste von der Kuno II AG ausgelieferte Maschine, eine Werk-Nr. 111 799 (vermutlich begann die Montage mit den höchsten Werknummern), tauchte bereits im Februar 1945 beim Gruppenstab der I.KG(J)-54 auf. Mit ihr wurde Oberleutnant Ottfried Sehrt bei Frankfurt/Main von USAAF-Jägern im Luftkampf abgeschossen. Er konnte sich jedoch mit dem Fallschirm retten.

Als Um- und Nachrüstungsbetrieb ist noch die Deutsche Lufthansa Werft in München-Riem bekannt geworden. Hier standen am 26. April 1945, wenige Tage vor der Besetzung durch die Amerikaner, noch 50 Me 262, davon ein totaler Bruch, herum. Einige davon wurden in den Folgetagen zusammen mit den Maschinen des JV-44 nach Salzburg und Innsbruck überflogen.

Erprobung in Rechlin und Lechfeld

Dem Technischen Amt (Generalluftzeugmeister GL/C) des RLM und damit der Luftwaffe unterstand die Amtsgruppe Entwicklung von fliegerischem Gerät (GL/C-E). Ihr wiederum war das Kommando der Erprobungsstellen der Luftwaffe mit Oberst Edgar Petersen an der Spitze unterstellt. Dazu gehörten die Erprobungsstellen Rechlin, Travemünde, Tarnewitz, Udetfeld bei Gleiwitz, Peenemünde-West, Gotenhaven (Torpedo), Madüsee (Torpedo), Wernendon, Foggia/Italien sowie Münster-Nord. Eine besondere Stellung dürfte Rechlin am Müritzsee mit den beiden Flugplätzen Rechlin-Lärz und Rechlin-Roggenthin eingenommen haben. Es gab wohl kaum ein Flugzeug – außer den großen Seeflugzeugen – und kaum ein Triebwerk, das nicht in Rechlin nach eingehender Werkerprobung gründlichst getestet worden ist.

Kommandeur der Erprobungsstelle Rechlin war Oberleutnant Edmund Daser, der allerdings Ende 1944 von Major Otto Behrens, dem Typenbegleiter der Me 262, abgelöst wurde. Derartige Typenbegleiter der Luftwaffe erhielt übrigens jedes neu in die Truppenverbände einzuführende Flugzeugmuster von seiner Entwicklung an bis zur Einsatzreife. Daß Ende 1944 ausgerechnet der Typenbegleiter der Me 262 Kommandeur von Rechlin wurde, hing wohl nicht zuletzt von der Bedeutung ab, welche die Nazi-Führung der Me 262 beimaß. Die sieben Kommandos der E-Stelle Rechlin bestanden aus dem E2-Kommando für die allgemeine Flugerprobung unter Oberstabsingenieur Harry Böttcher, dem E3-Kommando für Triebwerke – einschließlich der Raketentriebwerke, die in Peenemünde erprobt wurden – unter Oberstabsingenieur Otto Cuno.

Das E4-Kommando für Nachrichten-, Funk- und Navigationsgeräte befehligte Oberstabsingenieur Tankred von Houteville.

Für die Erprobung von allgemeiner Ausrüstung zeichnete das E5-Kommando unter Ober-

Eine aus der Serie herausgenommene Me 262 A-1a für aerodynamische und Leitwerkversuche.

stabsingenieur Dolouge verantwortlich, während dem E6-Kommando die Waffenerprobung oblag, die allerdings, bis auf ein kleines Munitionskommando in Rechlin, vor allem in der E-Stelle Tarnewitz vorgenommen wurde. Kommandeur war Oberstabsingenieur Willi Burgmüller.

E7 war das Abwurfwaffenkommando unter Oberstabsingenieur Othmar Schürfeld (später Dipl.-Ing. Walther Ballerstedt) und schließlich E8 das Kommando für die Erprobung von Bodengeräten, als deren Kommandeur Oberstabsingenieur Fritz Lauschke fungierte. Nachdem Rechliner Versuchsflugzeugführer bereits an der Erprobung der ersten 10 Prototypen der Me 262 bei Messerschmitt teilgenommen hatten und einzelne Maschinen auch in Rechlin nachgeflogen worden waren, begann die eigentliche Serienerprobung des Flugzeuges am 10. Juni 1944. Sie nahm rasch einen großen Umfang an, zumal der Triebwerkserprobung am Boden und in der Luft besondere Aufmerksamkeit geschenkt werden mußte.

Teile des Erprobungskommandos 262 der Luftwaffe (Ekdo. 262), von Lechfeld nach Rechlin-Lärz verlegt, wirkten dabei im August/September 1944 ebenfalls mit. So waren bis Ende September immerhin bereits 800 Starts mit der Me 262 vollzogen und dabei insgesamt 350 Flugstunden absolviert worden.

Eine der in dieser Zeit nachgeflogenen Serienmaschinen war die E2 + 02. Nicht uninteressant dürften Auszüge aus einem Bericht der E-Stelle, Gruppe E2e, vom 1. September 1944 an die Oberbayrische Forschungsanstalt Oberammergau sein (Deckname des verlagerten Konstruktionsbüros von Messerschmitt):

»Me 262 A-1, Wk. Nr. 130 170 (Kennzeichen E2-02) Mustererprobung Rechlin. Aerodynamische Tragfläche dieser Maschine 21,7 m^2, Spannweite 12,65 m, Flügelstreckung 1:7,36. Triebwerke Jumo 004 B W. Nr. rechts 102, links 225.

Zustand der Maschine: Aerodynamischer Zustand entsprechend den bisherigen Serienmaschinen schlecht (schlechter Strak Vorflügel-Hauptflügel, schlecht passende Triebwerkverkleidung, eingefallene Bleche).

Waffen 4: MK 108

Antennen: Eindraht Außenantenne, Peilrahmen TR 16 und Morane-Mast.

Ergebnisse der Leistungsmessung: Bei einem Startgewicht von 6 100 kg erreicht das Flugzeug am Boden eine Höchstgeschwindigkeit von 740 km/h und in 9 km Höhe eine solche von 810 km/h. Die Steiggeschwindigkeit beträgt in 2 000 m Höhe 14,7 m/sec. und in 12 000 m Höhe 1,3 m/sec. Die Bahngeschwindigkeit besten Steigens wurde in Stufenflügen ermittelt. Sie beträgt am Boden 420 km/h, in 10 000 m Höhe 400 km/h.

Da die Sondertriebwerke wegen unterschiedlichen Arbeitens des Reglers noch verschiedene Leistung haben, können die genannten Flugleistungen nicht als endgültige Leistung der Me 262 A-1 Serie angesehen werden.«[93]

Dabei handelte es sich um die 15. Maschine des 1. Bauloses der Schwäbisch Haller Fertigung, also eine Maschine, die gegen Ende Juni abgeliefert worden war und zwei volle Monate erprobt werden konnte. Zu dieser Zeit montierte man in Schwäbisch Hall bekanntlich noch nicht unter primitiven Bedingungen im Wald auf dem Hasenbühl, sondern in den Hallen des Fliegerhorstes.

Trotz dieser, zumindest fertigungstechnisch nicht gerade sehr positiven Beurteilung sowohl der Triebwerke als auch der Zelle, war die Me 262 dennoch ein allen gegnerischen Flugzeugen überlegenes Muster. So gab denn auch das Kommando der Erprobungsstelle Rechlin die Me 262 nur 12 Tage nach diesem Bericht, am 12. September 1944, für den Jägereinsatz als bedingt fronttauglich frei.

Damit begann die offizielle Einsatzgeschichte des Musters für den eigentlich vorgesehenen Zweck. Und so wurde die Me 262, entgegen den ursprünglichen Wünschen Hitlers, der den »Blitzbomber« wollte, zum überwiegenden Teil ein »Schnellstjäger«. Zwei Begriffe übrigens, die nur in der Führungsspitze bzw. im Kriegstagebuch des OKW benutzt wurden. Auch die nach Kriegsende oft gebrauchten Namen, wie »Schwalbe« für die Jägerausführung und »Sturmvogel« für den Schnellbomber A-2a, waren verwirrend.

Nach einem Befehl Hitlers über Suggestivnamen für neue Flugzeuge und Waffen, den das Luftflottenkommando 6 am 26. März 1945 an die Verbände weiterleitete, erhielt die Me 262 den Namen »Sturmvogel« für alle ihre Versionen. Zu diesem Zeitpunkt aber trug das Flugzeug bereits seit langem drei Tarnnamen. In der Industrie wurde die Me 262 zum Zweck der Geheimhaltung als Baumuster 709 bezeichnet, was allerdings nicht überall eingehalten wurde.

Im Schriftverkehr zwischen dem OKL und den Verbänden sowie den Fliegerhorstkommandanturen und Luftgauen galt allgemein der Tarnname »Silber«. So wurden Fliegerhorste, die von Me 262 angeflogen wurden, analog dazu als »Silberplätze« bezeichnet. Der Deckname »Ahorn« fand vor allem im Funksprechverkehr mit den Bodenleitstellen und im Bord-Bord-Verkehr Verwendung. Erprobte Rechlin vor allem die Serienmaschinen, die Triebwerke, die Bewaffnung und die vielfältige Ausrüstung, welche mit neuen Serienversionen bei den Einheiten und Verbänden Einzug hielt, bzw. übernahm man dort das Nachfliegen neuer, bei Messerschmitt bereits erprobter Varianten, so galt Lager-Lechfeld als das Mekka der Strahlflieger und das große Versuchs- und Erprobungszentrum von Messerschmitt für die Me 262. Bis zum 19. Mai 1944 waren fünf der zunächst 10 Me 262-Prototypen verlorengegangen. Der erste Verlust der Me 262 V-2 nach 48 Flügen am 18. April 1943 ist bereits geschildert worden. Die Me 262 V-4 ging als zweite Maschine am 25. Juli 1943 nach 51 Flügen verloren. Ihr folgten kurz nacheinander die Me 262 V-5 am 1. Februar 1944 nach 74 Flügen und die Me 262 V-6 am 9. März 1944 nach nur 28 Flügen mit Versuchseinflieger Kurt Schmidt am Steuer. Diese beiden Abstürze führten übrigens zu einer ziemlichen Verunsicherung in den Führungsgremien, so daß sogar der Sicherheitsdienst (SD) eingeschaltet wurde. Die Generalluftzeugmeistersitzung am 7. April 1944 beschäftigte sich speziell mit dieser Problematik. Das alles konnte jedoch nicht verhindern, daß am 19. Mai mit der Me 262 V-7 und Unteroffizier Hans Flachs am Steuerknüppel der fünfte Prototyp verlorenging. zu diesem Zeitpunkt war jedoch die Serie bereits angelaufen, und die weitere Erprobung konnte auf eine breitere Basis gestellt werden.

Am 7. Oktober 1944 ging auch die Me 262 V-1 nach 95 Versuchsflügen und vier Umbauten verloren, am nächsten Tag gefolgt von der Me 262 V-8, die der Waffenerprobung gedient hatte und auch beim EKdo. 62 geflogen worden war. Ein Bugradbruch war nach insgesamt 258 Flügen die Ursache für ihre völlige Zerstörung.
So waren von den ersten 10 Prototypen nur noch die V-3, V-9 und V-10 übriggeblieben. Folglich mußten Serienflugzeuge die Rolle weiterer Erprobungsflugzeuge und Produktionsprototypen für neue Varianten übernehmen.

Die erste Nullserienmaschine Me 262 S-1 absol-

Mit der V-10 sowie der zweiten V-7 (V 303) wurden Bombenabwürfe getestet.

vierte ihren Erstflug am 19. April 1944 unter Serieneinflieger Oberleutnant Tesch. Bei diesem Flug zeigte sich Rauchentwicklung in der Kabine, so daß der Flug abgebrochen werden mußte. Die Schäden an der Maschine erforderten eine Reparatur. Danach ging das Flugzeug zum Ekdo. 62. Mit der Me 262 S-3 wurden Bugradversuche geflogen, bei denen Oberfeldwebel Recker vom Ekdo. 262 das Flugzeug während einer harten Landung am 16. April schwer beschädigte. Er selbst blieb unverletzt. Für die Hochgeschwindigkeitserprobung und einen geplanten Hochgeschwindigkeitsjäger zog Messerschmitt die Me 262 S-2 heran, mit der Flugkapitän Herlitzius am 25. Juni 1944 eine Geschwindigkeit von 1 004 km/h erreichte. Das Flugzeug wurde jedoch am 19. Juli, nach 47 Flügen, bei einem Luftangriff zerstört. Daraufhin erhielt die Me 262 V-9 (176 Flüge bis zum 1. Oktober 1944) eine »Rennkabine« in abgeflachter Form mit 40 Grad Windschutz und ein gepfeiltes Höhenleitwerk. Sie wurde in dieser Form bis Januar 1945 als Hochgeschwindigkeitsjäger I (HG I) von Karl Baur erprobt, um dann, wieder auf Normalleitwerk zurückgerüstet, für andere Erprobungen eingesetzt zu werden. Diese Maschine absolvierte 201 Flüge. Ein als Prototyp für den HG II umgebautes Serienflugzeug mit der Werk-Nr. 111 538 sollte 35 Grad Tragflächenpfeilung erhalten. Die Teile waren im April 1945 in Lechfeld eingetroffen. Zum Umbau kam es allerdings nicht mehr, da die Maschine von einem anderen Turbo beschädigt wurde. Die Me 262 V-10 flog als erster Prototyp der Schnellstbomberversion Me 262 A-2 mit einem verkleideten Bombenschloß, dem sogenannten Wikingerschiff, und zwar erstmals am 27. Mai 1944 unter Gerd Lindner mit einer 250-kg-Bombe. Lindner berichtete danach von einer erheblichen Instabilität. Am 15. Juni flog Oberleutnant Tesch die Maschine erstmals mit 500 kg Bombenzuladung und erprobte sie danach unter verschiedensten Beladungsvarianten, die schließlich zum Umbau und damit zur A-2a-Serienversion des Schnellbombers mit nur 2xMK 108 führten. Allerdings verlor das Flugzeug 40 km/h Geschwindigkeit bei einer und 75 km/h bei 2x250-kg-Bomben. 55 km/h Fahrtverlust brachte die Mitnahme einer 500-kg-Bombe.

Ab 22. Oktober begann Gerd Lindner auf der Me 262 V-10 mit einer Reihe von Versuchen, bei denen eine 1000-kg- bzw. eine 500-kg-Bombe auf einem Zweiradwagen im Deichselschlepp mitgeführt wurde. Bei einem dieser Versuchsflüge wurde die Me 262 V-10 beschädigt.

Die Me 262 S-4 diente der weiteren Klappenerprobung und erhielt Flettner-Ruder. Als Prototyp für die zweisitzige Schulversion Me 262 B-1a wurde die Me 262 S-5 mit der Werk-Nr. 130 010 verwendet. Diese Maschine war übrigens die vorerst letzte, in Augsburg-Haunstetten gefertigte Nullserienmaschine, woraus manche Autoren schlußfolgern, daß nur die S-1 bis S-5 gefertigt worden wären. Augsburger Ingenieure und Meister arbeiteten jedoch bereits während der Montage der ersten fünf Nullserienmaschinen Leipheimer Flugzeugbauer an den Helligen der S-6 bis S-22 ein, denen bald darauf die A-1a und A-2a folgten. Die Me 262 S-10 mit der Werk-Nr. 130 015 absolvierte ihren ersten Flug am 30. Juni 1944 und wurde bei einem alliierten Luftangriff am 12. September leicht beschädigt. Nach ihrer Instandsetzung und dem Verlust der Me 262 V-1 erhielt sie als zweites Flugzeug die Prototypenbezeichnung V-1. Sie diente der Erprobung eines Holz- sowie eines verkürzten Seitenleitwerkes und absolvierte u. a. auch mit einem 25 Grad Windschutz (gegenüber 33 Grad bei der Standardausführung) insgesamt 117 Flüge.

Erste Nachtjagdversuche mit der zweiten V 2 (V 056)

Zweite Me 262 V-2 wurde die 262 A-1a mit der Werk-Nr. 170 056, auch als V 056 am Rumpf gekennzeichnet. Diese Maschine diente zunächst der Erprobung von Fahrwerk-Bremsen und Stabilitätsversuchen, wobei in dieser Erprobungsphase ebenfalls ein verkürztes Seitenleitwerk geflogen wurde. Auch Startraketen erprobte man mit der Maschine. Ab Herbst 1944, nachdem Typenbegleiter Major Behrens (Rechlin) bereits mit der Werk-Nr. 170 095 KD + EA die Helle Nachtjagd (im Scheinwerferlicht) erprobt hatte und Oberleutnant Kurt Welter vorschlug, mit der Me 262 a-1a Nachtjagdeinsätze zu fliegen, bemühte sich die Technische Luftrüstung (TLR) um eine Me 262-Nachtjagdversion. Da der bei Messerschmitt projektierte zweisitzige Nachtjäger Me 262 B-2a in absehbarer Zeit noch nicht zur Verfügung stand, erhielt die Deutsche Lufthansa (DLH) Werft in Staaken den Auftrag, eine Trainerversion Me 262 B-1a als Behelfsnachtjäger B-1a/U-1 mit den entsprechenden Funkmeßgeräten als Nachtjäger nachzurüsten. Zu den Vorversuchen wurde die V 056 im Januar 1945 mit dem FuG 218 V-1 »Neptun« und einer »Hirschgeweih«-Antenne ausgerüstet, worauf sie am 26. Januar 1945 zum Erstflug startete. Auch Welter flog diese Maschine nach. Ende Februar 1945 wurde die 2. Me 262 V-2 (V-056) nach Oberpfaffenhofen zum Industriekommando »Charlotte« überführt und dort mit dem FuG »Neuling« IFF

Me 262 mit MK 214 V-2 (Werk-Nr. 111 899).

Nochmals eines der Versuchsmuster mit Mk 214.

Die Me 262 mit dem Stammkennzeichen SQ + WF wurde später die zweite Me 262 V-5.

zusätzlich ausgerüstet. Hier wurde auch eine Me 262 B-1a/U-1 erprobt. Sie ging allerdings im März 1945 verloren. Während eines Nachtfluges mit Hauptmann Sorge am Steuerknüppel fand dieser sein Funkfeuer nicht, obwohl die Kraftstoffanzeige bereits aufleuchtete. Sorge geriet in Panik und verließ die Maschine am Schirm.

Die Werk-Nr. 170 083 flog erstmals im Frühherbst 1944 und ging danach zum Umbau zu Messerschmitt. Sie erhielt ein neues Bugrad, das beim Einziehen um 90 Grad geschwenkt werden konnte und somit flach im Rumpfbug lag. Damit wurde Raum frei für den Einbau einer 50-mm-MK 214. In dieser Form erhielt das Flugzeug die zweite Prototypenbezeichnung Me 262 V-4 als Muster für den geplanten Pulkzerstörer Me 262 A-1a/U-4 (Me 262 E-1a). Als zweites Versuchsmuster war die Werk-Nr. 111 899 vorgesehen. Erste Schußversuche mit der Mauser MK 214 V-1 am 28. Februar 1945 brachten positive Ergebnisse. Am 11. März erhielt Messerschmitt die Bugsektion mit der eingebauten MK 214 V-2, welche an die Werk-Nr. 111 899 angebaut wurde. Am 14. März 1945 flog Karl Baur erstmals mit dieser Maschine. Bis zum 23. März feuerte Baur 128 Geschosse in Bodenschußversuchen sowie in der Luft ab und absolvierte bis Ende des Monats 19 Flüge. Danach wurde die Maschine am 5. April dem Nachtjagd-As Major Wilhelm Herget übergeben, der nach einem Bodenzielbeschuß zwei scharfe Einsätze auf USAAF-Bomberformationen, u. a. am 16. April auf B-26 Marauder, flog. Ladehemmungen verhinderten jedoch einen Erfolg. Erst Anfang April wurde die neue Me 262 V-4 mit der MK 214 V-3 ausgestattet und von Ludwig Hofmann als V 083 eingeflogen. Die Maschine wurde von den Amerikanern in Lechfeld erbeutet.

Als zweite Me 262 V-5 diente die Werk-Nr. 130 167, die erstmals am 31. Mai 1944 flog. Sie wurde während eines USAAF-Angriffs am 12. September leicht beschädigt und unternahm nach ihrer Reparatur zunächst Fahrwerkversuche mit neuen Scheibenbremsen. Ab Oktober erhielt sie die Bezeichnung V-5. Mit der Kennung V 167 am Rumpf ist die Maschine allgemein bekannt geworden. Ihr Erprobungsprogramm war sehr vielseitig. So wurden auch Bomben ETC (Bombenaufhängungen) und ab Februar 1945 das neue Kreiselvisier EZ 42 von Askania in dieser Maschine erprobt. Sie brachte es immerhin auf 300 Flüge.

Im August 1944 wurde die Me 262 A-1a mit der Werk-Nr. 170 006 im Flugzeugreparaturwerk Eger zum Behelfsaufklärer Me 262 A-1a/U-3 umgebaut. Auch diese Maschine wurde in Lechfeld erprobt und ging danach an das Kommando Braunnegg. Die Geschichte dieser Maschine hatte bereits am 2. Juni 1943 begonnen, als der General der Aufklärer, Oberst von Barsewisch, in Lechfeld weilte und dort über die Entwicklung der Me 262 informiert wurde. Seine Interventionen führten schließlich zu den Messerschmitt-Projekten Aufklärer I, Ia und Aufklärer II, die jedoch dem Schnellbomber immer wieder weichen mußten. So wurde nach dem Serienanlauf die Behelfsaufklärerlösung gefunden. Die Maschine war vollkommen unbewaffnet und sollte daher zum Aufklärer Me 262 A-5a mit 2 x RB 50/30 Reihenbildgeräten und 2 x MK 108 weiterentwickelt werden. Da jedoch Anfang 1945 die Probleme, Neuentwicklungen in Serie zu überführen, immer größer wurden und der Aufwand für diese Umkonstruktion zu groß war, sah ein weiterer Vorschlag für die A-5a den Einbau nur einer MK 108 (links) und einer RB 50/30 (rechts) vor. Doch auch diese Ausführung wurde nicht mehr ausgeliefert. Dafür

Die zweite Me 262 V-5 (V 167) für vielfältige Versuche.

baute man bei den Bodendiensten des Kommandos Braunnegg (das spätere 2./NAGr. 6) eine Me 262 A-1a/U-3 so um, daß eine MK 108 oben zwischen den beiden Reihenbildgeräten angeordnet wurde, deren Lauf etwas aus der Rumpfstruktur herausragte. Diese Maschine, eine weiße 3, kam noch erfolgreich zum Einsatz. Die zweite Me 262 V-6 (Werk-Nr. 130 186) war der Prototyp des Heimatschützers I Me 262 C-1a, eines Abfangjägers mit zusätzlichem Walter HWK 509 A-2 mit Raketentriebwerk im Heck. Die Maschine flog auch mit der Rumpfkennung V 186 und absolvierte ihren Erstflug unter Gerd Lindner am 16. Oktober 1944 ohne Raketentriebwerk. Die Entwicklung mit dem Flüssigkeitsraketentriebwerk lief bei Messerschmitt zunächst unter der Bezeichnung Me 262 J-1. Nach Abschluß der konstruktiven Arbeiten wurden die Treibstoffanlage und das Triebwerk eingebaut, und es begann eine ganze Serie von Standläufen. Dabei kam es am 29. Januar 1945 zu einer Beschädigung der Treibstoffanlage. Nach deren Reparatur flog Major Heinz Bär, der Kommandeur der III./EJG-2 in Lechfeld, die Me 262 C-1a am 15. Februar 1945 zum ersten Mal mit diesem Zusatzraketenantrieb. In 2,5 Minuten stieg der Interceptor von 6000 auf 14 700 m Flughöhe. Bei diesem Abfangeinsatzversuch gelang es Bär, eine P-47 Thunderbolt abzuschießen. Der offizielle Erstflug der Me 262 C-1a erfolgte am 27. Februar 1945 unter Gerd Lindner. In Serie ging dieses Muster jedoch nicht mehr.

Die zweite Me 262 V-7 war ebenfalls ein Serien-

Die zweite V-5 (V-167) aus anderer Perspektive.

Kameraeinbau beim Behelfsaufklärer.

»Heimatschützer I« Me 262 C-1a beim Start.

Die Me 262 mit der Werk-Nr. 110 484 (zweite V-8) als zweisitziger Bomber mit Bugkanzel.

Detailaufnahme der Bugkanzel V 484.

flugzeug mit der Werk-Nr. 170 303. Sie flog erstmals im Frühherbst 1944, diente zunächst der Erprobung einer Feuerlöschanlage und danach der Erprobung von Bombenschlössern, von Holzkraftstoffzusatzbehältern sowie von Startraketen. Nach 67 Versuchsflügen wurde sie bei Brennversuchen mit 1 000-kp-Startraketen zerstört.

Zur zweiten Me 262 V-8 wurde die Werk-Nr. 110 484 umgebaut, die auch mit der Kennung V 484 am Rumpf bekannt wurde. Sie erhielt einen verglasten Holzrumpfbug für ein zweites Besatzungsmitglied sowie ein Lotfe 7 H Bombenzielgerät und ging am 22. Oktober 1944 als zweisitziger Schnellbomber Me 262 A-2a/U2 in die Erprobung. Am 5. Dezember 1944 wurden mit diesem Muster Bombenabwurfversuche auf oberbayrischen Seen begonnen. Insgesamt umfaßte das Versuchsprogramm mit dieser Maschine 22 Flüge. Ein zweites derart umgebautes Musterflugzeug, die Me 262 V-11 (Werk-Nr. 110 555) mit der Rumpfkennung V 555, erhielt bereits eine Siemens-Kurssteuerung K 22 und weitere Meßgeräte. Die Maschine machte nach 23 Versuchsflügen am 30. März auf dem Fliegerhorst Marburg/Lahn eine Bruchlandung und wurde von US-Truppen erbeutet, jedoch offensichtlich nicht mehr zum Nachfliegen instand gesetzt. Die Produktion dieses Musters sollte unter der Bezeichnung Me 262 A-3a erfolgen. Der letzte offizielle Prototyp war die Me 262 V-12 (Werk-Nr. 170 074) mit

V 555, die zweite zweisitzige Bomberversion.

»Heimatschützer II«
Me 262 C-2 a beim Triebwerkstandversuch.

Das Cockpit einer Me 262 …

der Kennung V 074 am Rumpf. Sie galt als Prototyp für den Heimatschützer II Me 262 C-2b und unternahm ihren Jungfernflug mit 2xBMW 003A am 8. Januar 1945. Danach begann der Einbau der kombinierten BMW 003 R-Triebwerke. Es handelte sich dabei um normale BMW 003 A-Turbinen, auf deren Schubdüsen jeweils ein BMW 718-Flüssigkeitsraketentriebwerk aufgesetzt war. Die komplizierte Kraftstoff- und Treibstoffanlage für beide Triebwerke brachte zahlreiche Probleme mit sich und verzögerte die Flugerprobung beträchtlich. Am 25. Januar 1945 explodierte die Brennkammer des rechten BMW 718. Am 21. Februar brannte das linke Raketenzusatztriebwerk. Erst am 23. März ging ein Versuchslauf ohne Probleme zu Ende. So konnte Karl Baur am 26. März 1945 endlich mit der Me 262 C-2b zum Erstflug starten. In anderthalb Minuten stieg die Maschine auf 8 200 m Höhe, was einer Steiggeschwindigkeit von 120 m/s entsprach. Nur drei Tage später startete Baur ein weiteres Mal von Lechfeld aus zu einem Versuchsflug. Es sollte der letzte gewesen sein. Danach wurden alle Entwicklungsarbeiten an diesem Muster auf Befehl eingestellt.

Fast völlig außerhalb der Versuche in Lechfeld ging die Erprobung der Me 262 A-1b vor sich. Als ab Sommer 1944 die ersten Serientriebwerke der

… und dasjenige eines »Blitzbombers« Me 262 A-2a.

BMW 003 A-Turbine vom Band liefen, war die Situation bei den Jumo 004 B-Serientriebwerken noch immer so, daß die Me 262-Montagetriebwerke bei der Triebwerkzulieferung gewissermaßen von der Hand in den Mund lebten. Was lag also näher, die Situation dadurch etwas zu entspannen, daß ein Teil der Serienflugzeuge mit BMW 003-Triebwerken ausgerüstet wurde.

So stellte Messerschmitt die Maschine mit der Werk-Nr. 170 078 als Prototyp für die Me 262 A-1b zur Verfügung und montierte im Spätsommer die ersten 2 BMW 003A in dieses Flugzeug. Am 21. Oktober 1944 startete Gerd Lindner in Lechfeld zum Erstflug. »Derart schnelles und geschicktes Handeln kann ich von keinem normalen Flugzeugführer verlangen«, war Lindners Kommentar nach dem Flug.

Noch zwei weitere Maschinen, die mit den Werk-Nr. 130 184 und 130 188, wurden mit BMW 003 ausgerüstet. Sie erhielten bereits das verbesserte Serientriebwerk A-2 mit Einhebelbedienung. Die Maschine 130184 ging als E 3 + 32 zunächst nach Rechlin und wurde dort ausgiebig erprobt. Danach gingen alle drei Me 262 A-1 b zu Flugzeugbaumeister Peter Kappus nach Burg bei Magdeburg, der dort eine Versuchsgruppe aufgebaut hatte. Ab Anfang 1945 wurde noch eine Reihe Testflüge absolviert, jedoch nicht wesentlich mehr als 800 km/h Höchstgeschwindigkeit erreicht, wobei noch immer Probleme mit den Triebwerken, ebenso wie bei Arado, auftraten. Da sich inzwischen die Jumo 004-Triebwerksituation etwas entspannt hatte, BMW sowieso wesentlich geringere Stückzahlen auslieferte und das BMW 003 A bzw. E für die Arado 234 C sowie den Kleinstjäger He 162 »Spatz« vorgesehen waren, unterblieb der Großserienbau der Me 262 A-1b.

Zwei Dokumente vom 20. Februar 1945, und zwar Lageberichte des Oberkommandos der Luftwaffe/Technische Luftrüstung E-Rüst. F 1 für Zel-

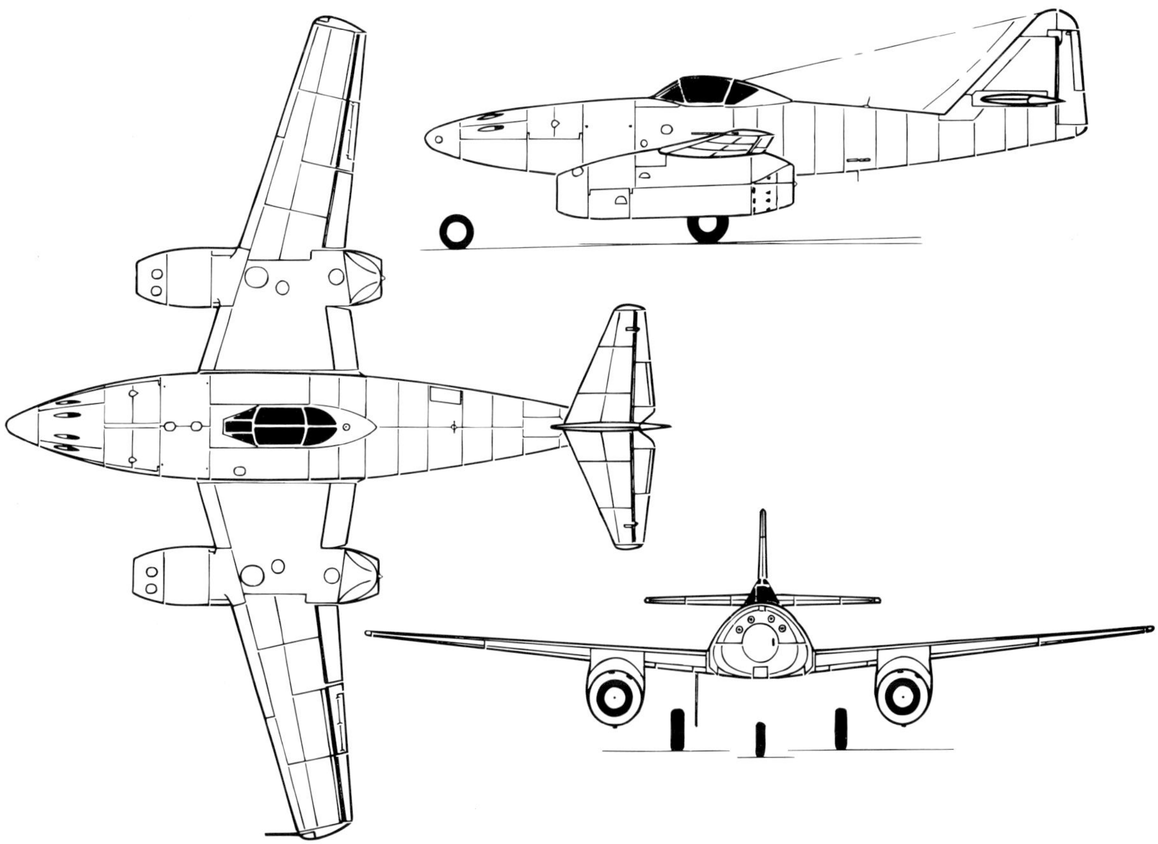

Die Me 262 A-1a.

len und E-Rüst. F 2 für Triebwerke, widerlegen alle bislang kolportierten Theorien von dem angeblich durch die Führung verursachten zu späten Anlauf der Me 262. So heißt es im Punkt 1 des ersten Dokumentes u. a.: »Geschwindigkeitsverbesserungen sind zu erwarten, sobald Großserienbetriebsmittel sauberen Bau der Flugzeuge gewährleisten.«

Auch mit noch so vielen bombensicheren unterirdischen Fertigungsstätten hätten die geplanten Stückzahlen von monatlich 1 000 bzw. 2 000 Flugzeugen nicht ausgebracht werden können, denn bis Februar 1945 hatte man die Werke noch nicht einmal mit den Großserienvorrichtungen und Betriebsmitteln ausstatten können. So wundert unter Punkt 4 auch nicht folgende Bemerkung: »Bis zu 10 % der an die Truppe ausgelieferten Flugzeuge sind außerdem ebenfalls nur zu Schulzwecken verwendbar, da sie wegen schlechter Flugeigenschaften nicht voll ausgeflogen werden können.« In diesem Punkt heißt es u. a.: »Die Serienausbringung wird maßgebend beeinflußt von der Flügel-und Rumpfspitzenfertigung sowie der Triebwerkanlieferung. Die Flügelfertigung wird behindert durch mangelhafte Vorrichtungs- und Lehrenlage.«

Der Triebwerkbericht sagt aus: »Nach der derzeitigen Liefervorschau, unter Berücksichtigung der

Eine Maschine (Werk-Nr. 110 813) des Kommandos Nowotny wurde im Winter 1944/45 mit ETC-Bomben ausgerüstet und in Lechfeld erprobt.

z. Zt. bestehenden Transport- und Energieschwierigkeiten, ist der Bedarf für den Zellenneubau nicht sichergestellt. So. T 1 (Sonderausschuß T 1, M. J.) hat folgende Neubaulieferungen als Vorschau gegeben:

	Februar	März	April	Mai	Juni	Bemerkungen
Vorschau	700	900	1 100	1 300	1 500	–
Bedarf	1 200	1 500	1 800	2 000	2 000	nach Zellenvorschau Nr. 24 und 4 Wochen Vorlauf

Dabei ist der Nachschubbedarf (der Ersatztriebwerke, M. J.) nicht berücksichtigt.«

Diese beiden Berichte verdeutlichen die tatsächliche Lage. Wie so oft hat hier wohl politisches Wunschdenken die Legende geboren, die Me 262 hätte mindestens $1^1/_2$ Jahre früher zum Einsatz kommen können.

Hier werden gerade die Bomben eingehängt.

Me 262 V-9 (links) und Me262 V-10 im Sommer 1945 in Lechfeld.

Quellen IV

1) Irving, D.: Die Tragödie der Luftwaffe. S. 326
2) Groehler, O.: Die Geschichte des Luftkrieges. – Berlin 1981, S. 415
3) Public Record Office London, Bestand AIR 40 201 Hm 02727 »Interpretation Report NO. L 211«, s. auch Koziol, S.: Rüstung, Krieg und Sklaverei. – Hrsg. Jan Thorbecke Verlag und historischer Verein für Württembergisch Franken e. V., Siegmaringen 1986, S. 196
4) Überblick des Standes der Me 262, Ar 234 und He 162; Lieferungen an das OKL, Gen. Qu/6. Abt. III, Stand 31. 3. 45, 10. 4. 45.; BA/MA Freiburg, RL 2 III/624; s. auch »Deutschland im 2. Weltkrieg«, Akademie Verlag, Berlin 1985, S. 574
5) Koziol, S.: Rüstung, Krieg und Sklaverei. – Hrsg. Jan Thorbecke Verlag und historischer Verein für Württembergisch Franken e. V., Siegmaringen 1986, S. 62
6) Ebenda S. 147
7) Ebenda S. 63
8) Ebenda

Stand: 40.4.45 / 31.3.45

	Gesamt (Neufertigung)	davon an Nachrüstung	davon an Umbau	zerstört und beschädigt	Von der Luftwaffe übernommen (Neufertigung)	Jnstandsetzung	Nachrüstung	Umbau: Nahaufkl.	Umbau: Nachtjagd	Dop…
Bis 31.12.44	564 -17	45	38	79	408	21		–	–	
-7 Schul Januar	167	12	53	12	90	9	17	–	–	
-10 " Februar	296 -3	93	20	71	112	12	47	13	–	
-2 " März	255 -6	107	5	56	127	10 + 105	70	20	3 TD	
bis 10.4.45	47	8	–	6	33	–	20	–	1	
Jnsgesamt	1322 / 1369	257 / 265	116 / 116	212 / 218	737 / 770	52 / 52	134 / 154	33 / 33	3 / 4	

zur Verte…

		Lw. Kdo. West: K.G 51	IX. Fl. Korps (J): K.G.(J) 54	IX. Fl. Korps (J): K.G.(J) 6	IX. Fl. Korps (J): K.G.(J) 55	I. Jagd-Korps: J.G. 7	I. Jagd-Korps: Jgd. Verb. 44	Nachtjagdverpr.: N.J.G. 11	Aufklärer: N.A.Gr. 1 u. 6	Sonstige	
Gesamtzuweisung		342 342	144 153	13 13	-	333 372	9 13	18 19	43 43	40 41	25
Zugg. v. and. Verbände		– –	12 KG 51 41		-	7 Industrieschw. 1 Nachr. Musterflz. 1 NAG 6 … 1 K.G. 6		–	3 KG 51	4 K.G. 51 1 IV./EKG. 1	3
Verluste	Feind	81 86	39 52		-	52 71	– 11	4 5	4		1
Verluste	sonst.	146 133	70 81	7 7	-	152 187	– 1	5 5	5	20 23	8
Jn Zuführung		2 4	– 3	–	-	32 20	–	–	–	1 –	–
Abgang an andere Verbände		15 J.G. 7 ✓ 41 KG 54 ✓ 5 Stamp ✓ 4 KdE ✓ 9 Gen … ✓	2 KdE.	–	–				10 an III./EJG. 2	8 JG 7	2 6
Abgang an Werft instandsetzung		21 19	17 21			26 25	1 1				
Bestand		20 79	28 35	6 6	-	79 107	8 –	9 9	37	15 15	17
Davon	Stab		0	-	-	6 6		-	16 NAG 6	3 4 Fl. Ü. G. 1 4 Kdo. Stamp 3 Nachtj. Umbau 1 Gladenbeck 1 Waffenumbau 2 Mistel Umbau 1 KG 76	
Davon	I	15 53	23 31	-	-	24 34		-	5 9 NAG 1		
Davon	II	3 24	2 1	-		– –		-	1 7 Schulflzg.		
Davon	III	-	3 3	6 6	-	28 38		-	5 Res. Flzge.		
Davon		2 2 IV./EKG 1	0 II./EKG (J)	-	-	23 15 III./EJG. 2 6 Schulflzge.					
Vom Bestand am Feind		8 77	23 31	-	-	58 78	6 –	9 9	8		
Bemerkungen			2 Oranienburg	in Umschulung			in Umschulung 2 Schulflzge.		14 Flzge. zur Abgabe an III./EJG. 2 befohlen.		4 … 1 Kur… 2 … 2 Fahr… 1 Lcf… 1 Waf… 1 Gleit… 1 Zus… 1 Lois… 1 Dau… 1 Dopp… 1 Visie…

Verteiler:

Chef Genst.	1. Ausf.	Chef 6. Abt.	6. Ausf.
Chef Füst	2. "	Adj. Reichsmarschall	7. "
Chef Ia	3. "	Adj. d. Wehrm. b. Führer Oberst v. Below	8. "
Ia/ Flieg	4. "	Genst. Offz. OKL b. WMFSt. Major i.G. Büchs	9. "
Ia/ T	5. "	Sonderbeauftr. d. Reichsm. für Strahlflugz.	10. "
		V.O. OKL / Rüstab.	11. "

Summe der Abnahme
446
116
187
236
54
↓
985 1039

Anmerkung:

Flugzeuge aus Instandsetzung, Neufertigung und Umbau sind bereits in der Gesamtsumme der Neufertigung enthalten und erscheinen nur der Truppe gegenüber als Neuzuweisung.

	Luftwaffe gesamt	Industrie und Forschung	Summe
5	967 1021	18 18	1039 985
		2 Kdf.	
1	186	–	186
?	400	2	402
–	37	–	37
	967		
	63		63
7	279	18	297
	181		181
...schaften-Erpr.			

9) Ebenda S. 64
10) Ebenda S. 65
11) Begleitbriefe des Hessentaler Lagerkommandanten vom 28. 10. 44 zum 2. Wochenbericht des Arbeitslagers. Internationales Rotes Kreuz; s. auch Koziol, S., S. 218
12) Koziol, S.: a. a. O., S. 66
13) Ebenda, S. 104
14) Ebenda, S. 114
15) Ebenda, S. 66
16) Ebenda, s. Anmerkung Nr. 3
17) Public Record Office London AIR 40 201 Hm 3727; s. auch Koziol, S.: a. a. O., S. 197–199
18) Koziol, S.: a. a. O. Seite 67
19) Ebenda, Anmerkung 213 auf S. 148
20) National Archives. Modern Military Branch, Washington. Record Group No. 243. Unitied States Strategie Bombing Survey Schwäbisch Hall 3a 2598; s. auch Koziol, S., S. 199
21) Koziol, S.: a. a. O., S. 119
22) Die Fakten über die Messerschmitt Endmontage »Donau Moorkultur AG« in Neuburg basieren zum großen Teil auf einem persönlichen Bericht und einer Faktensammlung von Herrn Erich Liebe, Neuburg/Donau, vom 27. Juni 1990, welche dem Verfasser zur Verfügung gestellt wurden.
23) Zentrales Staatsarchiv Potsdam (im folgenden ZSta Potsdam), Akte Gustloff (Gu.) Nr. 136, Blatt 10
24) Lange, H.: REIMAHG – Unternehmen des Todes. Hrsg. Rat des Kreises Jena, 1969, S. 42
25) Jurleit, M.: Die Strahljägerlegende. – In: Aerosport 12/1966, S. 432
26) »Porzelliner Echo«, Betriebszeitung der Vereinigten Porzellanwerke Kahla, Nr. 7 vom Mai 1983, S. 4
27) ZSta. Potsdam, Gu. Nr. 136, Bl. 49
28) Lange, H.: a. a. O., S. 49
29) Jurleit, M.: Das Geheimnis des Walpersberges. – In: Aerosport 9/1968, s. 358
30) ZSta Potsdam, Gu. 136, Bl.123
31) Ebenda, Bl. 129
32) ZSta Potsdam, Gu. Halbmonatsberichte, Akte 85, Bl. 218
33) Ebenda, Bl. 227
34) Joan, D.: Sky Spies. – In: Flying, Bd. I. – Washington, Anlage 7

35) Lange, H.: a. a. O., S. 51
36) Meyer, A.: Kahla und das REIMAHG-Werk 1944/45, S. 16 (Maschinengeschriebenes Manuskript des damaligen Bürgermeisters für eine Ortschronik. Stadtarchiv Kahla.)
37) ZSta. Potsdam, Gu. Halbmonatsbericht, Akte 85, Bl. 249
38) Ebenda, Bl. 250
39) ZSta Potsdam, Gu. Nr. 136, Bl. 49
40) Ebenda, Bl. 231
41) Lange, H.: a. a. O., S. 57
42) ZSta Potsdam, Gu. Akte 85, Bl. 261
43) Ebenda, Geschäftsbericht, Bl. 80
44) Ebenda, Bl. 89
45) Lange, H.: a. a. O., S. 58
46) Betriebsarchiv der Feinstrumpfwerke »Esda« in Auerbach/Erzgeb., Akte »Messerschmitt, AGO, ARWA Type 609, 709 Rumpfbau 1944/45«, II/1/1/557 Bl. 1
47) Ebenda, Bl. 3
48) Ebenda, Bl. 4
49) Ebenda, Bl. 5
50) Joan, D.: Sky Spies, a. a. O.
51) Stemler, F.: REIMAHG Kahla 1945 (Diese Arbeit wurde in russischer Übersetzung mit Beweisen, d. h. Plänen, Skizzen, Personalkarteien sowie der Korrespondenz, am 21. Juni 1945 dem Kommandanten der Stadt Kahla, Major der Roten Armee Wierunow, überreicht.)
52) Ebenda, S. 13
53) Jurleit, M.: Das Geheimnis des Walpersberges. – In: Aerosport 9/1968, S. 360
54) Lange, H.: REIMAHG – Unternehmen des Todes. – a. a. O., S. 92
55) Ebenda, S. 93
56) Ebenda
57) Ebenda, S. 72
58) Ebenda, S. 75
59) Joan, D.: a. a. O.
60) Ebenda
61) Bericht Eli Thierfelders an den Verfasser vom 16. 6. 1968
62) Ebenda
63) Bericht Edwin Seidels an den Verfasser vom 16. 6. 1968
64) Lange, H.: a. a. O., S. 75
65) Ebenda, S. 93/94
66) Ebenda
67) Janssen, G.: Das Ministerium Speer. – Berlin, Frankfurt/Main 1968, S. 317, Anmerkung 121, S. 412
68) Lange, H.: a. a. O. (im Anhang Bericht von G. Potzler an den Verfasser, S. 128/129)
69) Brief Walter Rankes vom 15. 9. 1969 an den Verfasser
70) Aktenvermerk R. U. – Berlin 1989, S. 56
71) Ebenda, S. 32
72) Ebenda, S. 35
73) Groehler, O.: Geschichte des Luftkrieges. – Berlin 1981, S. 415
74) SS im Einsatz. – Berlin 1967, S. 218
75) Aktenvermerk R. U., a. a. O., S. 63–65
76) Ebenda, S. 58
77) Ebenda, S. 84
78) Ebenda
79) Ebenda
80) Ebenda, S. 94/95
82) Aus einem Geheimen Vernehmungsbericht der USAAF des Uffz. Hans Fay A.P.W.I.U. (IX AF) 48/1945. (Von Erich Liebe, Neuburg/Donau, dem Verfasser zur Verfügung gestellt.)
83) Deutschland im II. Weltkrieg, Bd. 6; a. a. O.
84) Steinhoff, J.: In letzter Stunde. – Paul List Verlag, München 1974
85) Janssen, G.: Das Ministerium Speer; a. a. O. S. 299
86) Ziegler, M.: Turbinenjäger Me 262. – Motorbuchverlag, Stuttgart 1986, S. 172/173
87) Steinhoff, J.: a. a. O.
88) Ziegler, M.: a. a. O., S. 175
89) Ebenda, S. 220
90) Nach Informationen aus einem Brief von Major Siegfried Clauß, Brandenburg, vom 21. 4. 1990 an den Verfasser.
91) Boehme, M.: Jagdgeschwader 7. – Motorbuchverlag, Stuttgart 1983, S. 103
91 a) Berichte von Herrn Frank Brekow, Brandenburg, an den Verfasser vom 4. 10. 1990 und 23. 10. 1990.
92) Europa unterm Hakenkreuz. Österreich, Tschechoslowakei. – Deutscher Verlag der Wissenschaften, Berlin 1988, Dokument 165, S. 232/233
93) Luftfahrt international, H. 1/1976

Anlagen

Anlage 1: Technische Kurzbeschreibung

Die Me 262 war ein freitragender Tiefdecker in Ganzmetallbauweise mit einziehbarem Fahrwerk, zwei Triebwerken und einfachem, freitragendem Normalleitwerk.

Rumpf: Ganzmetall-Schalenbauweise, bestehend aus den Baugruppen Rumpfspitze (Bugsektion), Rumpfmittelteil, Rumpfende und Leitwerkträger. Der Rumpf hatte annähernd dreieckigen Querschnitt mit abgerundeten Ecken. Zur Erzielung einer glatten und sauberen Rumpfoberfläche wurde die Versenknietung angewandt. Die Rumpfspitze diente sowohl der Aufnahme der Waffen- und Munitionsträger, als auch zur Aufnahme des Bugrades. Zu beiden Seiten des Radschachtes waren die Munitionskästen untergebracht und durch Querwände abgeteilt. Den oberen Abschluß des Bugradschachtes bildete eine waagerechte Trennwand, auf der die Schußwaffen gelagert waren. Zum Ein- und Ausbau der Waffen sowie zur Bedienung der Munitionskästen war zwischen dem Waffenspant und dem Vorderspant des Rumpfmittelteiles eine zweiteilige mit je zwei Schnellverschlüssen versehene Haube angebracht, die jeweils zur Mitte aufgeklappt werden konnte. Im Rumpfunterteil der Rumpfspitze befanden sich auf jeder Seite zwei schräge Öffnungen in der Beplankung zum Auswurf der Granathülsen. Das Rumpfmittelteil mit der Führerraumwanne war aus zwei Halbschalen gefertigt und besaß unter dem Führerraum eine Aussparung zur Aufnahme des Flügelmittelstücks. Im Rumpfmittelteil befand sich der vordere Hauptkraftstoffbehälter für 900 Liter. Das Rumpfende glich in seinem statischen Aufbau dem Mittelstück und enthielt den zweiten 900 Liter Kraftstoffbehälter. Zur Reichweitenerhöhung des Schnellbombers Me 262 A-2a erhielt diese Version einen weiteren 600 Liter-Behälter hinter dem zweiten 900 Liter Tank sowie einen 250 Liter Zusatzbehälter direkt unter der Führerraumwanne. Zum Gewichtsausgleich mußte zunächst der hinterste Behälter leergeflogen und die Maschine ausgetrimmt werden.

Der Leitwerkträger nahm über Anschlußspanten die Höhen- und Seitenflosse auf. Im gesamten Rumpf befanden sich Handlochdeckel zur Wartung des Bordnetzes, der Hydraulik und als Zugang zu den Betankungsanschlüssen.

Tragwerk: Es bestand aus zwei einholmigen Flächen, die auf Rumpfmitte miteinander verbunden waren. Der statische Aufbau jeder Flügelhälfte bestand aus einem Vollwandträger-Hauptholm mit Doppel-T-Querschnitt, Vollwandrippen und verstärkten Lagerrippen im Bereich von Querrudern und Landeklappen sowie Vorflügeln. Jede Fläche war in vier Kästen unterteilt, von denen die inneren Endkästen als Doppelschacht das eingezogene Hauptfahrwerk aufnahmen.

An der Flügelnase befanden sich beiderseits des Triebwerks die dreiteiligen Vorflügel, deren Betätigung automatisch durch Luftkräfte erfolgte. Jede Flügelhälfte war mit zwei als Wölbungsklappen ausgebildeten Landehilfen versehen, die bis zu 50° hydraulisch oder im Notfall mittels Pressluft ausgefahren werden konnten. Für die Quersteuerung dienten zwei mit Ausgleichsklappen versehene Querruder.

Leitwerk: Einfaches Normalleitwerk, bestehend aus freitragenden Höhen- und der Seitenflosse mit ausgeglichenen Rudern. Höhenflossen verstellbar, um die bei Start, Flug und Landung unterschiedlichen Lastigkeiten ausgleichen zu können. Ein im Leitwerkträger eingebautes elektrisches Verstellgerät übernahm diese Tätigkeit. Verstellbereich lag zwischen +3°45′ und -5°.

Führerraum: Da der Führerraum zu einem späteren Zeitpunkt als Druckkabine vorgesehen war, erhielt er von Anfang an die Form einer Wanne, de als fertig ausgerüstetes Bauteil in das Rumpfmittelstück eingesetzt wurde. Sämtliche Durchführungen für Bediengestänge und Rohrleitungen waren druckdicht ausgeführt. Im Rückteil befand sich ein ungepanzerter Einheitssitz. Nach oben war der Führerraum durch einen dreiteiligen Windschutzaufbau abgeschlossen. Mittel- und Rückteil im Notfall abwerfbar; Werkstoff: Stahlrohrgerüste und Plexiglas. Vorderteil mit ebenen Scheiben und 35° geneigter Planscheibe, als 90-mm-Panzerscheibe ausgebildet. Die vordere Wand der Wanne war ebenfalls gepanzert. Bei späteren Ausführungen wurde hinter dem Sitz eine nach vorn geneigte Panzerplatte als Kopfschutz von hinten angebracht. Auch der Steuerknüppel wurde bei späteren Ausführungen verändert, um die Kräfte zu verringern.

Fahrwerk: Hydraulisch einziehbares Bugradfahrwerk mit freitragenden Öl-Luftfederbeinen. Jede Hälfte des Hauptfahrwerkes bestand aus Federbein und Einziehzylinder, wobei die Kolbenstange des letzteren gleichzeitig als Stützstrebe diente. Die Spurweite betrug 2 540 mm. Als Laufräder kamen kugelgelagerte Doppelbremsräder mit Breitbettfelgen für 840x300-Reifen zur Anwendung. Reifendruck 4 bis 4,75 at; Öldruck-Duoservobremsen. Nach hinten einziehbares Bugrad als Einfach-Bremsrad für 660x160-Reifen mit Fülldruck von 5 at. Im Notfall mittels Preßluft (130 at) einziehbar.

Triebwerk: Zwei Axial-Turbinen-Luftstrahl-Triebwerke Jumo 004 B-1, B-2 oder B-3 von je 900 kp (8,83 kN) Standschub bei 8 700 U/min. Luftdurchsatz 21,2 kg/s. Das Jumo 004 B war eine Einwellen-Axial-Turbine mit achtstufigem Verdichter und einstufiger Turbine mit Einzelbrennkammern. Es besaß Einhebelbedienung. Unter dem Stirnring vorn befand sich ein 17 Liter Zündkraftstoffbehälter und der Kraftstoffbehälter von 3 Liter Inhalt für den Riedel-Anlaßmotor. Gleich dahinter ein Schmierstoffbehälter. Die Anlaßanlage hatte die Aufgabe, jedes Triebwerk bis zur Betriebsdrehzahl von 2 000 U/min hochzudrehen. Das Anlassen am Boden erfolgte mittels eines luftgekühlen 2-Zylinder-Zweitakt-Motors von 270 ccm und 10,5 PS Leistung. Dieser sogenannte Riedelanlasser war in der Einlaufnabe des Verdichters installiert und trug die Bezeichnung RBA/S 10. Er wurde durch einen kleinen Elektromotor, oder im Notfall mittels Handseilzug durch die Öffnung der Einlaufnabe betätigt. Normal erfolgte der Anlaßvorgang über einen Schalter im Führerraum. Zur Verkürzung der Rollstrecke beim Start war die Me 262 standardmäßig mit zwei abwerfbaren Raketenstarthilfen Rheinmetall-Borsig RI 502 von je 1 000 kp (9,8 kN) Schub bei 6 Sekunden Brenndauer unter dem Rumpf ausgerüstet.

Ausrüstung: Zur standardmäßigen Ausrüstung der Me 262 A gehörten ein FuG 16 ZY für den UKW-Sprechfunk, ein FuG 25a als Freund-Feind-Kenngerät, ein FuG 29 als Warngerät, FuG 120 Bernhardiner für den Funkfeuerempfang sowie ein EBL 3 Blindlandegerät.

Bewaffnung: 4 Maschinenkanonen Rheinmetall-Borsig MK 108 Kaliber 30 mm mit je 100 Schuß für die oberen und je 80 Schuß für die unteren Waffen. Feuergeschwindigkeit 650 Schuß/min. Masse der Waffe 58 kg. Elektrisch-pneumatische Fernbedienung. Munition im Zerfallgurt. Justierpunkt der Waffen 400 m vor dem Rumpfbug.

Für die Betätigung der Waffen und das Durchladen standen 8 Stück 2 Liter Pressluftflaschen mit 150 at zur Verfügung.

Als Visiereinrichtung wurde das schwenkbare Reflexvisier Revi 16 B verwendet. 100 Maschinen sollen noch mit dem modernen kreiselstabilisierten EZ 42 von Askanie ausgerüstet worden sein. Zusätzlich gehörte noch eine Bordschießkamera BSK 16 im Rumpfbug zur Ausrüstung.

Anlage 2: Baureihenübersicht (Ausgeführte Varianten)

Me 262 V-1 usw.	Prototypen und Versuchsmuster von V-1 bis V-10 sowie zweite Versuchsserie V-1, V-2, V-4, V-5 bis V-8 sowie V-11 und V-12.
Me 262 S	Vorserienmuster S-1 bis S-15.
Me 262 A-1a	Jagdflugzeug, Standardausführung mit 2xJumo 004 und 4xMk 108
Me 262 A-1b	Jagdflugzeug, zellenseitig Standardausführung, aber mit 2xBMW 003. Nur drei Maschinen gebaut.
Me 262 A-1a/R 1	Jagdflugzeug, Standardausführung, aber mit zusätzlich 24xR4M ungelenkten Luft-Luft-Raketen.
Me 262 A-1c	Jagdflugzeug/Jagdbomber, Standardausführung. Ab Herbst 1944 mußten alle Jagdflugzeuge Me 262 mit 2xETC-Bombenschlössern für 2xSC 250 nachrüstbar sein.
Me 262 A-1a/U 1	Jagdflugzeug mit Mischbewaffnung, bestehend aus 2xMk 103, 2xMK 108 je 30 mm und 2xMG 151/20 je 20 mm.
Me 262 A-1a/U 2	Schlechtwetterjäger mit FuG 125 Hermine.
Me 262 A-1a/U 3	Behelfsaufklärer, unbewaffnet, mit 2xRB 50/30 Reihenbildgeräten. Einige dieser Versionen wurden mit einer MK 108, am Bug herausragend, bei Einheiten nachgerüstet.
Me 262 A-1a/U 4	Pulkzerstörer mit MK 214 bzw. BK 5 von 50 mm. Prototyp Me 262 V-4/2. Provisorische Bezeichnung Me 262 E-1. Nur zwei Maschinen gebaut.
Me 262 A-2a	Schnellbomber für 2xSC 250-kg-Bomben und mit zusätzlicher Tankanlage. Von Hitler als »Blitzbomber« bezeichnet.
Me 262 A-2a/U 1	Schnellbomber mit TSA-Anlage.
Me 262 A-2a/u 2	Zweisitziger Schnellbomber mit Lotfe-Zielgerät und verglaster Bugnase. Zwei Maschinen gebaut und erprobt. Auch als Me 262 V-8/2 und Me 262 V-11 bezeichnet.
Me 262 A-4a	Provisorische Bezeichnung für Behelfsaufklärer Me 262 A-1a/U 3.
Me 262 B-1a	Zweisitziges Schulflugzeug mit Doppelsteuer.
Me 262 B-1a/U 1	Zweisitziger Behelfsnachtjäger wie B-1a mit FuG 218 Neptun und FuG 350 Naxos.
Me 262 C-1a	Abfangjäger (auch Heimatschützer I) mit 2xJumo 004 und 1xFlüssigkeitsraketentriebwerk Walter HWK 109 509. Auch Me 262 V-6/2.
Me 262 c-2b	Abfangjäger (auch Heimatschützer II) mit 2xBMW 003 R (Luftstrahlturbine mit aufgesetztem Raketentriebwerk). Provisorische Bezeichnung Me 262 D-1. Auch Me 262 V-12.
Me 262 D-1	Siehe Me 262 C-2b.
Me 262 E-1a	Siehe Me 262 A-1a/U 4.

Anlage 3: Technische Daten

Typ / Daten	Me 262 A-1a	Me 262 A-1b	Me 262 A-2a	Me 262 A-1a/U 3	Me 262 B-1a	Me 262 B-1a/U 1	Me 262 C-1a	Me 262 C-2b
Verw.-Zweck	Jagdflugz.	Jagdflugz.	Schnell-bomb.	Aufklärer	Schulflugz.	Behelfs-Nachtjäger	Abfangjäger	Abfang-jäger
Triebwerk	2xJumo 004 B	2xBMW 003	2xJumo 004	2xJumo 004 B	2xJumo 004	2xJumo 004	2xJumo 004 1xHWK 109–509	2xBMW 003 R
Leistung (kN)	8,8	7,8	8,8	8,8	8,8	8,8	8,8 +14,7	17,65
Spannweite (m)	12,50	12,50	12,50	12,50	12,50	12,50	12,50	12,50
Flügelfläche (m^2)	21,70	21,70	21,70	21,70	21,70	21,70	21,70	21,70
Länge (m)	10,60	10,60	10,60	10,60	10,60	10,80	10,60	10,60
Höhe (m)	3,83	3,83	3,83	3,83	3,83	3,83	3,83	3,83
Leermasse (kg)	3 800	–	–	3 828	3 550	–	4 480	4 140
Abflugmasse (kg)	6 775	6 500	7 100	6 420	6 550	7 600	8 260	8 060
V_{max} (km/h)	873	802	750	875	855	795	922	842
in Höhe (m)	6 000	6 000	6 000	6 000	6 000	6 000	6 000	6 000
V_{max} (km/h)	835	–	–	835	770	772	885	–
in Bodenn. (m)	0	–	–	0	0	0	0	0
V, Lande (km/h)	175	163	175	175	175	175	184	163
V, Steig (m/s)	20	–	–	20	–	–	3 min 8 000 m	120
Gipfelhöhe (m)	11 400	11 000	10 300	11 500	–	11 000	14 700	16 000
Reichweite (km)	1 020	–	–	1 020	550–700	900	745	740
Besatzung	1	1	1	1	2	2	1	1
Bewaffnung	4xMK 108 24xR4M	4xMK 108	2xMK 108	– oder 1xMK 108	4xMK 108 o. 150 kg Ballast	4xMK 108	4xMK 108 vorges. 6xMK 108	4xMK 108 vorges. 6xMK 108
Ausrüstung	FuG 16 ZY oder 24a FuG 120 FuG 29 FuG 25			2xRB 25/30	2x300 l zusätzl. Kraftst.	2x300 l zusätzl., FuG 218 Neptun FuG 350 Naxos		

Anlage 4: Me 262 – Flugvorschrift (Auszug)

Anlassen: Mit dem Riedelanlasser Turbine auf 1 000 U/min bringen und Fremdzündung einschalten (Benzineinspritzung und elektrische Zündung), Drehzahl auf 2 000 U/min bringen. Jetzt auf Eigenzündung durch Öffnen des Brandhahnes und langsames Vorschieben des Gashebels von Stop- auf Leerlaufstellung übergehen. Turbine erreicht nun ihre Soll-Leerlaufdrehzahl von 3 000 U/min. Fremdzündung jetzt auf aus. Beim Anlassen besonders darauf achten, daß Fremdzündung nie unter 800 U/min eingeschaltet wird, da sonst Überhitzung oder auch Explosionsgefahr. Beim Abbremsen verhalten Gas geben, sonst unregelmäßige Verbrennung (Bullern) und lange Flammenbildung. Nach Triebwerkseinregulierung möglichst nachtanken und Maschine zum Start schleppen lassen, da sonst kürzere Flugzeit (am Boden bei Vollgas ein TL ca. 2 000 Liter/h Verbrauch).

Start: Flugzeug beginnt je nach Bodenbeschaffenheit bei 4 500–6 000 U/min zu rollen. Startstellung der Landeklappe 20° (an der linken Klappe ablesbar). Bei Start mit Startrakete diese bei 125 km/h einschalten. Nach Abheben kurz Bremsen betätigen, um Laufunruhe der Räder zu verhindern. Achtung: höhenkompensierter Fahrtmesser zeigt erst ab 400 km/h Fahrt an. Nach 15 min. Flugzeit spätestens Höchstdrehzahl drosseln.

Reiseflug: Leistungsregulierung der Turbinen geschieht ausschließlich mit Gashebel. Triebwerkgeräte, Gastemperatur der Turbine, Abgasdruck, Drehzahl, Feuerwarntemperatur. Am Boden betrug Gastemperatur ca. 650 °C, nimmt stetig mit Flughöhe ab und beträgt in 10 000 m bei gleicher Volldrehzahl nur noch 350 °C. Feuerwarntemperatur am Boden 50–80 °C, geht im Flug stark zurück. Über 80 °C bedeutet Triebwerkbrand. Schaufelbruch deutet sich durch starke Unwucht mit Dröhnen an. Triebwerk sofort abschalten. In großen Höhen Neigung des Triebwerkes zum Verdichter abreißen. Dadurch entstehender Schubabfall macht sich durch Drehmoment um Flugzeughochachse bemerkbar, weiterhin Ansteigen der Gastemperatur. Durch Zurücknahme des Leistungshebels und langsames Vorschieben Wiederherstellung eines gesunden Strömungsbildes am Verdichter möglich. Ab 8 000 m Höhe Triebwerk nicht unter 8 000 U/min herunterregeln (ab 11 000 noch weniger), sonst Triebwerkstillstand. Wiederanlassen nicht über 4 000 m Höhe, um sicheres Zünden zu gewährleisten. Triebwerk läuft im Flugstau mit 1 000 bis 1 200 U/min mit. Wiederanlassen wie am Boden, schnelleres Gasgeben möglich, da Triebwerk durch Staudruck besser beschleunigt.

Besonders gleichmäßiges Leerfliegen der vorderen und hinteren Kraftstoffbehälter beachten. Umpumpanlage rechtzeitig einschalten. Bomben erst nach 30 min Flugzeit abwerfen, da sonst zu starke Lastigkeitsänderung.

Eintriebwerkflug möglich. Dazu Gashebel sofort auf Stopp, Seitenruder nachtrimmen, gegebenenfalls Bomben samt Schloßträger abwerfen.

Landeanflug nach Eigenpeilung: Nach FT-Sprechverkehr schaltet Bodenstelle Funkfeuer ein. Zeiger am AFN 2 (Anzeigegerät mit Kreuzzeiger für Navigation) schlägt bei Funkabweichung aus (im Kopfhörer schwingender Ton hörbar), Zeiger für Entfernung am AFN 2 spricht ebenfalls an. Kurs berichtigen, bis Kurszeiger in Mittelstellung (Dauerton hörbar). Zur Seitenbestimmung des Senders ergibt eine kurze Kursänderung nach links einen Zeigerausschlag am AFN 2 nach links, erfolgt jedoch auf diese Probekursänderung hin ein Rechtsausschlag, so entfernt sich das Flugzeug vom Sender.

Y-Führung: Nach hergestellter FT-Verbindung mit Bodenstelle den Betriebsartenwahlschalter auf Y schalten (Meßton 3 000 bzw. 300 Hz in Kopfhaube hörbar).

Sprechverkehr zur »Egon-Führung« erfolgt ebenfalls über FuG 16 ZY. Am Bediengerät des FuG 25 a befohlene Kennung (Schalterstellung 1, 2 oder Mittelstellung) wählen. Bei 1 und 2 leuchtet nach Erfassung durch das Funkmeßgerät die Kontroll-Lampe im Takt der abgestrahlten Kennung auf. In Mittelstellung wird keine Kennung abgestrahlt.

Landung: Anflug so langsam (etwa 380 bis 400 km/h), daß der Vorflügel gerade noch geschlossen bleibt. An Platzgrenze V max. bei leichter Maschine möglichst nur 200 km/h. Am

Abstellplatz zum Abstellen der TL-Fremdzündung nochmals kurz einschalten, um Kraftstoff im TL zu verbrennen.

Sonderfälle: Durchstarten möglich. Vorsichtig Gas geben. Bei Eintriebwerkslandung Mindestgeschwindigkeit 260 km/h. Fahrwerk erst ausfahren, wenn Platz ohne nochmaliges Gasgeben erreichbar ist. Zum Fallschirmabsprung Fahrt möglichst durch Hochziehen stark verringern. Mikrofonverbindung am Hals und Heizkabel vor dem Abwerfen der Kabinenhaube trennen. Höhenatmer beginnt beim Aussteigen automatisch zu arbeiten.

Anlage 5: Werknummernblöcke

Werknummernblöcke der Messerschmitt AG, Werk Leipheim

Werknummernlos			Stückzahl
130 011	bis	130 027	17
130 163	–	130 165	3
130 186	–	130 190	5
170 001	–	170 015	15
170 054	–	170 073	20
170 094	–	170 118	25
170 228	–	170 268	41
170 288	–	170 312	25
110 386	–	110 410	25
110 471	–	110 495	25
110 521	–	110 545	25
110 571	–	110 595	25
110 621	–	110 645	25
110 719	–	110 743	25
110 769	–	110 843	75
110 961	–	111 011	50
111538	–	111 636	99
111 887	–	112 000	114
112 311	–	112 414	103
113 046	–	113 070	25
113 071?	–	113 394	?
113 695	–	113 728	33
Insgesamt			etwa 700

Werknummernblöcke der Messerschmitt AG, Werk Regensburg-Obertraubling

500 001	–	500 100	100
500 101	–	500 200	100
500 201	–	500 230	30
500 461	–	500 540	80
501 191	–	501 240	50
Insgesamt			370

Werknummernblöcke der Messerschmitt AG, Werk Schwäbisch Hall

Werknummernlos			Stückzahl
130 166	bis	130 185	20
170 016	–	170 017	2
170 036	–	170 053	18
170 074	–	170 093	20
170 119	–	170 124	5
170 269	–	170 287	19
110 361	–	110 385	25
110 411	–	110 430	20
110 466	–	110 470	4
110 496	–	110 520	25
110 546	–	110 570	25
110 596	–	110 620	25
110 646	–	110 669	24
110 718			1
110 911	–	110 960	50
111 637	–	111 736	98
111 812	–	111 886	95
113 395	–	113 694	300
Insgesamt			etwa 460

wahrscheinlich nur teilweise gefertigt

Werknummernblöcke der Kuno II AG, Lechfeld, Memmingen, Landshut

110 744	–	110 768	25
111 737	–	111 811	75
Insgesamt			100

Wahrscheinlich wurden in Erding bei München ebenfalls noch Me 262 mit dem Werknummernkreis 502 gefertigt, deren Flugzeuge jedoch nur Ende April 1945 beim JV-44 auftauchten.

Anlage 6: Produktionsstätten der Me 262

Endmontage, Montageköpfe, Umrüstbetriebe und Einfliegerei.

1.) ***Messerschmitt AG Augsburg-Haunstetten***
Werke II, III und IV, Endmontage und Versuchsabteilung.
2.) ***Messerschmitt GmbH Leipheim (Gerätebau Leipheim)***
Fliegerhorst Leipheim, Endmontage bis zur Aufnahme der Waldmontagelinie Kuno I AG, Einfliegerei auf Fliegerhorst.
3.) ***Messerschmitt GmbH Schwäbisch Hall (Autobedarf Schwäbisch Hall).***
Fliegerhorst Schwäbisch Hall, Hessental, Endmontage und Einfliegerei bis Oktober 1944, danach Endmontage im Waldwerk auf dem Hasenbühl. Einfliegerei Fliegerhorst.
4.) ***Messerschmitt GmbH Regensburg-Obertraubling (Leichtbau GmbH).***
Endmontage im Waldwerk ab Dezember 1944. Einflugbetrieb in Neuburg/Donau.
5.) ***Kuno II AG, Waldwerk nahe dem Fliegerhorst Leipheim in Riedheim.***
Endmontage ab Herbst 1944, Einfliegerei Fliegerhorst Leipheim, später Reichsautobahn km 102–100.
6.) ***Kuno I AG, Waldwerk nahe Burgau.***
Endmontage, Start von Fliegerhorst Leipheim, später von Reichsautobahn km 80–82.
7.) ***Montagekopf Brandenburg-Briest (Fa. Dr. Weber).***
Waldwerk am Nordrand des Fliegerhorstes Brandenburg-Briest, Endmontage, Einfliegerei auf dem Fliegerhorst.
8.) ***Messerschmitt GmbH Neuburg/Donau (Donau Moorkultur AG).***
Mtt. Einflugbetrieb auf Fliegerhorst Neuburg. Ab Februar 45 Endmontage im Waldwerk bei Zell.
9.) ***Blohm und Voss Werk Wenzendorf bei Hamburg.***
Umbau zum Zweisitzer Me 262 B-1a und Leitwerkbau.
10.) ***REIMAHG Großeutersdorf bei Kahla/Thüringen (Objekt Lachs).***
Unterirdische Teile und Baugruppenfertigung, Bunkerendmontge mit Startbahn auf dem Gipfel des Walpersberges. Einflugbetrieb auf dem Fliegerhorst Zerbst.
11.) ***Montagekopf Erding bei München.***
Endmontage wahrscheinlich ab März 1945 in teilweise zerstörten Hallen des Fliegerhorstes. Baugruppenlagerung entlang der Rollbahnen.
12.) ***Flugzeugreparaturwerk Eger (Cheb/ČSFR).***
Umbau Aufklärer Me 262 A-1a/U-3 und Einflugbetrieb auf dem Fliegerhorst Eger.
13.) ***Leichtbau Budweis Endmontage März–Mai 45***
14.) ***Fliegerhorst Zerbst.***
Einflugbetrieb der REIMAHG Großeutersdorf bei Kahla.
15.) ***Fliegerhorst Memmingen***
Einflugbetrieb für Leipheim, Schwäbisch Hall und Regensburg.
16.) ***Ostenweg***
Einfliegerei auf der Reichsautobahn Augsburg-Ost. War lediglich zwei Tage in Benutzung.
17.) ***Umrüstbetrieb Deutsche Lufthansa (DLH) Staaken bei Berlin.***
Umbau Zweisitzer B-1a und Umrüstung zum Nachtjäger B-1a/U-1.
18.) ***Umrüstbetrieb DLH München-Riem.***
Nachrüstaufgaben und Umbau bzw. Reparatur beschädigter Me 262.

Baugruppen- und Teilefertiger

1.) ***Fa. Täge und Hölzner, Schwabmünchen.***
Flugzeugformteile und mechanische Teile für Tragflächen.
2.) ***Fa. Ködel und Böhm, Lauingen.***
Triebwerkverkleidungen. Ab 24. 3. 45 verlagert nach Schwaz/Tirol in ein unterirdisches Fertigungswerk.
3.) ***Fa. Feller und Co., Lauingen.***
Teilefertigung und Triebwerkverkleidungen.
4.) ***Leonberg, Reichsautobahntunnel (Arbeitsgemeinschaft Gutbrod).***

Bombengeschützte Fertigung in zwei Stockwerken des Tunnels sowie in oberirdischen Hallen. Tragflächenmontage. Ab 2. 4. 1945 verlagert in provisorische Fertigung des noch im Bau befindlichen Großbunkers Kaufering I bei Landsberg/Lech.

5.) ***Fa. Dechentreiter, Werk II, Bäumenheim bei Donauwörth.***
Tragflächenteile, verlagert nach Landsberg, Kaufering I, am 24. 3. 45. Dort Produktionsaufnahme am 18. 4. 1945.

6.) ***Blattgold Metallwarenfabrik, Wasserburg.***
Querruder- und Landeklappenfertigung. Ausgelagert nach Kematen am 15. 11. 1944.

7.) ***Spinnerei Günzburg bei Leipheim.***
Rumpfnasenendmontage (Bugsektion) sowie Teilefertigung. Am 15. 4. 1945 ausgelagert nach Landsberg, Kaufering I.

8.) ***Spinnerei Ay bei Senden.***
Elektrische Teile und Flugzeugausrüstung, Tragflächen und Bugsektionen.

9.) ***Blechschmiede, Waldwerk nahe Bahnhof Horgau.***
Tragflächenendmontage.

10.) ***Fliegerhorst Gablingen.***
Tragflächenteilefertigung. Ausgelagert nach Leonberg (Reichsautobahntunnel) am 10. 3. 1944.

11.) ***Werkzeugbau Kottern.***
Werkzeugbau, Vorrichtungen, Lehren.

12.) ***Fa. Spinnerei und Weberei, Kottern.***
Werkzeugbau, Vorrichtungen, Lehren. Nach Angriff am 19. 7. 44 verblieben hier noch 8 300 m^2 Produktionsfläche.

13.) ***Werkzeug- und Vorrichtungsbau Kempten/Allgäu.***
Werkzeuge, Vorrichtungen, Lehren.

14.) ***Spinnerei Fischen.***
Verlagerungsbetrieb des Werkzeugbau Kottern.

15.) ***Leubas, Schreinerei.***
Verlagerungsbetrieb des Werkzeugbau Kottern, elektrische Ausrüstungen (Vorrichtungsschreinerei).

16.) ***Loritz Garagen, Oberstdorf.***
Schnittwerkzeuge für Werkzeugbau Kottern.

17.) ***Fischermühle Waltenhofen.***
Bohrer- und Werkzeugherstellung des Werkzeugbau Kottern.

18.) ***Fa. Schubick, Schrobenhausen.***
Modellschreinerei.

19.) ***Werk Memmingerstr., Weissenhorn.***
Elektrische Ausrüstung.

20.) ***Weingut II, Kaufering I bei Landsberg.***
Großbunker behelfsmäßig ab 1. 4. 1945 in Betrieb genommen. Teilefertigung und Tragflächenendmontage.

21.) ***Tiroler Bergwerksgesellschaft, Schwaz/Tirol.*** Bunkerwerk, Fertigung der Triebwerkverkleidungen (von Lauingen übernommen ab 24. 3. 45).

22.) ***Modellwerkstatt Monheim.***
Holz- und Metallversuchsmodelle.

23.) ***Messerschmitt GmbH Tirol, Kematen.***
15 000 m^2, davon 3 000 m^2 unterirdische Produktionsfläche: Querruder, Landeklappen, Teilefertigung.

24.) ***Messerschmitt GmbH, Ratingen bei Düsseldorf.***
Waffenlager, Standardteile.

25.) ***Reichsgetreidehalle, Weissenburg.***
Halbzeugfertigung, Holme, Rippen, Lager für Ausrüstung.

26.) ***Ziegelei, Roggden.***
Halbzeuglagerung.

27.) ***Zelthalle, Münchingen.***
Standardteile, Laufräder, Fahrwerke.

28.) ***Fa. Reichswollverarbeitung, Neu-Ulm.***
Lager für Lehren und Vorrichtungen. Am 1. 3. 45 total zerstört.

29.) ***Dornstadt (Reichsautobahn Augsburg–Stuttgart, km 132).***
Werkzeuge und Ausrüstungen für die Einfliegerei (Werkstatt der Reichsautobahnverwaltung.).

30.) ***Fa. Schmirgelwerk, Memmingen.***
Standardhalbzeuge und fertige Teile.

31.) ***Grossaitingen (Bahnstrecke Augsburg-Schwabmünchen).***
Rohstoffe, Stahlrohre, Stangen.

32.) ***Königsbrunn bei Augsburg/Landsberg.***
Press- und Stanzwerkzeuge, Formbleche, Platinen.

33.) ***Sall in Etringen.***
Werkzeuglager.
34.) ***Spinnerei Oblaerwall, Augsburg.***
Rohstofflager.
35.) ***Spinnerei Haunstetten, Augsburg.***
Großbauteile, Halbzeuge.
36.) ***Fa. Martini Haunstetten, Augsburg.***
Standardteile.
37.) ***Industriewerke, Lohwald.***
Elektroteile, Installationsmaterial.
38.) ***Olympia Tunnel, Eschenlohe (zwischen Murnau und Garmisch).***
Preßteile.
39.) ***Oberzell bei Passau.***
Rumpfbau, Vormontage.
40.) ***Waldwerk Hagelstadt bei Regensburg.***
Rumpffertigung, Vormontage.
41.) ***Fliegerhorst Cham/Bayern.***
Vormontage von Baugruppen.
42.) ***Sinzing bei Regensburg.***
Werkzeuge und Vorrichtungen.
43.) ***DEST Mauthausen.***
Teilefertigung und Rumpfbau.
44.) ***Messerschmitt GmbH, Gusen II bei Mauthausen.***
Tragflächenendmontage.
45.) ***ARWA Strumpfwerke Auerbach/Erzgebirge.***
Rumpfbau, Flügelnasenkasten.
46.) ***Fa. Linke und Hoffmann, Breslau.***
Holme, Rippen, Spanten.
47.) ***Kupferwalzwerk Ilsenburg/Harz.***
Holme, Rippen, Spanten. Übernahme der Produktion von Linke Hoffmann, Breslau (etwa ab Februar 1945).
48.) ***Siebenberg GmbH, Hadmersleben (unterirdisch).***
Tragflächenendmontage, Leitwerkbau.
49.) ***Gläser Karosseriebau, Dresden.***
Triebwerkverkleidungen.
50.) ***Flugzeug- und Metallbauwerke Wels/Österreich.***
Zentrale Tankdeckelfertigung.
51.) ***Avia Flugzeugwerke Prag-Letnany.***
Rumpfbau, Bugsektionen.
52.) ***Leichtbau Budweis.***
Flächenbau, später Endmontage
53.) ***Fa. Graf Hagenburg, Sonthofen.***
Teilefertigung.
54.) ***Messerschmitt GmbH, St. Georgen.***
Teilefertigung und Baugruppenvormontage.
55.) ***Messerschmitt, KZ Flossenbürg.***
Teilefertigung.
56.) ***Messerschmitt, KZ Dachau.***
Teilefertigung.
57.) ***Keramische Werke Bohemia.***
Teilefertigung.
58.) ***Junkers Motorenwerke Köthen.***
Jumo 004 B Endmontage.
59.) ***Junkers Motorenwerke Muldenstein.***
Jumo 004 B Endmontage.
60.) ***Junkers Motorenwerke, Mittelwerk GmbH Nordwerk Nordhausen.***
Jumo 004 B Endmontage.
61.) ***CKD Prag-Vysocani.***
Jumo 004 B Endmontage.
62.) ***Wäscherei Semilech, Prag.***
Jumo 004 B Reparatur und Baugruppenfertigung.
63.) ***Firma Gutbrod in Plochingen.***
Holme.
64.) ***Oberschule Garmisch.***
Materialprüfung V.
65.) ***Firma Eschebach, Radeberg bei Dresden.***
Vorflügel.
66.) ***Opel AG, Rüsselsheim.***
Fahrwerke.
67.) ***Firma Holzhey, Schwabmünchen.***
Mechanische Werkstätten.
68.) ***Auto-Ziegler, Höchstädt.***
Materialprüfung-Serie.
69.) ***Turnhalle Inningen.***
Materialprüfung-Serie.
70.) ***Kaufbeuren***
71.) ***Gemeinde Ketterschwang.***
Einflugbetrieb.
72.) ***Jägerkaserne Oberammergau.***
Konstruktion und Versuchsbau.
73.) ***Zementwerk Schwenk, Thalfingen.***
Zerlegebetrieb, Überholungen, Betriebsmittel.
74.) ***Marmorwerke Treuchtlingen.***
Maschineninstandsetzung.

75.) ***Firma Wirth, Weißenborn.***
Regieschreinerei.

76.) ***Fischermühle Waltenhofen u. a.***
Spiralbohrerfertigung.

77.) ***Kopperschmidt u. Söhne***
Blumberg/Baden, ab Ende 44
im Abbaustollen der Doggererz AG
Plexiglaskanzeln

78.) ***Fa. Schempp-Hirth Kirchheim-Teck***
Windkanal- und Abwurfmodelle sowie
Holz-Höhenruder für Me 262

Anlage 7: Fertigungszahlen

Monat	Jahr	Geplant 1943	Geplant Bomber	Ausgel. Bomber	Ausgel. Jäger	Fert.-Kr.[1] Augsbg.	Fert.-Kr.[1] R–0	Gesamt[1]
Januar	1944	1	–	–	–	–	–	–
Februar	1944	8	–	–	–	–	–	–
März	1944	21	–	–	1[2]	1[2]	–	1[2]
April	1944	39	1[3]	1[3]	14	15	–	15
Mai	1944	60	–	–	7	7	–	7
Juni	1944	60	28	28	–	28	–	28
Juli	1944	60	59	58	–	58	–	58
August	1944	60	15	15	–	15	–	15
September	1944	60	72	73	21	92	2	94
Oktober	1944	60	65	65	53	108	10	118
November	1944	60	–	–	101[4]	87	14	101
Dezember	1944	100	–	–	131	108	23	131
Januar	1945	Steiger.	–	–	228	163	65	228
Februar	1945	Steiger.	–	–	296	166	130	296
März	1945	Steiger.	–	–	248	165	75	248
April	1945	Steiger.	–	–	101	64	37	101
Insgesamt		–	240	240	1 201	1 077	356	1 433

Gesamt 1944 = 568; Gesamt 1945 = 865; Angearbeitet = 497

1) Diese Zahlen beziehen sich auf die Messerschmitt-Fertigungskreise Augsburg mit den Montagestätten Leipheim, Schwäbisch Hall, ferner Kuno I und Kuno II sowie Regensburg-Obertraubling mit Neuburg. Nicht enthalten sind Brandenburg-Briest (März/April), REIMAHG Kahla, Eger und Prag. Quelle der Tabelle: Messerschmitt-Dokument für USAAF vom Juni 1945.

2) Me 262 V-9, Produktionsprototyp für Jäger Me 262 A-1.

3) Me 262 V-10, Produktionsprototyp für allgemeine und Bombererprobung.

4) Ab hier Jäger und Jagdbomber A-1a und andere Versionen. Nach einem Überblick des Standes der Me 262–, Ar 234- und He 162-Lieferungen an das OKL, Gen.Qu./6. Abt. III vom 10. 4. 1945 (BA/MA Freiburg, RL 2 III/624) erhielt die Luftwaffe bis zu diesem Zeitpunkt 1 039 Me 262. Davon gingen an das JG-7 = 372, KG-51 = 342, KG(J)-54 = 153 Me 262.
Weitere Lieferungen erfolgten bis 21. 4. 45 von Brandenburg-Briest, bis etwa 23. 4. 45 von Neuburg/Donau sowie bis 26. 4. 45 von Erding. Der Leichtbau Budweis lieferte noch bis zum 5./6. Mai 1945 nach Prag-Ruzine. Wie lange und ob Prag bzw. Eger (Cheb) lieferten, ist nicht bekannt.

Anlage 8: KZ-Außenlager bei den Messerschmitt-Produktionsstätten

KZ Ravensbrück	AL Neu Rohlau
KZ Flossenbürg	AL Bayreuth/St. Georgen
KZ Flossenbürg	AL Regensburg-Obertraubling
KZ Dachau	AL Plattling
KZ Dachau	AL Landshut
KZ Dachau	AL Zangberg
KZ Dachau	AL Ampfing
KZ Dachau	AL Mühldorf/Inn
KZ Dachau	AL Weissee
KZ Dachau	AL Gendorf
KZ Dachau	AL Burgau
KZ Dachau	AL Horgau
KZ Dachau	AL Neuburg/Donau
KZ Dachau	AL Bäumenheim
KZ Dachau	AL Gablingen
KZ Dachau	AL Augsburg-Haunstetten
KZ Dachau	AL Landsberg
KZ Dachau	AL Kaufering
KZ Dachau	AL Lauingen
KZ Dachau	AL Kottern
KZ Dachau	AL Kempten
KZ Dachau	AL Sonthofen
KZ Natzweiler	AL Schwäbisch Hall-Hessental
KZ Natzweiler	AL Kochendorf
KZ Natzweiler	AL Leonberg
KZ Flossenbürg	AL Giebelstadt b. Würzburg
KZ Mauthausen	AL Gusen I
KZ Mauthausen	AL Gusen II
KZ Mauthausen	AL Hauptlager
KZ Buchenwald	AL Hadmersleben
KZ Buchenwald	AL Raguhn (Jumo 004 Muldenstein)
KZ Dora/Mittelbau	AL Niedersachswerfen (Jumo 004)
KZ Ravensbrück	AL Genthin (Brandenburg-Briest)

Anlage 9: KZ-Häftlinge und Zwangsarbeiter, eingesetzt für die Me 262-Produktion 1944/45

Betrieb	Lager/AL	Zeit	Anzahl	Fertigung
Mtt. Augsburg-H.	KZ Dachau	Jan. 44	2 695	Me 262
Mtt. Schwäbisch H.	Natzw./Hessent.	Okt. 44	800	Me 262 Mont.
Mtt. Leipheim	KZ Dachau/Bäumenheim.	Juni 44	850	Me 262 Mont.
Mtt. Leonberg/A-Tunnel	Vaihingen	April 44	2 189	Flächenbau
Mtt. Regensburg-O.	Gusen II	Okt. 44	2 000	Flächenbau
Landsberg/Kaufering	KZ Dachau/AL	März 44	2 000	Bau, Teilebau, Endm. gepl.
Mühldorf/Inn	KZ Dachau/AL	Juni 44	2 000	Werk im Bau
Lauingen	AL Lauingen	Juni 44	?	TW-Verkl.
Mtt. St. Georgen	KZ Mauthausen	Apr. 44	12 637	Bau/Mont. gepl.
Mtt. Fertg. Dachau	KZ Dachau	Jan. 44	192	Me 262 Teileb.
Mtt. Gablingen	KZ Dauchau/AL	Jan. 44	352	Me 262 Teileb.
Mtt. Werkzg. Kottern	KZ Dachau/AL	Jan. 44	341	Vorricht. 262
Keram. Bohemia	KZ Flossenbg.	Sept. 44	593	262 Teilebau
DEST Flossenbürg	KZ Flossenbg.	Sept. 44	4 649	Nasenkästen
REIMAHG Kahla	KZ Buchenw./AL	Okt. 44	15 000	Bau f. Endm.
Siebenberg AG	KZ Buchenw./AL	Apr. 45	421	Baugr. 262
	Insgesamt		≈ 52 750*	

* Die Häftlingszahlen von Januar weisen den geringsten Stand aus, weil zu dieser Zeit erst mit dem Bau und der Fertigung begonnen wurde. Die Zahlen stiegen im Laufe des Jahres sprunghaft an (Zahlen einschließlich Bauarbeiten).

Anlage 10: Anzahl der Toten in deutschen Lagern (nur Januar bis April 1945)

KZ Buchenwald	13 056
KZ Dachau	13 158
KZ Mauthausen	25 572
KZ Flossenbürg ca.	8 200
KZ Bergen-Belsen ca.	37 000
Mittelbau-Dora	5 603
KZ Neuengamme	6 224 (bis 25. März 1945)
KZ Sachsenhausen	41 332
Insgesamt	150 145 (einschließlich der in allen Außenlagern)

Anlage 11: Fertigungszahlen bei der Messerschmitt AG von 1939 bis 1945

Typ	1939	1940	1941	1942	1943	1944	1945	Gesamt
Bf 109	449	1 693	2 764	2 665	6 247	13 786	2 969	30 573
Bf 110	156	1 083	784	580	1 570	1 525	54	5 752
Me 210	–	–	94	95	89	74	–	352
Me 410	–	–	–	–	291	722	–	1 013
Me 321	–	–	200	200	–	–	–	200
Me 323	–	–	–	201	201	–	–	201
Me 163	–	–	–	–	–	327	37	364
Me 262	–	–	–	–	–	568	865	1 433

1939 (= seit Kriegsbeginn am 1. 9. 1939); insgesamt 40 901 Flugzeuge

Anlage 12: Bilanz/Umsatz/Beschäftigte der Messerschmitt AG

Jahr	Bilanzsumme (RM)	Umsatz (RM)	Export (RM)	Beschäftigte
1933	1,50 Mill.	166 000	–	524
1936	32,04 Mill	12,09 Mill.	121 000	5 182
1939	109,65 Mill.	84,51 Mill.	18,59 Mill.	8 797
1940	43,88 Mill.	101,96 Mill.	17,58 Mill.	9 809
1941	225,56 Mill.	147,50 Mill.	14,60 Mill.	11 591
1942	323,10 Mill.	102,00 Mill	30,60 Mill.	11 545
1943	349,90 Mill.	255,83 Mill.	65,47 Mill.	16 298
1944	?	250,00 Mill	–	21 171
1945	?	?	–	33 450

Beschäftigte 1945: davon Stammwerke 14 450 und Verlagerungswerke 19 000.

Die Belegschaftszahlen umfassen nur die Stammbelegschaften, nicht aber die für Messerschmitt arbeitenden Zwangsarbeiter und KZ-Häftlinge.

Verzeichnis der Abkürzungen

AB 250	Abwurfbehälter Splitterbomben 250 kg
AG	Aktiengesellschaft
AGO	AGO Flugzeugwerke Oschersleben/Bode: AGO bedeutet Aktiengesellschaft Otto, benannt nach dem Firmengründer
AL	Alexander Ljulka, sowjetischer Triebwerkkonstrukteur, Typenzeichen z. B. AL-7
A 4	Aggregat 4, Peenemünder Fernrakete, auch unter der Propagandabezeichnung V 2 (Vergeltungswaffe 2) bekannt
Bf	Bayrische Flugzeugwerke bis 1938, dann Messerschmitt Flugzeugwerke AG (Me)
BMW	Bayrische Motorenwerke
BzB	Bord zu Bord-Verständigungsanlage
C-Amt	Technisches Amt des Reichsluftfahrtministeriums
C-E 2	C-Amt (siehe oben), Abteilung E 2 Flugzeuge
C-E 3	C-Amt, Abteilung E 3 Triebwerke/ Sondertriebwerke
Co.	Compagnon (Teilhaber/Mitbesitzer)
DB	Daimler Benz, Flugmotorenwerke
EHF	Ernst Heinkel Flugzeugwerke
E-Stelle	Erprobungsstelle
EZ 42	Einheitszielgerät 42, als automatisches Visier besonders für die Me 262 vorgesehen, aber nur in geringer Stückzahl wirklich eingebaut.
Fi 103	Fieseler-Fi 103-Flügelgeschoß, auch V 1 (Vergeltungswaffe 1) oder FzG 76 (Flakzielgerät 76) genannt
Flak	Fliegerabwehrkanone
GBA	Generalbevollmächtigter für den Arbeitseinsatz
GIAP	Gwardija Istrebitel Aviazione Polk = Garde-Jagdfliegergeschwader (-regiment); sonst IAP = Jagdfliegerregiment: Das UdSSR-Jagdfliegerregiment oder -geschwader hatte die Stärke einer deutschen Gruppe.
HeS 8 A	Heinkel Strahlturbine 8 A, RLM-Bezeichnung 109 001: 109 steht als RLM-Tarnbezeichnung für Strahltriebwerke; 001 ist die erste Strahlturbine, deren Entwicklung vom RLM gefördert wurde. Also auch Typenbezeichnung HeS 001 möglich, jedoch kaum verwendet.
HKL	Hauptkampflinie
HWK	Hellmut Walter Werke, Kiel
J 2	Kerosin (Turbinenkraftstoff)
JG-2	Jagdgeschwader 2 »Richthofen«
Jumo	Junkers Motorenwerke, deshalb Jumo-Triebwerk
KG	Kampfgeschwader (Bombergeschwader)
KPD	Kommunistische Partei Deutschlands
KTB	Kriegstagebuch
KZ	Konzentrationslager, im SS-Jargon auch KL genannt
Ltd.	Limited, ähnlich einer Gesellschaft mit beschränkter Haftung, z. B. Armstrong Siddeley Ltd.
Me 262 S-3	S-3 steht für Serienmaschine 3 (3. Nullserienflugzeug)
MG	Maschinengewehr
mot.	motorisiert
Mtt.	Messerschmitt
NSDAP	Nationalsozialistische Deutsche Arbeiterpartei
Ob d. L.	Oberbefehlshaber der Luftwaffe (Göring), auch RmdL/ Ob d. L. Reichsminister der Luftfahrt und Oberbefehlshaber der Luftwaffe
OKL	Oberkommando der Luftwaffe
OKW	Oberkommando der Wehrmacht
Pak	Panzerabwehrkanone
QMS	Drei-Letter-Code zur Vereinfachung des Funksprechverkehrs in der Luftfahrt.
RAF	Royal Air Force, britische Luftwaffe
RLM	Reichsluftfahrtministerium
RmfBM	Reichsministerium (Minister) für

	Bewaffnung und Munition, 1943 umbenannt in Reichsministerium für Rüstungs- und Kriegsproduktion (RmfRK)
R4M	ungelenkte, flügelstabilisierte Luft-Luft-, zuletzt auch Luft-Boden-Feststoffrakete
SA	Sturmabteilung
SD 250	Mehrzweckbombe 250 kg, SD 500 = Mehrzweckbombe 500 kg. Daneben gab es noch SC = Minenbomben, PC = Panzersprengbomben, Strbd = Streubrandbomben, B1BE = Elektron-Brandbomben usw.
SS	Sturmstaffel (Schutzstaffel)
TL	Turbinenluftstrahltriebwerk (Turbinenlader)
TLR	Technische Luftrüstung (ab August 1944), vorher GL-C (Generalluftzeugmeister C-Amt)
TSA	Tiefsturzanlage (Zielgerät zum Bombenabwurf)
UdSSR	Union der Sozialistischen Sowjetrepubliken
8. USAAF	8. United States Army Air Force ist die 8. US-Luftflotte, die in Großbritanien stationiert war. Ab 1946 wurde die USAAF in USAF, also US Air Force, umbenannt.
V-O	Flugzeugversuchszelle, O = Bruchversuchszelle: Danach folgten Flugversuchszellen V-1 bis V-...
WL-9-002	Siehe auch 8-262 (WL-8-262) oder HeS 8 A. WL ist Wehrmacht/Luftwaffe, 9 die Tarnbezeichnung für Triebwerke, 002 ist die RLM-Typenbezeichnung (in diesem Fall für die BMW 002-Strahlturbine)
ZG	Zerstörergeschwader
ZgKW	Zugkraftwagen
8-262	Die Zahl 8 stand jeweils als RLM-Tarnbezeichnung für Flugzeug, 262 als RLM-Typenbezeichnung.

Bildquellenverzeichnis

Sammlung Günter Metzner (28); Sammlung Klaus Wartmann (11); Sammlung Horst Lange (6); Sammlung Jan Horn (12); Sammlung Manfred Griehl (7); Sammlung Walter Schick (2); Sammlung Frank Brekow (1); Sammlung Manfred Jurleit (56); Foto M. Jurleit (1); Filmarchiv Potsdam (12); Sammlung Peter Stache (2); Zeichnungen Claus Backmann (6); Sammlung Erich Liebe (1); Sammlung Siegfried Radtke (1).